ASSEMBLÉE NATIONALE

N° 1038

ASSEMBLÉE NATIONALE

CONSTITUTION DU 4 OCTOBRE 1958

ONZIÈME LÉGISLATURE

Enregistré à la Présidence de l'Assemblée nationale le 2 juillet 1998
Dépôt publié au *Journal Officiel* du 3 juillet 1998.

RAPPORT

FAIT

AU NOM DE LA COMMISSION D'ENQUÊTE [1]
SUR L'ACTIVITÉ ET LE FONCTIONNEMENT DES TRIBUNAUX DE COMMERCE,

Président
M. François COLCOMBET,

Rapporteur
M. Arnaud MONTEBOURG,

Députés.

RAPPORT

1. *Cette commission est composée de :* MM. François Colcombet, *président*, Patrice Carvalho, Jean-Paul Charié, *vice-présidents*, Gérard Charasse, Henri Plagnol, *secrétaires*, Arnaud Montebourg, *rapporteur* ; MM. Serge Blisko, Jean-Louis Borloo, André Capet, Olivier de Chazeaux, Jean Codognès, Alain Cousin, Jacky Darne, Arthur Dehaine, René Dosière, Mme Nicole Feidt, MM. Raymond Forni, Roger Franzoni, Robert Gaïa, Jacques Godfrain, Gérard Gouzes, Georges Hage, Philippe Houillon, Michel Hunault, Christian Jacob, Gilbert Mitterrand, Michel Meylan, Henri Plagnol, Alain Veyret.

Les six commissions parlementaires, les commissions d'enquête et les délégations de l'Assemblée nationale réalisent au long de l'année d'importants travaux d'enquête, d'évaluation et d'information.

Ces travaux méritent par leur ampleur et la somme de données qu'ils rassemblent de rencontrer le plus large public.

« *Les fautes des Magistrats ou gens de justice doivent estre moins tollerees, qu'en tous les autres estats.* »

LA ROCHE FLAVIN, *Treize Livres des Parlements de France*, 1617.

SOMMAIRE

PREMIÈRE PARTIE : CONSTATATIONS ET DIAGNOSTIC

DEUXIÈME PARTIE : UNE JURIDICTION À RÉNOVER

AVANT-PROPOS

On entend parfois dire que les parlementaires seraient absents de l'hémicycle, se désintéresseraient des affaires nationales, préféreraient la gestion locale, et abandonneraient l'exercice de leurs prérogatives à la toute-puissance du pouvoir exécutif et de l'administration.

Cette commission d'enquête, dirigée par son Président François Colcombet, député de l'Allier, par ailleurs conseiller à la Cour de cassation en disponibilité, a choisi de se donner une méthode de travail qui démentira ces mauvais préjugés.

Nous aurions pu faire ce que les professionnels concernés espéraient de nous, c'est-à-dire quelques conversations mondaines et huis clos de convenance sur l'hypothétique réforme à engager qui ne vient pourtant jamais.

Le Président François Colcombet, votre Rapporteur et la majorité des députés composant la commission d'enquête ont pris une décision différente et ont choisi, non seulement d'entendre tous ceux qui le souhaitaient parmi les professionnels, mais aussi d'aller sur le terrain, de poser des questions, y compris celles qui parfois embarrassent, de soumettre à leurs propres contradictions les auteurs de certaines pratiques contestables, et d'engager une véritable recherche de la vérité.

Tous ceux de nos collègues qui ont suivi d'un bout à l'autre les travaux passionnants de cette commission, désireuse d'exercer son sens de la curiosité, ont découvert que l'administration de la Chancellerie jusqu'au plus haut niveau ne connaissait pas elle-même l'étendue des dégâts sociaux, économiques et juridiques, que nous avons pu mesurer à chacune de nos visites dans les tribunaux de commerce de province ou des grandes villes de France.

Mais que sont donc ces tribunaux de commerce ? Une institution multi-séculaire inchangée depuis plus de quatre siècles, survivance archaïque des charges publiques offertes par la royauté à des commerçants soucieux d'administrer en leur sein leurs affaires et leur propre déconfiture.

Aujourd'hui, c'est un service public juridictionnel qui a la charge de décider du sort de milliers d'entreprises en difficulté, et du destin de centaines de milliers d'emplois.

Les députés, membres de notre commission ou non, sont nombreux à recevoir de véritables cahiers de doléances de la part de justiciables, de débiteurs et de créanciers, écrits et remplis avec la colère, le désespoir ou la tristesse, contre les liquidations administrées par des juges commerçants soupçonnables de partialité, de lenteur, de déni de justice, ou, plus grave, dans certains cas, d'indélicatesse.

Voilà pourquoi la Représentation nationale a créé cette commission d'enquête, dotée des pouvoirs d'investigation sur pièces et sur place, confiés à son Rapporteur.

Je voudrais dire ici à tous les justiciables, citoyens ordinaires un jour confrontés à la machinerie judiciaire des tribunaux de commerce et qui ont pris la peine de nous écrire, de nous transmettre les éléments de réflexion, ou la narration de leur expérience personnelle, et qui s'estiment bafoués, que si la commission n'a pu les entendre individuellement, le souci constant de leur défense et de leur protection a guidé notre travail et nos démarches.

Je tiens également à dire à tous les professionnels concernés par l'activité et le fonctionnement des tribunaux de commerce, les greffiers, les administrateurs judiciaires, les liquidateurs, les juges consulaires eux-mêmes, que nous avons eu à chaque instant la préoccupation de ne réfléchir que sur pièces, d'entendre les arguments qui ont pu nous être opposés, et d'écouter avec une attention constante ce qui pouvait même perturber nos propres schémas d'analyse et de diagnostic, élaborés au fur et à mesure de nos investigations.

La commission d'enquête a ainsi procédé à de très nombreuses auditions – près de deux cents personnes au total ont été entendues – destinées à recueillir le point de vue des juges consulaires eux-mêmes organisés dans la Conférence générale des tribunaux de commerce, des différents professionnels concernés, à travers les porte-parole autorisés de chacune des professions, travaillant autour et avec les tribunaux de commerce.

Nous avons également entendu sans complaisance les fonctionnaires et magistrats de la Chancellerie, les magistrats de terrain au contact dans leurs parquets respectifs de la réalité quotidienne des tribunaux de commerce.

Puis, nous avons décidé d'organiser des déplacements dans

des juridictions de taille différente, si possible dans chacune des régions de France. D'abord un petit tribunal, le 17 mars à Auxerre où je me suis rendu avec M. Jacky Darne, député du Rhône, puis dans les tribunaux de taille moyenne, un en Bretagne, le 14 avril à Saint-Brieuc, un dans le Sud-Est, le 12 mai à Toulon, où MM. Jacky Darne et Robert Gaïa, député du Var, m'accompagnaient, un autre dans le Sud-Ouest, le 11 juin à Mont-de-Marsan, visite à laquelle ont participé MM. Gérard Gouzes, député du Lot-et-Garonne, et Jean Codognès, député des Pyrénées-Orientales. Puis nous nous sommes rendus dans les deux tribunaux qui nous ont été invariablement présentés comme étant la vitrine de la réussite des tribunaux de commerce français : Lyon, où M. Jacky Darne m'accompagnait, et Paris, où se sont rendus également le Président, MM. Jacky Darne et Jean Codognès. Nous n'aurions pas été complets si nous ne nous étions pas rendus dans un tribunal échevinė en raison des particularités de l'histoire de l'Alsace et de la Moselle, Strasbourg, le 4 juin. Nous ne pouvions nous rendre sur tout le territoire, répondre aux innombrables sollicitations des justiciables ; nous avons choisi de compléter nos informations en adressant un questionnaire à tous les tribunaux de commerce, ainsi qu'à l'ensemble des procureurs généraux, à charge pour eux de questionner leurs procureurs de la République. Des réponses, bien que de valeur très inégale, parfois également d'une cruelle vérité, parfois d'une langue de bois les rendant inutilisables, ont fourni aux députés membres de la commission, des renseignements très précieux.

Nous avons souhaité parachever notre travail de terrain en nous rendant enfin en Corse, au tribunal de commerce d'Ajaccio. Pour ce déplacement, nous avons choisi de faire œuvre particulière en joignant les efforts de notre commission d'enquête sur les tribunaux de commerce à ceux d'une autre commission d'enquête disposant des mêmes pouvoirs dévolus à son Rapporteur, M. Christian Paul, député de la Nièvre, sur l'utilisation des fonds publics et la gestion des services publics en Corse. Les deux commissions s'y sont conjointement rendues le 1er juillet 1998, afin de mettre en commun leurs efforts d'analyse et d'expertise sur le tribunal de commerce de la Corse-du-Sud. Le produit du travail d'enquête effectué dans ce département pourra être intégré au rapport de M. Christian Paul à l'issue des travaux d'enquête sur la gestion de l'argent public en Corse.

Au fur et à mesure que la commission progressait dans ses investigations, elle s'est heurtée à une hostilité grandissante et de plus en plus ouverte des juges consulaires et de leur instance représentative, la Conférence générale des tribunaux de commerce, dirigée par son président, M. Jean-Pierre Mattei, par ailleurs président du tribunal de commerce de Paris.

Les premiers actes de résistance des juges consulaires sont apparus au tribunal de commerce de Mont-de-Marsan. Votre Rapporteur avait reçu une pétition d'une centaine de justiciables adressée à Mme le garde des Sceaux, Élisabeth Guigou, demandant que le tribunal fût inspecté par la commission d'enquête parlementaire. De mémoire d'homme ou de connaisseurs de la magistrature française, les cas d'accusation collective contre une juridiction particulière ont été rarissimes. La commission d'enquête ne pouvait pas ne pas s'y rendre.

Votre Rapporteur, accompagné de M. Gérard Gouzes, député du Lot-et-Garonne et ancien président de la commission des Lois, et de M. Jean Codognès, député des Pyrénées-Orientales, se sont rendus le 11 juin 1998 au tribunal de commerce de la préfecture des Landes. Les trois députés que nous étions ont été surpris de découvrir à notre arrivée vers 9 heures 30, une quarantaine de manifestants devant le tribunal, composés de justiciables et, particularité importante, de leurs avocats, eux-mêmes entrés en rébellion contre les procédés en cours au sein de cette juridiction. À notre arrivée, tous les juges consulaires, sous l'autorité du président et du vice-président, étaient rassemblés dans la salle d'audience. Après les cordialités d'usage, le président s'est assis, accompagné des plus hauts magistrats du tribunal, sur le siège de la salle d'audience et nous a lu solennellement une motion exposant le refus de déposer sous serment devant la commission d'enquête, et ordonnant au greffier de refuser formellement la transmission des documents de service et des dossiers du tribunal. Avant qu'ils ne quittent les lieux, votre Rapporteur a rappelé aux magistrats le contenu de l'ordonnance du 17 novembre 1958, qui permet au président de la commission de faire usage de la force publique, et de demander sans délai des poursuites à toute personne refusant non seulement de comparaître ou de prêter serment, mais également de déposer en qualité de témoin requis devant la commission d'enquête. Les juges ayant immédiatement quitté les lieux après cet échange de bonnes paroles, le Président François Colcombet, alerté par mes soins à Paris, décida de demander au procureur de la République l'usage de la force publique, ce qui fut fait. De nouvelles convocations pour l'après-midi ont été délivrées dans la matinée par les gendarmes de la brigade territoriale de Mont-de-Marsan, aux dix-sept juges consulaires récalcitrants. À l'heure de la convocation, les magistrats obtempérèrent et prêtèrent serment. Les deux députés de la commission et votre Rapporteur ont été littéralement stupéfaits par les découvertes qu'ils ont faites dans ce tribunal : déni de justice, allégations de pots-de-vin, menaces sur le greffier, empoignades physiques dans l'enceinte du tribunal entre le greffier et un liquidateur, juge intéressé personnellement à une affaire qu'il avait eu à connaître, anomalies répétitives dans les reprises d'entreprises en difficulté. Le refus par les magistrats de déposer sous serment devant la commission d'enquête coïncidait-il avec les graves anomalies que ceux-ci ne souhaitaient pas se voir reprocher et que pourtant des justiciables, aidés de leurs avocats, leur reprochent depuis, semble-t-il, plusieurs années ?

Cette révolte des juges, par ailleurs orchestrée par la Conférence générale des tribunaux de commerce, et s'appuyant comme on le voit sur des procédés illégaux, paraît inspirée par des méthodes ancestrales. Souvenons-nous des réactions des soixante-dix mille juges seigneuriaux après l'installation, par la Révolution française, de nos premières institutions républicaines. Ces titulaires de charge et d'office avaient réalisé le prodige de se faire admettre – non sans une certaine usurpation – dans l'opinion pour les seuls et les plus autorisés représentants des intérêts du peuple. La jeune assemblée constituante dut prendre le fameux décret du 3 novembre 1789 : « *Tous les parlements continueront de rester en vacance et ceux qui seraient rentrés reprendront l'état de vacance.* » Les républicains avaient déjà dû éprouver la résistance de ce qu'il est convenu aujourd'hui d'appeler l'esprit de corps.

Plus près de nous, la Conférence générale des tribunaux de commerce avait déjà utilisé en 1983 la menace du chantage à la démission collective, lorsque M. Robert Badinter, garde des Sceaux, chercha à réformer les tribunaux de commerce. Son directeur de cabinet, haut magistrat, M. Pierre Lyon-Caen, est venu conter devant la commission d'enquête cette curieuse répétition de l'histoire.

Et il en fut de même dernièrement devant Mme Élisabeth Guigou, garde des Sceaux, au mois d'octobre 1997, lorsque le président de la Conférence générale des tribunaux de commerce annonça, une nouvelle fois, le même chantage à la démission instantanée des juges consulaires si le gouvernement entendait proposer l'échevinage, c'est-à-dire l'introduction de magistrats professionnels dans les tribunaux de commerce dans le but d'offrir de nouvelles garanties aux justiciables.

L'orchestration de cette résistance connut son point culminant au cours de l'audition de M. Jean-Pierre Mattei, président du tribunal de commerce de Paris, par votre Rapporteur et deux de nos collègues, MM. Jacky Darne, député du Rhône, et Jean Codognès, député des Pyrénées-Orientales, le 10 juin dernier. Si le président Mattei, cette fois, acceptait de comparaître et de déposer sous serment, il refusa de répondre aux questions les plus embarrassantes de la commission qui avait relevé quelques anomalies manifestes avec l'aide du ministère public dans plusieurs dossiers dont les enjeux financiers, économiques et sociaux sont considérables.

C'est précisément à raison de cette obstruction – je renvoie à la lecture des procès verbaux, qui parlent d'eux-mêmes – que le Président Colcombet et moi-même avons pris la décision de transmettre à M. le procureur de la République de Paris, non seulement les graves contradictions des déclarations du président Mattei avec certains des juges que la commission d'enquête a interrogés, afin de les faire analyser sous l'angle du faux témoignage, mais aussi l'ensemble des éléments collationnés par la commission d'enquête et votre Rapporteur, laissant penser que de graves infractions pénales pourraient avoir été commises dans le sein du tribunal de commerce de Paris. En outre, nous avons décidé de transmettre aux procureurs de la République compétents dans les départements où la commission s'est rendue les produits de ses investigations concernant plusieurs mandataires de justice dont le comportement a fait apparaître des infractions pénalement répréhensibles.

Ces péripéties montrent à quel point certaines corporations n'admettent pas la réforme quand elle est pourtant hautement nécessaire, rejettent le regard critique exercé par les représentants de la Nation, pourtant dépositaires de l'intérêt général. Mais elles n'ont pas empêché la commission d'enquête de parvenir à un diagnostic fondé sur des observations de terrain et sur des faits. Certains peuvent rassurer, d'autres nous ont paru inquiétants.

C'est à partir de ces constatations et de ce diagnostic que nous avons posé la question d'une réforme en profondeur des juridictions commerciales. Rien ne pourra désormais l'arrêter.

PREMIÈRE PARTIE
CONSTATATIONS ET DIAGNOSTIC

I. — UNE EXCEPTION FRANÇAISE

Les tribunaux de commerce, au nombre de deux cent vingt-sept, forment une juridiction d'exception. Leur originalité se manifeste d'abord au plan national : ils ont survécu depuis le XVIe siècle à toutes les variations de l'Histoire ; ils sont composés de juges élus parmi les commerçants et qui exercent à titre exclusivement bénévole ; ils interviennent de plus en plus dans des domaines non juridictionnels, tels que la prévention des difficultés des entreprises.

Ce caractère original se traduit ensuite au plan international : le modèle français, s'il a pu faire des émules au XIXe siècle ou au début du XXe siècle, n'est plus guère pratiqué à l'étranger, si l'on exclut quelques cas, tels que celui du Maroc qui s'est doté il y a peu d'un système de juridictions consulaires « à la française ».

Enfin, la justice consulaire pratiquée en France est originale par nature : c'est une justice essentiellement privée. Son domaine de compétence, en raison de son mode d'organisation et de la qualité de ses membres, se trouve au point de jonction entre l'intérêt du service public et la vie des affaires, entre l'objectif de justice et la recherche de la rentabilité.

Cette originalité a longtemps assuré en apparence la légitimité du service public de la justice commerciale. Mais, depuis quelques années, comme en témoignent de nombreux rapports, des dysfonctionnements sont apparus, révélant une véritable crise de l'institution. Cette crise est d'autant plus criante que le niveau de justice exigé avec raison par nos concitoyens est devenu plus élevé.

Sans omettre les défaillances de l'institution elle-même, il convient de souligner à quel point la crise fut aggravée par un développement très important des procédures collectives, développement auquel les tribunaux de commerce et les auxiliaires de justice ont fait face avec plus ou moins de succès. Ainsi, *de facto*, les tribunaux les plus importants ont su développer des outils de prévention des difficultés des entreprises, hors du champ juridictionnel, tandis que les plus petits d'entre eux, ayant connaissance d'un très petit nombre d'affaires par an, se sont souvent contentés de s'en remettre aux auxiliaires de la justice commerciale que sont les mandataires judiciaires à la liquidation des entreprises et les administrateurs judiciaires.

Conçue sur mesure pour régler les contentieux nés de l'activité commerciale, la justice consulaire fait figure d'exception, à la fois dans le paysage juridictionnel français, mais également par rapport aux systèmes en vigueur à l'étranger. Une organisation complexe, résultat d'une longue histoire, renforce ce caractère « exceptionnel ».

A. — UNE DOUBLE LÉGITIMITÉ : HISTOIRE ET SPÉCIFICITÉS DE L'ACTIVITÉ COMMERCIALE

L'article L. 311–2 du code de l'organisation judiciaire précise que *« le tribunal de grande instance a compétence exclusive dans les matières déterminées par les lois et règlements »*. Les tribunaux de commerce n'ont qu'une compétence d'attribution. Le code de l'organisation judiciaire dispose ainsi, dans son article L. 411–1, que « *leur compétence est déterminée par le code de commerce et par les lois particulières* ». Comme pour relever le caractère spécial de cette compétence, le législateur insiste dans l'article L. 411–3 du code précité : « *Dans les circonscriptions où il n'est pas établi de tribunal de commerce, le tribunal de grande instance connaît des matières attribuées aux tribunaux de commerce.* »

De façon plus précise encore, l'article 631 du code de commerce affirme que :

« *Les tribunaux de commerce connaîtront :*

« *1° des contestations relatives aux engagements et transactions entre négociants, marchands et banquiers ;*

« *2° des contestations entre associés, pour raison d'une société de commerce ;*

« 3° de celles relatives aux actes de commerce entre toutes personnes. »

Pour justifier cette justice d'exception, deux principaux arguments sont traditionnellement invoqués : la pérennité de l'institution dans le temps, sa compétence technique adaptée aux réalités du commerce.

Or, il faut malheureusement constater que cette double légitimité doit être discutée. En effet, d'une part, le caractère durable de la juridiction consulaire ne signifie pas qu'elle doit être intangible dans ses modes de fonctionnement et son organisation. D'autre part, la connaissance que les juges issus du monde commerçant ont des réalités économiques, aussi large soit-elle, ne saurait suffire à rendre une bonne justice. Et ce, d'autant plus que la compétence attribuée aux tribunaux de commerce s'est élargie à des domaines nouveaux et que le monde des affaires est devenu de plus en plus vaste et compliqué.

1. — L'histoire, principale source de légitimité et facteur d'inertie

De toutes les juridictions, la juridiction consulaire est la seule qui ait survécu presque en l'état à la période révolutionnaire. Apparue au XVIe siècle dans sa forme moderne, la juridiction consulaire faisait alors figure de juridiction d'avant-garde.

Sans cesse évoqué pour légitimer le maintien de l'organisation actuelle dans ses principes, ce glorieux passé tend à sacraliser une institution devenue monolithique et fermée, alors même que les responsabilités qui lui ont été attribuées, notamment en matière de procédures collectives, sont devenues de plus en plus importantes et de moins en moins transparentes.

a) Une remarquable continuité

Indubitablement, la justice consulaire a su s'imposer face aux juridictions ordinaires et a perduré parce qu'elle a fait preuve d'incontestables qualités :

– rapidité des jugements nécessaire à la bonne marche des affaires ;

– connaissance précise des usages commerciaux dans des temps où chaque bailliage, chaque ville avait ses propres pratiques ;

– coût financier nul pour l'État, voire supplément de ressources.

Ces caractéristiques étaient déjà réunies à Athènes dans les tribunaux des métèques, qui n'avaient pas accès aux tribunaux de leur cité de résidence mais qui obtinrent la création de juridictions spéciales. Presque tous commerçants, marins ou industriels, ils traitaient dans leurs tribunaux des affaires essentiellement commerciales.

Rome entreprit de fondre le droit commercial dans son droit des gens et les spécificités de la justice commerciale disparurent. Il faudra attendre la fin du Haut Moyen Âge pour voir réapparaître des juridictions commerciales spécifiques, tenues par des professionnels du commerce.

L'Ancien Régime

Il faut en effet rechercher l'origine des juridictions consulaires dans le développement des foires médiévales de Saint-Denis, de Champagne ou encore du Lyonnais. Des gardes de foires, devenus plus tard conservateurs des privilèges de la foire, étaient chargés de façon temporaire de régler les conflits de nature civile, commerciale ou pénale, nés entre toutes personnes participant à la foire.

Un mouvement de spécialisation et la montée du commerce moderne légitimèrent la création de juridictions dédiées uniquement et de manière permanente au règlement des conflits commerciaux. On passa ainsi progressivement d'un système d'officiers royaux à un système de juridictions professionnelles inspirées du modèle italien. Les premières juridictions furent créées à Lyon en 1419, à Toulouse en 1549, à Rouen en 1556 et à Paris en 1563. C'est à cette date qu'un édit royal, rédigé par Michel de l'Hospital, permit à toutes les villes de France de se doter de juridictions consulaires, appelées alors « tribunaux des juges et consuls ». Les consuls étaient désignés par leurs pairs commerçants et placés sous l'autorité d'un « juge » choisi parmi eux.

Se heurtant souvent à l'hostilité des juridictions ordinaires et au poids des particularismes locaux, ces nouvelles institutions éprouvèrent dans un premier temps des difficultés à s'imposer. L'ordonnance du commerce de mars 1673 vint préciser leur organisation et leur compétence.

Créée au XVIe siècle, maintenant sa place au XVIIe siècle, la justice consulaire connut un renouveau au XVIIIe siècle. On vit alors une reprise des créations de tribunaux, parallèlement au développement du commerce. La commission Miromesnil, chargée d'établir un code de commerce (1778-1789), faisait ainsi référence à une « *justice prompte et peu dispendieuse* » susceptible de répondre aux attentes des commerçants.

La monarchie a laissé se développer une justice commerciale indépendante, parce qu'elle avait besoin de l'appui financier et politique de la bourgeoisie marchande dont les membres les plus éminents peuplaient les juridictions consulaires. C'est bien sur la base de ce compromis que les tribunaux de commerce ont pu s'implanter dans le paysage juridictionnel français. Or, ce compromis n'a plus aucun sens aujourd'hui.

La Révolution

Justice concédée à des particuliers pour qu'ils règlent leurs affaires privées, la justice commerciale résista aux réformes révolutionnaires. Rapide, parfois même expéditive, peu coûteuse, démocratique dans la mesure où les juges consulaires étaient élus au second degré par les marchands de la ville qui désignaient un collège de marchands notables, parmi lesquels étaient choisis un juge et quatre consuls assesseurs, elle sut conserver son organisation et maintenir son autorité.

Lors des débats sur l'organisation judiciaire, les adversaires des juridictions consulaires furent peu nombreux, et beaucoup de réformateurs considéraient leur maintien comme nécessaire à l'ordre social et voyaient dans « *leurs juges des connaisseurs irremplaçables des choses du négoce* » [1]. Les rédacteurs des cahiers des doléances réclamèrent souvent la création de telles juridictions dans le plus grand nombre possible de villes.

Les juridictions consulaires ne figuraient pas parmi les préoccupations majeures des réformateurs de l'organisation judiciaire. Pourtant, lors des débats, le débat entre unité et diversité juridictionnelle toucha également la justice consulaire : la question était de savoir si, dans le grand mouvement de réforme de l'organisation des juridictions, les tribunaux de commerce devaient être maintenus dans

1. Voir Jean-Pierre ROYER, *Histoire de la justice en France*, Paris, 1996.

leur spécificité ou bien intégrer un nouvel ensemble juridictionnel unitaire et hiérarchisé.

Certains, parmi les plus progressistes, défendaient le principe de l'unité juridictionnelle, principe qui avait commandé la réorganisation de l'ensemble des juridictions ordinaires. Ainsi, le député Defermon soutenait : « *Je ne puis croire que vous écartiez cette unité qui fait la base de la Constitution. Bien loin de voir des motifs qui puissent vous engager à conserver les tribunaux de commerce, je n'y trouve qu'une source d'inconvénients (...). La formation des tribunaux d'exception fournit des contestations sur les matières dites consulaires, et sur celles dites ordinaires ; elle fournit des aliments à la chicane. Qu'a-t-on à craindre en attribuant le jugement de toutes les causes aux tribunaux ordinaires ? La juridiction consulaire n'excitait notre admiration que parce que nous la comparions à une foule d'autres plus vexatoires.* »

À l'inverse, au sein des représentants issus de la bourgeoisie marchande favorable à l'exception consulaire, le député Paul Nairac affirmait : « *Il n'y aura jamais de tribunal moins à charge à la nation, où la justice soit rendue avec plus de célérité, où les subtilités de la chicane soient aussi peu connues et où il en coûte moins pour plaider.* » [1] On le voit, après deux siècles, les termes du débat n'ont rien perdu de leur fraîcheur. Le principe général du maintien de ces juridictions spécialisées fut acquis par un décret du 27 mai 1790.

La loi des 16-24 août 1790 créa les tribunaux de commerce. Un décret du 24 mars 1791 disposa que l'appel serait porté devant l'un des tribunaux de district de l'arrondissement, tandis que la loi du 18 mars 1800 institua les cours d'appel, désormais compétentes pour juger des décisions des tribunaux de commerce en seconde instance. Le personnel consulaire lui-même changea peu, même en 1793, et joua un rôle essentiel dans la pérennité de l'institution.

Bien représentée dans les différentes assemblées délibérantes révolutionnaires, la bourgeoisie marchande sut conserver la spécificité de la justice consulaire, qui, par ailleurs, présentait toujours l'avantage d'être peu coûteuse pour les finances de l'État.

1. Voir Débats de l'Assemblée nationale du 27 mai 1790, *Archives parlementaires*, première série, tome XIV.

L'époque contemporaine

Entré en vigueur avec la loi du 14 septembre 1807, le code de commerce consacra la juridiction consulaire et fixa définitivement ses attributions. La création des juridictions releva désormais de l'administration centrale du ministère de la Justice. Un décret du 6 octobre 1809 relatif à l'organisation de la justice commerciale comportait une annexe qui fixa notamment la liste des deux cent seize villes en France qui devaient accueillir un tribunal de commerce.

LA JUSTICE CONSULAIRE VUE PAR BALZAC

Balzac publie en 1837 Histoire de la grandeur et de la décadence de César Birotteau. *Il y raconte les déboires d'un parfumeur, juge consulaire, adjoint d'un maire d'arrondissement, dans les années 1818-1819. Négociant honnête, César Birotteau se trouve victime d'un de ses anciens employés, du Tillet, devenu brasseur d'affaires. Il est conduit à déposer son bilan. Balzac, qui lui-même s'est trouvé plusieurs fois face au tribunal de commerce, dépeint sans concession le fonctionnement d'une institution dont certains traits frappent par leur actualité.*

« Sur le vu du bilan, le tribunal de commerce nomme aussitôt un juge-commissaire qui veille aux intérêts de la masse des créanciers inconnus et doit aussi protéger le failli contre les entreprises vexatoires de ses créanciers irrités : double rôle qui serait magnifique à jouer, si les juges-commissaires en avaient le temps. Ce juge-commissaire investit un agent du droit de mettre la main sur les fonds, les valeurs, les marchandises, en vérifiant l'actif porté dans le bilan ; enfin le Greffe indique une convocation de tous les créanciers, laquelle se fait au son de trompe des annonces dans les journaux. Les créanciers faux ou vrais sont tenus d'accourir et de se réunir afin de nommer des syndics provisoires qui remplacent l'agent, se chaussent avec les souliers du failli, deviennent par une fiction de la loi le failli lui-même, et peuvent tout liquider, tout vendre, transiger sur tout, enfin fondre la cloche au profit des créanciers, si le failli ne s'y oppose pas...

« Ce beau drame commercial a trois actes distincts : l'acte de l'agent, l'acte des syndics, l'acte du concordat. Comme toutes les pièces de théâtre, il offre un double spectacle : il a sa mise en scène pour le public et ses moyens cachés, il y a la représentation vue du parterre et la représentation vue des coulisses. Dans les coulisses sont le failli et son agréé, l'avoué des commerçants, les syndics et l'agent, enfin le juge-commissaire. Personne hors Paris ne sait, et personne à Paris n'ignore qu'un juge au tribunal de commerce est le plus étrange magistrat qu'une Société se soit permis de créer. Ce juge peut craindre à tout moment sa justice pour lui-même. Paris a vu le président de son tribunal de commerce être forcé de déposer son bilan. Au lieu d'être un vieux négociant retiré des affaires et pour qui cette magistrature serait la récompense d'une vie pure, ce juge est un commerçant surchargé d'énormes entreprises, à la tête d'une immense maison. La condition *sine qua non* de l'élection de ce juge, tenu de juger les avalanches de procès commerciaux qui roulent incessamment dans la capitale, est d'avoir beaucoup de peine à conduire ses propres affaires. Ce tribunal de commerce, au lieu d'avoir été institué comme une utile transition d'où le négociant s'élèverait sans ridicule aux régions de la noblesse, se compose de négociants en exercice, qui peuvent souffrir de leurs sentences en rencontrant leurs parties mécontentes (...).

« Le juge-commissaire est donc nécessairement un personnage devant lequel il se dit beaucoup de paroles, qui les écoute en pensant à ses affaires et qui s'en remet de la chose publique aux syndics et à l'agréé, sauf quelques cas étranges et bizarres, où les vols se présentent avec des circonstances curieuses, et lui font dire que les créanciers ou le débiteur sont des agents habiles. Ce personnage, placé dans le drame comme un buste royal dans une salle d'audience, se voit le matin, entre cinq et sept heures, à son chantier, s'il est marchand de bois ; dans sa boutique, si, comme jadis Birotteau, il est parfumeur, ou le soir, après dîner, entre la poire et le fromage, d'ailleurs toujours horriblement pressé. Ainsi ce personnage est généralement muet. Rendons justice à la Loi : la législation, faite à la hâte, qui régit la matière a lié les mains du juge-commissaire et dans plusieurs circonstances il consacre des fraudes sans les pouvoir empêcher (...).

« L'agent, au lieu d'être l'homme des créanciers, peut devenir l'homme du débiteur. Chacun espère pouvoir grossir sa part en se faisant avantager par le failli, auquel on suppose toujours des trésors cachés. L'agent peut s'utiliser des deux côtés, soit en n'incendiant pas les affaires du failli, soit en attrapant quelque chose pour les gens influents : il ménage donc la chèvre et le chou. Souvent un agent habile a fait rapporter le jugement en rachetant les créances et en relevant le négociant, qui rebondit alors comme une balle élastique. L'agent se tourne vers le râtelier le mieux garni, soit qu'il faille couvrir les plus forts créanciers et découvrir le débiteur, soit qu'il faille immoler les créanciers à l'avenir du négociant. Ainsi, l'acte de l'agent est l'acte décisif. Cet homme, ainsi que l'agréé, joue la grande utilité dans cette pièce où, l'un comme l'autre, ils n'acceptent leur rôle que sûrs de leurs honoraires. Sur une moyenne de mille faillites, l'agent est neuf cent cinquante fois l'homme du failli. À l'époque où cette histoire eut lieu, presque toujours les agréés venaient trouver le juge-commissaire et lui présentaient un agent à nommer, le leur, un homme à qui les affaires du négociant étaient connues et qui saurait concilier les intérêts de la masse et ceux de l'homme honorable tombé dans le malheur. Depuis quelques années, les juges habiles se font indiquer l'agent que l'on désire, afin de ne pas le prendre, et tâchent d'en nommer un quasi-vertueux...

« Quand un boutiquier arrive au dépôt de son bilan, le pauvre honnête homme a vendu le châle de sa femme, a engagé son argenterie, a fait flèche de tout bois et a succombé les mains vides, ruiné, sans argent même pour l'agréé, qui se soucie fort peu de lui.

« Cet effroyable gâchis commercial est si bien apprécié à Paris, qu'à moins d'être intéressé dans la faillite pour une somme capitale, tout négociant, quelque peu affairé qu'il soit, accepte la faillite comme un sinistre sans assureurs, passe la perte au compte des profits et pertes et ne commet pas la sottise de dépenser son temps ; il continue à brasser ses affaires. Quant au petit commerçant, harcelé par ses fins de mois, occupé de suivre le char de sa fortune, un procès effrayant de durée et coûteux à entamer l'épouvante, il renonce à y voir clair, imite le gros négociant, et baisse la tête en réalisant sa perte.

« Les gros négociants ne déposent plus leur bilan, ils liquident à l'amiable : les créanciers donnent quittance en prenant ce qu'on leur offre. On évite alors le déshonneur, les délais judiciaires, les honoraires d'agréés, les dépréciations de marchandises. Chacun croit que la faillite donnerait moins que la liquidation. Il y a plus de liquidations que de faillites à Paris.

« Après l'homologation de ce concordat, le failli redevient négociant comme devant : on lui rend son actif, il recommence ses affaires, sans être privé du droit de faire faillite des dividendes promis, arrière-petite-faillite qui se voit souvent, comme un enfant mis au jour par une mère neuf mois après le mariage de sa fille. »

Le XIXe siècle marqua un renforcement de l'implantation des tribunaux de commerce. Mais la compétence juridique des juges consulaires, l'absence de représentant du parquet auprès des tribunaux de commerce alimentait un débat déjà d'une grande violence. Un spécialiste de la question, É. Pierre Menuisier dénonce ainsi, en 1897, dans son ouvrage *Réforme des tribunaux de commerce – Création d'un ministère*, « *le règne florissant de cette catégorie d'agents d'affaires* », dont le « *privilège exorbitant et scandaleux* » tendrait à créer « *un monopole odieux* » au profit « *d'hommes insatiables* ». L'absence de l'État auprès des tribunaux de commerce est stigmatisée comme elle l'avait été déjà au début du XIXe siècle.

L'institution résiste aux critiques en organisant ses intérêts. C'est ainsi qu'est créée en 1897 une Conférence générale des tribunaux de commerce. En 1898, 168 tribunaux sur 224 ont adhéré à la Conférence. La Conférence générale des présidents et membres des tribunaux de commerce de France se voit reconnaître d'utilité publique par un décret du 9 juin 1926.

Avec la crise des années trente, la justice consulaire se trouve confronté aux conséquences de la multiplication des défaillances d'entreprise. Des similitudes avec la situation actuelle peuvent être recherchées : complexification des relations commerciales, abondance et complexité des législations, multiplication des difficultés pour les entreprises.

Pendant l'Occupation, les juges consulaires, comme les juges ordinaires, ont prêté sans aucune difficulté serment au maréchal Pétain. Aucun incident n'est relevé à cet égard. Un décret du 27 octobre 1939 prévoit que les élections aux tribunaux de commerce sont suspendues et que les juges sont maintenus en fonctions. Les tribunaux de commerce appliquent les lois, décrets et arrêtés promulgués par l'État français.

À la Libération, les juridictions consulaires menacées par les nouvelles autorités trouvent un appui auprès des gardes des Sceaux successifs qui appellent à la coopération entre tribunaux de commerce et Chancellerie pour rétablir la morale commerciale, dans un climat de développement du marché noir.

Elles traverseront la IVe et la Ve République, maintenant leur position dans le paysage juridictionnel français. La crise économique et les lois de 1984 et 1985 [1] vont accroître leur rôle et placer les procédures collectives au cœur de leur action.

Il est important de noter que la réforme intervenue au début des années 1980 comportait, outre le volet « prévention » et le volet « traitement des difficultés des entreprises », un volet « tribunaux de commerce » qui était destiné à venir appuyer les réformes de procédure sur de nouvelles structures. Or, le projet a été abandonné face aux pressions exercées par le corps des magistrats consulaires qui menaçaient de démissionner en bloc, mais aussi face aux résistances locales. Ainsi, la réforme en profondeur qui avait été prévue n'a pas été appliquée et a laissé presque en l'état l'organisation des juridictions consulaires, laissant nombre de problèmes en suspens, problèmes que la commission a tenté de mettre en lumière dans le présent rapport.

Ce court panorama historique montre à quel point les juridictions consulaires ont su faire preuve de souplesse et de capacité de défense, deux qualités détenues par leurs membres et héritées de la pratique du commerce. Mais il faut souligner qu'une telle continuité s'explique également par l'immense avantage tiré par l'État de la gratuité de l'institution. En effet, on peut rappeler que les juges consulaires exercent à titre bénévole et que les dépenses de fonctionnement étaient assurées jusqu'en 1982 par les seuls départements.

Une étude, même succincte, des compétences des tribunaux de commerce suggère que la pérennité de l'institution s'est accompagnée d'une extension de son rôle dans le règlement des conflits commerciaux et la solution des défaillances d'entreprises.

1. Lois n° 84-148 du 1er mars 1984 relative à la prévention et au règlement amiable des difficultés des entreprises et n° 85-98 du 25 janvier 1985 relative au redressement et à la liquidation judiciaires des entreprises.

b) Des compétences étendues : de la foire à la Bourse

Héritières des gardes de foires médiévaux, les juridictions consulaires ont su progressivement faire reconnaître leurs compétences, d'abord par le pouvoir royal par le biais des députés du commerce [1], puis par le pouvoir républicain.

Compétentes pour juger tous les différends qui pouvaient surgir entre marchands pour cause de marchandise, elles se virent en effet concéder, à partir de 1715 le jugement de toutes les questions de faillite et de banqueroute simple, tandis que les banqueroutes frauduleuses à caractère pénal relevaient de la justice royale ordinaire.

La loi du 28 mai 1838 accorda aux tribunaux de commerce la connaissance des faillites. La loi de 1856 abroge l'obligation de l'arbitrage pour les litiges entre associés et offre ce contentieux au juge commercial. La loi de 1893 décide que toute société anonyme est soumise, quel que soit son objet, au droit commercial.

Les décrets-lois signés entre 1953 et 1955 confirment, s'il en était besoin, le rôle éminent joué par les juridictions consulaires : nouveau droit de la faillite, réforme des conditions d'exercice du privilège du Trésor et de la Sécurité sociale, allongement du mandat des présidents de tribunal, institution de postes de président de chambre.

Le tribunal de commerce est, aujourd'hui, compétent pour juger les litiges entre les entreprises, en toutes matières, y compris en droit boursier et financier, en droit communautaire et en droit national en matière de commerce et de concurrence. Il tranche les conflits relatifs aux actes de commerce entre toutes les personnes, ainsi que les litiges opposant des particuliers à des commerçants ou sociétés commerciales dans l'exercice de leur commerce, et il examine les contestations entre les associés d'une société commerciale (article 631 du code de commerce). Il convient cependant de noter que les contestations entre associés d'une société de professions libérales soumises à un statut législatif ou réglementaire ou dont le titre est protégé relèvent de la compétence des tribunaux civils (article 631-1 du code de commerce). L'ensemble de ces matières forment ce que l'on appelle le

1. Élus des grandes villes commerçantes du royaume, porteurs des vœux des marchands, placés auprès du conseil puis du bureau du commerce au sein de l'administration royale.

« contentieux général », dans lequel domine le contentieux des injonctions de payer.

En vertu de l'article 639 du code de commerce, « *les tribunaux de commerce jugent en dernier ressort les demandes dont le principal n'excède pas la valeur de 13 000 francs* ».

Par ailleurs, le tribunal de commerce est également compétent pour les défaillances d'entreprises commerciales et artisanales (articles 34 et suivants de la loi n° 84–148 du 1er mars 1984 relative à la prévention et au règlement amiable des difficultés des entreprises, article 7 de la loi n° 85–98 du 25 janvier 1985 relative au redressement et à la liquidation judiciaires des entreprises). Il intervient ainsi dans les procédures de prévention, de redressement ou de liquidation judiciaire. En revanche, les procédures collectives engageant des sociétés civiles, des associations ou des structures agricoles échappent à ses attributions.

LES PROCÉDURES DEVANT LE TRIBUNAL DE COMMERCE

Quatre types de procédure sont pratiqués devant les tribunaux de commerce.

• **La procédure ordinaire**

La saisine du tribunal de commerce se fait par assignation par le biais d'un huissier, par requête conjointe des deux parties au greffe du tribunal ou par présentation volontaire des parties devant le tribunal (articles 57 et 854 du nouveau code de procédure civile).

Quelques différences apparaissent par rapport à la procédure civile ordinaire.

Il n'y a pas de constitution d'avocat d'aucun côté, ni de tentatives de conciliation ou d'écritures. Le demandeur ne pose point de conclusions qui sont considérées comme formulées dans le libellé de l'exploit de citation. Le défendeur pose ses conclusions verbalement à l'audience (article 871 du NCPC). Quand elles sont verbales, il peut les consigner dans un procès-verbal ; il peut aussi les remettre par écrit au greffier, qui les note au dossier.

Il n'y a pas de juge de la mise en état, mais un juge Rapporteur (articles 862 à 868 du NCPC). Enfin, le ministère public ne fonctionne pas organiquement devant les tribunaux de commerce.

• **L'injonction de payer**

Réglée par les articles 1405 à 1425 du nouveau code de procédure civile et par l'article R. 411–1 du code de l'organisation judiciaire, cette procédure permet d'obtenir rapidement auprès du président du tribunal le paiement d'une créance. La demande est déposée au greffe du tribunal, accompagnée de tout document attestant l'existence de la créance (bon de commande, lettres de rappel de paiement, etc.).

• **La procédure de référés**

Cette procédure rapide et simplifiée permet de saisir en urgence le président du tribunal, pour qu'il tranche un litige, à titre provisoire, lorsque la demande n'est pas sérieusement contestable (articles 872 et 873 du nouveau code de procédure civile).

• **Les requêtes au président**

Le président peut rendre des ordonnances sur requête, notamment pour autoriser des mesures conservatoires (loi n° 91–650 du 9 juillet 1991 portant réforme des procédures civiles d'exécution), des assignations à bref délai, des réassignations par huissier commis après défaut d'une partie, en cas de pluralité de défendeurs, mais aussi le paiement d'une lettre de change, d'un warrant ou d'un récépissé de marchandises perdues.

Il peut également, par ce moyen, désigner des experts pour vérifier et constater l'état d'objets transportés en cas de contestation, pour commettre un huissier en vue de signifier un jugement de défaut, en cas d'empêchement de celui qui avait été nommé par jugement ou pour faire un constat, pour commettre un officier public autre qu'un courtier assermenté pour procéder à la vente d'un gage commercial (article 93 du code de commerce), pour délivrer une injonction de payer en matière de recouvrement de certaines créances ainsi qu'en de nombreux cas prévus par la loi n° 66-537 relative aux sociétés commerciales, son décret d'application du 23 mars 1967 et par la loi du 1er mars 1984 et son décret d'application du 1er mars 1985 sur le règlement amiable, enfin pour désigner un administrateur provisoire ou un mandataire *ad hoc*.

• **Les procédures collectives : prévention, redressement ou liquidation judiciaires des entreprises**

Si une entreprise est en difficulté, le président du tribunal peut convoquer les dirigeants pour rechercher avec les créanciers une solution amiable.

Si l'entreprise est dans l'impossibilité de faire face à son passif (règlement des cotisations sociales, des salaires, des factures...), c'est-à-dire en cessation des paiements, une procédure de redressement ou de liquidation judiciaire est ouverte d'office, à la demande du débiteur, du ministère public, d'un créancier ou du comité d'entreprise ou des délégués du personnel. Le tribunal prononce l'ouverture de la procédure, désigne un mandataire judiciaire en tant que représentant des créanciers, et le cas échéant un administrateur judiciaire. Les salariés de l'entreprise élisent leur représentant.

L'entreprise ne peut payer les créances nées avant l'ouverture de la procédure. Les poursuites individuelles des créanciers, les intérêts et majorations, sont suspendues. Les contrats en cours peuvent néanmoins être poursuivis.

L'activité de l'entreprise peut se poursuivre pendant 20 mois au plus (régime général) ou 8 mois (procédure simplifiée). C'est la période d'observation. À l'issue de cete période, le tribunal prononce le redressement (plan de continuation ou cession de l'entreprise à un tiers) ou la liquidation judiciaire, qui peut être prononcée dès l'ouverture de la procédure. Dans ce dernier cas, la poursuite de l'activité est limitée à 4 mois.

Incarnation du modernisme sous l'Ancien Régime, la juridiction consulaire a vu son champ d'intervention s'élargir progressivement, mais sans que les principes de son organisation aient été remis en cause. Elle n'offre plus aujourd'hui cette image de modernité qui a assuré en partie sa légitimité. L'exemple de la carte judiciaire des juridictions consulaires qui a subi très peu de variation depuis le XVIIIe siècle montre à quel point les tribunaux de commerce sont tributaires de leur passé.

Il reste que la justice consulaire est une justice rendue par des professionnels au fait des pratiques et des usages commerciaux.

2. – Le dogme de la spécificité de l'activité commerciale

La proximité des juges consulaires et des pratiques commerciales constitue, avec la tradition historique, la principale source de légitimité de l'exception consulaire.

Parce que l'activité commerciale s'accommode mal, par tradition, de procédures longues et d'une publicité excessive, parce qu'elle est basée essentiellement sur des relations contractuelles et interpersonnelles, l'institution des tribunaux de commerce fondée sur le principe de juges bénévoles élus par des commerçants parmi des commerçants apparaît pleinement justifiée. La célérité des jugements rendus par l'institution est l'une des qualités les plus attendues de son fonctionnement. Si elle peut être souvent constatée dans les procédures simples de contentieux général, à savoir celles concernant les injonctions de payer, faciles à juger la plupart du temps, elle est plus difficile à établir dans les contentieux complexes, techniques ainsi que dans les procédures collectives. Selon le Conseil national des greffiers des tribunaux de commerce, le délai est de 3 jours pour une injonction de payer, de 8 jours pour un référé et entre 6 et 8 mois pour les jugements.

Les connaissances techniques et pratiques des juges consulaires sont ainsi mises en avant pour légitimer l'exception que constituent les tribunaux de commerce. En effet, qui mieux qu'un commerçant peut juger un autre commerçant ? Lors des débats du 27 mai 1790 relatifs au maintien de l'exception de la juridiction consulaire, le député Leclerc s'interrogeait : « *Qui peut mieux connaître la probité et la capacité d'un marchand que des marchands ? Qui peut mieux juger des causes presque toutes appuyées sur des faits, que ceux qui pratiquent journellement ces mêmes faits ?* » [1]

Appliqué à notre époque, cet argument joue à plein dans des domaines tels que ceux déjà évoqués de la prévention ou de la médiation, qui s'effectuent dans le cadre de règles juridiques particulièrement souples. L'expérience des juges consulaires, en fonction ou honoraires, dans les tribunaux les plus importants, est en mesure de contribuer à résoudre de nombreux problèmes qui se posent aux entreprises en difficulté, en amont de toute procédure judiciaire. Par ailleurs, la proximité sociologique des différents acteurs de ce type d'opérations facilite les contacts et la recherche de solutions adéquates.

De façon plus générale, dans les matières réglées de façon stricte par le droit et dans lesquelles l'argument de leurs connaissances pratiques est moins prégnant, les juges consulaires invoquent leur capacité à juger en équité et de façon rapide, dégagés qu'ils sont de tout souci relatif à la gestion d'une carrière au sein de l'appareil judiciaire. Ils se présentent comme des « juges de la Cité », des « juges citoyens ».

Pour Thaller déjà, à la fin du XIXe siècle, dans ses *Annales du droit commercial*, la connaissance du droit par des hommes de la pra-

1. Voir Débats de l'Assemblée nationale du 27 mai 1790, *Archives parlementaires*, première série, tome XIV.

tique n'était plus aussi nécessaire que dans le passé, la part des usages s'étant considérablement restreinte, tandis que les juges élus restant peu de temps en place laissaient la réalité du pouvoir à des auxiliaires qui n'offraient pas grandes garanties. Nous retrouverons ce problème avec les mandataires de justice.

L'extension considérable du champ du droit commercial et la complexification du monde des affaires accroissent le champ d'intervention des juges consulaires. Et aucun juge consulaire, aussi expérimenté soit-il, n'est susceptible d'être compétent dans tous les domaines dans lesquels il peut être appelé à intervenir. Ainsi, M. Pierre Bézard, président de la chambre commerciale de la Cour de cassation, lors de son audition par la commission, a déclaré à propos des juges consulaires : « ***La question de leur légitimité se pose quand même, dès lors que des juges sont élus par des commerçants, non plus pour des affaires de commerce, non plus pour être des arbitres de leur propre profession, mais pour des affaires concernant d'autres domaines tels que le droit du contrat, le cautionnement, les garanties...*** » Le professeur Michel Germain souligne que « *le droit commercial n'est plus le droit commercial et il devient, selon les cas, droit des affaires, droit économique, voire droit commercial des affaires* » [1].

De la même façon, la conciliation des multiples objectifs fixés par la législation sur les procédures collectives exige une connaissance des questions économiques et sociales beaucoup plus large que celle offerte par la pratique du commerce. D'une manière générale, spécialisation et démocratie ne sont pas nécessairement liées lorsque la matière considérée concerne le plus grand nombre, ce qui est le cas des procédures collectives. Aristote, dans sa défense de la démocratie, dissocie ainsi compétence technique et légitimité à juger : « *Le fabricant ne saurait être ni le seul ni le meilleur juge, dans la mesure où ceux qui ne sont pas des techniciens ont aussi à connaître des produits : connaître d'une maison, par exemple, ce n'est pas seulement le fait de celui qui la construit, mais celui qui s'en sert en juge mieux (...) ; de même en est-il du pilote par rapport au charpentier, pour le gouvernail, et dans le cas du festin c'est le convive et non le cuisinier qui jugera le mieux.* » [2]

De nos jours, le juge consulaire élu parmi les commerçants ne cuisine plus pour les seuls commerçants. La pertinence de l'argument de la spécialisation est de moins en moins claire.

1. Michel Germain, « Les tribunaux de commerce entre passé et avenir », *in Droit & Patrimoine,* octobre 1997, page 38.
2. Aristote, *Politique,* III, 11, 1282-a.

Elle l'est d'autant moins que le juge commercial est amené, aujourd'hui, à appliquer des mesures répressives (sanctions de faillite personnelle). Un juge commerçant est-il le mieux à même de sanctionner un autre commerçant ?

LES COMMERÇANTS SONT-ILS LES SEULS COMPÉTENTS POUR JUGER DES COMMERÇANTS ?

L'AVIS D'UN MAGISTRAT PROFESSIONNEL

Mme Mireille Gazquez, vice-présidente du tribunal de grande instance de Lyon, lors de son audition par la commission, a remis en cause l'exclusivité de la connaissance du commerce et de l'économie que s'attribuent les juges consulaires.

Mme Mireille GAZQUEZ : La lecture des bilans – dont on nous parle souvent – n'est pas un exercice insurmontable ! J'évoquais tout à l'heure la formation des juges commissaires ; sachez que les juges professionnels suivent également une formation – et un certain nombre de juges-commissaires ne savent pas lire un bilan, j'en ai été le témoin. Alors dire que les juges professionnels sont incapables de lire un bilan est un faux argument ; le problème n'est pas là. Il ne s'agit ni d'un problème de compétence, ni de disponibilité, ni d'intérêt, car il s'agit de fonctions passionnantes dans la mesure où l'on prend l'entreprise dans sa globalité, avec ses difficultés et qu'il y a un véritable travail de reconstruction, une aide à apporter. La difficulté est bassement matérielle et concerne l'organisation des services des juridictions de droit commun.

M. le Rapporteur : Il est souvent opposé aux partisans de l'installation de juges professionnels dans les juridictions commerciales l'argument de la culture économique. Ne prendraient-ils pas finalement des décisions fantaisistes, parce que le monde des juges professionnels évolue à huis clos ?

Mme Mireille GAZQUEZ : Je juge des affaires de responsabilité médicale alors que je ne suis pas médecin. Je ne pense donc pas que, pour être un bon juge, on doive avoir la compétence professionnelle de celui que l'on juge. La spécificité économique existe, certes, mais nous sommes entourés de personnes que nous pouvons consulter. Et pourquoi ne pas rattacher les spécialistes des tribunaux de commerce aux TGI ?

Enfin, la légitimation de la juridiction consulaire par la mise en avant de la spécialisation de ses membres reposait également sur le fait que les juges consulaires pouvaient juger en équité, en opportunité, compte tenu de leur bonne connaissance du milieu commerçant. Or, de nos jours, l'encadrement juridique du droit commercial est de plus en plus strict et le juge doit appliquer la loi. Le juge consulaire ne juge plus en opportunité.

En deux siècles, les juridictions consulaires sont passées d'un droit des marchands à un droit de l'entreprise. Elles ont été progressivement amenées à régler des problèmes économiques et sociaux qui ne les concernaient pas directement ; elles doivent désormais arbitrer entre plusieurs objectifs : maintien de l'emploi, assainissement des relations commerciales, satisfaction des créanciers, etc. Cette mutation pose la question de leur organisation et de leurs modes de fonctionnement.

Les critiques ne viennent plus des magistrats ordinaires, jaloux de leurs prérogatives, comme sous l'Ancien Régime, mais des justiciables, du monde de l'entreprise et de l'institution elle-même.

Exception dans le paysage juridique français, la juridiction consulaire à la française est également originale si l'on examine les juridictions de la plupart des pays occidentaux.

B. – L'EXCEPTION FRANÇAISE : DROIT COMPARÉ

1. – Un système unique dans les pays occidentaux

Au sein des pays développés, la juridiction commerciale française est une véritable exception. En effet, seule la France dispose encore de tribunaux de commerce composés uniquement de juges non professionnels, des commerçants élus par leurs pairs. Tous les autres États qui avaient ce type de juridiction les ont soit supprimées, soit transformées en profondeur.

Cette formule de juridiction commerciale élective mise en place au Moyen Âge s'est diffusée progressivement en Europe jusqu'au XVIIIe siècle avant que Napoléon Ier ne l'étendît de manière systématique. Elle ne perdura qu'en France.

Ainsi, aujourd'hui, à côté des tribunaux de commerce français, il existe trois types de justice commerciale : les chambres ou tribunaux échevinés formés par un magistrat professionnel et par des juges commerçants, les juges spécialisés en droit commercial appartenant à la juridiction ordinaire et, enfin, les tribunaux ordinaires.

a) Les chambres ou tribunaux échevinés

En Allemagne, l'introduction de juridictions particulières en matière commerciale est due dans une large mesure à l'influence des idées françaises ; cependant, à la différence des tribunaux de commerce français, les tribunaux allemands ont toujours été présidés par un magistrat professionnel. Leur organisation définitive a été fixée par la loi sur l'organisation judiciaire du 27 janvier 1877. C'est le système qui prévaut en Alsace-Moselle. La chambre commerciale appartient à un tribunal de grande instance.

La compétence de la chambre commerciale n'est pas exclusive. Les parties sont libres de porter le litige devant le tribunal ordinaire. En fait, la chambre commerciale n'est compétente que si le requérant en justice la saisit expressément.

La chambre est composée d'un juge professionnel qui exerce la fonction de président et de deux juges consulaires, appelés « juges commerciaux ». Ils sont nommés pour une durée de trois ans sur proposition des chambres d'industrie et de commerce. Tous les membres de la chambre commerciale jouissent du même droit de vote.

Le président a la tâche de préparer la décision de la formation collégiale. Étant le seul juge permanent, le président possède une série de compétences particulières ; il peut même décider comme juge unique si les parties sont d'accord.

– *En Belgique,* l'échevinage a été instauré en 1967. Auparavant, et depuis 1798, le système qui prévalait était celui des tribunaux de commerce français. Le développement de la réglementation commerciale fut à l'origine de la mise en place, à côté des « commerçants », d'un juge de carrière.

Les tribunaux de commerce sont restés des juridictions indépendantes des tribunaux civils. Ils sont composés d'une ou plusieurs chambres. Chaque chambre est présidée par un magistrat de profession, assisté de deux juges consulaires ayant exercé le commerce pendant deux ans au moins et nommés par le roi et non plus élus.

b) Les juges spécialisés en droit commercial appartenant à la juridiction ordinaire

– *En Angleterre,* il existait un droit commercial autonome avec une juridiction propre mais qui a fusionné avec la *common law* au XVIIIe siècle. Les matières commerciales ne sont donc pas jugées dans des tribunaux spéciaux mais dans les tribunaux civils ordinaires au sein d'une division de la High Court of Justice, la Commercial Court. Les juges de la Commercial Court sont des juges professionnels. Ils sont choisis par leurs pairs pour leur connaissance des affaires commerciales. La procédure devant la Commercial Court est simplifiée, plus rapide et moins coûteuse. La Grande-Bretagne est parvenue à mettre en place une juridiction professionnalisée très performante et très appréciée des étrangers, puisque dans 50 % des affaires dont la Commercial Court est saisie, les deux parties n'ont pas la nationalité britannique.

– *Aux États-Unis,* le système est identique. Il n'existe pas de juridiction commerciale spécifique, les litiges commerciaux relevant du droit commun. Au niveau des États fédérés, la juridiction saisie est la Trial Court comparable au tribunal de grande instance. Le statut des juges est différent selon les États ; le juge peut être élu par le peuple ou l'Assemblée de l'État, ou nommé par le gouverneur. Il exerce ses fonctions au cours d'un mandat limité dans le temps (deux à quinze ans) ou à vie. Au niveau fédéral, la juridiction compétente est la District Court. Les juges fédéraux sont nommés à vie par le président des États-Unis avec l'approbation du Sénat.

Pour le droit de la faillite, la juridiction compétente est la Bankruptcy Court, une formation spéciale de la District Court. Les juges du tribunal des faillites sont des juges fédéraux spécialisés, nommés pour cinq ans.

LA JURIDICTION COMMERCIALE AUX ÉTATS-UNIS

Les États-Unis ont fait le choix de la professionnalisation et de l'indépendance comme l'explique Me Emmanuel Rosenfeld, avocat international :

Me Emmanuel ROSENFELD : Le système français a choisi de voir dans les affaires de faillite ce que j'appellerais « des affaires de proximité ou des affaires de place », ce qui est évidemment, pour prendre un cas important, une option rigoureusement inverse à celle qui a été retenue *ab initio* par les États-Unis puisque la Constitution de ce pays, dans son article 1er, section 7, a tenu à préciser que les affaires de faillites relèvent de la compétence fédérale ce qui signifie deux choses : premièrement, que c'est le Congrès, et non pas les législatures des États, qui a compétence pour légiférer sur le fond en matière de faillites ; deuxièmement, que la faillite est un domaine géré par les juridictions fédérales.

Donc le Congrès ou, plus exactement selon la formule « les pères fondateurs » ou la tradition juridique américaine au sens large, ont considéré qu'il était essentiel de soustraire le domaine de la faillite au jeu des influences locales qui auraient pu se manifester de manière excessive dès lors que, dans un système où les nominations judiciaires dans les États sont essentiellement des nominations électives, de proximité elles aussi, les affaires de faillites seraient entrées dans la compétence des juridictions des États.

c) Les tribunaux ordinaires

Cette catégorie n'établit pas de distinction entre les litiges civils et les litiges commerciaux. Ce système existe en Italie, en Suisse, en Espagne, en Grèce, en Suède, au Luxembourg et aux Pays-Bas.

– *En Italie,* l'idée d'une juridiction unique l'emporta en 1888 pour des raisons politiques car le droit commercial était considéré comme un droit de classe. De plus, le comportement très contestable des juges spéciaux durant la dictature fasciste a fait que la Constitution républicaine de 1948 les a radicalement interdits. Au sein des tribunaux ordinaires, il existe une spécialisation de fait de chacune des sections (responsabilité civile, droit de la famille, droit commercial...).

– *Aux Pays-Bas*, les causes commerciales sont également toutes portées devant le juge « ordinaire ». Les tribunaux de commerce ont existé pendant la validité du code français de procédure civile de 1811 à 1838. À partir de 1838, ils ont disparu ainsi que le droit commercial en tant que branche de droit autonome.

Cependant, les juges civils ont très souvent recours à des experts commerciaux et l'arbitrage est pratiqué de manière fréquente dans la vie des affaires hollandaises (industrie de la construction, etc.).

Une étude comparative des différents systèmes montre donc que la formule initiale de juges exclusivement commerçants a été partout abandonnée, sauf en France. La pratique de la justice commerciale est donc très diverse même s'il existe des points communs. L'appel des décisions en matière commerciale appartient toujours à des juridictions exclusivement composées de magistrats professionnels. Seule existe l'exception autrichienne où le tribunal régional supérieur est échevіné avec une majorité de juges non élus. Ainsi essaie-t-on toujours de concilier la connaissance du monde du commerce et la compétence juridique. L'autre aspect commun réside dans une procédure moins formaliste car, en matière commerciale plus encore qu'en matière civile, la justice se doit d'être rapide.

En matière de justice commerciale, l'exception française est donc réelle. Selon certains, cette exception apparaîtrait de plus en plus saugrenue aux entreprises étrangères et expliquerait l'augmentation des clauses d'exclusion de compétence.

2. – Les clauses d'exclusion de compétence des tribunaux de commerce sont-elles une réaction à cette exception française ?

Dans un certain nombre de contrats internationaux, les clauses d'exclusion de la compétence des tribunaux de commerce français ont augmenté ces dix dernières années. Cette procédure est possible dans la mesure où la compétence n'est pas d'ordre public. Les parties ont alors recours à l'arbitrage. L'arbitrage est un mode conventionnel et coûteux de règlement de litiges par des particuliers choisis par les parties et investis du pouvoir de trancher à la place des juridictions étatiques. Il constitue donc une dérogation importante au monopole de la justice étatique. Cependant, la sentence arbitrale n'a pas de force exécutoire. Pour l'obtenir, l'arbitre doit donc avoir recours au juge étatique ; il s'agit de l'*exequatur*. À cet effet, ont été signés un certain nombre de traités internationaux, le plus connu étant la Convention de New York de 1958, dont la France est un État contractant avec une centaine d'autres États.

Faut-il considérer ce phénomène de recours à l'arbitrage comme un signe de défiance du monde des affaires à l'égard des tribunaux de commerce ? Le CNPF l'a laissé entendre dans son rapport sur l'avenir de la justice consulaire.

La Cour internationale d'arbitrage de la chambre de commerce internationale (créée en 1923), qui occupe une position de premier rang en matière d'arbitrages commerciaux, a indiqué à la commission d'enquête qu'elle n'avait traité que cinq affaires concernant des contrats signés entre deux sociétés françaises, un chiffre à peu près constant sur les cinq dernières années.

Ainsi, s'agissant des affaires d'arbitrage qui opposent des sociétés françaises entre elles, où n'intervient aucun élément d'internationalité, il ne semble pas y avoir de mouvement de fuite de la juridiction consulaire.

Le nombre de procès qui auraient pu être traités devant le tribunal de commerce compétent et qui ont fait l'objet d'un arbitrage est très faible . En effet, ce chiffre de 5 affaires portées devant la CCI (chambre de commerce internationale) doit être rapporté à celui des 450 affaires nouvelles traitées chaque année et celui des 120 affaires impliquant des parties françaises. Il n'empêche qu'il existe, comme le dit M. Emmanuel Rosenfeld, une « ***difficulté propédeutique*** » à expliquer à des investisseurs étrangers ce qu'est un tribunal de commerce car il constitue une exception. Me Rosenfeld a évoqué la crainte chez l'investisseur du « *favoritisme* » : « ***Lorsque l'on négocie un contrat et que l'on discute la clause attributive de juridiction, il est évident que l'on explique à l'investisseur étranger que certains groupes français ont des stratégies d'influence dans les juridictions consulaires, qu'ils sont représentés et qu'il est donc souhaitable d'éviter d'attribuer compétence à ces juridictions.*** »

En réalité, l'arbitrage connaît un développement considérable dans tous les pays développés.

Aujourd'hui, l'arbitrage est l'instrument juridictionnel adéquat pour résoudre les différends commerciaux internationaux. Dans des affaires internationales, les parties ne veulent pas d'une décision prise au nom d'un État dont l'une d'entre elles est ressortissante.

Ainsi, Mme Dominique Outin-Adam, directeur adjoint de la délégation générale des études à la chambre de commerce et d'industrie de Paris déclare à ce sujet : « ***Ce n'est pas tant le rejet du tribunal de commerce français que celui de la justice d'un pays donné. Le raisonnement pourrait être le même vis-à-vis d'un tribunal d'un autre pays (...). Effectivement, personne n'a envie d'être jugé selon le système judiciaire de l'autre pays, par crainte que le juge n'ait tendance à être imprégné de la culture de ce pays.*** »

Ce phénomène de recours à l'arbitrage se retrouve partout, y compris face à des magistratures professionnelles (Allemagne, Pays-Bas...). Avec la mondialisation de l'économie, le recours à l'arbitrage ne pourra que s'amplifier d'autant que les avantages de ce mode de justice sont nombreux : rapidité, confidentialité (peut-être l'avantage le plus apprécié par les milieux d'affaires), choix des arbitres par les parties suivant leur compétence et leur neutralité, caractère conciliateur de la procédure (les arbitres statuent en équité).

Il existe autour des grandes affaires commerciales internationales un véritable marché juridique qui n'est pas seulement créé par les entreprises mais aussi par les cabinets d'avocats dont sont souvent issus les arbitres. M. Lucien Jibert, président de la commission juridique de la chambre de commerce et d'industrie de Paris, attribue cette évolution au développement très important des cabinets anglo-saxons.

Ainsi, le développement de l'arbitrage en France s'explique plus par l'internationalisation de l'économie que par un rejet de la spécificité de la juridiction française par les milieux d'affaires. Il serait cependant illusoire de penser que l'arbitrage puisse remplacer à terme la justice étatique. L'arbitrage demeure un mode exceptionnel de règlement des litiges qui s'adapte bien au commerce international, mais il présente des problèmes de coût (il est souvent une justice de luxe) et d'organisation (l'arbitrage multipartite est très difficile à mettre en œuvre).

S'il ne peut remplacer les juridictions, certains des principes de l'arbitrage – ceux qui concernent par exemple le choix de l'arbitre et les garanties de sa neutralité – pourraient cependant utilement inspirer de nouvelles règles de désignation des juges consulaires. Le Rapporteur y reviendra.

C. – LE SCHÉMA ACTUEL : DES DISPARITÉS QUI COMPLIQUENT LE DIAGNOSTIC

1. – Carte judiciaire ou manteau d'Arlequin ?

Le tribunal de commerce est une juridiction d'exception qui souffre elle-même bien des exceptions. 85 % seulement des juridictions exerçant des compétences commerciales sont des tribunaux de commerce : 227 sur un total de 268, outre-mer compris. La carte consulaire, produit d'une longue histoire, comporte donc des lacunes laissant place à des systèmes très disparates. Leur énumération a même été qualifiée d'« *inventaire "à la Prévert"* » devant la commission, par M. Philippe Lemaire, directeur adjoint à la direction des services judiciaires du ministère de la Justice.

Schématiquement la France compte aujourd'hui :

– 227 juridictions uniquement composées de commerçants ou de cadres supérieurs : les tribunaux de commerce ;

– 26 juridictions composées de magistrats professionnels statuant en matière commerciale ;

– 14 juridictions échevinées : les 7 tribunaux de grande instance à chambre commerciale d'Alsace-Moselle et les 7 tribunaux mixtes de commerce d'outre-mer.

La carte relève de la compétence réglementaire : l'article L. 411-2 du code de l'organisation judiciaire dispose que les tribunaux de commerce sont créés par décret en Conseil d'État, qui fixe leur siège et leur ressort [1].

1. Leur liste figure, avec leur siège et leur ressort, au tableau VII annexé à l'article R. 411-1 du code de l'organisation judiciaire.

• Le principe très général est qu'un **tribunal de commerce** est établi par arrondissement. Mais cette carte indicative, source d'inévitables décalages avec la réalité de l'activité économique, a toujours connu maintes dérogations. Si, le plus souvent, le ressort se confond avec celui du tribunal de grande instance, il correspond dans bien des cas à celui d'un tribunal d'instance, voire seulement à un ou plusieurs cantons. Comme le montre le tableau figurant en annexe, dans la plupart des ressorts de cour d'appel, les tribunaux de commerce sont plus nombreux que les tribunaux de grande instance. Ils sont 227 en métropole, contre 175 tribunaux de grande instance.

Depuis que la loi du 16 octobre 1809 a fixé le siège des tribunaux de commerce, la carte consulaire n'a été retouchée qu'au coup par coup. La grande réforme de la carte judiciaire de 1959 a laissé de côté les juridictions consulaires, et aucun gouvernement n'a eu ensuite le courage de s'attaquer à cet épineux dossier. La répartition des tribunaux de commerce sur le territoire est donc le fossile d'un paysage économique et administratif révolu.

La complexité de la carte consulaire ne fait d'ailleurs que croître : depuis des décennies, le solde des créations et des suppressions est légèrement positif. De toute évidence, les considérations locales pèsent très lourd, et les pressions sont plus fortes pour assurer la pérennité des très petits tribunaux de commerce que pour objecter à des créations d'utilité incertaine. L'illustration la plus récente en a été apportée par le tribunal de commerce de Montélimar, créé à compter du 1er janvier 1998 par décret du 28 mai 1997, mais qui n'a jamais été installé (voir encadré).

UN CAS D'ÉCOLE : LA CARTE CONSULAIRE DANS LA DRÔME

Le département de la Drôme est un abrégé des bizarreries de la carte consulaire et des difficultés de toute retouche partielle. Deux tribunaux de commerce et un tribunal de grande instance se partagent actuellement la compétence commerciale dans ce département relevant de la cour d'appel de Grenoble :

– à l'Est, le tribunal de commerce de Die dont le ressort se confond avec celui du tribunal d'instance de cette ville ;

– au nord du Sillon rhodanien, dans le ressort des tribunaux de grande instance de Romans et de Valence, le tribunal de commerce de Romans ;

– en l'absence du tribunal de commerce au sud du département (Nyons et Montélimar), le tribunal de grande instance de Valence.

Ainsi, un litige entre commerçants de Valence n'est pas jugé dans cette ville mais par des commerçants à Romans, tandis que le même litige né à Montélimar sera soumis aux magistrats professionnels de Valence.

Il a été tenté, depuis de longues années, de remédier à ce double chassé-croisé difficilement compréhensible pour les justiciables. Le dossier a figuré sur le bureau de plusieurs ministres de la Justice successifs, sans qu'un consensus se dégage localement sur l'une des trois grandes solutions envisageables :

– la mise en place d'un tribunal de commerce à compétence départementale, dont le siège serait logiquement situé à Valence, la préfecture, qui abrite plus de la moitié de la population de la Drôme. Les juridictions consulaires de Die et Romans seraient supprimées ;

– inversement, l'extension de la compétence de ces deux tribunaux pour couvrir l'ensemble du département. Le TGI de Valence n'aurait plus alors à statuer commercialement ;

– la création d'un tribunal de commerce à Montélimar, compétent dans les ressorts des tribunaux d'instance de cette ville et de Nyons, d'où trois juridictions consulaires dans la Drôme.

C'est finalement cette troisième option qui a été retenue par le précédent garde des Sceaux, M. Jacques Toubon, et qui s'est traduite dans l'article 2 du décret n° 97-594 du 28 mai 1997, promulgué une semaine avant la formation du gouvernement de Lionel Jospin.

Il est significatif que, à l'heure des choix, l'on ait renoncé à réduire le nombre des juridictions.

Après la nomination de Mme Élisabeth Guigou place Vendôme, il est apparu que cette solution ne recueillait pas un plein accord dans l'ensemble du département : bien acceptée dans la vallée du Rhône, elle suscitait des réserves dans le ressort du tribunal de commerce de Die, qui connaît une très faible activité, et qu'une extension de compétence aurait opportunément renforcé. Dans l'attente d'une analyse approfondie, le nouveau garde des Sceaux n'a pas pris le décret fixant les effectifs de magistrats du tribunal de commerce de Montélimar. Les élections n'ont donc pu être organisées. Le tribunal de grande instance de Valence continue à statuer commercialement, non plus sur le fondement de l'inexistence d'un organisme consulaire, mais de sa carence (article L. 412-6 du code de l'organisation judiciaire).

Ainsi la pérennité de ce paysage consulaire tourmenté, légué par l'histoire, résulte-t-elle de la difficulté à concilier deux exigences contradictoires :

– regrouper les juridictions pour rationaliser les moyens de la justice ;

– assurer le maintien des services publics pour enrayer le déclin de certains pays, comme le Diois dans une optique d'aménagement du territoire.

Cette problématique est exemplaire. Elle est commune à tous les départements où des « petits » tribunaux de commerce ont été maintenus jusqu'à présent.

Il paraît pourtant douteux que les tribunaux de commerce soient le service public le plus adapté à une politique d'aménagement du territoire. Ils ont vocation à représenter les commerçants, donc à refléter le tissu économique, et l'on voit mal comment ils pourraient suppléer à un dynamisme défaillant.

Cette répartition géographique a pour corollaire une grande inégalité de dimensions. Les plus grands tribunaux de commerce comportent plusieurs chambres : 22 à Paris, 17 à Marseille, 9 à Lyon, à Nanterre et à Bobigny. Mais la plupart ne comporte qu'une chambre. Certains ne tiennent audience que par quinzaine, voire moins souvent encore.

• La carte judiciaire des juridictions commerciales comprend également **22 tribunaux de grande instance** en métropole et **1** à la Réunion. Deux cas de figure sont possibles : l'absence ou la carence d'un tribunal de commerce.

Tout d'abord, la carte consulaire comporte des trous : dans certaines circonscriptions, il n'est pas établi de tribunal de commerce. C'est alors le tribunal de grande instance, juridiction de droit commun, qui est compétent pour statuer en matière commerciale, comme le prévoient expressément les articles L. 311-3 et L. 411-3 du code de l'organisation judiciaire. Dans trois départements, la Creuse, la Lozère et la Haute-Savoie, les affaires commerciales ne sont jugées que par des magistrats professionnels des tribunaux de grande instance. Au total, 21 tribunaux de grande instance de métropole et 1 outre-mer exercent la compétence commerciale sur ce fondement [1].

Dans leur ressort, ils connaissent de tous les litiges commerciaux, même si le montant de la demande est inférieur à leur taux de compétence en matière civile. Ils sont bien entendu compétents en matière de procédures collectives.

En second lieu, un tribunal de grande instance peut être amené à statuer commercialement dans le cas où un tribunal de commerce « ne peut se constituer ou statuer », selon les termes de l'article L. 412-6 du code de l'organisation judiciaire. La cour d'appel, saisie par le parquet, désigne alors un tribunal de grande instance pour suppléer le tribunal défaillant. Le greffier du tribunal de commerce dessaisi continue d'exercer ses fonctions, et le mandat de ses juges n'est pas interrompu, à condition bien sûr que le tribunal ait pu se constituer.

1. Il s'agit des tribunaux de grande instance de Digne, Laon, Péronne, Montbéliard, Lure, Albertville, Annecy, Bonneville, Thonon-les-Bains, Avesnes-sur-Helpe, Hazebrouck, Béthune, Bourgoin-Jallieu, Guéret, Belley, Montbrison, Mende, Carpentras, Brèssuire, Dinan et Guingamp en métropole, ainsi que de Saint-Pierre à la Réunion.

Cette situation d'empêchement est le fondement de la compétence du tribunal de grande instance de Valence depuis le 1er janvier 1998, puisque le tribunal de commerce de Montélimar, créé à cette date, n'a pu se constituer faute du décret fixant le nombre des juges (voir encadré ci-avant).

Pour les tribunaux constitués, mais seulement mis dans l'impossibilité de statuer, par exemple du fait d'un nombre insuffisant de magistrats, l'empêchement peut n'être que temporaire. Il peut aussi ne concerner que les procédures collectives, pour lesquelles la formation de jugement doit comprendre une majorité de juges ayant plus de deux ans d'ancienneté.

On remarquera en passant que, sur la base de ces dispositions, les tribunaux de grande instance seraient compétents commercialement dans les ressorts de tribunaux de commerce où les juges mettraient à exécution les menaces parfois proférées de démission collective.

• Les juges professionnels sont également appelés à statuer commercialement dans **3 tribunaux de première instance** outre-Mer. Dans le territoire de Wallis-et-Futuna et les collectivités territoriales de Mayotte et Saint-Pierre et Miquelon, ces tribunaux de droit commun, statuant à juge unique, ont la compétence commerciale [1].

• Les trois départements d'Alsace-Moselle connaissent un régime mixte dans lequel domine l'échevinage, au sein de la **chambre commerciale du tribunal de grande instance**.

L'échevinage est hérité de la législation allemande. La loi allemande du 27 janvier 1877 sur l'organisation judiciaire attribuait la compétence en matière commerciale à une chambre commerciale des tribunaux civils, composée d'un magistrat professionnel et de deux juges commerciaux. Après le retour des départements de l'Est sous la souveraineté française, le principe de l'échevinage, qui donnait satisfaction, a été conservé, la loi du 25 juillet 1923 en adaptant seulement les modalités. Désormais, les « assesseurs » sont élus comme les juges consulaires des autres départements. Les règles applicables figurent aujourd'hui aux articles L. 911 à L. 913-4 du code de l'organisation judiciaire.

1. Respectivement, tribunaux de Mata-Utu, Mamoudzou et Saint-Pierre.

Une particularité du régime alsacien-mosellan est la compétence du juge d'instance en matière commerciale, jusqu'au taux de compétence du tribunal d'instance, soit 13 000 francs en dernier ressort et 30 000 francs à charge d'appel. Outre cette compétence de droit commun, le tribunal d'instance détient des compétences exclusives (injonction de payer, saisie conservatoire). Il est à noter enfin que c'est le greffier du tribunal d'instance qui assure la tenue du registre du commerce et des sociétés.

Les 7 chambres commerciales du tribunal de grande instance du Bas-Rhin, du Haut-Rhin et de Moselle [1] ont les mêmes compétences que les tribunaux de commerce, sous réserve des attributions du tribunal d'instance (article L. 913-2 du code de l'organisation judiciaire) [2].

Comme les autres chambres, elles sont présidées par un magistrat du tribunal de grande instance, désigné par son président et chargé de la rédaction des jugements. Elles sont en outre composées de 2 assesseurs élus comme les juges des tribunaux de commerce et disposant du même statut, ainsi que du greffier du tribunal de grande instance. Le nombre des assesseurs des 7 chambres commerciales est fixé par décret à 117 au total depuis 1995.

Douze magistrats professionnels exercent les fonctions de président de chambre ou de section. En effet, les 3 principales chambres commerciales (Mulhouse, Strasbourg et Metz) sont subdivisées en deux sections, l'une traitant les procédures collectives, l'autre les affaires contentieuses.

• L'échevinage est également le mode d'organisation de droit commun outre-mer [3], où existent **7 tribunaux mixtes de commerce** [4], sur un total de 11 juridictions statuant en matière commerciale.

Ces tribunaux se composent du président du tribunal de grande instance, président, de juges élus dans les mêmes conditions

1. Au sein des TGI de Mulhouse, Colmar, Saverne, Strasbourg, Sarreguemines, Metz, Thionville.

2. Elles ont également compétence de droit commun en matière de faillite.

3. Article L. 921-4 du code de l'organisation judiciaire pour les départements de la Guadeloupe, la Guyane, la Martinique et la Réunion, et article L. 932-23 pour les territoires de Nouvelle-Calédonie et Polynésie-Française.

4. Basse-Terre, Pointe-à-Pitre, Saint-Denis-de-la-Réunion, Cayenne, Fort-de-France, Nouméa et Papeete.

que les juges consulaires, et d'un greffier. Après l'élection des juges, une liste complémentaire est établie afin de faire face à l'éventualité d'une insuffisance du nombre de juges lors de l'audience. Les jugements sont rendus par une formation comprenant le président et trois juges élus ou tirés au sort sur la liste complémentaire.

• Tels sont les différents types de juridictions susceptibles de connaître les litiges commerciaux, en fonction de l'implantation géographique du défendeur. Une complication supplémentaire tient à ce que, depuis la loi de 1985 relative au redressement et à la liquidation judiciaire des entreprises, toutes les juridictions ne sont pas de plein exercice. Il a été prévu que les procédures collectives concernant les entreprises de plus de 50 salariés seraient soumises à un nombre limité de **juridictions spécialisées**. L'idée initiale était qu'une juridiction par département, en règle générale, serait spécialisée. De fait, leur nombre a d'abord été fixé par décret à 109, dont 96 tribunaux de commerce.

Puis, comme M. Jean-Paul Jean, conseiller technique au cabinet du garde des Sceaux, l'a expliqué à la commission, la répartition par département a été critiquée, et la notion de spécialisation, progressivement étendue, a été largement vidée de son sens. Elle reste cependant en vigueur et, à ce jour, 216 juridictions sont spécialisées dans les grandes procédures collectives :

– 189 tribunaux de commerce sur 219, soit 87,5 % d'entre eux ;

– 20 tribunaux de grande instance à compétence commerciale en métropole sur 22 (91 %) ;

– les 7 tribunaux de grande instance à chambre commerciale d'Alsace-Moselle.

A contrario, les 52 juridictions commerciales non spécialisées sont implicitement considérées comme des « petits tribunaux », dans le cadre d'une carte judiciaire à deux vitesses.

Cette diversité de modèles appelle bien des critiques, évoquées ci-après, mais elle permet de disposer de laboratoires pour l'expérimentation de modes alternatifs d'organisation.

2.– La difficile évaluation de l'efficacité des tribunaux de commerce

a) Un élément fondamental du débat sur la légitimité des tribunaux de commerce

Très fréquemment, le nombre de décisions rendues par les tribunaux de commerce, le taux d'appel, d'infirmation et de confirmation en matière commerciale, la durée des procédures devant les juridictions consulaires servent d'argument apparemment déterminant pour démontrer l'efficacité des tribunaux de commerce et pour justifier, par conséquent, le maintien de cette catégorie de juridictions.

Ainsi, M. Jean-Pierre Mattei, président de la Conférence générale des tribunaux de commerce, soulignait lors de son audition par la commission : « ***S'agissant de la rapidité, quelle est la situation en 1998, quatre cent trente-cinq ans après la création des juridictions consulaires ? Ces dernières ont rendu sur l'ensemble du territoire national 1 136 109 décisions en 1996. Selon la Chancellerie, le délai moyen de jugement est de 5,6 mois sur l'ensemble du territoire national (...).*** »

Il convient, d'ores et déjà, de noter que le chiffre de 1,1 million de décisions mentionné ci-dessus intègre les décisions d'injonction de payer, décisions prises très rapidement (150 000 décisions en 1995), et les ordonnances des juges-commissaires (497 011 ordonnances en 1996). Mélanger des catégories de décisions extrêmement différentes – il n'y a aucun rapport entre une injonction de payer et un jugement décidant la cession d'une entreprise en difficulté – n'a aucune valeur objective. Il s'agit même de désinformation et de manipulation statistique, si l'on se réfère à l'extrême diversité des matières et des procédures qui entrent dans l'activité des tribunaux de commerce. Quelques chiffres de base peuvent être cependant exposés :

STATISTIQUES DES AFFAIRES COMMERCIALES

(hors injonctions de payer)

Types de décision	1995		1996	
	TGI	TC	TGI	TC
Contentieux général	15 035	207 080	13 765	194 924
Référés	5 496	54 158	4 920	51 033
Procédures collectives [1]	7 766	74 134	8 599	70 913
Ordonnances [2]	39 832	477 025	41 837	497 011

1. Il s'agit des décisions d'ouverture de la procédure, de rejet d'ouverture et des décisions de radiation, d'incompétence.

2. Il s'agit des ordonnances du président (désignation d'un conciliateur, saisie conservatoire, expertise, dispense des conditions nécessaires à la concession d'une location-gérance du fonds de commerce, inscription provisoire de nantissement du fonds de commerce, autorisation de vente amiable du bien fondée par le débiteur, nomination d'un commissaire aux apports, report d'assemblée générale, prorogation pour le paiement des dividendes, mandat et pouvoir du liquidateur d'un groupement, autres) et du juge-commissaire (inventaire et scellés, autorisation d'actes de disposition étrangers à la gestion courante, vente d'un bien grevé d'une sûreté réelle ou de substitution de garantie, autorisation de prêts ou délais de paiement, délai pour opter sur les contrats en cours, en matière de clause de réserve de propriété, revendication de meubles, demandes d'admission des créances, réclamation sur l'état des créances, relevé de forclusion, autorisation de saisie immobilière, adjudication amiable de gré à gré des immeubles, autorisation de cession globale d'unités de production, autorisation de licenciement en période d'observation, autres).

Source : Registre des tribunaux de commerce et des TGI à compétence commerciale.

Les comparaisons dans le temps sont extrêmement hasardeuses. En effet, le système de collation des statistiques des affaires commerciales a été modifié en 1995, ce qui interdit la détermination de séries longues.

b) Un système statistique défaillant

Le système statistique tel qu'il est organisé aujourd'hui comporte de très nombreuses lacunes.

C'est bien ce que M. Guy Canivet, premier président de la cour d'appel de Paris a relevé lors de son audition : « ***Un article mentionnait un taux d'appel de 2 %. Il est manifestement faux. Le taux*** *d'appel des juridictions consulaires est, je crois, à peu près identique à celui d'autres juridictions. Je n'ai pas d'indicateurs qui me permettent de dire qu'il y a moins ou plus d'appels concernant les décisions des tribunaux de commerce. On pourrait d'ailleurs faire une approche statistique précise. Mais on ne dispose pas encore à la cour d'appel de Paris d'un outil statistique me permettant de le faire. Il faudrait pouvoir calculer le taux d'appel non seulement pour l'ensemble des jugements des tribunaux de commerce mais aussi par juridiction. Nous pourrions éventuellement procéder par sondage et voir, sur une année de jugements d'une juridiction consulaire, le nombre d'affaires frappées d'appel et le nombre d'infirmations.* »

La masse des décisions rendues par les tribunaux de commerce n'a pas grande signification si elle est exposée brute, sans être rapportée au nombre de juges. Ainsi, M. Philippe Lemaire, directeur adjoint à la direction des services judiciaires du ministère de la Justice rappelait les éléments suivants : « *C'est moins l'activité contentieuse que la charge de travail par magistrat qu'il est intéressant de connaître. Les tribunaux connaissent un peu moins de 200 000 affaires contentieuses générales par an, soit 58 affaires par juge consulaire. Dans les TGI statuant en matière commerciale, qui couvrent un peu moins de 10 % des affaires commerciales générales traitées en France, un juge professionnel traite 600 affaires par an. S'agissant des 71 000 procédures collectives, un juge consulaire traite 16 affaires par an, alors qu'un magistrat professionnel en juge 327. Je rappelle que l'ensemble formé par les procédures collectives et les contentieux liés à ces procédures représente 50 % des affaires traitées par une juridiction commerciale ou une juridiction ordinaire statuant en matière commerciale. Sur les 227 tribunaux de commerce, 111 n'atteignent pas le seuil de 500 affaires nouvelles par an. Ils comportent, en moyenne, moins de 15 juges. (...) En ce qui concerne les moyens en hommes, on estime que 330 équivalents temps plein de juges professionnels peuvent assurer la même tâche que 3 400 magistrats consulaires.* »

Le calcul du taux d'appel lui-même pose problème : calculer un taux sur la base du rapport entre le nombre de décisions rendues en appel l'année X et le nombre de décisions rendues en premier ressort la même année n'a pas grand sens, compte tenu des délais de la procédure qui peut s'étaler sur plusieurs années. Ainsi, les appels enregistrés en 1996 concernent en partie des décisions rendues en 1995 et les appels des décisions prononcées en 1996 seront comptabilisés sur l'année 1997. Tout au plus peut-on calculer un taux d'appel approximatif et trop peu pertinent de 13,1 % [1] en 1996. Ce taux, calculé selon la même méthode, est de 13,8 % pour les décisions provenant des tribunaux de grande instance pour l'ensemble du contentieux.

Une étude partielle effectuée par la Chancellerie en octobre 1997 [2] donne des éléments d'appréciation intéressants, mais son périmètre rend sa pertinence relative.

Selon cette étude comparative des taux d'appel et de réformation des décisions prononcées par les tribunaux de commerce, de grande instance et d'instance en 1995 portant sur le seul contentieux général (droit des affaires, droit des contrats, paiement de cotisations sociales), hors procédures collectives :

– les décisions des tribunaux de grande instance sont plus souvent attaquées que celles des tribunaux de commerce (taux d'appel respectifs de 35,2 % et de 22,9 %) ;

– la proportion de demandeurs qui obtiennent gain de cause devant les tribunaux de commerce est plus forte que devant les tribunaux de grande instance (taux de satisfaction respectif de 92 % et 85,5 %) ;

– le contentieux de l'impayé est particulièrement important devant les tribunaux de commerce (89 % des décisions rendues au fond) ;

– les décisions des tribunaux de commerce sont en moyenne plus souvent infirmées que celles des tribunaux de grande instance (taux d'infirmation respectifs de 29 % et 21,4 %).

Dans le domaine des procédures collectives, les décisions des tribunaux de commerce sont en moyenne plus souvent infirmées que celles des tribunaux de grande instance (taux d'infirmation respectifs de 28,2 % et 24,5 %). Le taux d'infirmation varie beaucoup d'un contentieux à l'autre pour les deux juridictions.

1. 269 350 affaires terminées en 1996 devant les tribunaux de commerce, 35 233 affaires nouvelles ayant pour origine les tribunaux de commerce devant les cours d'appel en 1996, selon l'*Annuaire statistique de la justice 1992-1996*.

2. Ministère de la Justice, direction des affaires civiles et du sceau, sous-direction du droit commercial, du droit immobilier et de l'entraide judiciaire, cellule études, octobre 1997.

Les résultats de cette étude doivent impérativement être relativisés.

L'étude ne compare pas l'activité des tribunaux de commerce à celle des seuls tribunaux de grande instance à compétence commerciale, mais à celle des tribunaux de grande instance de droit commun pris dans leur ensemble.

Elle n'intègre pas les décisions rendues par ordonnance du président ou par référé.

En raison de la faiblesse du nombre des arrêts rendus dans plusieurs contentieux, le taux d'infirmation des décisions prononcées par les deux juridictions n'est pas toujours significatif.

Par ailleurs, les différences de volume concernant les décisions de fond en matière de procédures collectives rendent improbable toute comparaison entre tribunaux de grande instance (1 894 décisions) et tribunaux de commerce (5 079 décisions).

En tout état de cause, plusieurs éléments viennent lourdement relativiser l'appréciation de la qualité de la justice rendue par les tribunaux de commerce au regard d'un taux d'appel réputé faible :

– les procédures devant les tribunaux de commerce sont simples et généralement se font de manière orale ; la motivation des décisions est souvent peu développée, ce qui limite les possibilités de faire appel (voir ci-après II-C-c).

– la loi limite drastiquement les possibilités de recours devant les juridictions d'appel ;

– l'appel est moins utilisé en matière commerciale pour des raisons de délai ; un créancier mécontent d'une décision rendue en première instance hésitera, si sa créance est d'un montant relativement faible, à prolonger la procédure ;

– le recours à la conciliation, au règlement amiable est beaucoup plus pratiqué en matière commerciale qu'en matière civile ;

– 80 % des procédures collectives s'achèvent par une liquidation ; or, le recours est peu utile après le prononcé d'une telle solution.

Compte tenu de l'appareil statistique dont dispose le ministère de la Justice, il est impossible d'obtenir une évaluation comparative précise du taux d'appel des décisions des tribunaux de commerce et des tribunaux de grande instance statuant en matière commerciale.

Une dernière remarque concerne le choix du dénominateur. Ainsi, un taux d'appel de moins de 10 % est assurément calculé avec un dénominateur qui intègre les décisions d'injonction de payer. Or ces dernières ne sont pourtant pas susceptibles d'appel, mais seulement d'opposition.

S'agissant **des taux de réformation et d'infirmation des décisions rendues en premier ressort par les tribunaux de commerce, aucune statistique n'a été publiée**. Néanmoins, les statistiques fournies par la cour d'appel de Paris permettent d'avoir une approche intuitive de ces taux. Ainsi, en 1997, 12,2 % des décisions des tribunaux de commerce faisaient l'objet d'une infirmation totale. Ce taux s'élevait à 7,6 % pour les tribunaux de grande instance. Toutes choses étant égales par ailleurs, les comparaisons ne sont pas favorables aux tribunaux de commerce dans le ressort de la cour d'appel de Paris.

Le Rapporteur tient à souligner que la Chancellerie dans ses réponses au questionnaire envoyé par la commission [1] relatif à l'activité des tribunaux de commerce s'est contentée de transmettre des données tirées de documents existants (*Annuaire statistique de la justice, Statistiques des affaires commerciales*) sans les retraiter pour fournir une réponse précise aux interrogations de la commission, et a omis de répondre à certaines questions.

Enfin, en ce qui concerne les **délais de jugement,** l'*Annuaire statistique de la justice 1992-1996* fournit le chiffre de 6,2 mois devant les tribunaux de commerce, à comparer avec 9,4 mois pour les conseils de prud'hommes, 5 mois pour les tribunaux d'instance, 8,9 mois pour les tribunaux de grande instance. Mais, là encore, **il est difficile de faire des comparaisons valables compte tenu de la nature particulière de la procédure suivie devant les tribunaux de commerce.**

Les manipulations statistiques sont d'autant plus faciles que des bases de données complètes et précises manquent.

1. Voir questionnaire reproduit en annexe.

En conséquence, il est extrêmement difficile de mesurer l'efficacité de la justice rendue par les tribunaux de commerce. Toute appréciation de cette activité, faute d'appareil statistique fiable et complet, repose plus sur des jugements de valeur que sur des constats chiffrés précis. **Il faut bien constater que les éléments statistiques disponibles sont insuffisamment précis et fiables pour servir de fondement décisif à la pérennité de l'exception française que constitue le tribunal de commerce** tel qu'il est organisé aujourd'hui. **Des progrès considérables en matière d'information statistique devront être faits par le ministère de la Justice.**

II. – LES DÉFAILLANCES D'UNE JUSTICE CONFRONTÉE À LA MONTÉE DES PROCÉDURES COLLECTIVES

Ainsi que M. Pierre Lyon-Caen, avocat général à la Cour de cassation, l'a rappelé à la commission, la réforme voulue par Robert Badinter devait s'appuyer sur quatre piliers :

– la loi du 1er mars 1984 sur la prévention et le règlement amiable des difficultés des entreprises ;

– la loi du 25 janvier 1985 sur les procédures collectives, qui a dévolu aux tribunaux de commerce des pouvoirs considérables ;

– celle du même jour sur les administrateurs et mandataires judiciaires ;

– la réforme des tribunaux de commerce (révision de la carte judiciaire, instauration dans une centaine de tribunaux d'une chambre spécialisée en procédures collectives, échevinage limité à cette chambre et à chaque cour d'appel).

Les réformes de 1985 n'ont sensiblement accru les pouvoirs des tribunaux de commerce que dans la perspective d'une réforme qui semblait acquise, tant elle avait d'abord été consensuelle. Or le quatrième volet a finalement été abandonné, sauf le principe de la spécialisation, qui fut progressivement vidé de sa substance. Dès lors, tout l'édifice était déséquilibré.

Le déséquilibre a été aggravé par la montée du poids relatif des procédures collectives et par la démission des pouvoirs publics, pour déboucher sur les graves défaillances d'une justice dépourvue de contrôle efficace et dont les rouages obéissent à une logique d'entreprise privée.

A. – DES PROCÉDURES COLLECTIVES DEVENUES PRÉDOMINANTES

Le contentieux des défaillances d'entreprises occupe désormais une place prépondérante dans l'activité des tribunaux de commerce. Mais il est surtout au cœur des problèmes de l'institution.

M. Yves Guyon a insisté sur le « pouvoir redoutable » des juridictions commerciales depuis 1985 :

« ***Dans le régime de la loi de 1967, les pouvoirs des tribunaux étaient importants, mais encore relativement restreints, car le plan de sauvetage de l'entreprise que l'on appelait le " concordat " était voté par les créanciers et simplement homologué par le tribunal. Or, dans la loi de 1985, le tribunal prend toutes les décisions et les prend seul. Il décide par conséquent si on liquidera l'entreprise ou si on la redressera et, dans l'hypothèse où il choisit un plan de redressement, il décide s'il s'agit d'un plan de redressement par continuation avec le même chef d'entreprise ou d'une cession d'entreprise ; en ce cas, le tribunal, seul, choisira la personne du cessionnaire, en fonction de critères relativement généraux qui figurent dans la loi de 1985. Le tribunal doit choisir l'entreprise ou le repreneur le plus approprié, et non celui qui propose le meilleur prix ou de sauvegarder le maximum d'emplois. C'est là un pouvoir redoutable confié au tribunal, d'autant que les voies de recours sont d'une efficacité extrêmement limitée parce que les procédures sont du domaine de l'urgence.*** »

1. – La montée en puissance des procédures collectives

Le contentieux lié aux défaillances d'entreprises, au terme d'une évolution de plusieurs décennies, est de plus en plus lourd. Il représente une part croissante de l'activité des juridictions, et c'est le symptôme d'une situation économique préoccupante.

a) Un poids de plus en plus lourd dans les statistiques d'activité

Les mutations économiques et divers facteurs de fragilité financière des entreprises françaises (structure du capital, volume élevé du crédit intra-entreprises, faiblesse des réserves de trésorerie) ont conduit à une impressionnante montée des procédures collectives. Il s'agit d'un phénomène de long terme, par-delà les fluctuations annuelles.

Les ouvertures de procédures, stables autour de 10 000 par an jusqu'en 1973, sont passées à 12 000 en 1974 et 15 000 en 1975, pour atteindre 20 000 en 1980 et passer le cap des 25 000 en 1984. Cette vague de fond a submergé les digues de la législation de 1967. La loi du 13 juillet 1967 et l'ordonnance du 23 septembre 1967 sur la suspension provisoire des poursuites, malgré leurs innovations, reposaient encore sur le principe désuet de la simple recherche de conciliation entre intérêts privés : ceux du débiteur et des créanciers. Elles ne permettaient pas de traiter l'ensemble des conséquences économiques et sociales des défaillances d'entreprises. Les salariés n'étaient associés à la procédure qu'en tant que créanciers, mais étaient tenus à l'écart des décisions relatives à l'emploi et à l'avenir de l'entreprise.

Après les lois de 1984-1985, le champ des procédures collectives a été élargi aux entreprises artisanales (1986) et, en principe, aux exploitations agricoles (1989), ces dernières ne relevant pas de la compétence des tribunaux de commerce, mais des tribunaux de grande instance. La vague de fond a continué à s'enfler bien au-delà de cette incidence. Les procédures collectives ont passé le seuil des 30 000 par an en 1987, celui des 35 000 l'année suivante, pour dépasser 40 000 en 1989 et 50 000 en 1991.

Depuis le début des années 1990, le niveau annuel des ouvertures de procédure se situe entre 50 000 et 55 000 avec une tendance ascendante ralentie, voire une stabilisation ou une légère érosion, selon l'indicateur statistique retenu.

DÉCISIONS RELATIVES AUX DEMANDES D'OUVERTURES DE REDRESSEMENT JUDICIAIRE

(Tribunaux de grande instance et tribunaux de commerce)

	1991	1992	1993	1994	1995	1996
Nombre total de décisions	72 673	73 591	78 539	69 616	81 900	79 512
Décisions statuant sur le fond de la demande	52 639	53 738	55 838	47 953	54 327	56 606
Ouverture d'une procédure de redressement judiciaire	**51 238**	**52 257**	**24 473**	**46 881**	**53 209**	**55 412**
Rejet de la demande	1 401	1 481	1 365	1 072	1 118	1 194

Sources : Annuaire statistique de la justice 1991-1995 *et* Statistiques des affaires commerciales 1996 – *Ministère de la justice.*

DÉFAILLANCES D'ENTREPRISES

	1994	1995	1996	1997
Jugements de janvier à décembre, tous secteurs	56 318	53 595	53 754	52 075

Source : INSEE conjoncture - Informations rapides.

M. Bernard Soinne, mandataire judiciaire, fort de sa longue expérience, note également cette stabilisation, qui, associée à une baisse du contentieux général, implique une part croissante des procédures collectives dans les affaires commerciales :

« ***Au cours de ces dernières années, l'on a constaté un maintien du contentieux en matière de faillites et une réduction considérable, parfois de moitié, du contentieux général, au point qu'à l'heure actuelle, dans certaines juridictions consulaires, de même que dans les tribunaux de grande instance à compétence commerciale, 80 % du rôle se trouve attaché à des problèmes de faillite. En fait, l'idée développée par certains membres de la Conférence générale, selon laquelle il faudrait attribuer à quelques dizaines de tribunaux la compétence en matière de faillites, aboutirait inéluctablement à ruiner toutes les autres juridictions qui n'auraient pas cette compétence.*** »

Dès lors, les juridictions commerciales rendent aujourd'hui davantage de décisions relatives aux procédures collectives qu'en matière de contentieux général, comme l'a détaillé le président de la Conférence générale des tribunaux de commerce sur la base des statistiques de la Chancellerie :

« ***En 1996, au niveau du territoire national, il y a eu 208 355 jugements au fond, 49 559 ordonnances de référé, 91 154 ordonnances sur requête rendues en général sur les droits des sociétés, 184 314 injonctions de payer représentatives de ce que j'appelle le " tribunal à grande vitesse ", soit un total pour le contentieux général de 533 382 décisions.***

« ***S'agissant des procédures collectives, pour la même année, on a comptabilisé 24 368 jugements déclaratifs de redressement judiciaire, 30 677 jugements de liquidation judiciaire, 8 515 jugements de sanction personnelle ou comblement de passif, et 539 167 ordonnances rendues par les juges-commissaires dont cer-***

taines sont essentielles dans la vie économique et pour l'emploi, soit un total de 602 727 décisions.

« ***Nous avons donc un total général de 1 136 109 décisions.*** »

Comme le souligne M. Jean-Pierre Mattei à propos des quelque 540 000 ordonnances des juges-commissaires, la portée pratique des différentes décisions n'est pas équivalente. De fait, les décisions que sont amenés à prendre les juges commerciaux en matière de difficulté des entreprises sont de plus en plus graves. Les statistiques d'activité juridictionnelle ne suffisent pas à en rendre compte.

b) Des décisions lourdes de conséquences économiques et sociales

Les dossiers soumis aux juges consulaires sont désormais au cœur de phénomènes de masse. Ainsi que l'a souligné M. Yves Guyon dans son manuel de droit des affaires :

« ***Les faillites ne sont plus des accidents individuels, conséquences d'une mauvaise gestion. Provoquées souvent par des événements internationaux, elles atteignent des secteurs économiques entiers (textile, imprimerie, construction navale, travaux publics, promotion immobilière et établissements de crédit finançant ce secteur, etc.). Il n'est plus possible de trouver un concurrent qui rachètera l'entreprise non rentable, avec la quasi-certitude qu'une meilleure gestion aboutira à un renflouement. Les faillites ne sont plus des mesures d'assainissement. Ce sont des pans entiers de l'économie qui s'écroulent. (...) Le droit des entreprises en difficulté tend donc à glisser du droit privé vers le droit public, puisque les vrais remèdes relèvent de la politique économique.*** » [1]

Il est vrai que, même si le contexte économique est déterminant, la majorité des procédures collectives concerne encore des entreprises petites et moyennes. Les statistiques de redressement et des liquidations judiciaires ci-après le montrent. Mais elles révèlent également un phénomène récent : les défaillances concernent de plus en plus d'entreprises de grande taille. Les géants meurent aussi.

En quatre ans, de 1991 à 1995, les mises en redressement judiciaire de sociétés anonymes se sont accrues de 82 %, au lieu de

1. *Droit des affaires*, tome II – *Entreprises en difficulté – Redressement judiciaire – Faillite*, 6e édition, page 4.

64 % et 46 % pour les personnes physiques exerçant respectivement comme artisans et commerçants.

Le cabinet Deloitte et Touche, dans le cadre d'un rapport de janvier 1998 sur les suites données aux défaillances d'entreprises en France, a analysé auprès de 132 tribunaux de commerce les défaillances constatées entre mars 1993 et août 1997. Sur les quatre ans et cinq mois de la période, cette analyse fait apparaître la répartition suivante des entreprises défaillantes par niveau de chiffre d'affaires :

« • *chiffre d'affaires > 100 MF .... 512 entreprises*

« • *chiffre d'affaires > 50 MF < 100 MF ... 916 entreprises*

« • *chiffre d'affaires > 5 MF < 50 MF 6 756 entreprises.* »

D'après cet échantillon, le rapport concluait sur un plan plus général :

« *Plus de 120 entreprises réalisant plus de 100 millions de francs de chiffre d'affaires déposent leur bilan chaque année. Cette tendance persiste en 1997, et plusieurs sociétés cotées connaissent les procédures collectives (Interdiscount, Cofimeta, Maxi-Livres Profrance, Mure, King Line Computer, Thomainfor, Akaï Electric France, Cidelcem, Sofco Auto, Climalec, Atal, pour les plus importantes en 1997).* »

L'analyse, dans le même rapport, de la répartition par secteur des dossiers de défaillance permet d'expliquer le nombre des restructurations par la vitesse de réaction de l'appareil industriel :

« **DES SECTEURS D'ACTIVITÉ PLUS DUREMENT TOUCHÉS**

(entreprises dont le chiffre d'affaires dépasse 50 MF)

code NAF		*Nombre de dossiers*
501 Z	*Commerce de véhicules automobiles*	*83*
452 V	*Travaux de maçonnerie générale*	*35*
516 G	*Commerce de gros de machines de bureau*	*31*
452 B	*Constructions, bâtiments*	*30*
151 A	*Production de viandes de boucherie*	*28*
602 M	*Transports routiers*	*25*
151 E	*Production industrielle à base de viande*	*24*
513 A	*Commerce de gros de fruits et légumes*	*21*

« Ce tableau résume l'extraordinaire réactivité de l'économie moderne. Dès qu'une évolution significative apparaît sur un marché, les restructurations sont immédiates :

« • l'évolution des constructeurs automobiles et la baisse du pouvoir d'achat ont mis le secteur de la distribution automobile en difficulté ;

« • les évolutions technologiques mondiales ont entraîné une remise en cause de la distribution du matériel informatique et de bureau ;

« • la crise de la vache folle a entraîné la fermeture de centres de traitement de produits à base de viande. »

Les enjeux sont d'autant plus forts dans certains ressorts que les problèmes de restructuration sont inégalement répartis sur le territoire national : le rapport montre une concentration géographique des défaillances.

« Plus de 58 % des dossiers de défaillances d'entreprises de plus de 50 millions de francs de chiffre d'affaires sont gérés sur 6 cours d'appel :

	Nombre	*CA > 50 MF (%)*	*Nombre*	*CA > 5 MF (%)*
Paris	*359*	*25,1*	*1 907*	*23,3*
Versailles	*170*	*11,9*	*789*	*9,6*
Lyon	*89*	*6,2*	*456*	*5,6*
Douai	*79*	*5,5*	*502*	*6,1*
Aix-en-Provence	*78*	*5,5*	*569*	*7*
Rennes	*66*	*4,6*	*358*	*4,4*
Total	***841***	***58,8***	***4581***	***56***

»

2. – Une procédure encore essentiellement liquidative

a) La liquidation, issue de 9 procédures collectives sur 10

Les lois de 1984-1985 ont permis d'accélérer la liquidation des entreprises condamnées faute de rentabilité, et ont donné des outils de redressement pour celles qui demeurent viables. Elles n'étaient pas en mesure d'éviter que le droit des procédures collectives soit d'abord un droit de la liquidation, et surtout de la liquidation immédiate.

Les statistiques sur les redressements et les liquidations font apparaître en 1996 que les jugements d'ouverture de la procédure se traduisent dans près de 58 % des cas par une liquidation judiciaire immédiate.

La deuxième étape est la période d'observation qui suit le jugement d'ouverture du redressement judiciaire. En 1996, près de 27 700 issues de redressement judiciaire ont été prononcées. 69 % d'entre elles correspondaient à des liquidations après période d'observation.

PROCÉDURE DE REDRESSEMENT ET LIQUIDATIONS JUDICIAIRES EN 1996
(*toutes juridictions*)

I. – Jugements d'ouverture de la procédure et autres décisions

	Jugements d'ouverture			Rejets de l'ouverture	Radiation Incompétence Autres	Toutes décisions
	Tous jugements d'ouverture	Jugements d'ouverture redressement judiciaire	Liquidations judiciaires immédiates			
Nombre	56 606	23 973	32 633	1 194	21 712	79 512
Part dans les ouvertures	100 %	42,4 %	57,6 %	–	–	–

II. – Issues des redressements judiciaires

	Plan de redressement		Liquidations judiciaires après période d'observation	Toutes issues
	Continuation	Cession		
Nombre	6 774	1 831	19 177	27 782
Pourcentage	24,4 %	6,6 %	69 %	100 %

Sources : Statistiques des affaires commerciales – L'Activité judiciaire en 1996.

On constate que dans près de neuf cas sur dix, l'ouverture de la procédure collective débouche tôt ou tard sur la liquidation judiciaire.

Or le rapport précité de Deloitte et Touche constate « *une grande stabilité dans les suites données aux défaillances d'entreprises. La modification de la loi de 1994 n'a entraîné aucun changement fondamental dans la ventilation entre liquidations, continuations et cessions.* » Sur l'échantillon de 132 tribunaux de commerce, au cours des années 1993 à 1996 :

– les liquidations ont oscillé entre 86,2 % (en 1995) et 88,8 % (en 1996) des suites données aux défaillances ;

– les continuations ont représenté entre 7,9 % et 10 % ;

– les défaillances débouchant sur des cessions dans 2,7 % à 3,8 % des dossiers.

Il en va finalement de même en matière de défaillance d'entreprises que dans le domaine de la santé publique : le traitement est rarement salvateur lorsqu'il est administré trop tard. Rien n'est si efficace qu'une politique systématique de prévention.

Il faut donc tenter de traiter les difficultés en amont.

b) Une première réponse : le développement prétorien de la prévention

• La loi du 1er mars 1984 avait innové en instaurant un dispositif de prévention des difficultés des entreprises, qui fut en pratique très peu utilisé. Certains tribunaux de commerce, comme celui de

Paris à partir de la crise immobilière de 1991, ont développé, de façon prétorienne, une pratique à laquelle la loi du 10 juin 1994 a donné une traduction législative.

C'est le président du tribunal de commerce qui est investi de la responsabilité en matière de prévention. L'article 34 de la loi de 1984, dans sa rédaction de 1994, lui a conféré des pouvoirs très étendus : il peut, pour convoquer les dirigeants d'entreprise, se fonder sur « *tout acte, document ou procédure* », « *ce qui est tellement général que la prudence devra s'imposer à ceux qui en feront usage* », comme l'a estimé M. Michel Rouger, ancien président du tribunal de commerce de Paris. L'initiative de la démarche peut venir des chefs d'entreprise eux-mêmes, mais ils sont encore trop peu informés sur la procédure pour en faire usage fréquemment. C'est donc principalement sur les informations fournies par le greffe que le président peut s'appuyer pour la première détection.

Les difficultés prises en considération peuvent être de nature économique, financière ou juridique. À l'issue de l'entretien, le président peut obtenir sur la situation de l'entreprise une large palette d'informations, auprès des commissaires aux comptes, du personnel, des administrations publiques, organismes sociaux et services chargés de la centralisation des risques bancaires.

Confortés par ces instruments juridiques, et souvent encouragés par le ministère public, plusieurs présidents de tribunaux de commerce se sont dotés de cellules permanentes de prévention. Leur activité connaît une croissance rapide, comme en témoigne le tableau ci-après.

PRÉVENTION DES DIFFICULTÉS DES ENTREPRISES [1]

	1996	1997
Actions extra-procédurales		
Nombre de juges en activité et honoraires affectés à ces actions	455	522
Nombre d'entreprises ou de commerçants et artisans en difficulté convoqués	10 170	12 506
Procédures		
Nombre d'entreprises convoquées	2 115	2 528

Nombre de mandats *ad hoc* délivrés	986 dont 385 succès 434 échecs 167 en cours	1 081 dont 574 succès 434 échecs 22 en cours
Nombre de conciliateurs désignés	532 dont 226 succès 182 échecs 124 en cours	419 dont 7 succès 184 échecs 34 en cours

1. 196 réponses sur 227 tribunaux de commerce et 5 réponses sur 7 tribunaux de grande instance d'Alsace-Moselle.
Source : Conférence générale des tribunaux de commerce – avril 1998.

Au tribunal de Paris, une délégation de 38 magistrats honoraires et 6 magistrats en activité assiste le président. Dotés de dossiers par le greffe (qui emploie à cet effet 3 salariés) à partir d'une première détection informatique réalisée selon les critères fixés par le président, les membres de la délégation reçoivent les chefs d'entreprise en respectant leur anonymat, et les alertent sur les risques détectés. Ces critères portent en particulier sur les inscriptions de privilèges du Trésor et de l'URSSAF et les inscriptions de protêts (refus d'acceptation ou défaut de paiement de traite), sur les pertes excédant la moitié du capital social, les capitaux propres négatifs, sur les reports d'assemblée générale, ou sur le défaut de dépôt des comptes annuels.

S'il apparaît, après entretien avec un magistrat honoraire, que l'entreprise est en état de cessation des paiements, une deuxième étape s'ouvre, avec une convocation devant un juge en activité. La conclusion sera le dépôt de bilan. Lorsqu'il apparaît que des mesures peuvent être prises et que l'entreprise n'est pas en cessation de paiement, le magistrat en activité peut désigner un conciliateur [1], qui est généralement un administrateur judiciaire ou parfois un magistrat honoraire. En 1997, ce véritable « tribunal dans le tribunal » a eu pas moins de 6 500 entretiens.

Dans les autres tribunaux de commerce, comme celui de Rouen dont le président a apporté à la commission des explications détaillées sur son *modus operandi*, l'étape préalable avec un magistrat honoraire n'existe pas, et, l'observatoire de la prévention, réuni périodiquement, s'appuie sur un ou plusieurs entretiens, à l'issue desquels, en l'absence de dépôt de bilan, il peut être décidé de nommer un mandataire *ad hoc*, ou éventuellement, à la demande du dirigeant, de mettre en place la procédure de règlement amiable prévue par la loi de 1984 modifiée et le décret du 1er mars 1985. Cette procédure est

1. Le mandat *ad hoc* est issu d'une pratique prétorienne instaurée en 1982 par le président du tribunal de commerce de Paris, M. Carcassonne.

cependant parfois ressentie comme une « version lourde de la prévention. » Son formalisme implique un minimum de publicité, d'où une certaine proximité avec la situation de règlement judiciaire, alors que la caractéristique majeure des procédures préventives, condition de leur succès, est la confidentialité.

On le voit, les dispositions législatives n'ont posé qu'un cadre, mais chaque juridiction a mis en place des procédures qui lui sont propres. Il apparaît que les actions de prévention requièrent des moyens élevés qui reposent en partie sur les greffes (à Paris, le coût en est évalué à 5,5 millions de francs depuis 1994, pris en charge par le greffe, au titre de l'informatique et du personnel). Leur mobilisation n'est pas facilitée par les modalités actuelles de financement des tribunaux. Il est à noter que les honoraires des mandataires *ad hoc*, n'étant pas soumis à un tarif, sont fixés de gré à gré et peuvent atteindre des sommes importantes.

En outre, ces mandats sont volontiers donnés à d'anciens juges consulaires. Cette lacune et cet usage risquent d'être interprétés comme un dévoiement du bénévolat.

• Quant aux résultats des actions de prévention, ils sont encourageants. À Paris, en 1996, 48 % des dossiers appelés en prévention ont fait l'objet d'une régularisation. 31,5 % des dossiers ont donné lieu à une procédure collective. Le président du tribunal de commerce de Paris a indiqué à la commission : « *À Paris* intra-muros, *nous avons ainsi traité 384 mandats* ad hoc *ou de conciliation, avec 75 % de succès, et 20 000 emplois sauvés, à comparer avec 5 % de redressements judiciaires seulement et 95 % de liquidations judiciaires.* » Ce bilan d'autosatisfaction – rhétorique habituelle des juges consulaires – ne peut pas cacher l'insuffisance et les perversions du système. La vitrine parisienne de la prévention est flatteuse même si ses résultats en termes d'emplois sauvés sont difficiles à vérifier. Mais elle ne doit pas dissimuler un bilan encore très modeste sur l'ensemble du pays, ni, à Paris, une pratique qui rend les mandats *ad hoc* et les missions de conciliation financièrement très attrayants pour les anciens juges consulaires.

Il s'agit maintenant de donner un nouveau souffle à la prévention, grâce à des moyens qui lui donnent une autre échelle.

3. – Un droit complexe et délicat à mettre en œuvre

Les juges consulaires sont, depuis 1985, investis d'un pouvoir qui n'est pas seulement juridique, et les conduit dans certains cas sur le terrain de l'opportunité économique : définition d'un plan de redressement, choix d'un repreneur, autorisation de certains licenciements. Mais l'exercice de leur mission suppose la maîtrise d'un corps de règles juridiques à la fois considérable et complexe. Pour les dossiers ne relevant pas d'une liquidation judiciaire immédiate, il est évidemment bien préférable que les juges soient non seulement formés avec rigueur, mais spécialisés.

a) Un droit complexe

La loi du 25 janvier 1985 relative au redressement et à la liquidation judiciaires, modifiée, comporte pas moins de 243 articles, et son principal décret d'application, en date du 27 décembre 1985, près de 230, compte tenu des articles insérés et abrogés.

Dès la phase d'ouverture du redressement, les procédures se caractérisent par leur lourdeur.

La loi met en place un dispositif diversifié : distinction entre le régime général et la procédure simplifiée, applicable aux entreprises de moins de 50 salariés et moins de 20 millions de francs de chiffre d'affaires, qui sont les plus nombreuses. Les délais et les auxiliaires de justice sont différents dans chacun de ces régimes.

De plus, le contenu de chaque régime est variable : les pouvoirs du chef d'entreprise sont plus ou moins réduits, durant la période d'observation, en tenant compte de l'intérêt des créanciers et de la sauvegarde des chances de redressement de l'entreprise.

La technicité de la matière tient aussi à ce que les procédures collectives ne concernent plus seulement les commerçants, mais aussi les artisans, et en principe les agriculteurs.

b) Un droit de compromis entre intérêts contradictoires

La procédure collective se voit assigner pour triple objectif de permettre la sauvegarde de l'entreprise, le maintien de l'activité et de l'emploi, ainsi que l'apurement du passif. Toute l'ambivalence de la procédure collective en découle : le tribunal, et singulièrement le juge-commissaire, sont chargés de concilier des intérêts multiples et largement antagonistes.

L'intérêt du chef d'entreprise – et des salariés, dans la perspective de la reprise de l'activité – est d'obtenir un moratoire des dettes, assorti de remises. Cependant, comme l'a signalé à la commission l'association de créanciers SOS Liquidation, la défense de l'emploi ne concerne pas seulement l'entreprise en dépôt de bilan : l'emploi est également menacé dans les entreprises créancières (fournisseurs, sous-traitants ou clients) si elles ne recouvrent pas une partie significative de leurs créances.

Plus généralement, l'ensemble des créanciers ont intérêt à ce que la priorité soit donnée au troisième objectif : l'apurement aussi rapide et complet que possible du passif.

Mais leurs intérêts eux-mêmes sont divergents, tant la situation des créanciers privilégiés est différente de celle des créanciers chirographaires sans garanties dont les créances ne sont réglées en moyenne qu'à hauteur de 5 %.

Le Trésor public, les organismes sociaux, ainsi que banques et établissements financiers, qui se sont généralement munis de sûretés, sont quasiment assurés de recouvrer une part non négligeable de leurs créances. Les créanciers à titre des opérations réalisées durant la période d'observation, conformément à l'article 40, sont encore mieux protégés : ils peuvent espérer le règlement d'une bonne moitié de leurs titres en moyenne. La situation des salariés est plus ambiguë. La part « superprivilégiée » de leurs créances est bien protégée, mais elle est limitée à deux mois de salaires à concurrence de deux fois le plafond de la Sécurité sociale. Surtout, leur intérêt principal ne porte pas sur le règlement des créances salariales passées, par voie de liquidation, mais sur ce que l'on pourrait appeler les créances futures, c'est-à-dire la poursuite de l'activité.

La conciliation de ces intérêts est l'une des tâches les plus difficiles, avec la juste appréciation de la meilleure offre en cas de propositions de reprise. Or, elle est d'autant plus malaisée que les juges-commissaires, chargés de nombreux dossiers, ne disposent que d'un temps très mesuré.

B. – LA DÉMISSION DES POUVOIRS PUBLICS

1. – Une Chancellerie sous influence

a) Une structure ministérielle inadaptée pour assurer un contrôle efficace des tribunaux de commerce

Le dossier des tribunaux de commerce n'est pas géré de manière centralisée par la Chancellerie, mais au contraire éclaté entre trois directions et de nombreux bureaux.

La direction des services judiciaires élabore les textes législatifs et réglementaires relatifs au fonctionnement de cette juridiction, ceux relatifs à la carte judiciaire et à la fixation du nombre des magistrats consulaires. Elle propose les arbitrages et les affectations des moyens budgétaires et matériels alloués aux juridictions commerciales dans le cadre d'une gestion déconcentrée dont la responsabilité incombe de plus en plus aux chefs de cour d'appel. Elle assure traditionnellement un rôle de liaison avec les organismes représentant les magistrats consulaires et, en premier lieu et à titre principal, avec la Conférence générale des tribunaux de commerce. Enfin, elle assure le suivi de la déontologie et de la discipline des magistrats consulaires, puisque le directeur des services judiciaires, au nom du garde des Sceaux, est commissaire du gouvernement devant la commission de discipline des magistrats.

En revanche, le suivi des auxiliaires de justice (greffiers et mandataires de justice) est assuré par la direction des affaires civiles et du sceau avec la sous-direction des professions judiciaires et juridiques au sein de laquelle se trouve la mission d'inspection des mandataires qui a pour tout personnel un magistrat pour contrôler 481 professionnels.

Les données statistiques au demeurant assez lacunaires pour ce qui concerne les juridictions consulaires sont gérées dans une autre direction.

La Chancellerie est censée recueillir les états statistiques des tribunaux de commerce mais elle ne fournit pas ensuite ces informations – quand elle les obtient – aux présidents des cours d'appel. M. Jean-Amédée Lathoud, procureur général de la République à la cour d'appel de Riom, s'inquiète de cette situation : « *Je constate que les chefs de cours ne sont pas destinataires, sauf s'ils le demandent expressément de la juridiction, des statistiques périodiques des tribunaux de commerce qui sont recueillies par la Chancellerie, à Nantes. Autrement dit, actuellement ils ne disposent d'aucun indicateur de gestion des flux des procédures des tribunaux de commerce : je m'en étonne et je ne comprends pas pourquoi, alors que nous avons les flux des procédures civiles, des procédures pénales, nous n'avons pas les flux en matière commerciale. Je pense que ce serait souhaitable !* »

b) Une Chancellerie « phagocytée » par les juges et les professionnels

La Chancellerie ne semble pas en mesure de résister à l'action de lobbying et de défense d'intérêts corporatistes pratiquée depuis des décennies par les professionnels des tribunaux de commerce.

M. Joël Rochard, inspecteur général des finances, ancien membre de la commission nationale d'inscription et de discipline des administrateurs judiciaires, résume ainsi l'impuissance du ministère de la Justice face aux mandataires : « ***Elle a des pouvoirs, mais les effectifs de la direction des affaires civiles et du sceau sont squelettiques alors qu'elle fait face à toutes les professions à la fois : elle les reçoit, elle se fait intoxiquer. Vous poussez le conseil national par un bout du couloir et il revient par l'autre bout ! La direction des affaires civiles n'a pas mis en place le système lui permettant de les tenir à distance ni les instruments de gestion. À ce titre, la Chancellerie n'a pas accompli sa mission, et, apparemment, n'envisage pas de le faire.*** »

La Chancellerie n'est intervenue que très récemment, par une circulaire du 20 octobre 1997, pour rappeler aux parquets leur mission de surveillance des mandataires judiciaires. De nombreuses affaires pénales avaient déjà secoué ces professions (voir ci-après « Des contrôles multiples et défaillants : une profession livrée à elle-même »).

La Chancellerie a eu la même attitude d'indifférence (certains diront de bienveillance) avec les greffiers. Ces derniers ont su tirer des services télématiques de diffusion du registre du commerce et des sociétés des bénéfices considérables (voir ci-après « Le pactole de la télématique »). Mais là encore, ce n'est que très tardivement que la Chancellerie s'est saisie du problème qui était en fait triple. Les groupements d'intérêt économique utilisés par les greffiers diffusaient directement les informations alors que ce ne sont que des structures de moyens, les informations étaient retraitées et enfin le tarif était prohibitif (9,21 francs la minute). La Chancellerie n'est intervenue qu'en 1997 et 1998 par deux circulaires pour réduire la tarification et régulariser la situation des GIE (circulaires du 28 octobre 1997 et du 3 mars 1998).

En réalité, n'ayant pas revalorisé les tarifs des actes des greffiers depuis 1980, la Chancellerie semble avoir fermé les yeux sur leurs activités télématiques.

La faiblesse des renseignements statistiques détenus par la Chancellerie, déjà évoquée, est un autre exemple du manque de vigilance à l'égard des juridictions consulaires.

Enfin, le ministère de la Justice s'est dessaisi de son pouvoir disciplinaire à l'égard des juges consulaires.

La Chancellerie n'a saisi que très rarement la commission nationale de discipline en raison des démissions « préventives » mais il lui est également arrivé de proposer, elle-même, au juge ayant failli aux devoirs de sa charge de démissionner (voir ci-après « Une procédure disciplinaire contournée »).

Cet abandon de telles prérogatives régulatrices est préoccupant dans un état de droit.

c) La mise en place par certains tribunaux de commerce d'une hiérarchie parallèle

La commission d'enquête a constaté par elle-même l'influence de la Conférence générale. Les juges consulaires entretiennent avec elle une véritable relation hiérarchique : envoi des statistiques, attente de formation, envoi de recommandations et de circulaires quant à l'attitude à adopter à l'égard de tout intervenant extérieur systématiquement considéré comme un intrus.

M. Jean-Amédée Lathoud a également regretté ce fonctionnement « autarcique » des tribunaux de commerce ; ces derniers échappent en quelque sorte à la hiérarchie judiciaire ordinaire : « ***Je suggère que l'on réfléchisse au contrôle des juridictions consulaires par les premiers présidents des cours d'appel. J'estime que les premiers présidents devraient pouvoir intervenir plus fréquemment pour contrôler les délais de traitement des procédures, la gestion des flux juridictionnels, l'administration du tribunal comme ils le font pour toutes les autres juridictions du premier degré de leur ressort.*** »

Les tribunaux de commerce se sont créé leur propre hiérarchie comme l'indique M. Jean-Amédée Lathoud : « ***Les conférences régionales et la Conférence nationale qui ont une importance évidente et une utilité incontestable ne doivent pas devenir une structure hiérarchique parallèle à celle des cours d'appel et de la Chancellerie.*** »

Les juges consulaires affirment haut et fort leur volonté d'être des magistrats à part entière mais, par la mise en place de cette hiérarchie parallèle, ils se constituent en ordre juridictionnel séparé, replié sur lui-même et autarcique.

Dans la mesure où la juridiction consulaire est partie intégrante du service public de la justice, son contrôle revient à la Chancellerie. Celle-ci l'a souvent oublié... pour le plus grand malheur des justiciables.

2. – Un parquet trop souvent absent

a) Les pouvoirs du ministère public dans les textes

- ***En théorie, un rôle toujours plus important***

L'histoire des relations entre le parquet et la juridiction consulaire est récente ; jusqu'aux années 1960, tout ce qui concernait le tribunal de commerce n'était pas soumis au représentant de l'autorité publique. La conception de l'époque était celle d'un tribunal de commerce au sein duquel se réglaient les conflits entre pairs, sans intervention externe.

Depuis le début des années 1970 et surtout depuis la loi de 1985, le législateur a voulu renforcer le rôle du parquet dans le fonctionnement des tribunaux de commerce pour deux raisons.

Premièrement, la juridiction consulaire n'est plus la justice des seuls commerçants. Le nombre de personnes morales qualifiées de commerciales par la forme a augmenté considérablement et le contentieux entre associés relève souvent du tribunal de commerce. De plus, les cadres d'entreprises ont fait leur entrée dans la juridiction commerciale ; notamment les cadres de banques.

Deuxièmement, la compétence des tribunaux de commerce s'est étendue aux difficultés des entreprises. Pour les actes de commerce, l'existence d'une juridiction spécialisée peut paraître naturelle dans la mesure où ce sont des commerçants qui essaient de régler les conflits les opposant. En revanche, en matière de redressement et de liquidation des entreprises, les intérêts économiques dépassent ceux des commerçants ; il s'agit de trancher le sort de non-commerçants, les créanciers et les salariés.

L'institution, créée par Michel de l'Hospital, avec un objectif précis et limité a donc changé de nature. Les tribunaux de commerce ont été amenés à statuer sur des questions touchant l'intérêt général et avec la crise économique, les enjeux des procédures collectives sont devenus considérables : l'emploi, l'aménagement du territoire.

Les pouvoirs publics ont donc progressivement pris conscience de la nécessité de l'intervention du parquet dans les procédures collectives au nom de l'ordre public économique et social. M. Pierre Bézard, président de la chambre commerciale de la Cour de cassation, résume cette prise de conscience : « ***On a commencé par faire intervenir le parquet dans le but d'assurer la poursuite des personnes qui avaient péché ; puis l'on a estimé qu'il était porteur d'une vérité d'ordre public : protection des actionnaires minoritaires, des salariés, prise en compte de l'intérêt régional ou national d'une entreprise.*** »

La loi de 1967 a amorcé cette évolution en accordant au ministère public un droit de contrôle qui ne se cantonnait pas à l'aspect répressif mais son intervention directe était limitée. L'article 8 du décret n° 72-684 du 20 juillet 1972 a augmenté de manière décisive les pouvoirs d'information du parquet. La loi n° 81-927 du 15 octobre 1981 a entériné cette évolution. Elle a même fortement accru les pouvoirs du ministère public. Celui-ci dispose d'un droit de saisine directe du tribunal. Il peut demander la nomination d'un administrateur provisoire ou le remplacement du syndic. Il peut solliciter l'éviction de certains dirigeants sociaux. Certaines voies de recours lui sont également ouvertes. Il en est ainsi de l'appel des décisions relatives à la nomination, au remplacement des syndics ainsi que des jugements autorisant le syndic à traiter à forfait.

La loi de 1985 a reproduit certaines de ces dispositions. Aucun pouvoir ouvert préalablement au ministère public n'a été écarté par la loi nouvelle.

• ***Un pouvoir d'information***

Le ministère public dispose d'abord d'un large pouvoir d'information. Il doit être informé par tous les intervenants à la procédure collective. L'administrateur et le représentant des créanciers tiennent informés tous les mois le juge-commissaire et le procureur de la République du déroulement de la procédure. Le comité d'entreprise ou à défaut les délégués du personnel peuvent communiquer au président du tribunal ou au procureur de la république tout fait révélant la cessation des paiements de l'entreprise. Le ministère public est également informé par le commissaire de l'exécution du plan. Celui-ci doit lui rendre compte du défaut d'exécution du plan. Par conséquent, le ministère public peut, s'il l'estime opportun, se tenir étroitement au courant de tous les aspects de la procédure.

Ce pouvoir d'information est parfois un pouvoir de surveillance car, dans certains cas, il y a obligation de communication au ministère public. L'article 425-2 du nouveau code de procédure civile précise que le ministère public doit avoir communication « *des procédures de suspension provisoire des poursuites et d'apurement collectif du passif, de faillite personnelle, ou d'autres sanctions et, s'agissant des personnes morales, des procédures de redressement et de liquidation judiciaires ainsi que des causes relatives à la responsabilité pécuniaire des dirigeants sociaux* ».

L'obligation de communication est donc limitée à un certain nombre de cas, mais il est toujours loisible au ministère public de solliciter l'application de l'article 426 du nouveau code de procédure civile énonçant que « *le ministère public peut prendre communication de celles des autres affaires dans lesquelles il estime devoir intervenir* ».

• ***Un pouvoir d'action***

Le ministère public a une *compétence concurrente*. Il peut agir comme le ferait une partie à la procédure. Notamment le ministère public peut provoquer l'ouverture du redressement judiciaire, demander le remplacement de l'administrateur ou du représentant des créanciers, solliciter l'application d'une sanction pécuniaire aux dirigeants de la société en redressement judiciaire, etc.

Le ministère public a également une *compétence propre*, en ce sens que certaines initiatives lui sont réservées : demande de deuxième prorogation de la période d'observation ; demande de conclusion d'un contrat de location-gérance au cours de la période d'observation ; appel des jugements relatifs à la désignation des organes de la procédure, et statuant sur la durée de la période d'observation ou sur les modalités de la continuation de l'exploitation au cours de celle-ci.

Enfin, le ministère public peut exercer les voies de recours contre une décision, même s'il n'a pas été partie principale. Ce *droit d'appel* est d'ailleurs dérogatoire au droit commun car, en règle générale, l'appel et le pourvoi en cassation sont réservés aux plaideurs. Le

Conseil constitutionnel a jugé que ce droit d'appel ne portait pas atteinte aux droits des autres parties, puisque le ministère public est chargé de la défense des intérêts généraux (décision du 18 janvier 1985).

Dans les textes, les pouvoirs de contrôle du ministère public se sont beaucoup accrus depuis une quinzaine d'années et sont aujourd'hui considérables. Le ministère public est sans nul doute l'organe de contrôle des procédures collectives le plus puissant par rapport aux créanciers contrôleurs et aux représentants des salariés. En effet, la loi du 10 juin 1994 a essayé de revivifier la fonction de créancier contrôleur, sans succès. La loi du 25 janvier 1985 a instauré une représentation spécifique des salariés, mais la pratique ne correspond pas aux ambitions du législateur.

Aujourd'hui, le parquet est donc reconnu comme un intervenant à part entière. Son intervention a **trois objectifs : assurer le respect de la loi, défendre l'ordre public économique et assainir les professions commerciales.**

Premièrement, le parquet, comme le fait un commissaire du gouvernement en matière administrative, dit le droit. Il présente à cette fin des observations (réquisitions), principalement orales, mais aussi parfois écrites et il intervient à tous les moments de la procédure. Par exemple, il doit prévenir les conflits de compétence lors d'affaires concernant des groupes de sociétés avec des sièges sociaux dispersés ; le tribunal de commerce a tendance à vouloir tout centraliser alors que la loi ne reconnaît par la notion de groupes de sociétés. Le parquet peut également s'opposer à des plans de cession qui seraient assortis de conditions suspensives, etc.

Deuxièmement, le parquet doit défendre l'ordre public économique et donc rechercher l'équilibre entre la sauvegarde des emplois et les intérêts des créanciers. La circulaire du garde des Sceaux aux procureurs généraux du 20 octobre 1997 indique leurs obligations dans ce domaine :

« *Vous évaluerez avec une grande attention la nécessité de la poursuite de la période d'observation et la légitimité des solutions de reprise ou de continuation ; vous vous attacherez à ce que les actifs soient cédés dans un délai raisonnable et aux conditions les plus satisfaisantes ; vous inciterez les mandataires de justice à tenir informés les créanciers, et tout spécialement les salariés, vis-à-vis desquels un effort de communication très significatif doit être entrepris, des proba-*

bilités de récupération de leurs créances, et à procéder à bref délai, en ayant, le cas échéant, recours au versement de provisions, à la répartition des fonds qu'ils détiennent.

« Vous ne négligerez pas, dans un souci de rigueur, les sanctions personnelles, dont vous pouvez, lorsque vous le jugez opportun, être les initiateurs.

« Tout en conservant votre rôle d'observateur, vous participerez activement aux diverses instances de traitement des difficultés des entreprises, mises en place localement, et vous n'hésiterez pas à vous rapprocher des services de la Chancellerie afin de procéder avec eux à un échange de vues sur l'évolution des dossiers les plus sensibles et de bénéficier tant de leur analyse juridique que de leurs liens interministériels. »

Troisièmement, le parquet remplit la mission « historique », traditionnelle d'assainissement des professions commerciales par l'application de sanctions personnelles (déchéances). Le parquet, lorsqu'il le juge opportun, peut être l'initiateur de sanctions. Depuis une dizaine d'années, le recul des sanctions pénales au profit des sanctions commerciales est très net. Cette évolution est due à la loi du 25 janvier 1985 qui a entendu dépénaliser la défaillance d'entreprises. Le législateur a tenu compte de la crise économique. Les commerçants qui déposent leur bilan ne sont donc plus les faillis sur qui doit retomber l'opprobre de la faillite commerciale et de la banqueroute pénale.

Par exemple, au parquet de Paris, avant la loi de 1985, 50 % des informations ouvertes l'étaient pour des cas de banqueroute et donnaient donc lieu à saisine du juge d'instruction. Aujourd'hui, ce nombre est descendu en dessous de 5 %. De nombreux parquetiers (Lyon, Strasbourg...) ont déclaré à la commission d'enquête privilégier les sanctions commerciales pour des raisons également pratiques, à savoir l'encombrement du tribunal correctionnel. En revanche, le parquet émet de manière quasi systématique un avis favorable à la saisine du tribunal de commerce pour examiner s'il y a lieu à prononcer, soit le comblement du passif, soit des sanctions plus lourdes comme l'interdiction de gérer ou la faillite personnelle. En 1997, le parquet de Paris a émis 5 128 avis favorables à l'exercice de poursuites individuelles. Il ne faut pas minimiser la portée de ces sanctions commerciales : certaines pèsent plus lourdement que des sanctions pénales. Bloquer tous les biens personnels est en définitive plus grave que huit jours de prison avec sursis.

b) Une présence très inégale sur le territoire

Au travers des réponses des parquets aux questionnaires envoyés par la commission d'enquête, le caractère très contrasté sur le territoire national de la présence du parquet apparaît très nettement.

Cette présence inégale s'explique d'abord par la carte judiciaire. L'éparpillement des tribunaux de commerce empêche une présence effective du parquet. Que peut faire un procureur général qui doit contrôler jusqu'à 16 tribunaux de commerce ? Dans son rapport adressé à la commission d'enquête, le procureur général d'Aix-en-Provence Gabriel Bestard indique que seul le tribunal de commerce de Marseille dispose en permanence d'un interlocuteur. Pour les autres parquets, la situation est plus critique : par exemple, le parquet de Draguignan se limite à 5 magistrats alors que son ressort comprend 4 tribunaux de commerce (Draguignan, Brignoles, Fréjus, Saint-Tropez) et que la durée minimum du trajet entre Draguignan et Saint-Tropez est de 45 minutes...

La deuxième raison de ce contraste est l'absence de substituts spécialisés en matière financière dans les petites juridictions. À Agen, à Carcassonne, le procureur doit être polyvalent, à la fois « pénaliste » et « commercialiste ».

Enfin, le dernier facteur à prendre en compte et non des moindres est la motivation des magistrats du parquet ; les parquetiers doivent avoir le goût des affaires économiques et financières car le tribunal de commerce n'est pas prioritaire étant donné les missions toujours plus nombreuses confiées au parquet.

Il n'existe donc pas de politique générale du parquet en matière de « contrôle » des tribunaux de commerce : tout dépend de la priorité donnée par le procureur général.

Auprès de certaines juridictions, le parquet joue un rôle essentiel et il est présent à chaque audience. Auprès d'autres, il demeure trop fréquemment absent. Parfois enfin, il n'intervient presque jamais.

La présence du parquet, quand elle existe, est-elle effective ? La commission d'enquête peut légitimement s'interroger sur la représentation de l'autorité publique devant les tribunaux de commerce. La situation est inquiétante. En effet, les représentants du parquet, lors des auditions et dans les réponses aux questionnaires envoyés aux procureurs généraux, ont insisté sur l'insuffisance de moyens et sur la difficulté d'agir sur le déroulement des procédures collectives, en raison du rôle déterminant joué par les mandataires judiciaires et du manque d'information sur les dossiers.

c) Des moyens humains et matériels indécents

La première des doléances des parquetiers porte sur le manque d'effectifs. Les tâches des parquets n'ont cessé de croître dans tous les domaines mais les effectifs n'ont pas suivi.

Ce phénomène est particulièrement vrai dans le domaine économique et financier. L'exemple de Paris est assez éclairant. Les chiffres parlent d'eux-mêmes : il y a dix ans, 2 500 procédures collectives étaient ouvertes chaque année, aujourd'hui 6 000 procédures le sont. Pourtant, le nombre de magistrats affectés exclusivement à la représentation du ministère public au tribunal de commerce n'a pas changé : il est toujours de deux et les moyens en secrétariat ont diminué... Parallèlement, au cours de ces dix années, le législateur a donné des missions nouvelles au parquet et les défaillances d'entreprises ont concerné de grands groupes immobiliers et bancaires, ce qui a généré un travail plus important et plus pointu. Les deux magistrats ne peuvent pas assister à toutes les audiences de procédures collectives ou de sanctions, puisque deux ou trois chambres se réunissent souvent en même temps, comme le déclare Mme Éliane Houlette, premier substitut à la section financière et commerciale au tribunal de grande instance de Paris :

« ***René Grouman et moi, nous nous rendons quasiment tous les jours au tribunal de commerce, puisqu'il y a des audiences qui ont trait aux procédures collectives, pratiquement tous les jours : le lundi, le mardi, le mercredi consacré aux sanctions, le jeudi et le vendredi compte tenu du fait que certains juges, qui étaient en procédure collective l'année passée, qui ne le sont plus l'année suivante, continuent à suivre leurs affaires en tant que juges-commissaires dans les chambres de contentieux. Si bien que nous pouvons donc nous y rendre tous les jours. Nous essayons de ne pas y aller le vendredi, mais il m'arrive quand même d'y aller parce que des affaires importantes sont traitées par un juge-commissaire. (...)***

« ***Personnellement, c'est l'activité des chambres de sanction que je suis le moins assidûment : il y a souvent deux ou trois chambres de sanctions qui siègent en même temps. Nous devons choisir. Parfois même, comme actuellement, le mercredi, en même***

temps que les chambres de sanctions, siège une chambre de procédures collectives. Nous devons donc choisir entre les dépôts de bilan qui sont extrêmement importants et la chambre de sanctions. »

Quelles sont les conséquences d'un tel manque d'effectifs ? Les deux substituts sont obligés de procéder à des arbitrages puisqu'ils n'ont pas le don d'ubiquité... Ils vont donc aux audiences qui leur paraissent les plus importantes. À Paris, le choix est entre deux audiences de procédures collectives ou entre une audience de procédures collectives et une audience de sanctions, en province, le choix se fait entre une audience commerciale et une audience civile et le plus souvent le choix n'existe pas. Le témoignage de M. Philippe Lemaire, magistrat à la Chancellerie qui a été procureur en province, est révélateur de cet inquiétant état de fait : « ***Si vous êtes procureur et que vous êtes confronté à une situation de crise d'effectifs ou d'absences pour des raisons valables, le premier secteur que vous sacrifiez est le secteur économique et financier. (...) Parce que le code de procédure pénale vous oblige à une permanence sur la cour d'assises, sur le tribunal correctionnel, etc., alors que la procédure commerciale peut continuer à se dérouler sans la présence du parquet. C'est cela la réalité des juridictions.*** » M. Laurent Davenas, procureur près le tribunal de grande instance d'Évry, dit la même chose : « ***Ou je fais le choix des violences urbaines, ou celui des tribunaux de commerce. La Chancellerie ne me donne pas les moyens de traiter ensemble ces deux priorités.*** » En effet, selon la loi, la présence du parquet n'est pas obligatoire à peine de nullité dans les audiences de procédures collectives contrairement aux affaires civiles. Ainsi, la présence du parquet est obligatoire pour une demande de changement de régime matrimonial mais elle ne l'est pas pour l'adoption d'un plan de continuation d'une entreprise de cinq mille salariés !

Et lorsque le parquet est présent de manière assidue comme à Paris, cela se fait au détriment de l'examen des dossiers. Lorsqu'un substitut se rend chaque jour au tribunal de commerce de Paris, le temps consacré au suivi des dossiers est des plus limités surtout, lorsque le dossier arrive au parquet la veille, comme l'a indiqué Mme Danielle Drouy-Ayral, procureur adjoint de Marseille.

Leur présence aux audiences est cependant utile comme l'indique M. Serge Armand, substitut général à la cour d'appel de Paris : « (...) ***cette simple présence a une influence dans la mesure où elle témoigne de l'existence d'un observateur et qu'elle est ainsi dissuasive et empêche les dérives grossières. En outre, elle rappelle aux***

magistrats du tribunal de commerce que l'ordre public est concerné. »

Le travail réalisé par les magistrats du parquet reste donc superficiel d'autant qu'ils sont peu formés dans le domaine économique et financier. De plus demeure un problème « culturel » ; dans les petites juridictions surtout, la notion de parquet commercial n'est pas complètement entrée dans les mœurs comme l'indique M. Jérôme Deharveng, magistrat à la Chancellerie : « ***Le magistrat du parquet avait une culture essentiellement pénale. Il se rendait au tribunal de commerce d'abord pour y détecter des infractions. Il importe que le magistrat du parquet prenne désormais conscience qu'il doit se rendre devant le tribunal de commerce pour prendre des décisions de nature économique et y être autre chose qu'un détecteur d'infractions.*** »

Ce problème « culturel » est évidemment lié aux carences de la formation des magistrats professionnels. En formation initiale, d'abord, les élèves magistrats se voient dispenser une initiation à la comptabilité et à la gestion très succincte et accessoire dans la scolarité. La formation continue organisée par l'ENM, même si un effort a été réalisé, est encore très insuffisante et concerne peu de magistrats professionnels. En outre, les procureurs ont souvent les plus grandes difficultés à s'abstraire de leur tâche pour suivre ces formations, comme l'observait M. Achille Kiriakides, procureur à Carcassonne lors de son audition. Il existe une formation obligatoire de deux jours pour les magistrats du parquet nouvellement affectés dans une section économique et financière. Ont été également mises en place des formations thématiques sur les entreprises en difficulté, le droit des sociétés, la comptabilité : les sessions durent une semaine et réunissent une trentaine de participants.

Enfin, des rapprochements entre magistrats professionnels en charge de la justice commerciale et juges consulaires ont lieu lors de journées régionales qui ont pour but de favoriser le dialogue entre les deux ordres de magistrats sur leurs pratiques respectives et leurs procédures.

Néanmoins, les connaissances en comptabilité et gestion des magistrats professionnels demeurent très lacunaires.

d) Un parquet absent de la prévention et de la liquidation

L'intervention du ministère public est inexistante en amont et en aval de la procédure judiciaire, c'est-à-dire dans la phase de prévention et lors des cessions d'actifs suite à une liquidation.

La prévention s'est développée de manière importante ces dix dernières années et la loi du 10 juin 1994 a tenu compte de cette évolution. Dans ce domaine, la présence du parquet est considérée comme indésirable par les juges consulaires et en particulier par le président qui est en réalité l'acteur principal de cette nouvelle pratique. Les témoignages des représentants du parquet sont sur ce point tous concordants.

UN PARQUET COURT-CIRCUITÉ

M. Jacques Cazals, procureur de la République d'Auxerre, a souligné de manière humoristique cette prééminence du président :

M. Jacques CAZALS : Le parquet n'intervient pas dans le domaine de la prévention. Le président du tribunal de commerce est tellement connu ici que tout passe par lui. On ne passe pas par le parquet, parce que le président Brochot est omniprésent. Il a une conception un peu impériale de son rôle.

Toute difficulté passe par lui et il va jusqu'à donner des consultations. Il n'y a chez lui nulle volonté de tourner la loi, mais il trouve normal que l'on vienne le voir pour lui dire qu'une entreprise est en difficulté et lui demander s'il convient de déposer le bilan et si oui, comment.

Le parquet est totalement court-circuité. Les organismes locaux, hormis la chambre de commerce, s'adressent au président du tribunal de commerce. Les comptables, les entreprises d'expertise comptable savent qu'il vaut mieux s'adresser directement à Dieu plutôt qu'à un de ses saints, à supposer que le procureur de la République en soit un !

Cette situation est tout à fait regrettable dans le mesure où des décisions très importantes quant à la sauvegarde de l'entreprise et de l'emploi sont parfois prises. Le parquet a le droit de saisir la juridiction pour l'ouverture de la procédure collective, l'exclure du domaine de la prévention est donc un non-sens. Il doit être présent car l'autorité publique doit veiller à ce que ne soit pas dénaturé l'usage de la prévention de façon à en faire une procédure de redressement judiciaire à l'amiable, hors de toutes règles formelles, ce qui transformerait la procédure classique de la loi de 1985 en une procédure purement liquidative.

Mais là encore, le principal obstacle à une intervention du parquet est le manque de moyens ; M. Jean-Claude Marin, procureur adjoint de Paris déclare : « ***La position du parquet est de dire que son implication dans les procédures de prévention est quasi nulle. Nous sommes partagés entre la cohérence de notre mission qui nous pousserait à nous y impliquer et la faiblesse de nos moyens qui nous fait redouter des pouvoirs nouveaux.*** »

De la même façon, le parquet n'exerce aucun pouvoir après la procédure judiciaire, lors de la réalisation des actifs en matière de liquidation.

La loi ne prévoit pas d'intervention du parquet là où précisément il peut y avoir des dérives. Et les dérives existent : des cessions à des prix tout à fait ridicules sont choses courantes (voir rapport de la chambre de commerce et d'industrie de Paris).

En effet, sur les trois catégories d'actifs : les immeubles (article 154), les unités de production (article 155) et les autres biens (article 156), seuls les unités de production (fonds de commerce, ...) donnent lieu, quand ils sont vendus, à un avis au procureur de la République. M. Serge Armand, substitut général à la cour d'appel de Paris, a évoqué la non-transparence qui prévaut dans ce domaine.

UN PARQUET TENU À L'ÉCART DES CESSIONS D'ACTIFS

M. Serge ARMAND, substitut général à la cour d'appel de Paris : (...) dans une affaire de cession d'une banque libanaise – ce n'était quand même pas rien – je savais qu'il y avait un repreneur qui ne jouissait pas d'une réputation particulièrement bonne et qui s'intéressait au rachat de cet actif à un prix qui n'allait pas spécialement dans le sens d'un désintéressement des créanciers et des déposants. Ce repreneur a d'ailleurs connu par la suite un certain nombre de déboires. Il s'agissait d'un personnage dont on connaissait le peu d'honnêteté et qui s'est révélé être un affairiste.

J'ai appris un jour, tout à fait par hasard, parce qu'un avocat de l'un des autres repreneurs, qui était en réalité une association de déposants, est venu me voir et m'en a informé, que la cession de la banque avait été faite à ce repreneur : personne ne m'en avait avisé ! Comme nous étions heureusement encore dans le délai d'un mois, je suis aussitôt allé voir le président du tribunal de commerce pour lui parler de l'affaire et lui indiquer qu'il y avait une possibilité de saisine d'office du tribunal pour faire opposition à l'ordonnance ; il y eut finalement audience et annulation de la cession. Pour éviter que l'affaire ne s'ébruite, le juge-commissaire n'avait même pas respecté l'obligation de convoquer le contrôleur.

Voilà un exemple dans lequel, si le délai d'un mois avait été dépassé, il n'aurait plus été possible d'intervenir.

M. le Rapporteur : Le juge-commissaire est toujours en fonction au tribunal ?

M. Serge ARMAND : Non.

M. le Rapporteur : Il a démissionné ? A-t-il eu l'honorariat ?

M. Serge ARMAND : Je l'ignore mais c'est possible ! Il n'a jamais eu d'ennuis par la suite, mais il faisait partie des juges qui avaient une réputation sulfureuse, à telle enseigne que lorsque j'ai communiqué son nom au président du tribunal de commerce, ce dernier n'a pas paru en être autrement surpris. Au tribunal de commerce, des rumeurs couraient sur certains noms.

e) L'absence de capacité de contre-expertise

Tous les représentants du parquet l'ont dit à la commission d'enquête : les magistrats du parquet sont intellectuellement dépendants des informations présentes dans les rapports des mandataires de justice.

Il s'agit des rapports rendant compte de la progression des procédures de redressement ou de liquidation judiciaires : rapport sur le déroulement de la procédure et la situation de l'entreprise (dans les deux mois du jugement d'ouverture), rapports spécifiques à la liquidation judiciaire (poursuite d'activité, défaut d'exécution du plan, ...).

Viennent ensuite les informations fournies par les parties : le procureur peut être sollicité par les avocats de débiteurs ou de créanciers. Enfin, le parquet peut se renseigner auprès des autorités économiques locales : le directeur de la Banque de France, le trésorier-payeur général, le préfet pour des affaires importantes ; cette mise en commun d'informations, absolument nécessaire, est très rare. À Lyon une telle expérience a été menée à l'initiative du procureur général.

Enfin, le tribunal de commerce informe le parquet mais de manière partielle. À Paris, par exemple, le tribunal de commerce ne fournit pas au parquet toutes ses données statistiques. M. Jean-Pierre Dintilhac, procureur, le constate et le regrette :

« (...) ***il n'y a pas une transmission systématique et régulière des informations au parquet de Paris. Elle permettrait au parquet de Paris d'être en permanence tenu informé des activités du tribunal en termes de statistiques, par un tableau de bord que possède certainement le président du tribunal de commerce. Il n'a apparemment jamais été dans les habitudes de le transmettre au parquet de Paris.***

« ***Je fais cette réflexion, car je suis allé hier au tribunal de police où il y a un appareil statistique, qui est transmis au parquet et qui permet de suivre l'activité de manière simultanée.*** »

Le parquet devrait pouvoir vérifier la crédibilité de certaines solutions proposées par les mandataires. Or, il ne dispose pas de magistrats bien formés, de greffiers spécialisés ou d'experts à disposition. Ainsi, M. Marc Moinard, ancien procureur près le tribunal de grande instance de Bobigny, a déclaré : « ***Le parquet n'est pas armé pour apprécier les offres de cession qui passent par les manda-***

taires. » Les sections financières des services régionaux de police (SRPJ) ont perpétuellement un stock important d'affaires à traiter ; ainsi celles confiées par les parquets ne font l'objet d'une enquête qu'à l'issue d'un délai de deux ans en moyenne. De plus, la sûreté urbaine et la gendarmerie s'engagent très rarement dans ce type d'affaires.

Ainsi, lorsque le parquet a des doutes sur la personnalité d'un repreneur, il ne peut même pas faire procéder à une enquête de moralité. Les sanctions sont d'ailleurs particulièrement « négligées » par le parquet faute de temps et d'effectifs suffisants. M. Serge Armand a expliqué à la commission d'enquête la situation prévalant à Paris dans ce domaine :

« ***Aux audiences de sanction, une trentaine de dirigeants sont convoqués en présence du parquet qui donne donc son avis avant que le jugement ne soit mis en délibéré, généralement à trois semaines. Le temps qu'il soit dactylographié, le jugement parvient au parquet des semaines, voire des mois plus tard. Il est toujours possible de faire appel, puisque le délai court à partir de la notification du jugement au parquet mais en fait, si l'on ajoute le temps qui s'est écoulé entre le jugement et le délibéré et celui qui s'est écoulé entre le délibéré et la notification au parquet, cela fait plusieurs mois. Le substitut reçoit donc une pile de jugements de sanction concernant des affaires vieilles de plusieurs mois dont il a d'autant moins souvenir qu'il y a eu chaque semaine de nouvelles audiences. Les jugements sont si peu motivés qu'il ne fait pratiquement pas appel, sauf pour des affaires qu'il suit de manière particulière.*** »

En pratique, les réponses aux questionnaires envoyés aux procureurs généraux l'attestent, le parquet est tributaire des mandataires pour les informations sur les dirigeants ; or ces derniers signalent très peu d'infractions (faits générateurs de faillite personnelle ou d'interdiction de gérer). Les rapports des mandataires de justice sont la première source d'information du parquet, or, celui-ci est bien incapable de vérifier ces informations fournies par des professions qui échappent complètement au contrôle du parquet.

Pourtant, les dispositions des articles 12 et 28 de la loi n° 85-99 du 25 janvier 1985 placent les mandataires de justice sous la surveillance du ministère public. La circulaire du garde des Sceaux adressée aux procureurs généraux du 20 octobre 1997 a rappelé les sources qui permettent au ministère public de remplir cette mission : les états périodiques (trimestriels) qui permettent de contrôler les délais des procédures et le placement des fonds, l'attestation annuelle de vérification de la comptabilité, la reddition des comptes...

De nombreux parquetiers ont indiqué à la commission d'enquête que cette circulaire, en l'état actuel des moyens du ministère public, était inapplicable. Pour traiter de tels documents comptables, il faudrait un équipement informatique (logiciels de comptabilité) et des auxiliaires de justice spécialisés. Le procureur adjoint de Marseille, Mme Danielle Drouy-Ayral, a déclaré les états périodiques « inexploitables » par le parquet.

À la fin de l'année 1997, les trente-trois parquets généraux de France ont adressé à la Chancellerie un état des lieux concernant la lutte contre la délinquance économique dans leur ressort. Le constat correspond en tous points à celui des parquetiers interrogés par la commission d'enquête sur leur rôle face aux tribunaux de commerce. Le Rapporteur reprend donc la conclusion de ce rapport sur les lacunes de la justice dans le domaine économique et financier : « *Quatre séries de besoins prioritaires se trouvent ainsi mis en évidence : un besoin de signalements, un besoin d'enquêteurs, un besoin de moyens pour l'institution judiciaire et un besoin de renouvellement de ses méthodes de travail.* »

Notre pays, c'est un constat qu'il est temps de faire avec force et détermination, n'a pas voulu se doter de magistrats en nombre suffisant pour la sauvegarde de l'ordre public économique et financier. Il est grand temps de recruter, former et salarier des procureurs spécialisés dans ce domaine.

f) Un parquet alibi

Ce manque de capacité d'expertise donne au parquet un rôle d'alibi. Les propos de M. Pierre Bézard sont à ce titre éloquents : « ***À l'origine, les tribunaux de commerce ont très mal ressenti la présence du parquet et ont manifesté beaucoup de réticences. Aujourd'hui, le parquet a toutes les qualités !*** » Peut-être parce que les juges consulaires se sont rendu compte qu'il était inoffensif...

La commission d'enquête, lors de ses auditions et de ses déplacements, a constaté face au parquet une attitude identique chez tous les juges consulaires : ces derniers se retranchent derrière le ministère public, le président du tribunal de commerce de Paris M. Jean-Pierre Mattei le premier : « ***La présence du ministère public, dans les cas où cela est utile, en particulier dans les procédures***

collectives, peut avoir les vertus prêtées à l'échevinage. Si ce magistrat professionnel du ministère public constate une anomalie, il a la faculté de faire appel et sa décision est suspensive. La meilleure forme d'échevinage est bien cette présence renforcée du parquet. C'est ce qui a été demandé par la Conférence générale. »

Et pourtant, ce sont les mêmes qui semblent ne pas admettre l'exercice par le parquet de ses prérogatives d'appel (voir l'affaire Royal-Monceau).

M. Jean-Claude Marin, procureur adjoint à Paris, a bien résumé cette situation qui est, pour lui, un contresens dans la mesure où le parquet, par définition, reste extérieur aux décisions du tribunal de commerce : « ***La présence du parquet au tribunal de commerce n'est pas un échevinage ; il n'est pas le substitut de l'échevinage. Le parquet a une mission qui est fondamentale : défendre les principes de droit, la*** **ratio legis*****, la régularité des procédures, mais aussi être le catalyseur de certaines informations, émanant notamment des pouvoirs publics. Le parquet n'est pas appelé à être l'échevin, car il ne participe pas au jugement.*** »

À Saint-Brieuc, à Toulon, à Lyon, tous les présidents se sont retranchés de manière systématique derrière le parquet lorsque la commission d'enquête notait certains dysfonctionnements. Par exemple, M. Gérard Le Bourhis, président du tribunal de commerce de Saint-Brieuc, dit avoir demandé l'autorisation au procureur pour se porter repreneur d'une entreprise alors qu'il était juge. Le procureur de Saint-Brieuc a déclaré à la commission d'enquête ne pas avoir eu connaissance de cette demande...

En réalité, les magistrats professionnels ont parfois la fâcheuse impression que l'audience ne fait qu'enregistrer des décisions prises ailleurs, particulièrement pour les plans de cession. Le parquet est volontairement tenu à l'écart de la sphère décisionnelle, comme s'il s'agisait d'un intrus dans la vie des affaires.

Il s'agit certainement de la principale limite à l'intervention du parquet, comme le souligne M. Serge Armand :

« (...) ***Ce parquet était, par exemple, présent aux audiences de plan. Son intervention a pourtant une limite qui tient au fait qu'il est bien présent à l'audience mais qu'il n'a pas assisté aux tractations antérieures et qu'il n'assistera pas à celles qui auront lieu après.***

« C'est ainsi qu'il ne connaît rien des négociations qui se sont déroulées entre l'administrateur judiciaire, le juge-commissaire et les repreneurs. Il ignore s'il y a eu un repreneur mieux disant qu'un autre qui a été évincé et autant de choses dont on parle et dont le parquet ne peut pas avoir connaissance. De même, il n'assiste pas aux entretiens qui se déroulent entre l'administrateur judiciaire et le juge-commissaire. Pourtant c'est souvent à ces différents stades que se joue le sort de l'entreprise car, ainsi que je vous le disais précédemment, quand on arrive à l'audience, tout est prêt et le plan est présenté de telle façon qu'il est acceptable et que le parquet ne peut que l'approuver. »

Les magistrats du parquet ne sont pas dupes de cette situation. Ainsi, Mme Éliane Houlette a déclaré à la commission d'enquête : « ***Je dis toujours avoir l'impression que le débat judiciaire n'a pas lieu réellement dans la salle d'audience.*** »

Les représentants du parquet ont donc parfois le sentiment d'être utilisés comme caution, comme l'a affirmé le procureur de Lyon : « ***La présence du parquet est souhaitée, surtout si elle conforte la position du tribunal.*** »

3. – Un budget introuvable

Une justice économique : la justice consulaire l'est à plus d'un titre. C'est une justice de la vie économique rendue par les commerçants, et comme ceux-ci sont bénévoles et s'appuient sur un greffe privé elle est rendue à moindre coût. C'est l'un des atouts majeurs du système français, fréquemment mis en avant. M. Jean-Pierre Mattei, au nom de la Conférence générale des tribunaux de commerce, l'a d'emblée fait valoir auprès de la commission :

« ***En ce qui concerne le caractère peu dispendieux du fonctionnement de la juridiction consulaire, le budget actuellement octroyé par l'État français aux tribunaux de commerce est d'environ 30 millions de francs... Vous pouvez le calculer vous-mêmes : pour 1 136 000 jugements rendus en 1996, le coût moyen d'une décision s'établit à 30 francs. Nous sommes des juges élus et bénévoles. Je pense qu'il était nécessaire de le rappeler.*** »

Mais ce point fort s'est vite révélé une faiblesse du système. Il s'est accompagné d'un désengagement public conduisant à la généralisation des contributions privées au fonctionnement de la justice, sources de risques et banalisant l'absence de contrôle. Il tend à faire obstacle aux réformes, la plupart d'entre elles supposant la mobilisation de moyens accrus : le débat sur l'échevinage suffit à le démontrer.

La Cour des comptes a eu l'occasion de démontrer, en particulier dans son rapport public de novembre 1997, que le coût réel de fonctionnement des tribunaux de commerce est à ce jour inconnu, mais plus élevé qu'il ne paraît. En effet, comme l'a expliqué avec précision à la commission M. Christian Descheemaeker, conseiller-maître à la Cour des comptes : « ***Les tribunaux de commerce ont cette particularité de fonctionner sur deux budgets*** » : les 30 millions de francs, en réalité 40 millions de francs, versés par le budget de l'État ne sont qu'une part de leur financement.

De plus, si le coût est modique pour l'État, une part élevée des charges repose sur les greffes privés, c'est-à-dire *in fine* sur les justiciables.

a) Un financement public insuffisant depuis toujours

C'est à l'État qu'incombe la charge de l'ensemble des dépenses de personnel, de matériel, de loyer et d'équipement des tribunaux de commerce depuis le 1er janvier 1987. À cette date, est entré en application, pour les juridictions du premier degré, l'article 87 de la loi de décentralisation du 7 janvier 1983.

Cette charge comprend l'entretien des bâtiments, la rémunération d'une partie des agents administratifs affectés à certains tribunaux (départements et les autres collectivités locales continuant à rémunérer leurs agents en poste au 1er janvier 1987), et les frais de fonctionnement.

Selon M. Christian Descheemaeker : « ***Pour donner un ordre de grandeur, un petit tribunal de commerce aura un budget de fonctionnement d'environ 50 000 francs par an – je le dis avec beaucoup de précautions car cela dépend des localisations – et un gros tribunal de commerce de banlieue pourra en avoir un de 5 millions de francs par an, dès lors qu'un loyer est payé par l'État si le bâtiment est en location.*** »

• Pour l'État, le total des dotations correspondantes est étonnamment modeste. Elles figurent au budget du ministère de la Justice, sur le chapitre 37-92 « Services judiciaires : moyens de fonctionnement et de formation », où sont globalisés les moyens de fonctionnement déconcentrés des juridictions. L'article relatif aux tribunaux de commerce [1] a retracé les dépenses suivantes au cours des années récentes : 40 millions de francs en 1994, 41,5 millions de francs en 1995, 36,9 millions de francs en 1996.

En loi de finances pour 1998, cet article [2] comprend en outre les charges d'entretien immobilier. Comme en 1997, il est doté de 39,6 millions de francs de crédits pour 227 tribunaux de commerce. En 1998, la charge moyenne pour l'État d'un tribunal de commerce est donc inférieure à 175 000 francs.

Bien entendu, la part de ces crédits dans le budget de la justice est infinitésimale : 0,16 %. Il est peut-être plus significatif encore de se rapporter à quelques-uns des quarante-cinq paragraphes de l'article. Ainsi, 1,57 million de francs sont prévus pour les achats de mobilier, 1,64 million de francs pour les fournitures de bureau (un peu plus de 7 000 francs par juridiction), et 0,17 million de francs pour l'accès à des bases de données juridiques.

Rien n'est habituellement prévu pour la formation. Le million de francs décidé par la ministre de la Justice pour le centre de Tours en 1998 l'est à titre non reconductible.

À titre de comparaison, l'enveloppe relative aux 264 conseils de prud'hommes de métropole est le double de celle des tribunaux de commerce : 79,1 millions de francs, soit 300 000 francs par juridiction.

• À cette dotation de fonctionnement courant, il conviendrait d'ajouter le montant indéterminé des charges de rémunération des agents administratifs employés dans les tribunaux de commerce, mais non par les greffiers. Seule une analyse juridiction par juridiction en permettrait une évaluation. En pratique, ne sont concernés que les principaux tribunaux.

• Enfin, une dépense fiscale, certes de montant comparativement limité, pèse sur le budget de l'État. Depuis 1987, tous les juges consulaires ont la possibilité de déduire de leurs revenus professionnels les frais engagés du fait de leur mandat. La déduction peut être effectuée, soit pour le montant réel des dépenses, sur justification, soit sur une base forfaitaire (2 000 francs pour un juge titulaire). On se reportera pour plus de détails à l'encadré ci-après.

1. Article 53 jusqu'en 1997.
2. Article 54 « Tribunaux de commerce – fonctionnement »

LA DÉDUCTION FISCALE POUR FRAIS DES JUGES CONSULAIRES

Les juges des tribunaux de commerce ne perçoivent, à raison du mandat dont ils sont investis, aucune rémunération ou indemnité de quelque nature que ce soit. Ils ont cependant à faire face, dans l'accomplissement de leurs fonctions, à des dépenses dont le montant peut atteindre un chiffre relativement élevé. Or, les membres des tribunaux de commerce sont élus en considération de l'***activité professionnelle*** exercée par eux, soit au moment de l'élection, soit antérieurement à cette date.

C'est pourquoi il est admis que les dépenses supportées par ces juges du fait de leur mandat peuvent être déduites de leurs revenus professionnels, soit pour leur montant réel, soit pour un montant forfaitaire.

I. Les membres des tribunaux de commerce ont la possibilité de déduire de leurs revenus professionnels, pour leur ***montant réel***, les frais supportés à l'occasion de l'accomplissement de leur mandat. Toutes les ***justifications*** utiles doivent être apportées au sujet, notamment, de la nature et du montant des frais en cause.

Dans la mesure où les intéressés perçoivent des indemnités forfaitaires ou des remboursements de frais réels, ils doivent, pour éviter des doubles emplois, les ajouter à leurs revenus professionnels imposables. De son côté, l'organisme débiteur de ces sommes est tenu, en application de l'article 240-1 *bis* du code général des impôts, de les déclarer, alors même que leur paiement ne s'accompagne pas du versement d'une rémunération proprement dite.

Lorsque les revenus des intéressés entrent dans la catégorie des ***traitements et salaires***, la déduction doit être effectuée avant la déduction des frais professionnels (déduction forfaitaire ou déduction des frais réels).

Dans le cas où les juges ne disposent pas de revenus professionnels, le montant des frais réels auxquels ils ont à faire face dans l'accomplissement de leurs fonctions de juge peut exceptionnellement être admis en déduction du revenu global pour l'établissement de l'impôt sur le revenu.

II. Les juges des tribunaux de commerce sont autorisés à substituer à la déduction de leurs frais réels une ***déduction forfaitaire*** qui s'impute sur le montant brut de leurs revenus professionnels et qui a été fixée, par une décision ministérielle du 3 juin 1969, à :

- 1 500 francs, pour un juge suppléant ;
- 2 000 francs, pour un juge titulaire ;
- 3 000 francs, pour un président de chambre ;
- 5 000 francs, pour le président.

(Montants actualisés le 1er juillet 1993).

À l'origine, seuls étaient autorisés à substituer à la déduction de leurs frais réels une déduction forfaitaire les magistrats du tribunal de commerce de **Paris**. Par la suite, les magistrats du tribunal de commerce de **Nanterre** (Hauts-de-Seine), nouvellement créé, ont pu, à condition qu'ils aient précédemment exercé une charge de juge ou président de chambre de tribunal de commerce de Paris et qu'ils soient venus volontairement à Nanterre lors de la création de cette nouvelle juridiction consulaire, bénéficier, sur option, du système forfaitaire.

Enfin, il a été décidé d'étendre le bénéfice de cette dernière disposition à l'***ensemble des juges des tribunaux de commerce***. Cette mesure s'est appliquée pour la déduction des frais payés depuis le 1er janvier 1987, ainsi que pour le règlement des affaires contentieuses en cours.

Source : Documentation pratique Francis Lefebvre – Fiscal – IRPP IV 1440 – 1450.

Globalement, l'ensemble des charges de l'État est très limité. Le trait le plus marquant reste l'insuffisante prise en charge du fonctionnement des tribunaux de commerce.

• À vrai dire, cette situation n'est pas nouvelle et ses racines sont fort anciennes. La commission Monguilan, dans son rapport de 1974, s'est « *vivement inquiétée de l'insuffisance des moyens matériels mis à la disposition des tribunaux de commerce et a déploré qu'un grand nombre d'entre eux n'ait ni secrétariat, ni bibliothèque.*

« *Si l'article 61-6° de la loi du 10 août 1871 dispose que les* " *loyers, entretien, mobilier et menues dépenses des tribunaux de commerce* " *sont à la charge du département, rien n'est prévu, en revanche pour les autres dépenses, énumérées ci-après, qui sont également indispensables au bon fonctionnement des juridictions consulaires :*

« *1. frais de secrétariat,*

« *2. frais de déplacement et de mission des magistrats consulaires,*

« *3. frais de documentation et de bibliothèque,*

« *4. frais de représentation,*

« *5. frais de formation et de recyclage des magistrats consulaires.* »

Par voie de conséquence, bien avant 1987, le financement des tribunaux était assuré non seulement par les départements, mais, comme l'a indiqué M. Philippe Lemaire : « ***par de généreuses aides des chambres de commerce et d'industrie en crédits, secrétariats et moyens divers. Ce système convenait d'ailleurs parfaitement aux juridictions commerciales, mais il faut reconnaître que le contrôle de la dépense était flou. Après la loi de 1983, l'entretien des tribunaux de commerce est revenu à la charge de l'État. Les habitudes***

ont cependant perduré : mise à disposition sans contrepartie de personnel départemental, subventions diverses en nature de conseils généraux, voire de mairies, et surtout subventions des chambres de commerce et d'industrie, dont une partie transitait par les comptes personnels des présidents de tribunaux de commerce. »

C'est là qu'intervient la « seconde caisse » évoquée par M. Christian Descheemaeker.

b) Les concours extérieurs : indépendance menacée, transparence impossible

Le rapport public de la Cour des comptes a procédé à une analyse précise et détaillée des contributions versées par des personnes privées et publiques autres que l'État.

• Des risques d'atteinte à l'indépendance

Même si la loi de partage des compétences de 1983 ne les prohibe pas, il est manifeste qu'elles comportent un risque pour l'indépendance des juridictions.

Ce risque est variable selon les personnes versantes :

– les subventions des collectivités locales (communes du ressort, département) comportent un risque d'autant plus faible qu'elles tendent à se réduire pour atteindre des montants généralement limités ;

– « *les subventions les plus substantielles sont en général celles des chambres de commerce et d'industrie* » selon la Cour. Ainsi, à Paris, en 1995, le tribunal de commerce (172 juges) a reçu un total de 860 000 francs de la CCIP (dont 510 000 francs dépensés au cours de l'année) pour 3,15 millions de francs alloués par l'État. La Cour cite d'autres exemples : Marseille (80 juges), 200 000 francs, Lille (37 juges), 525 000 francs, ou Saint-Omer (9 juges), 90 000 francs. Le poids de ces subventions dans le budget total de chaque tribunal pose un problème en soi, sensiblement aggravé ici ou là, lorsque les responsables de la chambre de commerce et d'industrie sont en même temps juges, voire président du tribunal, et *a fortiori* quand ils viennent à être justiciables ;

– les versements d'organismes professionnels (fédérations patronales locales, organisations d'auxiliaires de justice) comportent également un risque de dépendance réciproque, ou en créent la suspicion. Les montants en cause peuvent être considérables : « *ainsi le tribunal de commerce de Paris a reçu, en 1995, 200 000 francs de la compagnie des commissaires aux comptes et autant de l'ordre des experts-comptables* » ;

– plus critiquables et dangereux encore sont les versements effectués par des auxiliaires de justice à titre individuel (administrateurs judiciaires, avocats, etc.) ou par des entreprises.

• ***Les montants en cause sont si élevés qu'ils créent un phénomène d'accoutumance***

La Cour, sur la base de ses investigations dans quelques ressorts de cour d'appel, cite plusieurs juridictions bénéficiant d'apports externes supérieurs aux dotations budgétaires : 610 000 francs en 1995 à Roubaix-Tourcoing contre 230 000 francs, ou 348 000 francs contre 125 000 francs à Toulon. Elle a rencontré maints exemples de « *montants importants en valeur absolue ou relative* ».

Dans le cas du premier tribunal de France, celui de Paris, trois organismes interprofessionnels privés ont donc versé en 1995 l'équivalent de 40 % de la dotation du budget de la justice. Il n'est pas admissible que l'État la contraigne à ces expédients. Dans la mesure où les dépenses de fonctionnement ainsi financées relèvent des missions permanentes de l'État, leur prise en charge par la sphère privée paraît contraire à l'ordonnance organique de 1959 relative aux lois de finances ; la constitutionnalité même de ces pratiques est donc contestable. La Cour insiste du reste sur le risque de mise en cause pour gestion de fait que le système fait encourir aux magistrats concernés.

Pourtant, comme la drogue, le financement extra-budgétaire, en raison de sa souplesse, est difficile à abandonner. Les réticences, voire les résistances à la sortie d'un système finalement bien commode, sont très fortes dans de nombreux tribunaux de commerce, qui tentent de conserver à la fois l'usage des procédures et l'absence de contrôle.

Il ne s'agit pas seulement de comportements individuels. À la question : « *À quoi correspond, au niveau national, ce second mode de financement ?* » M. Christian Descheemaeker a répondu : « ***Je suis incapable de vous le dire puisqu'il n'y a aucune statistique. Je ne peux donc que vous donner les chiffres des tribunaux qui ont été contrôlés par la Cour : toute tentative de la Chancellerie pour obte-***

nir des indications s'est heurtée à un refus, téléguidé par la Conférence générale des tribunaux de commerce, de sorte qu'il n'y a aucun recensement de ces fonds. »

Cette inertie du système encouragée par une organisation à caractère corporatiste explique que, malgré les demandes réitérées de la Chancellerie, l'on soit encore loin d'un financement transparent.

• ***Le financement des juridictions n'a jamais fonctionné dans la transparence***

En dehors de toute considération de régularité juridique, l'opacité alimente les soupçons, et fausse le débat sur le prétendu faible coût de la justice consulaire.

Elle a connu plusieurs étapes. Selon une pratique très ancienne, le premier support des fonds extra-budgétaires a longtemps été un simple compte bancaire à disposition du président. M. Christian Descheemaeker a fait observer que ce dispositif pourrait d'ailleurs s'accommoder d'une comptabilité bien tenue et de pièces justificatives de dépenses. Il a cité à la commission le cas d'un tribunal disposant, pour ses pièces comptables, de deux armoires : l'une pour les fonds d'État, l'autre pour les fonds externes. Il est vrai que ce cas était exceptionnel. Comme il l'a noté : « ***À côté de cela, j'ai trouvé, ce qui est assez surprenant de la part de juges consulaires qui ne cessent de répéter qu'ils sont des professionnels de la gestion, des gestions extra-budgétaires tenues n'importe comment et pour lesquelles, quand on cherchait vainement un registre ou un cahier avec les recettes et les dépenses, les responsables nous faisaient savoir que les seules pièces justificatives étaient les souches des carnets de chèques : c'est mieux que rien mais c'est quand même peu !*** »

À la suite de contrôles de la Cour des comptes en 1991 et 1992, celle-ci a adressé deux référés à la Chancellerie, qui, en février 1993, a obtenu l'ouverture d'un fonds de concours destiné, conformément aux règles de la comptabilité publique, à réintégrer dans le budget les sommes servies par des contributeurs extérieurs. Les fonds recueillis, inscrits en recettes du budget général de l'État, donnent lieu au rattachement des crédits correspondants sur le budget de la justice, ces crédits pouvant ensuite être délégués aux tribunaux destinataires.

Dans un premier temps, l'objet du fonds de concours a été trop restreint (formation, frais de représentation), et cette imperfection a été corrigée au mois de mai 1994, de façon à respecter l'intention des donateurs, en autorisant le financement de toutes les dépenses des juridictions. Pourtant, malgré des directives réitérées chaque année par la Chancellerie par voie de circulaire et des contacts pris avec les donateurs, le fonds de concours, qui a d'abord retracé des sommes ridicules, continue à n'être le support que d'une fraction mineure des fonds extra-budgétaires.

En effet, constate la Cour, « *à une gestion extra-budgétaire au moyen d'un compte bancaire individuel s'est substituée une gestion extra-budgétaire par le truchement d'une association* », voire dans certains cas de deux associations, comme à Paris. Il s'agit d'amicales de magistrats, parfaitement licites dans leur principe, mais dont l'objet englobe le soutien à l'activité du tribunal, ce qui est très critiquable. La Cour cite celle d'Antibes, qui jusqu'en 1996, avait pour rôle d'« *assurer son soutien au tribunal de commerce d'Antibes par la mise en œuvre de moyens propres à lui permettre d'exercer sa tâche efficacement au sein de locaux appropriés et grâce à un matériel et à un personnel adaptés aux exigences de sa juridiction* ». Quel réquisitoire, par *a contrario*, contre la défaillance du financement de l'État ! Cette situation est révélatrice du caractère « pousse-au-crime » du système.

Elle révèle aussi les résistances à l'effort de transparence. La lourdeur alléguée de la procédure du fonds de concours ne doit pas masquer les effets de l'accoutumance. La Cour a même constaté dans certains cas le maintien du compte bancaire. À Paris, la moitié seulement des versements passe par le fonds de concours. M. Philippe Lemaire a ainsi pu déclarer à la commission : « ***Mais on doit également considérer le peu d'empressement mis par les tribunaux de commerce à se conformer aux nouvelles règles de gestion pourtant rappelées solennellement par plusieurs circulaires de la Chancellerie. À notre sens, cela révélait le peu d'enthousiasme des magistrats consulaires à rendre des comptes sur leur gestion à leur nouveau tuteur.*** »

Le phénomène a fait l'objet d'une description édifiante par M. Christian Descheemaeker :

LES FINANCEMENTS EXTRA-BUDGÉTAIRES ET LEUR PERMANENCE

M. Christian DESCHEEMAEKER : À partir de 1993, tout aurait donc dû rentrer dans l'ordre et des circulaires de la Chancellerie avaient demandé qu'il soit mis fin à ces versements et à l'utilisation de comptes bancaires, comme à la seconde formule qui tendait à se répandre, à savoir l'utilisation d'une association amicale qualifiée souvent d'« association de soutien ». Dans chaque tribunal était ainsi constituée une association amicale des juges, ce qui est tout à fait licite, mais cette association, outre ses activités conviviales – voyages et repas – servait d'association de soutien, c'est-à-dire qu'elle utilisait une partie des fonds reçus à financer des dépenses de fonctionnement du tribunal, ce qui est irrégulier, contrairement à la convivialité qui, elle, est régulière !

En fait, les circulaires de la Chancellerie postérieures à 1993 et à la création de fonds de concours n'ont pas abouti à grand-chose si ce n'est, dans l'ensemble, à la disparition des comptes en banque ouverts au nom du tribunal de commerce et à leur remplacement par les associations de soutien qui commençaient à apparaître. Donc, globalement, après 1993, dans les années 1994-1995, on a vu se clore les comptes en banque, pas toujours mais souvent, et se développer des associations de soutien là où il n'y en avait pas encore !

M. le Président : C'est le président du tribunal qui présidait ce type d'associations ?

M. Christian DESCHEEMAEKER : C'était souvent le cas mais pas systématiquement ! Cela pouvait être son prédécesseur.

M. le Président : Son prédécesseur signait des chèques pour le fonctionnement du tribunal ?

M. Christian DESCHEEMAEKER : Oui !

M. le Président : C'est ce qui se fait actuellement, en fait ?

M. Christian DESCHEEMAEKER : C'est ce qui se fait actuellement même si – et je vais y venir tout à l'heure à propos des dépenses de personnel – les occasions de dépenses ont beaucoup diminué depuis quelque temps, puisque le principal poste était le poste « dépenses de personnel » et qu'une réforme de 1995 a, quand elle est appliquée, sensiblement réduit les besoins.

Nous sommes donc, depuis l'année dernière, dans une période – mais c'est là une opinion de la Cour des comptes – où nous bénéficions de toutes les circonstances favorables pour mettre un terme à ce système de gestion extra-budgétaire des tribunaux de commerce.

Les dépenses qui sont dans l'ensemble payées sur crédits d'État correspondent aux fournitures, au chauffage, au nettoyage, au téléphone, au loyer, quand il y en a un. Celles qui sont en général payées par des voies extra-budgétaires – je dis dans l'ensemble parce que, d'abord je n'ai vu qu'un échantillon, ensuite, les pratiques sont variables – correspondent aux frais de déplacement des juges consulaires, aux frais de formation (généralement au centre de Tours), aux frais de réception du tribunal et du président, notamment à la réception qui est donnée après l'audience solennelle. C'est l'hypothèse la plus favorable puisque l'on s'en tient souvent à une réception annuelle après l'audience de rentrée : il s'agit fréquemment de réceptions splendides ; c'est, tout au moins, la réputation qu'ont les réceptions données par le tribunal de commerce de Nanterre, si l'on en croit les propos qui sortent de la bouche des juges judiciaires eux-mêmes et qui trahissent peut-être aussi une pointe de jalousie...

Dans bien d'autres hypothèses, les frais de réception ne se limitent pas à cette réception suivant la séance solennelle de rentrée mais couvrent aussi de très nombreux repas offerts, soit à des autorités de l'État, soit à des hôtes de passage, ou encore des repas entre juges consulaires, de sorte que l'on a du mal à établir une distinction entre ce qui est convivialité associative et ce qui est fonctionnement courant du tribunal. Pourtant, cette distinction existe puisque, dans un service de l'État, il n'est pas interdit d'avoir des frais de réception, bien que des règles soient posées pour éviter tout laxisme.

Le fonds de concours mis en place en 1993 aurait eu pour avantage de recycler ces fonds venus des chambres de commerce et des collectivités locales vers le budget de l'État et d'imposer, ce qui était évidemment une grande contrainte, de dépenser cet argent en respectant les règles de la comptabilité publique. C'est-à-dire qu'il aurait permis d'avoir des frais de réception mais en respectant les règles prévues pour ce type de dépenses.

C'est sans doute pour cela que, après 1993, la mise en place du fonds de concours n'a pas changé grand-chose car très rares sont les tribunaux de commerce qui en ont usé, et cela pour des motifs variés : la lourdeur est l'une des raisons le plus souvent invoquée, dans la mesure où l'on ne sait jamais quand l'argent sera disponible – ce qui n'est pas totalement faux –, l'autre est que le système de l'association de soutien ou du compte en banque était tellement commode que l'on ne voyait pas très bien pourquoi en changer !

Une très forte pression a été exercée à cette époque par l'organisme qui représente les tribunaux de commerce et surtout les juges consulaires auprès des pouvoirs publics – je veux parler de la Conférence générale des tribunaux de commerce – qui a élaboré de très nombreux textes, circulaires et lettres missives qui, si je résume simplement, équivalaient à dire : « Ne changez rien à vos habitudes ! Il y a le fonds de concours : c'est une idée de la Chancellerie ; continuons comme avant ! » Il existe des documents fort surprenants, rédigés dans un style assez peu administratif signifiant : « On vous pose des questions ? Ne répondez pas ! »

L'insistance du ministère de la Justice et de la Cour des comptes laisse espérer une poursuite du processus de montée en régime du fonds de concours. Sans la collaboration active de la Conférence générale des tribunaux de commerce, ce processus risque d'être long. Il faut espérer que chacun prenne rapidement conscience que l'immixtion d'une association dans la gestion administrative et financière d'un tribunal est constitutive de gestion de fait, avec les graves conséquences induites pour les magistrats qui seraient reconnus gestionnaires de fait par le juge des comptes. Des procédures ont déjà été ouvertes.

Si le financement de l'État demeure défaillant, le chemin vers la transparence sera encore long. Comme l'a expliqué M. Christian

Descheemaeker : « ***Une telle situation a conduit la Cour des comptes qui se trouvait face à de trop nombreuses irrégularités constitutives de « gestion de fait » pour pouvoir toutes les déclarer – il y avait comme disent les militaires à propos d'un radar, une sorte de saturation – à prendre des mesures qui ont consisté à faire des rappels à l'ordre systématiques aux chefs de juridiction quand les choses relevaient de " l'irrégularité dans la clarté ", à faire une insertion au rapport public qui est une mise en garde à destination de tous les présidents de tribunal de commerce, et pas seulement de ceux qui ont été contrôlés, et à menacer d'ouvrir des procédures de gestion de fait dans certains cas.***

« ***Deux procédures ont aussi été ouvertes d'emblée, c'est-à-dire à l'occasion du contrôle, en raison de l'extrême obscurité des pièces qui ne permettait que l'on s'en satisfasse. Peut-être qu'au terme de la procédure les choses auront été clarifiées car chacun sait que certaines procédures contentieuses provoquent la réapparition de pièces justificatives qui,*** **a priori**, ***n'existaient pas...*** »

c) Des coûts largement supportés par les justiciables, via les greffes

Les greffes constituent, à côté des « deux caisses » de chaque tribunal, le troisième support de financement. Son domaine est celui des charges de personnel. Pour schématiser, on peut dire que le greffe rémunère la secrétaire du président et que, en contrepartie, il ne paie pas de loyer.

Ce dispositif pragmatique, et longuement négocié, signifie en d'autres termes, d'une part, que l'État renonce à valoriser son patrimoine immobilier, ce que critique la Cour, d'autre part que les charges de personnel assumées par le greffier, officier ministériel obéissant à une logique d'entreprise, sont reportées sur les justiciables.

• Le financement des charges de personnel est en principe très simple depuis 1995, mais des raisons historiques expliquent que, là encore, les situations locales puissent être complexes. Cela résulte de ce que lors du transfert de compétence, au 1er janvier 1987, certains tribunaux, surtout les plus grands, bénéficiaient de personnel mis à disposition, soit régulièrement (fonctionnaires des départements), soit irrégulièrement (par les chambres de commerce et d'industrie principalement).

Ainsi que M. Christian Descheemaeker l'a expliqué à la commission, ces agents, en poste au 1er janvier 1987, relèvent en principe de deux statuts possibles, lorsqu'ils étaient en situation régulière, c'est-à-dire mis à disposition par les départements. Comme ils avaient une faculté d'option pour le statut de fonctionnaires de l'État, les uns sont directement rémunérés à ce titre, les autres demeurent payés par les départements, auxquels l'État verse un remboursement dans le cadre de la dotation générale de décentralisation.

Il n'existe en principe plus de personnel employé irrégulièrement. Le décret du 5 juillet 1995 et un arrêté du 18 mars 1997 ont mis à la charge des greffes le personnel de secrétariat du président, ainsi que le personnel administratif nécessaire pour l'assister « *dans l'établissement et l'application du règlement intérieur de la juridiction, dans l'organisation des rôles d'audiences et la répartition des juges, dans la préparation du budget et la gestion des crédits alloués à la juridiction* ». En bref, le greffier est l'unique collaborateur du président.

L'arrêté du 18 mars 1997 a prévu le nombre des membres permanents des secrétaires des présidents, en fonction du nombre de juges du tribunal. C'est à partir de vingt-cinq juges que la présence d'au moins un agent permanent est obligatoire.

La Chancellerie a, par ailleurs, rappelé dans les circulaires de 1994 et 1995 relatives aux fonds de concours qu'une association de soutien aux juridictions consulaires ne pouvait fournir de prestations en espèce ou en nature (mise à disposition de personnel, notamment) à un tribunal de commerce. Enfin, une circulaire du 22 mars 1997 relative aux règles posées par le décret de 1995 exclut la présence de toute autre catégorie de personnel que les agents recrutés et rémunérés par le greffier, et les agents régulièrement en place au 1er janvier 1987.

Pourtant, comme en matière de fonds de concours, les résistances sont fortes dans certaines juridictions. C'est ainsi que, selon M. Christian Descheemaeker, « ***En revanche, on trouve également des situations dans lesquelles, aujourd'hui encore, le greffier ne paie personne : je peux citer le cas de Nanterre, tribunal de commerce particulièrement important, où sur cinq agents qui se trouvent à la présidence, deux sont en situation régulière dans la mesure où ce sont des agents du département qui étaient là au 1er janvier 1987 et dont le traitement est remboursé par l'État ; deux sont des agents qui n'étaient pas là le 1er janvier 1987, dont le traitement n'est pas remboursé par l'État et qui sont donc un cadeau du conseil général au tribunal de commerce, tandis que le cinquième est rémunéré par***

la chambre de commerce, ce qui porte à trois le nombre d'agents en situation irrégulière ; quant au greffier, il ne paie personne ! »

M. Philippe Lemaire a noté que la règle d'exclusivité du greffier « ***est parfois mal vécue dans les tribunaux de commerce, pour une mauvaise et pour une bonne raison. La mauvaise raison est que la disparition de secrétariats parfois pléthoriques a mis fin à certaines confusions et a obligé à une indispensable transparence dans le traitement des affaires. La bonne raison est que certaines juridictions se sont vu priver de collaborateurs de grand talent qui assuraient un réel travail juridique.*** »

Les efforts du ministère ont été à ce point mobilisés sur ce sujet que deux dossiers n'ont jusqu'ici pas abouti : ceux de la mise à disposition des tribunaux de commerce, d'une part d'assistants de justice (actuellement impossible), d'autre part d'avocats stagiaires qui pourraient être chargés d'aider les juges dans leurs fonctions. Le premier cas, tout au moins, renvoie une nouvelle fois à l'insuffisance de moyens budgétaires.

Il en résulte que la charge des seuls agents professionnels exerçant dans les tribunaux de commerce est supportée par les justiciables.

C. – UNE JUSTICE DÉFAILLANTE ET SANS CONTRÔLE

1. – Des juges trop proches des justiciables : « du voisinage au cousinage »

L'un des arguments des défenseurs des tribunaux de commerce est qu'ils assurent une justice de proximité. Jugés par leurs pairs exerçant sur les mêmes marchés, les commerçants bénéficient d'une proximité à la fois géographique et sociologique.

Toutefois, comme le soulignait il y a quelques semaines le président du tribunal de commerce de Nanterre, M. Jean Barale, « ***il ne faut (...) pas trop exagérer dans le sens de la justice de proximité, afin qu'elle ne risque pas de devenir une justice de voisinage, voire de " cousinage " ou qu'elle en donne l'apparence*** » [1].

1. « La refonte de la carte des tribunaux de commerce est la clé de toute amélioration pour la justice consulaire », *Les Petites Affiches* – 22 avril 1998 – n° 48.

a) Une carte judiciaire inadaptée

Dans les dysfonctionnements constatés par la commission, c'est le système qui est en cause, bien plus que les hommes. Comme on l'a vu ci-avant (I-C-1) la carte consulaire, fossile d'époques révolues, n'a plus d'actualité, et n'a pas d'unité, partagée qu'elle est entre des systèmes contradictoires.

Deux conséquences en découlent : la carte ne permet pas d'assurer l'égalité de traitement des justiciables ; elle n'apporte pas les garanties minimales de qualité de la justice rendue.

Les problèmes naissent à la fois du nombre des tribunaux de commerce et de leurs disparités de taille : la France compte à la fois trop de tribunaux et trop de petits tribunaux.

• ***La rupture de l'égalité***

La commission constituée en novembre 1973 sous la présidence de M. Monguilan dressait déjà le constat suivant :

« *Depuis quatre siècles, l'implantation des tribunaux de commerce s'est faite au gré de circonstances diverses et leurs circonscriptions définies à l'échelle des problèmes économiques et commerciaux de l'époque.*

« *À l'heure actuelle, des mutations économiques profondes sont intervenues et des centres, autrefois importants, ont perdu de leur importance. Les tribunaux de commerce qui s'y trouvaient ont vu leur activité diminuer pour devenir, dans certains cas, symbolique. Au surplus, certains offices de greffes ne trouvent plus acquéreurs après la démission ou le décès de leur titulaire, en raison du faible niveau de revenu escompté.*

« *À l'inverse, les tribunaux de commerce situés dans des villes importantes, au cœur de régions en plein essor économique, connaissent, du fait de l'existence d'autres tribunaux de commerce à proximité, une assise territoriale qui nuit à leur rayonnement.* »

Lors de l'audience de rentrée solennelle du tribunal de commerce de Paris, en janvier dernier, M. Jean-Pierre Mattei s'étonnait que, vingt-cinq ans plus tard, le rapport Monguilan ait pu conserver une telle actualité. Si son diagnostic garde sa fraîcheur, c'est que personne n'a eu le courage politique de tenter la mise en œuvre du traitement préconisé.

Aujourd'hui encore, comme le déclarait M. Philippe Lemaire devant la commission :

« ***On constate une diversité de juridictions commerciales que seule peut expliquer l'histoire, mais qui est rigoureusement incompréhensible pour nos concitoyens. Ainsi, vous êtes jugé par des formations différentes à quelques kilomètres de distance. Par exemple, Béthune, le plus gros TGI statuant commercialement, est distant d'à peine quarante kilomètres de Lille, qui est l'un des plus importants tribunaux de commerce de France. De la même façon, pourquoi à la Réunion y a-t-il un tribunal statuant commercialement à Saint-Pierre, alors que de l'autre côté de l'île, à Saint-Denis-de-la-Réunion, c'est un tribunal mixte de commerce, avec une chambre échevinée, qui est compétent ? Certains départements possèdent de très nombreuses et trop petites juridictions, notamment dans l'ouest de la France, alors que des régions entières n'ont aucun tribunal de commerce.*** »

– La première atteinte à l'égalité réside dans la coexistence, sans critère rationnel, de juridictions ne comprenant que des commerçants, avec d'autres composées de magistrats professionnels ou associant les deux catégories. À tort ou à raison, le demandeur peut craindre, soit la partialité des commerçants du cru, soit une vision par trop juridique s'il s'agit de magistrats professionnels.

– L'égalité est également menacée du fait des disparités de modes d'organisation entre tribunaux de commerce en fonction de leur taille. Celle-ci conditionne la fréquence des audiences mensuelles, le nombre et la spécialisation des chambres, l'accessibilité des juges.

La contribution du CNPF à la réflexion sur l'avenir de la justice consulaire d'octobre 1997 rappelle que 24 tribunaux, soit 10,5 % au total, ont 25 juges ou plus en application du décret n° 91-692 du 18 juillet 1991, et rendent :

– 58 % des jugements contentieux ;

– 49 % des jugements de procédures collectives ;

– 63 % des référés ;

– 47 % des injonctions de payer.

Entre grandes, moyennes et petites juridictions, chaque échelle a ses défauts.

Dans les plus grands ressorts, les cadres dirigeants de grandes sociétés tendent à prédominer. De plus, comme le note M. Bernard Soinne, « ***les très grandes juridictions souffrent d'une déshumanisation de la justice. Les critiques à l'égard de ces juridictions ont conduit à l'éclatement de l'ancien tribunal de commerce de la Seine. En devenant énorme, la machine judiciaire devient impersonnelle ; la bureaucratisation conduit à la déshumanisation. Il est quasiment impossible ou en tout cas difficile d'accéder au juge. Rencontrer le juge-commissaire auprès du tribunal de grande instance de Paris est une véritable gageure. L'auteur de ces lignes en a fait récemment personnellement l'expérience. Certes, l'information est parfaitement organisée ou orchestrée, mais il demeure à tout le moins un sentiment d'indifférence à l'égard d'une difficulté particulière qui, il est vrai, dans un ensemble aussi vaste, est insignifiante***. » [1] En outre, le nombre des affaires traitées, leur complexité et l'importance des enjeux financiers compliquent singulièrement les contrôles, alors même qu'ils sont plus cruciaux.

Les tribunaux de taille moyenne paraissent plus équilibrés. Il ne leur est cependant pas toujours facile de disposer d'une composition réellement représentative : même si des juges issus des différents secteurs siègent, les entrepreneurs individuels et les cadres tendent à être sur-représentés, comme le Rapporteur a eu l'occasion de le constater lors de ses déplacements.

Ce sont les plus petits tribunaux de commerce qui présentent les principaux problèmes d'organisation de la justice consulaire. M. Bernard Soinne, dans l'article précité, considère même que « ***quelques juridictions consulaires n'ont actuellement qu'une existence de simple façade*** ». Cet aspect est à l'évidence le plus frappant et les différents observateurs ont multiplié les éclairages sur la partie basse du spectre d'activité.

Ainsi, M. Jean-Paul Jean a déclaré à la commission : « ***Les écarts sont de 1 à 226 entre la moins et la plus importante des juridictions consulaires, mais il faut surtout raisonner par écart des***

1. « La réforme de la carte des juridictions consulaires : le bon grain de l'ivraie », *Les Petites Affiches* – 10 octobre 1997 – n° 122.

déciles extrêmes ; entre les 10 plus importantes et les 10 plus faibles, il est de 1 à 200. »

Le rapport Carrez avait dénombré, en février 1994, 71 tribunaux de commerce traitant à la fois moins de 200 affaires nouvelles de contentieux général et moins de 100 procédures collectives par an. Or, rappelait-il, « ***à l'occasion de l'élaboration de la circulaire du 27 avril 1988 relative à la détermination des effectifs des tribunaux de commerce, la Chancellerie et la Conférence générale des tribunaux de commerce s'étaient accordées pour considérer que le niveau minimum permettant d'assurer un bon fonctionnement des juridictions consulaires se situait autour de 500 affaires par an (10 affaires par juge et par mois pendant 10 mois par an pour un tribunal de 5 juges)*** ».

Plus récemment M. Bernard Soinne [1], après avoir considéré qu'une trentaine de juridictions pouvaient être qualifiées de « très petites », a illustré son propos en indiquant pour la vingtaine des plus modestes en 1995 : le nombre de jugements d'ouverture de procédure, celui des injonctions de payer et celui des immatriculations et mouvements au registre du commerce et des sociétés (« chronos »). Cette énumération est éclairante.

1. Article précité, *Les Petites Affiches* – 10 octobre 1997 – n° 122.

Tribunal de commerce	*Ouvertures de procédure*	*Injonctions de payer*	*« Chronos »*
Auxonne	*27*	*127*	*390*
Bernay	*30*	*189*	*797*
Billom	*16*	*58*	*350*
Blaye	*27*	*105*	*517*
Brioude	*15*	*82*	*645*
Châtillon-sur-Seine	*15*	*64*	*314*
Clamecy	*23*	*80*	*704*
Condé-sur-Noireau	*12*	*47*	*288*
Die	*37*	*131*	*589*
Espailion	*14*	*58*	*425*
Flers	*31*	*162*	*1423*
Gray	*24*	*166*	*678*
Langres	*18*	*102*	*538*
Lodève	*12*	*45*	*289*
Louhans	*29*	*140*	*743*
Nuits-Saint-Georges	*18*	*65*	*303*
Paimpol	*16*	*99*	*491*
Saint-Affrique	*6*	*27*	*511*
Vimoutiers	*9*	*87*	*398*

Dans les petites juridictions, les audiences sont peu fréquentes, de l'ordre d'une par mois, et le problème de la viabilité économique de la charge de greffier se pose. D'ores et déjà plusieurs greffes se sont réunis, faute d'activité suffisante, pour cumuler les charges de deux ou trois tribunaux. Or, comme le souligne le rapport du CNPF : « ***Il est indispensable qu'un tribunal ait un nombre suffisant d'affaires et de juges et dispose d'un greffe équipé.*** »

– On observera enfin d'un mot que l'égalité n'est pas assurée en termes de proximité géographique. Un seul exemple suffit : deux tribunaux fonctionnent dans le Rhône, contre neuf en Seine-Maritime. Rien n'indique que cette pléthore soit ressentie comme un atout par les commerçants et les juges normands. Toujours est-il que, dans le cadre de la consultation nationale sur la carte judiciaire engagée en janvier 1997, les chefs de cour ont proposé la suppression de sept tribunaux sur neuf, au profit de ceux du Havre et de Rouen.

• ***Pas de garantie de qualité***

Dans les plus petites juridictions, M. Philippe Lemaire pose crûment le problème du seuil de compétence : « ***On constate également que l'émiettement des tribunaux de commerce induit une charge trop faible d'affaires par juge pour que les décisions soient partout et toujours de bonne qualité. Je me permettrai de citer Robert Badinter qui, lors des débats parlementaires sur la loi du 25 janvier 1985, reprenant les propos de Jean Foyer, estimait que : "Une juridiction commerciale ne peut être bonne que dans la mesure où elle a des affaires suffisamment nombreuses à juger... De la même façon que l'on est grand chirurgien lorsqu'on opère souvent, il est rare que l'on puisse prétendre être un magistrat compétent lorsqu'on se prononce très rarement."*** »

M. Jean Foyer indiquait également en 1970 : « *L'observation m'a révélé (...) qu'il n'était pas raisonnable de conserver les juridictions consulaires dans des ressorts qui sont peuplés, non point de 4 000 commerçants, mais de 4 000 habitants, commerçants et non commerçants.* » [1]

Allant plus loin encore, les chefs d'une cour d'appel cités dans le rapport de synthèse de la consultation nationale sur la carte judiciaire estimaient « *qu'il existe une disparité trop importante entre la taille et les moyens de ces différentes juridictions qui entraîne des différences inacceptables dans la qualité des décisions rendues par des magistrats élus, insuffisamment formés* ».

Le problème de la compétence comporte trois facettes :

– dans un ressort trop étroit, le vivier des chefs d'entreprise aptes et volontaires est insuffisant ;

1. Cité dans *L'Histoire critique des tribunaux de commerce*, d'Ithurbide, 1970, pp. 166-167.

– « *seule la multiplicité des affaires peut permettre d'acquérir expérience et compétence* » [1] ;

– la formation permanente des juges est plus difficile dans un cénacle très restreint et les stages du centre de Tours n'ont pas une durée suffisante pour y suppléer entièrement.

Le problème déontologique de l'impartialité des juges est nécessairement posé dès lors que le ressort de la juridiction constitue un microcosme. Les déplacements de la commission en province ont montré que la menace est aussi réelle dans les ressorts de taille moyenne. Il n'existe certes pas de délit d'amitié, comme l'a fait valoir un juge consulaire de Toulon, mais lorsque les litiges commerciaux paraissent tranchés entre amis, des soupçons pèsent légitimement sur l'impartialité de la justice.

Le président du tribunal de commerce de Toulon considérait que l'amitié avec mandataires ou justiciables se heurtait au rempart protecteur de la déontologie des juges :

« ***Pour revenir sur le problème des mandataires, nous entretenons des relations courtoises avec eux. Parfois certains ont des relations d'amitié avec les mandataires. Mais je pense que le délit d'amitié n'existe pas. Nous avons une assez haute idée de notre fonction pour savoir que, quand on doit prendre une décision, il n'y a plus d'amis. Il y a le juge qui rend sa décision. Si un juge n'est pas capable d'assumer cela, il vaut mieux qu'il ne vienne pas au tribunal de commerce. Mais on ne peut pas nous empêcher d'avoir des amis.***

« ***Au parquet, les magistrats tournent. Au bout d'un certain temps, ils vont ailleurs. C'est vrai que nous sommes dans un milieu socioprofessionnel où on se connaît tous. Mais il n'empêche que, derrière ces amitiés, ces relations, quand nous rendons nos décisions, nous faisons fi de nos relations... Nous sommes des juges à part entière.*** »

Son prédécesseur, M. Jean Abran, a cependant décrit des relations personnelles très proches, qui méritent d'autant plus de retenir l'attention que ce tribunal de commerce se situe dans un vaste ressort : « ***Il y a 180 000 personnes à Toulon. On se connaît tous. On se connaissait avant. Certains, même, étaient sur les mêmes bancs d'école. Chacun ensuite est allé de son côté, a pris sa direction. Les***

1. Bernard Soinne, article précité.

mandataires ont été mandataires. L'immobilier, le comptable, chacun a pris sa direction. Après, tout le monde se connaissait. »

Ces propos sont évocateurs. Même si les juges consulaires sont conscients des devoirs de leur charge, de tels réseaux d'amitiés ne peuvent que faire naître le doute. Et ce doute est suffisant pour peser sur la crédibilité de l'institution.

Enfin, la dispersion des juridictions consulaires place, dans certains ressorts, le parquet dans l'impossibilité matérielle d'assurer convenablement ses missions de contrôle. En réponse au questionnaire de la commission, plusieurs présidents de petits tribunaux de commerce ont indiqué que la présence du parquet n'était effective qu'exceptionnellement, pour les affaires les plus importantes.

b) Un recrutement discutable

- ***Une élection qui n'en est pas une***

Les juges consulaires sont désignés par une élection à deux degrés.

– L'élection du collège électoral

Ce mode de scrutin date du décret n° 61-923 du 3 août 1961. On a souhaité, par ce mode de scrutin, d'une part, accroître la participation aux élections désignant les juges consulaires, et donc la légitimité de ces magistrats, d'autre part éviter les changements brusques de composition du tribunal de commerce.

Tous les trois ans, les délégués consulaires sont élus en même temps que la moitié des membres des chambres de commerce et d'industrie (élus pour six ans), par le collège électoral prévu à l'article 6 de la loi n° 87-550 du 16 juillet 1987 auquel on ajoute les cadres employés par ces électeurs dans la circonscription de la CCI et exerçant des fonctions de direction. Les conditions d'éligibilité aux fonctions de délégué consulaire sont les mêmes que les conditions d'électorat, sauf interdiction pour un délégué consulaire d'être en même temps membre d'une CCI.

– L'élection des juges consulaires

Cette différence de collège électoral trouve son origine dans le souhait de la Chancellerie d'associer les cadres, du moins ceux exerçant des fonctions de direction, au fonctionnement des tribunaux de commerce alors que cette motivation n'était pas partagée en ce qui concerne les CCI.

Tous les ans, dans la première quinzaine du mois d'octobre, les délégués consulaires ainsi que les membres en exercice et anciens membres des tribunaux de commerce et des chambres de commerce et d'industrie élisent les juges consulaires destinés à remplacer ceux dont le mandat est arrivé à expiration.

L'article L. 413-3 du code de l'organisation judiciaire relatif à l'éligibilité renvoie à l'article 7 de la loi de 1987 en ce qui concerne la détermination des personnes éligibles et ajoute des conditions supplémentaires tenant :

* *au rattachement territorial* : les candidats doivent être inscrits sur la liste électorale prévue à l'article 7 dans le ressort du tribunal de commerce ou dans le ressort des tribunaux de commerce limitrophes ;

* *à l'âge (30 ans) et à l'ancienneté* de l'inscription au registre du commerce et des sociétés (RCS) ou dans l'exercice des fonctions.

Peuvent dont être élus juges de tribunal de commerce, sous réserve de répondre aux conditions supplémentaires ci-dessus :

– les commerçants inscrits personnellement au RCS ;

– les chefs d'entreprises artisanales dès lors qu'ils sont inscrits au RCS ;

– les cadres des sociétés commerciales, mandataires sociaux ou non-mandataires sociaux, à condition qu'ils exercent des fonctions impliquant des responsabilités de direction commerciale, technique ou administrative dans l'entreprise ou l'un de ses établissements.

La qualité de commerçant a donné lieu à une jurisprudence complexe autour de l'article premier du code de commerce. On peut relever qu'un pharmacien, par exemple, est commerçant s'il tient une officine (Cour de cassation, 13 mars 1962) et pourra à ce titre être élu juge consulaire, mais qu'un architecte (Cour de cassation, chambre civile, 12 décembre 1897) ou un vétérinaire (cour d'appel de Caen, 6 mai 1901) ne sont pas commerçants.

Les candidats à la magistrature consulaire doivent enfin remplir des conditions de nationalité, de capacité, ne pas avoir été condamnés à l'une des peines, déchéances ou sanctions prévues par les articles 192 et 194 de la loi n° 85-98 du 25 janvier 1985, ne pas faire l'objet d'une procédure collective ni être cadres dans une entreprise faisant l'objet d'une telle procédure.

Les contestations électorales de toute nature sont de la compétence du tribunal d'instance.

Le président du tribunal de commerce est élu pour 4 ans par l'ensemble des juges. Il doit avoir exercé des fonctions dans un tribunal de commerce depuis au mois 6 ans (article L. 412-11 du code de l'organisation judiciaire). Au bout de 14 années de fonctions judiciaires ininterrompues dans un même tribunal de commerce, le juges consulaires ne sont plus éligibles dans ce tribunal pendant un an.

Les juges consulaires tirent leur légitimité de leur compétence technique et de leur élection. Ce caractère de juges citoyens explique en partie que le tribunal de commerce soit la seule juridiction ayant survécu à la Révolution française. En effet, à l'époque, il s'agissait de déprofessionnaliser la fonction de juge. Aujourd'hui encore, l'élection des juges consulaires a sans aucun doute une valeur symbolique très forte. La réponse ministérielle n° 19187 du 13 février 1997 du garde des Sceaux légitime cette élection qui « *permet à des professionnels du monde économique d'être investis de la confiance de leurs pairs pour le règlement des litiges commerciaux* ».

Mais dans la pratique qu'en est-il exactement ? Le principe de l'élection a-t-il conservé toute sa force et permet-il aux tribunaux de commerce d'être plus efficaces ?

En réalité, le recrutement des juges consulaires pose trois problèmes. L'élection est devenue un système de cooptation, le vivier de recrutement s'avère trop étroit et la représentativité insuffisante.

La procédure de sélection des candidats n'est pas uniforme sur l'ensemble du territoire. Elle dépend de la taille de la juridiction, de la force des organisations patronales ou de la chambre de commerce, de la personnalité du président du tribunal de commerce.

Au tribunal de commerce d'Auxerre, c'est le président en fonction depuis trente-cinq ans qui recrute avec, pour unique souci, l'équilibre entre les différentes familles professionnelles.

M. Jacques Cazals, procureur de la République d'Auxerre, explique cette « élection » très originale : « ***Il convient de noter que le président est en fonction depuis trente-cinq ans. Il vous a certainement fait part de sa fierté d'être ainsi le plus ancien président du tribunal de commerce de France. Cela ressemble à un club. Il faut passer par le président Brochot pour entrer dans le club. Il a d'ailleurs dû vous dire qu'il considérait tous les juges consulaires comme ses amis.*** »

LA COOPTATION REMPLACE L'ÉLECTION

Le dialogue que votre Rapporteur a eu avec M. Gérard Le Bourhis, président du tribunal de commerce de Saint-Brieuc, est à ce titre révélateur :

M. le Rapporteur : Ce qui compte pour nous, c'est la façon dont on trouve les candidats. Les choisissez-vous ?

M. Gérard LE BOURHIS : C'est une sorte de cooptation.

M. le Rapporteur : C'est une fausse élection en quelque sorte ?

M. Gérard LE BOURHIS : Ne dites pas cela.

M. le Rapporteur : C'est plutôt un choix ratifié.

M. Pierre DANCHAUD : On peut plutôt dire cela.

M. Gérard LE BOURHIS : C'est un choix ratifié. Ceci étant, tout le monde peut poser sa candidature.

Le président du tribunal de commerce de Saint-Brieuc a indiqué tenir compte de plusieurs critères lors du recrutement : le secteur d'activité est là encore le premier critère de façon à « avoir un panel représentatif des professions » ; viennent ensuite la réussite professionnelle du chef d'entreprise, sa formation juridique, l'implantation géographique, l'équilibre entre les actifs et les retraités.

Dans les questionnaires envoyés aux tribunaux de commerce concernant le recrutement, il apparaît de façon évidente que l'élection est devenue un système de cooptation plus ou moins sophistiqué suivant les tribunaux. Ici, seules sont prises en compte les vocations suscitées par les juges consulaires en place, là les candidats sont présentés par les organisations patronales et/ou la chambre de commerce. La préoccupation première est l'équilibre entre les différents secteurs économiques ; par exemple, dans le nord de la France, de très anciens accords tenus secrets prévoient une proportion prédéfinie d'industriels du textile, de la métallurgie, de banquiers au mépris du principe de l'élection.

D'autres critères de sélection sont parfois pris en compte : la probité, l'expérience professionnelle, la disponibilité, la formation juridique.

Le système qui prévaut au tribunal de commerce de Paris et dans ceux de la petite couronne est différent. Le Comité intersyndical des élections consulaires (CIEC) préside à la sélection des candidats. Cette structure représente 300 syndicats patronaux de la région parisienne. L'ensemble des branches professionnelles fait donc appel à candidature. Sept à huit cents candidats se manifestent chaque année dans le ressort de la cour d'appel de Paris. Une première sélection est faite sur dossier avec enquête de moralité. Suivent alors deux épreuves, un concours technique (connaissances juridiques, comptables) et enfin une sorte de grand oral devant l'ensemble des délégués consulaires réunis en forum. Dans d'autres régions enfin, des organisations patronales interprofessionnelles ont mis en place des dispositifs de sélection originaux. Par exemple, l'Union patronale des Alpes-Maritimes a, elle, mis en place un dispositif destiné à permettre la présentation des meilleurs candidats aux élections de leur département.

Le programme de ces sessions, ouvertes aux cantidats postulants et éventuellement aux auditeurs intéressés, est établi par un comité de pilotage constitué des présidents en exercice des tribunaux de commerce du département, des présidents de l'Union patronale et de la CCI.

L'objectif est de sensibiliser les candidats potentiels à la fonction, de les tester pendant environ six mois dans une sorte de stage d'observation comportant : quatre séances d'information, une séance consacrée à une simulation d'audience dans la salle même du tribunal, enfin une épreuve écrite afin de tester les connaissances acquises.

Ce programme permet ensuite de choisir, selon un certain nombre de critères (compétence, disponibilité, sens des responsabilités, honnêteté morale et intellectuelle), ceux qui répondent le mieux aux exigences de la fonction. C'est le président du tribunal de commerce qui reçoit, en présence du président de l'Union patronale, les candidats éligibles et décide des candidatures définitives.

L'Union patronale des Bouches-du-Rhône a également mis en place, depuis de nombreuses années, un processus de sélection de même nature.

L'élection n'est donc que théorique, même à Paris, dans la mesure où le CIEC en se chargeant de la sélection des candidats est là pour arbitrer les éventuels différends entre unions patronales. En effet, ce qui frappe est le rôle essentiel joué par celles-ci dans la constitution des listes. Dans les réponses au questionnaire envoyé par la commission d'enquête, certains tribunaux se plaignent que des candidats qui n'ont pas fait l'objet d'une sélection par l'organisation patronale locale n'aient pratiquement aucune chance d'être élus.

Le déni du président de tribunal de commerce de Paris, Jean-Pierre Mattei, est infondé : « ***Il n'y a pas à Paris de cooptation au sens strict du terme, mais cela peut être le cas dans les petits tribunaux de province*** ». La différence entre Paris et la province est le degré de sophistication du système et non sa nature.

En réalité, la cooptation est d'autant plus importante que le nombre de candidats est faible. Or, les tribunaux de commerce souffrent d'abord d'un bassin de recrutement trop étroit.

- ***Un vivier de recrutement trop étroit***

Sur ce point, tous les intervenants au débat sur les tribunaux de commerce sont d'accord. Mme Élisabeth Guigou, garde des Sceaux, l'a déclaré dans son discours pour le centenaire de la Conférence générale des tribunaux de commerce, le 24 octobre 1997 : « *Chaque année, les élections aux tribunaux de commerce sont plus difficiles à organiser faute de candidatures suffisantes dans le ressort.* » La chambre de commerce et d'industrie de Paris fait le même constat dans le rapport Courtière de mai 1997 concernant la réforme des tribunaux de commerce : « *Les candidats à la magistrature consulaire doivent être assez nombreux : il est en effet utile que les commerçants puissent choisir parmi un nombre suffisant d'éligibles ceux qui apparaissent les plus aptes, de par leur formation et leur expérience, à rendre des décisions justes et éclairées (...). Ce problème s'avère crucial à chaque renouvellement des effectifs. Dans certains tribunaux, des juges resteraient bien au-delà de la durée fixée par les textes.* »

Le témoignage de M. Jacques Cazals, procureur de la République d'Auxerre, est éloquent : « ***Il est très difficile, du moins à Auxerre, de recruter des magistrats consulaires. La fonction n'inté-***

resse pas (...). Il est certain, par conséquent, que les candidats présentés ne sont élus que parce qu'il n'y a qu'eux. »

L'insuffisance du nombre de candidats est liée à la carte judiciaire, c'est-à-dire à l'étroitesse même du ressort du tribunal de commerce. Dans le département de la Seine-Maritime, il existe, rappelons-le, neuf tribunaux de commerce ; on comprend alors le très faible nombre de candidats pour chaque juridiction consulaire... M. Henri-Jacques Nougein, dans son rapport présenté aux Assises nationales des tribunaux de commerce, le 24 octobre 1997, déclare : « *C'est vrai qu'il n'est pas toujours aisé de trouver ces femmes et ces hommes qui doivent être probes, disponibles, compétents, désintéressés, alors que leur activité professionnelle, leur vie familiale, l'environnement social les absorbent chaque jour davantage (...). Disons nettement que la possibilité de choix devrait être la règle. Elle dépend de la dimension du vivier dans lequel on tentera de pêcher les meilleurs.* »

Le vivier est étroit sur le plan géographique mais aussi sur le plan sociologique.

En effet, nombreux sont ceux qui regrettent que les artisans ne soient ni électeurs, ni éligibles alors qu'en matière de procédures collectives les tribunaux de commerce sont compétents pour connaître des défaillances de l'entreprise artisanale. Les réponses aux questionnaires vont dans le même sens, à savoir la participation des membres des chambres des métiers à la justice consulaire. Le rapport Nougein va plus loin en s'interrogeant sur l'élargissement de l'éligibilité aux agriculteurs.

À cette étroitesse du vivier s'ajoute l'absence d'information sur les élections consulaires et sur la fonction même de juge consulaire. La juridiction consulaire est mal connue et les candidats peu sensibilisés à la fonction. Le taux de participation à l'élection des délégués consulaires, de l'ordre de 20 %, est tout à fait révélateur. Les candidats se présentent le plus souvent à l'invitation de connaissances personnelles au sein du tribunal de commerce.

Ce système de cooptation, dû principalement à la taille réduite du bassin d'élection et à un défaut d'information, limite la représentativité des juges consulaires par rapport à leur électorat.

- ***Une représentativité insuffisante***

Une enquête réalisée en février 1997 dans 196 tribunaux de commerce sur 227 par la Conférence générale des tribunaux de commerce, à la demande de la Chancellerie, montre les limites de la représentativité des juges consulaires.

Deux constats s'imposent :

• Le premier porte sur la diminution du nombre de commerçants individuels et de patrons de PME au profit des cadres en général et des cadres de grandes entreprises en particulier.

La répartition socioprofessionnelle est la suivante :

– 61,5 % de mandataires sociaux (dirigeants de sociétés) ;

– 23,6 % de cadres non mandataires ;

– 14,8 % de commerçants en nom.

Dans les grands tribunaux, les cadres non mandataires sont sur-représentés : ainsi, à Paris, les deux tiers des juges consulaires sont des cadres, un tiers sont des commerçants en activité et un tiers des chefs d'entreprise. La situation est très différente dans les petits tribunaux : à Auxerre, 6 juges sur 9 sont mandataires sociaux, 2 juges sont commerçants en nom, 1 juge est cadre non mandataire. À Saint-Brieuc, 85 % des juges sont des mandataires sociaux, seulement 10 % sont des cadres non mandataires, 5 % sont des commerçants.

Cette évolution doit être analysée au regard même de ce qui fait la justification des tribunaux de commerce. La représentativité n'est plus assurée pour trois raisons : l'accroissement du nombre de cadres se fait au détriment des commerçants individuels qui ne sont pas incités à se porter candidats en raison de la disponibilité demandée par la fonction ; les mandataires sociaux sont de plus en plus des dirigeants de grandes entreprises et les patrons de PME se font toujours plus rares.

Cette évolution a été permise par la loi du 16 juillet 1987 relative aux juridictions commerciales et au mode d'élection des délégués consulaires et des membres des chambres de commerce et d'industrie ; l'article 6 énumère les fonctions pouvant être exercées pour être éligibles : PDG, administrateur, directeur général, président ou membre du directoire, gérant, président ou membre du conseil d'administration...

La chambre de commerce et d'industrie de Paris regrette une telle évolution. M. Lucien Jibert, président de la commission juridique de celle-ci, déclare devant la commission d'enquête : « ***Les tribunaux de commerce doivent compter davantage de patrons de PME. On remarque à cet égard une dérive du système. Au tribunal de commerce, aujourd'hui, sont représentées bien plus qu'auparavant de grandes entreprises qui sont soit des entreprises d'affacturage, soit des banques, soit des compagnies d'assurances, qui paient des cadres pour exercer la fonction de juge consulaire. En effet, un magistrat consulaire consacre beaucoup de temps au tribunal, souvent au détriment de sa propre entreprise.*** » Cette évolution est préoccupante au regard de l'indépendance qui doit s'attacher à la fonction de juge consulaire. Nous y reviendrons.

• Le second constat porte sur la sous-représentation des femmes. Celles-ci représentent 9,2 % des effectifs. Lors des élections d'octobre 1997, 372 juges ont été élus, dont 35 femmes, soit 9,38 %.

M. Henri-Jacques Nougein, président du tribunal de commerce de Lyon, le souligne dans son rapport à la Conférence générale : « *D'expérience, nous n'avons pas le sentiment que le milieu consulaire soit plus misogyne que d'autres (ce qui n'est pas, en soi, une référence !), mais nous constatons que les charges de la fonction la rendent encore plus difficilement accessible aux femmes. On ne peut que le regretter car, sans opportunisme flatteur, nous perdons certainement un apport nécessaire.* »

Là encore, il est fait référence à la disponibilité nécessaire pour exercer pleinement les fonctions de juge consulaire. Le manque de disponibilité est pourtant une des critiques majeures faites aux juges consulaires.

• ***Un manque de disponibilité***

Les juges consulaires sont des juges bénévoles exerçant une activité professionnelle extérieure au tribunal. Beaucoup voient dans le manque de disponibilité des juges consulaires une des causes des dysfonctionnements actuels des tribunaux de commerce. Selon les réponses aux questionnaires, le temps consacré au tribunal par les juges fluctue entre 8 et 20 heures par semaine. La durée de travail varie suivant la fonction. Le président et le juge-commissaire consacrent à leurs fonctions deux jours au moins par semaine (étude des dossiers, rédaction des décisions, présence au tribunal). Là encore, les disparités sont très grandes suivant les tribunaux : à Bobigny, les juges travaillent en moyenne 25 heures par semaine, à Angoulême, 3 heures.

À Paris, M. Jean-Pierre Mattei déclare consacrer 80 % de son temps au tribunal de commerce et 20 % à son entreprise...

Comment font des chefs d'entreprise qui veulent s'investir en tant que juges au tribunal de commerce dès lors que, ce faisant, ils risquent de mettre en péril leur activité professionnelle ?

Ce problème crucial de la disponibilité explique en partie la sociologie un peu inattendue des juridictions soulignée plus haut. En effet, l'époque où le magistrat était un notable semble révolue ; aujourd'hui le juge consulaire doit assumer la responsabilité judiciaire sur une très large partie de son temps. Aussi les tribunaux de commerce comptent-ils toujours plus de personnes disponibles à temps plein : des salariés mais aussi des retraités. L'âge moyen est de 61 ans à Paris où 50 % des juges sont des retraités. C'est ce problème de disponibilité qui a conduit le tribunal de commerce de Paris à repousser la limite d'âge. En province, la situation est identique.

Outre les effets négatifs sur la représentativité et l'âge moyen, le problème de disponibilité fausse les relations des juges avec les auxiliaires de justice, les greffiers et les mandataires de justice qui sont les permanents des tribunaux de commerce.

Les greffiers qui ne devraient que seconder les juges ont parfois un rôle exorbitant et souvent la qualité d'un tribunal de commerce dépend avant tout de la qualité des greffiers (voir ci-après C-2-b).

Plus grave est l'emprise que peuvent avoir les mandataires de justice sur les juges. Le témoignage de M. Jean-Luc Vallens qui a été magistrat dans une chambre commerciale en Alsace-Moselle pendant dix ans est à ce titre très instructif : « ***Dans les textes, ce sont les mandataires qui dépendent des tribunaux. Dans la pratique, les rapports sont parfois inversés parce que les juges ne sont pas disponibles, parce qu'ils ont leur travail, parce qu'ils viennent le soir ou en fin de semaine signer les ordonnances, parce qu'ils prennent connaissance des dossiers la veille de l'audience, parce que parfois, dépassés par leurs propres activités professionnelles, ils sont bien contents d'avoir des mandataires qui leur préparent leurs ordonnances et les dossiers.*** »

M. Pierre Lyon-Caen, ancien procureur de Nanterre, fait le même constat. Une administratrice judiciaire n'était jamais désignée par le tribunal de commerce de Nanterre car elle faisait l'objet d'une mise à l'index... par les autres administrateurs ; le président du tribunal n'avait rien à lui reprocher, M. Lyon-Caen explique : « ***Cette affaire me paraît révélatrice d'une réalité, aujourd'hui évidente pour moi : celle d'une espèce d'inversion de situation, en ce sens que les mandataires sont en réalité les mandants et les mandants en réalité les mandataires. Il n'y a pas de subordination du mandataire à l'égard du mandant !*** »

Les juges, faute de temps, s'en remettent aux experts que sont les mandataires de justice, oubliant parfois leur mission juridictionnelle. À cet égard, il suffit de rappeler l'une des plus curieuses découvertes faites par votre Rapporteur lors de sa visite au tribunal de commerce de Saint-Brieuc : le jugement ordonnant la cession d'une entreprise, tapé sur une machine à écrire dans l'étude du mandataire-liquidateur et faxé au tribunal deux jours avant l'annonce de la décision... (voir ci-après C-1).

Pour éviter un tel abandon par les juges de leurs pouvoirs au profit des auxiliaires de justice, il existe plusieurs remèdes sur lesquels nous reviendrons, l'un d'entre eux est une formation exigeante. Or, celle-ci est à de nombreux égards défaillante.

c) Une formation notoirement insuffisante

Tous les intervenants au débat sur les tribunaux de commerce ont fait le constat de l'insuffisance de la formation qu'il s'agisse de la Conférence générale, du garde des Sceaux ou du CNPF.

• Une priorité... oubliée

Selon M. Pierre Bézard, les connaissances juridiques des juges sont insuffisantes face au développement toujours plus complexe du droit économique : « ***Le droit des procédures collectives est sans doute trop complexe. La chambre commerciale compte cinq ou six spécialistes du droit des procédures qui ne font que cela. Devant ce monde d'une technicité extraordinaire, il faut vraiment des spécialistes qui se tiennent en permanence ouverts à l'évolution (...).***

« ***Il paraît difficile d'admettre, au contentieux, des juges sans connaissances juridiques*** **a priori.** »

Or, c'est ce qui se produit puisque la formation des juges consulaires est essentiellement une formation « sur le tas ». Les juges débutants sont formés par les « anciens » puis ils sont amenés à prendre en charge des dossiers simples, à donner leur avis, à proposer des jugements ; enfin, ils sont progressivement appelés à connaître des dossiers de plus en plus complexes.

Or, le contentieux commercial nécessite plus qu'une connaissance des usages du monde économique, il requiert une connaissance juridique pointue. Les chefs d'entreprise qui embauchent actuellement des juristes de très haut niveau seraient mal placés pour accepter que les juges n'aient que la seule connaissance des usages.

Pourtant, une formation initiale et continue n'a été mise en place de manière officielle qu'en 1989 !

À l'initiative de M. Jacques Bon, alors président du tribunal de commerce de Paris, a été créé un centre de formation à Tours, le Centre d'études et de formation des juridictions commerciales (CEFJC), fonctionnant sous le régime associatif. Le centre organise des cycles de conférences ou des séminaires de quelques jours au cours desquels des juges bénévoles (essentiellement parisiens) dispensent une formation à des juges consulaires récemment élus mais aussi à des juges confirmés.

Parallèlement, certaines cours d'appel ont pris l'initiative, dans le cadre de la formation déconcentrée des magistrats, d'organiser des séminaires ou des cycles de conférences régionaux, au bénéfice des juges consulaires du ressort, généralement animés par les magistrats de la chambre commerciale. De même, certains tribunaux de commerce, tel celui de Marseille, ont entrepris de mettre en place des formations locales. Enfin, les conférences régionales des tribunaux de commerce organisent des sessions de formation.

Ainsi, Saint-Brieuc a accueilli des sessions des formation organisées par la Conférence générale des tribunaux de commerce en février 1998. Ces sessions régionales occupent une ou deux journées par an.

L'ENSEIGNEMENT RÉGIONAL ORGANISÉ PAR LA CONFÉRENCE GÉNÉRALE

M. Pierre DANCHAUD, vice-président du tribunal de commerce de Saint-Brieuc : La Conférence générale des tribunaux de commerce organise des sessions de formation dans chaque région. Et en février dernier, Saint-Brieuc a été chargé d'en organiser une. L'instructeur venait d'Angers.

M. le Rapporteur : Mais qui sont les professeurs dans les conférences régionales ?

M. Pierre DANCHAUD : Des anciens juges, des professeurs de droit qui viennent nous donner des cours. Il y a eu ici une formation à l'annexe de la faculté de droit de Rennes.

M. le Rapporteur : Une session en conférence régionale dure combien de temps ?

M. Pierre DANCHAUD : Elle dure en général une journée...

M. Gérard LE BOURHIS : ... une journée par an ou deux fois par an. Il y a également des formations par thème : une formation pour les nouveaux juges, pour les juges-commissaires...

M. Pierre DANCHAUD : Le but de la formation de Saint-Brieuc était la rédaction des jugements.

Il me semble que des gens qui commencent à 8 heures 30 le matin, qui ont fait 150 kilomètres en voiture pour venir travailler un samedi sont motivés. Ils viennent là parce que cela les intéresse vraiment.

L'insuffisance de formation est particulièrement grave pour le juge-commissaire qui est un personnage clef de la procédure collective (voir annexe 2) et dispose à ce titre de pouvoirs extrêmement importants. Il a en effet une mission juridictionnelle mais aussi une fonction de surveillance des mandataires de justice (il signe notamment les ordonnances de taxes, c'est-à-dire les notes d'honoraires des mandataires).

L'on constate que les juges-commissaires, même si cette fonction ne peut être confiée qu'à des juges ayant exercé pendant deux ans au moins des fonctions judiciaires (article 412-4 du code de l'organisation judiciaire), ne sont pas assez formés et ne peuvent jouer le rôle de contrepoids aux mandataires de justice.

• ***Le manque de moyens matériels***

Le centre de Tours n'a bénéficié d'aucun financement de l'État jusqu'en octobre 1997. Le garde des Sceaux s'est alors engagé à lui accorder une subvention d'un million de francs.

Le coût de formation des stagiaires s'est élevé à 908 500 francs en 1997.

Avant octobre 1997, le fonctionnement du centre était assuré par les subventions du conseil régional du Centre ; à partir de 1994, le centre a utilisé la possibilité pour les entreprises d'imputer les frais d'hébergement sur la participation à la formation permanente. Mais la Cour des comptes a considéré que le budget du ministère de la Justice devait se substituer à ces subventions.

Le montant des crédits annoncés, 1 million de francs, est tout à fait insuffisant pour former plus de 3 000 magistrats. Par comparaison, le budget de fonctionnement (hors traitements versés aux magistrats-élèves) de l'ENM pour 1998 s'élève à 157 millions de francs (123 millions sont consacrés aux dépenses de personnel), l'ENM faisant de la formation initiale et permanente. Ainsi, même si le nombre de stagiaires augmente chaque année (241 en 1995, 309 en 1996, 379 en 1997), il est en réalité très faible puisqu'il représente environ 10 % de l'effectif des juges consulaires en exercice...

Ces chiffres prouvent, si besoin était, que le système de formation actuel est bien éloigné du projet de M. Michel Rouger, président du CEFJC, de création d'une école de la magistrature consulaire. En effet, celui-ci souhaiterait créer une véritable école, le plus important étant, selon lui, une formation initiale solide : « ***Il me semble que le système actuel visant à recruter d'abord les juges pour les former ensuite à une fonction judiciaire ne doit pas être conservé. Je crois préférable de former d'abord pour ensuite sélectionner et enfin recruter.*** » Les ambitions sont grandes mais les moyens manquent cruellement.

• ***Une formation facultative***

L'autre carence, et non des moindres, de la formation actuelle est son caractère non obligatoire. En effet, la formation du juge consulaire débutant repose sur le volontariat. La formation s'inscrit dans l'esprit de la démarche volontaire qui guide le juge consulaire.

Un juge consulaire récemment élu sans aucune culture juridique ni maîtrise des règles procédurales peut donc exercer sa fonction avec pour seul bagage les conseils prodigués par ses pairs. Une telle situation ne peut perdurer et est à l'origine d'une des très grandes critiques faites aux tribunaux de commerce, à savoir la médiocre qualité juridique de leurs décisions.

• ***Les conséquences d'une formation défaillante***

– Le problème de la motivation des décisions

De nombreux intervenants, essentiellement des magistrats professionnels, ont fait part à la commission d'enquête de leur inquiétude face à la qualité rédactionnelle, parfois médiocre, des jugements rendus par les tribunaux de commerce.

Ainsi, M. Pierre Bézard affirme : « ***De temps en temps, des juges proches de la qualité d'arbitre, en toute bonne foi, perçoivent la bonne décision et l'assènent sans pratiquement la motiver (...). Apprendre à motiver est essentiel car, faute de motivation, vous n'avez nulle possibilité de faire appel. La motivation est un élément fondamental de la défense des individus. On ne peut se contenter d'approximation.*** »

M. Guy Canivet, premier président de la cour d'appel de Paris, donne comme première cause de la réformation des décisions des tribunaux de commerce le défaut de motivation.

M. Jean-Luc Vallens, magistrat, est plus sévère dans son analyse. Selon lui, au problème de la motivation s'ajoute une absence de « réflexes procéduraux » devenus naturels chez les magistrats professionnels. Il déclare : « ***Des principes essentiels sont méconnus par les juges consulaires, alors qu'ils sont évidents pour les magistrats professionnels puisque d'une part, on les leur serine, d'abord tout au long de leurs études de droit, ensuite à l'École nationale de la magistrature (ENM) et que d'autre part, on leur dit qu'ils doivent rendre, motiver et notifier des décisions faute de quoi ils commettraient un déni de justice.***

« ***Toutes ces prescriptions qui sont relativement évidentes et intégrées dans l'enseignement du droit font très souvent défaut dans les pratiques judiciaires et j'en veux pour exemple un juge-commissaire qui m'avait dit qu'il ne voulait pas nommer de contrôleur : alors que je lui demandais naïvement comment il l'expliquait dans sa décision de rejet, il m'avait répondu qu'il n'était pas si bête et qu'il ne rendait pas de décision pour éviter de se voir reprocher d'avoir mal motivé ou de ne pas avoir notifié.*** »

– Le non-respect du principe du contradictoire

Plus que la compétence juridique, c'est essentiellement la compétence des juges consulaires en matière de procédure qui pose un grave problème. En effet, les juges consulaires ont une assez bonne connaissance du droit commercial mais ils ont tendance à négliger les principes généraux du droit, et surtout le plus important d'entre eux : le principe du contradictoire.

Les justiciables bien sûr sont les premiers à se plaindre de cette absence de contradictoire comme l'association SOS Liquidation par exemple.

Cet avis est partagé par les avocats. M. Alain Cornevaux, ancien membre du Conseil de l'ordre des avocats du barreau de Paris, membre d'une délégation du Syndicat des avocats de France, a constaté qu'en matière de contentieux général les procédures sont différentes suivant les tribunaux de commerce :

DES PROCÉDURES VARIABLES SELON LE TRIBUNAL

M. Alain CORNEVAUX, membre du Syndicat des avocats de France : Le tribunal de commerce de Meaux a des audiences « sauvages » et connues exclusivement de ceux qui le fréquentent, sans convocation et sans aucune explication des parties.

Un certain nombre de confrères de l'extérieur se sont rendus à Meaux pour apprendre l'après-midi qu'une audience s'était tenue le matin et qu'on avait renvoyé l'affaire.

M. le Président : Que voulez-vous dire ?

M. Alain CORNEVAUX : Cela signifie qu'il n'y a pas de procédure !

Il faut distinguer. Pour les règles de base, le principe du contradictoire est respecté et les règles du code de procédure civile sont, en principe, applicables. En revanche, il existe un livre des procédures du tribunal de commerce de Paris qui est inconnu, je l'imagine, de votre commission et de la quasi-totalité des avocats, à l'exception de ceux qui fréquentent habituellement le tribunal de commerce de Paris.

M. Christophe Delpla, avocat, président du Syndicat des avocats de France, dénonce la violation systématique du principe du contradictoire en matière de procédures collectives :

L'ACCÈS AU DOSSIER

M. Christophe DELPLA, président du Syndicat des avocats de France : Si le juge-commissaire veut savoir si le gérant a commis des irrégularités – et il est tout à fait normal qu'il s'en assure –, il désigne un expert-comptable. Seulement, en tant qu'avocat du débiteur failli, vous n'avez pas le droit de prendre connaissance du document qui peut pourtant vous être utile pour engager une action contre des banques qui vous ont coupé les crédits ! Alors que l'expertise a été ordonnée judiciairement, ce document ne sera connu que si des poursuites sont engagées contre le gérant. (...)

M. le Président : Quand on dit que les juges consulaires n'ont pas de formation judiciaire, par exemple, on se réfère très souvent à leur absence de connaissance de la procédure civile qui s'applique partout. En particulier, le respect du contradictoire me paraît être une règle fondamentale du droit. Or dans plusieurs tribunaux, il ne semble pas que ce soit le souci premier des juges.

Dans le cas précis que vous citez, le principe du contradictoire a été allègrement violé, c'est-à-dire que des pièces ont été écartées (...).

– Les dénis de justice

Pour certains autres avocats comme Me Emmanuel Rosenfeld, cette procédure peut aller jusqu'au déni de justice : « ***L'une des difficultés auxquelles on se heurte avec les juridictions consulaires est précisément l'habitude de vouloir éviter de statuer en droit et d'imposer aux parties des processus qui s'apparentent davantage à la médiation ou à l'arbitrage qu'à l'exercice du pouvoir juridictionnel. C'est un procédé qui, par définition, est contraire à l'article 4 du code civil qui interdit le déni de justice et qui interdit au juge de se refuser d'appliquer la règle de droit. C'est pourtant une tendance extrêmement fréquente du tribunal de commerce !*** »

Ces pratiques ne sont pas isolées mais plutôt généralisées. Au tribunal de commerce de Mont-de-Marsan, la commission est tombée sur un dossier dans lequel le délai entre l'audience des plaidoiries et les délibérés aurait été de trois années...

TROIS ANS ENTRE L'AUDIENCE ET LE JUGEMENT !

M. Gérard GOUZES, député : Par exemple, dans un dossier pris au hasard, votre jugement date du 27 mars 1998 et les débats à l'audience publique ont été datés du 24 novembre 1995. Cela m'apparaît considérable.

M. le Rapporteur : Un délai de trois ans.

M. Jean-Claude ANTON, président du tribunal de commerce de Mont-de-Marsan : Vous citez le cas d'un dossier.

M. Gérard GOUZES : C'est un dossier que j'ai trouvé dans votre tribunal.

M. Jean-Claude ANTON : Oui, peut-être.

M. le Rapporteur : C'est quand même incroyable, monsieur le président.

M. Jean-Claude ANTON : Je ne veux pas vous contredire.

M. Gérard GOUZES : Il y avait peut-être un problème particulier qui faisait qu'il fallait trois ans...

M. Jean-Claude ANTON : Je ne sais pas de quel dossier vous voulez parler. Je ne parlerai pas des délibérés parce qu'il n'en est pas question.

M. le Rapporteur : Le demandeur était Me Berthé, mandataire-liquidateur qui instrumentait au nom de la société dont il était liquidateur, la société Grand Écran. Le défendeur est la société Amados domiciliée à Aire-sur-Adour. Et le président, c'était vous. Vous aviez deux assesseurs, MM. Serres et Palacin. Et nous voyons qu'il y a eu trois ans de délai dans cette affaire.

M. Gérard GOUZES : Ce fait nous a surpris.

M. Jean-Claude ANTON : Pas de commentaire.

M. le Rapporteur : Pourquoi ne voulez-vous pas faire de commentaire ?

M. Jean-Claude ANTON : Parce que je n'ai pas à en faire.

M. le Rapporteur : Vous voulez nous expliquer, quand même ?

M. Gérard GOUZES : Vous avez peut-être une raison valable ?

M. Jean-Claude ANTON : Je n'ai rien à dire au sujet de cette affaire.

M. le Rapporteur : Pour quelle raison ?

M. Jean-Claude ANTON : Parce que c'est le secret du délibéré.

M. le Rapporteur : C'est un secret qui a duré trois ans !

M. Jean-Claude ANTON : Vous me demandez les motivations sur le jugement.

M. le Rapporteur : Je ne vous demande pas de motivation. Simplement, je vous demande de nous expliquer pourquoi il faut trois ans pour régler une affaire de contentieux général. D'ailleurs, vous souveniez-vous des plaidoiries quand vous avez délibéré ?

M. Jean-Claude ANTON : Nous prenons des notes.

M. le Rapporteur : Cette question pose un problème de crédibilité du service public, reconnaissez-le ! Au moins reconnaissez-le, ça nous aiderait à travailler ensemble.

M. Gérard GOUZES : Reconnaissez-le !

M. le Rapporteur : Vous avez délibéré, monsieur le président. Ne dites pas : « Je ne le sais pas. »

M. Jean-Claude ANTON : Ce dossier, je ne l'ai pas en tête.

M. Gérard GOUZES : Vous dites, monsieur le président, que vous avez une mémoire suffisamment aiguisée, pour vous souvenir, grâce aux notes que vous avez prises, de tel ou tel dossier. Je note aussi que le jugement est du 27 mars 1998. Cette date me paraît suffisamment proche pour que vous puissiez, non pas nous donner les secrets du délibéré, mais pour que vous puissiez nous expliquer qu'il y avait peut-être quelque chose qui pouvait vous empêcher de prendre la décision de façon plus rapide.

M. Jean-Claude ANTON : Lorsque nous délibérons, lorsque la formation collégiale délibère après les plaidoiries, nous parlons des plaidoiries qui ont été faites, mais c'est au juge chargé du dossier que revient de rendre la décision.

M. le Rapporteur : Le juge rapporteur ?

M. Jean-Claude ANTON : Tout à fait. Je ne dis pas que je ne suis pas responsable. Je dis que ce n'est pas moi qui ai suivi ce dossier. Je ne l'ai pas en tête. Je ne vous dis pas que ce n'est pas vrai. Un délai de trois ans, c'est possible.

M. Gérard GOUZES : Cela vous paraît quand même excessif ?

M. Jean-Claude ANTON : Oui.

M. le Rapporteur : Merci de le reconnaître.

d) Des incertitudes déontologiques

• ***La déontologie dans les textes***

La déontologie est l'ensemble des règles de comportement propres à une profession. S'il est vrai que le juge consulaire n'est pas nommé mais élu, ce qui fonde sa légitimité propre, sa déontologie doit être celle de tout juge de l'ordre judiciaire.

L'exigence déontologique n'est que la contrepartie d'une fonction, celle de juge, qui donne à son titulaire un pouvoir immense.

Avant d'entrer en fonctions, les juges des tribunaux de commerce doivent prêter serment et ce serment est celui des magistrats de l'ordre judiciaire. La formule est la suivante : « *Je jure et promets de respecter religieusement le secret des délibérations et de me comporter en tout en digne et loyal magistrat.* »

Les textes concernant la déontologie des juges consulaires sont donc ceux du nouveau code de procédure civile : les articles 339, 340, 341 et 356 sur l'abstention, la récusation et le renvoi à une autre juridiction.

– L'abstention

Le juge qui suppose en sa personne une cause de récusation ou estime en conscience devoir s'abstenir se fait remplacer par un autre juge que désigne le président de la juridiction à laquelle il appartient. Le remplaçant d'un juge d'instance est désigné par le président du tribunal de grande instance à défaut de juge directeur.

Lorsque l'abstention de plusieurs juges empêche la juridiction saisie de statuer, il est procédé comme en matière de renvoi pour cause de suspicion légitime.

– Les huit causes de récusation

La récusation d'un juge n'est admise que pour les causes déterminées par la loi (décret n° 78-330 du 16 mars 1978). Comme il est dit à l'article L. 731-1 du code de l'organisation judiciaire « *sauf dispositions particulières à certaines juridictions la récusation d'un juge peut être demandée :*

« *1° Si lui-même ou son conjoint a un intérêt personnel à la contestation ;*

« *2° Si lui-même ou son conjoint est créancier, débiteur, héritier présomptif ou donataire de l'une des parties ;*

« *3° Si lui-même ou son conjoint est parent ou allié de l'une des parties ou de son conjoint jusqu'au quatrième degré inclusivement ;*

« *4° S'il y a eu ou s'il y a procès entre lui ou son conjoint et l'une des parties ou son conjoint ;*

« *5° S'il a précédemment connu de l'affaire comme juge ou comme arbitre ou s'il a conseillé l'une des parties ;*

« *6° Si le juge ou son conjoint est chargé d'administrer les biens de l'une des parties ;*

« *7° S'il existe un lien de subordination entre le juge ou son conjoint et l'une des parties ou son conjoint ;*

« *8° S'il y a amitié ou inimitié notoire entre le juge et l'une des parties ;*

« Le ministère public, partie jointe, peut être récusé dans les mêmes cas. »

– Renvoi pour cause de suspicion légitime

La demande de renvoi pour cause de suspicion légitime est assujettie aux mêmes conditions de recevabilité et de forme que la demande de récusation.

L'article 207 de la loi du 25 janvier 1985 relative au redressement et à la liquidation des entreprises est particulier aux juges consulaires. Il stipule que toute personne ayant participé, à un titre quelconque, à la procédure collective ne peut se rendre acquéreur pour son compte, directement ou indirectement, des biens du débiteur.

En revanche, aucun texte général ne définit les obligations et les devoirs des juges consulaires ni ne fixe les règles spécifiques d'incompatibilités.

Comme en matière d'obligations déontologiques, les juges consulaires sont soumis aux mêmes incompatibilités que les magistrats professionnels.

Ils ne peuvent notamment remplir des fonctions publiques sujettes à comptabilité pécuniaire, ni d'autres fonctions de l'ordre judiciaire ou administratif, notamment celle de juré. Mais ils peuvent évidemment continuer à se livrer à leur commerce et remplir des mandats de sénateur, député, maire, conseiller général, conseiller municipal ou membre d'une chambre de commerce. Dans la pratique, cela est rare car le mandat de juge consulaire est très absorbant et l'exercer en même temps qu'une profession commerciale est déjà une charge suffisante.

L'exercice d'un mandat de juge consulaire est incompatible avec le mandat de conseiller prud'homal et nul ne peut être simultanément juge consulaire dans plusieurs tribunaux.

Par contre, aucune incompatibilité n'existe par exemple entre les fonctions de président du tribunal de commerce et de président d'une chambre de commerce et d'industrie, ni, *a fortiori*, entre celle de juge et de membre d'une CCI.

Le corpus de textes est dans l'ensemble complet. Il reste

maintenant à l'appliquer réellement. L'abstention, la récusation et la délocalisation restent des pratiques très peu courantes...

• ***La pratique : le juge consulaire est-il un juge impartial ?***

– Une situation contraire à la jurisprudence de la Convention européenne des droits de l'homme

Le fondement même de la légitimité de la justice consulaire réside dans le fait qu'elle soit proche du justiciable. Les juges consulaires ont une connaissance pratique de la vie des affaires et des usages professionnels. Leur expérience et la diversité des secteurs au sein desquels ils évoluent constituent des facteurs permettant aux tribunaux de commerce de rendre des décisions adaptées aux réalités économiques. Mais ce réel atout, celui d'une justice de proximité, a aussi son grave revers.

Le rapport Nougein, présenté à la Conférence générale, souligne à juste titre cette difficulté consubstantielle à la fonction : « ***Un magistrat de carrière peut généralement assez simplement dresser un écran entre sa vie professionnelle et sa vie personnelle, sans que ni l'une ni l'autre n'aient à en pâtir. La situation du magistrat consulaire est beaucoup plus délicate, dans la mesure où c'est précisément sa propre expérience professionnelle qui constitue son apport à la fonction. Directement ou indirectement, il y a nécessairement interpénétration de ces centres d'intérêt, alors que l'on doit exclure toute confusion d'intérêts. La maîtrise de ce contexte ne peut donc être qu'exigeante et doit conduire le juge consulaire à dresser d'artificielles mais incontournables barrières entre ces deux temps de son activité. Des esprits mal éclairés ou mal intentionnés penseront que l'exercice est impossible.*** »

M. Pierre Bézard indique que l'indépendance dans ces conditions implique « ***une grande force, une capacité à se déporter. Les grands magistrats des tribunaux de commerce – il y en a, j'en ai connu et j'en connais encore – quand ils mettent leur robe noire, se dégagent de leur milieu. Ils rendent des décisions honnêtes. Mais l'effort à produire est certain. Je ne suis pas sûr que ce soit toujours facile pour tous.*** »

De nombreux intervenants entendus par la commission d'enquête, comme M. Maurice Lafortune, avocat général à la Cour de cassation, pensent que la juridiction consulaire ne respecte pas l'article 6 de la Convention européenne des droits de l'homme stipulant : « *Toute personne a droit à ce que sa cause soit entendue équitablement, publiquement et dans un délai raisonnable par un tribunal indépendant et impartial établi par la loi.* » Selon la jurisprudence, deux conditions doivent être remplies pour que la justice garantisse efficacement la sûreté personnelle et soit donc satisfaisante : d'une part, la justice doit être accessible pour le justiciable (elle ne doit pas être coûteuse et trop lente), d'autre part, le justiciable doit avoir confiance dans ses juges.

La confiance suppose l'indépendance à l'égard du pouvoir politique et l'impartialité des juges. Ainsi, pour assurer la sérénité des jugements, les juges doivent être protégés contre le pouvoir exécutif, mais aussi contre toutes les pressions qu'ils pourraient subir. Or, si le juge consulaire est en principe indépendant du pouvoir politique de par son statut d'élu bénévole, son impartialité pose problème pour deux raisons : la présence toujours plus grande de cadres parmi les juges consulaires qui, en tant que salariés, doivent rendre des comptes à leur employeur et la proximité qui fait que le juge connaît le justiciable, ce qui peut créer des conflits d'intérêts.

Le défaut d'impartialité est d'abord lié à la présence toujours plus importante de cadres d'entreprises qui aux termes de l'article 1384 du code civil sont des préposés. Un cadre doit rendre des comptes à son employeur. Paradoxalement, ces cadres sont le plus souvent des juristes de haut niveau et apportent une incontestable professionnalisation aux tribunaux de commerce. Mais les entreprises font en quelque sorte un « investissement » en plaçant ces cadres dans la juridiction consulaire ; il s'agit, surtout dans les grands tribunaux de commerce, de défendre la politique de l'entreprise, de s'informer de l'état du marché et des concurrents.

Lorsque les juges sont en majorité des cadres d'entreprises, la justice consulaire est une justice partiale et donc inéquitable au sens de la jurisprudence européenne. À Paris, les deux tiers des juges consulaires sont des cadres.

Au problème posé par la présence de salariés, s'ajoute celui de la proximité.

Étant donné l'étroitesse du bassin de recrutement, les juges consulaires sont trop proches des justiciables. Dans ces conditions, relations amicales et conflits d'intérêts sont choses courantes ! M. Jean-Luc Vallens décrit ainsi cette situation de dangereuse proximité : « ***Le juge est lié au justiciable par des relations, soit professionnelles, soit amicales ou familiales : on chasse, on mange au***

même endroit, on fait partie de la même loge et on s'arrange entre soi dans les affaires qui sont à juger. » La justice consulaire devient alors une justice de « l'entre soi », une justice de connivence.

Les conflits d'intérêts sont donc nombreux. Le cas le plus fréquent est celui du juge consulaire cadre d'une banque créancière dans certaines affaires. De la même façon, un juge-commissaire peut être amené à rendre une décision mettant en liquidation judiciaire l'un de ses concurrents (voir encadré ci-après).

Il y a donc une complète confusion des genres, au moins dans l'esprit du justiciable, dans la mesure où il aura devant lui non pas un juge mais le chef du contentieux de la banque qui lui a accordé un crédit ou son principal concurrent !

Un adage britannique dit : « *Ce n'est pas assez que justice soit rendue, il faut qu'on croie qu'elle a été rendue.* » Dans les conditions actuelles, l'apparence d'impartialité n'est pas du tout respectée. Cette notion d'apparence fait partie de la jurisprudence européenne ; il s'agit de la théorie des apparences. Il ne suffit pas qu'un juge soit impartial, il faut qu'il apparaisse tel à ceux qui le voient agir. La situation des tribunaux de commerce est très éloignée de ces préoccupations et la confiance du justiciable est donc ébranlée.

Ce défaut d'impartialité est sans nul doute la première critique adressée à la justice consulaire et la raison pour laquelle les juges-commerçants sont de plus en plus contestés et un climat de suspicion s'est développé.

La proximité, qui peut être considérée comme un réel atout, peut aussi devenir un défaut par nature. M. Jean-François Verny, vice-président de la commission juridique du CNPF, résume bien cette problématique : il souligne l'intérêt qu'il y a à ce que la juridiction consulaire « ***ait la connaissance de ce qu'est une officine de pharmacie, une boulangerie ou une petite scierie de bois. En revanche, nous ne pensons pas qu'il soit nécessaire au bon fonctionnement et à l'image de la juridiction et l'acceptation des décisions qu'elle rend pour la collectivité des entreprises justiciables que le juge connaisse trop le boulanger, le pharmacien ou le scieur de bois*** ».

Le juge consulaire devrait également se poser la question de son indépendance intellectuelle, ce qu'il ne fait jamais par définition. En effet, plus les juges consulaires connaissent la matière, plus ils ont tendance à considérer qu'il est légitime qu'ils soient juges de cette affaire. Or, un juge consulaire aura-t-il toute la liberté d'esprit, toute la neutralité de pensée par rapport à un secteur d'activité dans lequel il est complètement impliqué ? N'aura-t-il pas tendance à défendre sa corporation ? Cet état de fait est décrit de manière éloquente par M. Jean-Luc Vallens : « ***Des avocats m'ont d'ailleurs dit à plusieurs reprises que lorsqu'ils vont plaider devant un tribunal de commerce, ils se renseignent sur l'activité du juge et de son conjoint et qu'ils dissuadent souvent leur client d'entamer le procès ou même de défendre en première instance au motif qu'ils en connaissent à l'avance le résultat !*** »

La commission d'enquête a été étonnée d'être confrontée de manière aussi lourdement récurrente aux problèmes du conflit d'intérêts. Ce problème doit être impérativement résolu pour restaurer la crédibilité de la juridiction consulaire. En effet, le simple fait qu'il puisse y avoir des soupçons sur l'impartialité des juges est aussi dommageable pour l'institution que la révélation de manquements avérés.

TRIBUNAL DE COMMERCE DE SAINT-BRIEUC :

DIALOGUE ENTRE LE RAPPORTEUR ET LE PRÉSIDENT DU TRIBUNAL DE COMMERCE DE SAINT-BRIEUC

M. le Rapporteur : Il est vrai que notre attention a été attirée d'abord sur une chose assez originale. J'ai cru comprendre que vous aviez fait vous-même une offre dans cette affaire Labbé, il y a dix ans. Quel était votre statut à l'époque ? Vous étiez membre du tribunal ?

M. Gérard LE BOURHIS : J'étais membre du tribunal mais je m'étais mis en vacance du tribunal deux mois avant. J'étais encore dans la banque à l'époque. J'ai quitté la banque pour cela. J'avais donc fait une proposition de reprise de cette affaire. Je ne participais pas à la procédure. Le parquet m'avait donné l'autorisation de le faire. Ceci étant, mon offre n'a pas été retenue. De ce fait, je n'ai pas eu à démissionner, ce que j'avais l'intention de faire. Je n'étais que juge à l'époque et je n'ai même pas mis les pieds au tribunal durant cette période, mais ce n'était pas interdit.

M. le Rapporteur : Vous comprenez bien que si votre offre avait été retenue, les justiciables auraient eu des choses à vous reprocher... Je vais vous dire mon sentiment : il est grave que les justiciables ne puissent pas croire en l'impartialité de leur institution judiciaire, fût-elle consulaire.

M. Gérard LE BOURHIS : Mais pas dans le cas présent...

M. le Rapporteur : Dans le cas présent, vous n'avez pas eu l'affaire et la question ne se pose donc pas, mais c'est un point intéressant que de réfléchir sur ce type de possibilité : est-il possible, même s'il se déclare démissionnaire, qu'un juge puisse faire une offre ? Si vous l'aviez obtenue – c'était votre objectif à l'époque –, je pense que cela aurait posé des problèmes vis-à-vis de votre concurrent, M. Gauthier, expert-comptable, qui a lui-même obtenu l'affaire.

– La prééminence du président du tribunal de commerce

Le tribunal de commerce est une institution présidentielle (voir annexe 3) ; le président y a une place particulière en raison de son emprise sur l'organisation interne et de l'importance de ses pouvoirs juridictionnels.

Au sein d'un tribunal « ordinaire », il n'existe pas de principe hiérarchique entre le président et les magistrats au nom de l'indépendance personnelle, morale et intellectuelle du juge. Or, dans les tribunaux de commerce, le président bénéficie d'une réelle prééminence en raison de ses pouvoirs juridictionnels très importants mais aussi de sa mainmise sur l'organisation interne du tribunal : gestion quotidienne, « choix » des juges, affectation des juges, désignation des mandataires de justice, etc.

Cette prééminence s'explique surtout par la prégnance de la culture d'entreprise au sein du tribunal de commerce. Dans ce domaine comme dans d'autres, le tribunal de commerce est géré comme une entreprise, le président pouvant parfois ressembler à une sorte de P-DG. Mme Anne-Josée Fulgéras, chef de la section financière et commerciale au parquet de Paris, évoque cette dichotomie totale entre la culture de l'entreprise et la culture judiciaire : « ***Pour avoir discuté avec certains vieux juges consulaires, il apparaît assez clairement que, dans l'esprit de certains en tout cas, l'indépendance du tribunal de commerce est une indépendance collective et non pas une indépendance individuelle. Pour nous, magistrats, le juge dispose d'une indépendance personnelle, lui permettant, dans tous les dossiers qui lui sont soumis, de prendre sa décision en fonction de son appréciation, de son analyse du droit et de ses convictions personnelles. Au tribunal de commerce, on a le sentiment que cette indépendance est plutôt vécue d'une façon collective avec un chef qui dispose d'un pouvoir prépondérant.*** »

Mme Éliane Houlette rapporte une conversation avec le président du tribunal de commerce de Paris révélatrice de cette différence culturelle : « ***Je me souviens qu'au cours d'une conversation avec le président du tribunal il m'a déclaré : "Que vous le vouliez ou non, nous sommes hiérarchisés." Ce sur quoi, je ne peux pas être d'accord avec lui. Aucun juge en France ne le peut.*** »

Ainsi, Mme Anne-Josée Fulgéras a donné des exemples de revirements de décision de la part de juges dus à une intervention du président. Ce type d'intervention existe également pour la nomination des mandataires de justice ; à Paris, ce système de prédésignation des mandataires limite beaucoup la marge de manœuvre du juge-commissaire. Ainsi, Mme Éliane Houlette déclare : « ***Dans les affaires importantes, au cours de ces dernières années, on a pu constater que la désignation était en fait effectuée par le président du tribunal. C'est ce sur quoi le parquet a tenté de s'élever à plusieurs reprises.*** »

• ***Les contreparties de la fonction***

Les juges consulaires exercent leur fonction gratuitement. À la différence des conseillers prud'homaux, ils ne perçoivent aucune indemnité de fonction.

De nombreux juges consulaires entendus par la commission d'enquête ont insisté sur le fait que même leurs frais de déplacement pour se rendre à la juridiction ne leur étaient pas remboursés. Aucun d'entre eux n'a signalé la possibilité de déduire de leurs revenus professionnels, pour leur montant réel, les frais supportés à l'occasion de l'accomplissement de leur mandat ; les juges consulaires peuvent également substituer à cette déduction de leurs frais réels une déduction forfaitaire, fixée selon un barème tenant compte de la fonction exercée (instruction 5F-17-87 publiée au *Bulletin officiel des impôts* du 21 octobre 1987).

Pour certains observateurs, cette gratuité a un coût élevé. Les juges consulaires sont parfois tentés d'aller chercher leur rémunération ailleurs. Ils vont ainsi être désignés comme conciliateurs ou mandataires *ad hoc* dans des procédures de prévention ; la rémunération dans ces cas-là n'est pas tarifée, à la différence de celle des mandataires de justice. Le président désigne un mandataire *ad hoc* et les honoraires sont fixés par les intéressés de manière conventionnelle. Dans la pratique, ce sont souvent, en tout cas dans les grands tribunaux comme Paris ou Lyon, d'anciens juges consulaires qui sont désignés par le président. Les mandats *ad hoc* ont évidemment augmenté avec le développement de la prévention et peuvent s'avérer très rémunérateurs. Cependant, le plus grand secret entoure cette pratique ; la commission d'enquête a eu beaucoup de difficultés à recueillir quelques informations précises.

Les propos de M. Serge Armand, substitut général à la cour d'appel de Paris, devant la commission d'enquête sont révélateurs de la confidentialité attachée à cette pratique :

RÉTRIBUTION OU PRÉBENDE ?

M. Serge ARMAND, substitut général à la cour d'appel de Paris : (...) La prévention est, de toute façon, confidentielle. Le parquet est informé de l'existence de ces procédures mais il serait important qu'il soit présent pour veiller à la désignation – c'est un aspect très partiel – des mandataires *ad hoc* et je dirai même à leur rémunération, car ils jouissent d'une rémunération tout à fait libre dont il faut bien reconnaître qu'elle constitue, à Paris en tout cas, une prébende pour les magistrats du tribunal de commerce.

M. le Président : Le terme « prébende » est fort !

M. Serge ARMAND : On désigne principalement des magistrats et si j'emploie ce terme c'est parce qu'il concerne une fonction.

M. le Rapporteur : Ne vous excusez pas d'employer des mots forts !

M. Serge ARMAND : (...) je justifie l'emploi du terme puisque, pour moi, la définition de la prébende, c'est l'avantage que l'on retire d'une fonction.

M. le Président : On m'a pourtant longuement expliqué que les anciens magistrats du tribunal de Paris acceptaient de faire de la prévention, gratuitement insistait-on...

M. Serge ARMAND : Personnellement, je ne connais pas d'exemples de mandataires *ad hoc* qui ne seraient pas rémunérés. Mais il est bien certain que les anciens magistrats participant à la cellule de prévention du tribunal de commerce de Paris le font bénévolement ! En revanche, on m'a parlé de rémunérations de mandataires *ad hoc* qui sont telles que pour sauver l'entreprise il suffirait de les réduire...

M. Jean-François Verny, vice-président de la commission juridique du CNPF, dénonce cette pratique : « ***Le bénévolat, si l'on veut se conformer aux exigences actuelles de la société en général et plus précisément à celles des justiciables eux-mêmes, ne consiste pas seulement à exercer son activité sans rétribution immédiate mais aussi à faire en sorte que tout soit bien clair et qu'il ne puisse pas y avoir de contreparties, même différées dans le temps (...).***

« ***Nous visons, par là, très nettement, et nous le disons clairement, les fonctions d'expert que peuvent ensuite confier les tribunaux de commerce à d'anciens juges consulaires, ou les fonctions de mandataires*** **ad hoc**, ***pratique qui constitue une espèce d'entorse différée ou d'exception différée au bénévolat.*** »

Le procureur de Lyon, M. Christian Hassenfratz, a indiqué que dans son ressort la rémunération des mandataires *ad hoc* avait été tarifée, par le président Nougein, 1 000 francs l'heure. Il indiquait avoir eu connaissance d'honoraires s'élevant à 150 000 francs pour un mandat.

e) Un contrôle disciplinaire défaillant

• *Le régime disciplinaire*

La loi du 16 juillet 1987 a créé un régime disciplinaire des juges consulaires par l'institution d'une commission nationale de discipline.

Cette commission est présidée par un président de chambre à la Cour de cassation désigné par le premier président.

Elle est composée d'un membre du Conseil d'État désigné par le vice-président du Conseil d'État ; de deux magistrats du siège des cours d'appel désignés par le premier président de la Cour de cassation sur une liste établie par les premiers présidents des cours d'appel. Chacun de ces derniers arrête le nom d'un magistrat du siège de la cour d'appel après avis de l'assemblée générale des magistrats du siège de la cour d'appel. Elle comprend enfin quatre membres des tribunaux de commerce élus par l'ensemble des membres des tribunaux de commerce.

Des suppléants en nombre égal sont désignés dans les mêmes conditions. Les membres de la commission sont désignés pour quatre ans.

Ainsi la discipline des juges consulaires échappe-t-elle au conseil de discipline du Conseil supérieur de la magistrature. La saisine de la commission appartient au garde des Sceaux.

Pour délibérer valablement, au moins quatre des membres de la commission doivent être présents, dont le président. En cas de partage, la voix du président est prépondérante.

Les décisions doivent être motivées et ne sont susceptibles de recours que devant la Cour de cassation.

La loi définit la faute disciplinaire comme un manquement à l'honneur, à la probité, à la dignité et aux devoirs de la charge. Sur ce point, la discipline des magistrats consulaires s'apparente à celle des magistrats de l'ordre judiciaire (ordonnance du 22 décembre 1958, relative au statut de la magistrature, article 43).

Les sanctions sont au nombre de trois :

– le blâme ;

– la décharge, qui peut être prononcée soit par décision de la commission, soit édictée de plein droit ;

– la suspension provisoire, qui ne peut excéder six mois et peut être renouvelée pour une durée maximale de six mois sauf en cas de poursuite pénale.

• ***La pratique : une procédure disciplinaire contournée***

En pratique, la commission ne dispose pas d'un réel pouvoir disciplinaire car elle se trouve dessaisie par la démission du magistrat consulaire. De telle sorte que, jusqu'en 1996, la Commission nationale de discipline instituée en 1987 n'a été amenée à prendre de sanctions qu'à quatre reprises ! Il y a eu 63 procédures disciplinaires engagées depuis cinq ans : 12 en 1993, 10 en 1994, 10 en 1995, 14 en 1996, 17 en 1997 mais en l'état actuel des textes la démission du magistrat met fin aux poursuites. Sur 63 affaires disciplinaires, 4 ont été traitées par la Commission nationale.

M. Pierre Bézard, président de cette commission, déclare que le système disciplinaire actuel est complètement inutile : « ***Lorsque, l'année dernière, j'ai été renouvelé à la présidence, j'ai fait remarquer au directeur des services judiciaires que tout devait très bien se passer dans les tribunaux, puisque nous n'étions jamais saisis. (...) Des problèmes existent, c'est évident ! Mais ils ne sont pas résolus par la sanction disciplinaire. Soit les intéressés sont envoyés en correctionnelle, soit on les fait démissionner.*** »

La Conférence générale, dans le rapport Nougein, reconnaît cette pratique de la démission pour éviter la sanction disciplinaire tout en essayant de la justifier : « *La structure disciplinaire existe à travers la Commission nationale créée par la loi de 1987. Dans les faits, elle n'a eu que très peu d'occasions de se réunir, ce qui est un signe. Mais, pour certains, cette signification ne serait pas suffisamment éloquente, car elle marquerait, en réalité, la propension des juridictions consulaires à régler, en interne, les problèmes disciplinaires mineurs, leurs présidents obtenant la démission du juge défaillant. Nous reconnaissons volontiers que nous tentons, lorsque cela est possible, d'agir ainsi dans la discrétion et l'efficacité, mais, sauf erreur, ces habitudes ne sont pas notre privilège et nous apparaissent être assez répandues dans nombre d'institutions ou de corps constitués.* »

La commission nationale, telle qu'elle existe aujourd'hui, n'est pas véritablement utilisée surtout si on la compare avec l'instance disciplinaire des magistrats professionnels, le Conseil supérieur de la magistrature, qui sanctionne entre 60 et 80 magistrats par an.

Une telle situation ne peut perdurer, d'autant qu'un juge consulaire démissionnaire peut se représenter aux élections. Il n'existe aucun moyen de l'en empêcher puisqu'il n'a pas été sanctionné disciplinairement...

De surcroît, la Commission nationale n'est pas un conseil de l'ordre doté d'un pouvoir de contrôle.

Elle est uniquement saisie par la Chancellerie. Or celle-ci dispose de peu de moyens d'investigation et s'est peu investie en réalité dans le fonctionnement de la Commission nationale.

Cependant, la Chancellerie préfère paradoxalement « proposer » au juge consulaire une démission plutôt que d'engager des poursuites disciplinaires. Cela a été le cas par exemple pour M. Jean Abran, président du tribunal de commerce de Toulon, coupable de gestion de fait dans le financement du tribunal.

Les dysfonctionnements que la commission d'enquête a constatés pour les juges eux-mêmes sont-ils corrigés par la qualité des auxiliaires du juge consulaire que sont les greffiers et les mandataires de justice ? La commission a enquêté et là encore les conclusions auxquelles elle est parvenue ne laissent pas d'être inquiétantes.

2. – Les greffiers des tribunaux de commerce ou les gardiens du temple

Le greffier de tribunal de commerce est l'héritier direct du greffier d'Ancien Régime, tel que créé par l'édit d'Henri IV de 1596. Son statut a peu évolué dans le temps, alors même que les tâches qui lui sont confiées ont été élargies, parallèlement à l'élargissement progressif des compétences des tribunaux de commerce.

Seul permanent du tribunal, le greffier a, parfois, tendance à exercer une influence exorbitante sur son fonctionnement, au détriment de ce que les citoyens peuvent attendre du service public de la justice. Personnage d'exception au service d'une juridiction d'exception, le greffier de tribunal de commerce a su cependant tirer bénéfice des nouvelles technologies, notamment grâce à la télématique, de telle sorte que certains greffes ont glissé vers des objectifs de rentabilité, là encore au détriment de l'esprit de service public.

a) Un statut anachronique

Il y a actuellement, selon le Conseil national des greffiers des tribunaux de commerce, 264 greffiers et 1 800 emplois de greffes. D'ores et déjà, il faut remarquer que dans les départements du Bas-Rhin, du Haut-Rhin, de la Moselle, dans les départements d'outre-mer et dans les 23 tribunaux de grande instance statuant commercialement sur le territoire métropolitain, le greffe des juridictions commerciales est tenue par les greffiers des juridictions ordinaires, qui sont des fonctionnaires.

Sous l'Ancien Régime, le greffier, officier nommé par le roi, pouvait transmettre sa charge. Il était chargé d'assister le juge dans la rédaction de ses décisions, d'assurer la conservation des archives.

D'officier royal, le greffier des tribunaux de commerce deviendra officier public et ministériel nommé par le garde des Sceaux [1]. Il peut à ce titre authentifier les actes et prêter son ministère aux particuliers pour l'exécution de certains actes, ainsi qu'aux juges pour la préparation et l'exécution de leurs décisions.

Son statut est fixé par les articles L. 821-1 à L. 822-7 et R. 821-1 à R. 822-19 du code de l'organisation judiciaire ainsi que par divers décrets portant sur des points particuliers, notamment par le décret n° 77-828 du 20 juillet 1977 relatif aux greffiers des tribunaux de commerce et par le décret n° 87-601 du 29 juillet 1987 relatif aux conditions d'accès à la profession de greffier de tribunal de commerce.

La principale caractéristique de ce statut est que **le greffier de tribunal de commerce achète sa charge**, ce qui représente pour certains greffes des sommes considérables, par conséquent un investissement financier important qu'il faut rentabiliser (voir ci-après c).

Le greffier exerce une profession libérale. Il est donc soumis aux règles de fonctionnement d'une entreprise privée. L'État contrôle les conditions d'accès à la fonction, détermine les droits et émoluments de base, encadre les conditions d'exercice de la fonction.

1. Voir décret n° 88-814 du 12 juillet 1988 relatif à la nomination et à la cessation des fonctions des officiers publics et ministériels.

Alors même que les greffes des tribunaux ordinaires ont été fonctionnarisés en 1965, ceux des tribunaux de commerce, exerçant une mission de service public, ont conservé un statut privé tout en détenant un monopole.

Le Conseil national des greffiers des tribunaux de commerce (article R. 821-26 du code de l'organisation judiciaire, décret n° 91-743 du 31 juillet 1991 relatif au Conseil national des greffiers des tribunaux de commerce) est chargé d'assurer la défense des intérêts collectifs de la profession et de représenter l'ensemble des greffiers auprès des pouvoirs publics.

Ce statut est anachronique. Il n'est que le reliquat d'une justice d'Ancien Régime où les charges judiciaires s'achetaient, où les objectifs économiques l'emportaient sur le souci d'une justice impartiale au service du justiciable. Cet archaïsme se traduit également par le fait, comme l'a dit lors de son audition par la commission M. Philippe Lemaire, sous-directeur à la direction des services judiciaires du ministère de la Justice, qu'« ***il y a incontestablement des dynasties de greffiers de tribunaux de commerce*** ».

Au mieux, le greffe est une entreprise efficace, extrêmement rentable, fournissant des services rapides et coûteux à des entreprises qui ont des moyens importants, et constituant l'épine dorsale d'un tribunal de commerce en mal d'exactitude juridique et de permanence. Au pire, c'est une officine juridique, travaillant de manière poussiéreuse, reposant sur la seule personnalité du greffier qui a manqué le train de la modernité, qui refuse de céder sa charge, et qui travaille pour un tribunal lui-même dépassé par les progrès de la vie des affaires, ancré dans des relations de proximité, rendant, dans le meilleur des cas, la justice comme on dispense la charité à des connaissances qui ont du mérite mais pas les capacités à gérer une entreprise et à entrer dans le cercle des « commerçants respectables ».

L'anachronisme du statut accompagne l'archaïsme de la carte judiciaire. Il existe 227 tribunaux de commerce et donc 227 greffes. Les inconvénients de cette situation ont été palliés en partie par la création de « greffes binés », en vertu de l'article R. 821–4 du code de l'organisation judiciaire qui dispose qu'une « *même personne peut être nommée greffier de plusieurs tribunaux de commerce dont le siège est situé dans le même ressort de cour d'appel* ». Ce système qui réunit sous l'autorité d'un même greffier plusieurs greffes permet de rendre viables certains greffes dont la survie liée à l'activité d'un petit tribunal de commerce n'est pas assurée. Mais cette situation a conduit à renforcer la position de certains greffiers, position confirmée par l'interprétation extensive que les greffiers ont de leurs missions légales.

b) Un rôle exorbitant

Les greffiers (voir annexe 4) représentent la force permanente du tribunal de commerce. Leurs missions sont très larges. Leur position les amène, notamment dans les tribunaux de petite taille, à jouer un rôle fondamental, voire exorbitant au regard de l'autorité judiciaire confiée aux juges consulaires.

• *Les missions légales du greffier*

Outre l'accueil du public, le greffier assure deux catégories de fonctions.

– *Des fonctions judiciaires et administratives essentielles*

Le code de l'organisation judiciaire, dans son article L. 411-1, dispose que les tribunaux de commerce sont composés de juges élus et d'un greffier. Il précise, dans son article R. 821-1, que le greffier assiste les membres du tribunal à l'audience dans tous les cas prévus par la loi.

Il assiste le tribunal en matière de contentieux général. Il enregistre les demandes présentées au tribunal sous forme d'assignation ou de tout autre acte introductif d'instance. Il « tient la plume » sous la dictée du président et note au plumitif les composants essentiels du dossier. Il met en forme les décisions, en effectue la diffusion, la conservation et la délivrance de titres exécutoires, conformément à l'article R. 821-2 du code de l'organisation judiciaire.

Dans les procédures collectives, le greffier organise le déroulement de la procédure par la convocation des parties en chambre du conseil ou devant le juge-commissaire, par les publicités auxquelles il est tenu de procéder lors des étapes principales du redressement ou de la liquidation judiciaires et par les notifications qu'il doit effectuer aux parties ou aux tiers. Le dossier constitué au greffe doit ainsi regrouper tous les actes de la procédure dont la publicité est assurée pour la garantie des droits des créanciers.

Le greffier assiste plus particulièrement le président. Le président du tribunal, sauf délégation expresse, statue en matière de référés ou en matière gracieuse. Le greffier assure les mêmes tâches qu'en matière de contentieux général : introduction de la demande, assistance à l'audience, exécution des décisions. Le président dirige la prévention et le traitement amiable des difficultés des entreprises ; le greffier joue le rôle de relais entre le président, le débiteur, le procureur de la République et, le cas échéant, l'expert, le mandataire *ad hoc* et le conciliateur ; il transmet au président les informations relatives à l'endettement des entreprises, notamment les créances du Trésor et de l'URSSAF et les chèques impayés.

La question du secrétariat du président du tribunal est particulièrement délicate. Avant les lois de décentralisation qui ont transféré à l'État la charge du fonctionnement des juridictions du premier degré de l'ordre judiciaire, des départements, des communes, des chambres de commerce et d'industrie, voire des associations avaient fréquemment mis à la disposition des présidents des tribunaux de commerce, en marge des greffes et sans qu'aucun texte ne les y oblige, des agents chargés de tâches de secrétariat.

La loi n° 83-8 du 7 janvier 1983 modifiée relative à la répartition des compétences entre les communes, les départements, les régions et l'État a posé le principe de la prise en charge par l'État des personnes ainsi mises à la disposition notamment des tribunaux de commerce avant le 1er janvier 1987. Cette loi prévoyait en outre que ces agents, sous réserve de remplir certaines conditions, pouvaient demander leur titularisation, dans la fonction publique d'État. L'intervention de cette loi a donné lieu à des situations très diverses : certaines juridictions bénéficient ainsi, à côté du greffe, d'un secrétariat de présidence assuré par des agents n'appartenant pas au greffe ; dans d'autres tribunaux, ces tâches administratives sont directement assurées par le greffier.

Pour limiter les errements et les incertitudes liés à la prise en charge du secrétariat du président, un décret n° 95-832 en date du 5 juillet 1995 modifiant le code de l'organisation judiciaire et relatif aux greffiers des tribunaux de commerce a confié expressément le secrétariat propre du président du tribunal au greffier : règlement intérieur, rôles d'audiences, budget, archives, etc. Un arrêté du garde des Sceaux, ministre de la Justice, en date du 18 mars 1997 a fixé la liste des tribunaux de commerce auxquels s'applique cette disposition. Le nombre de personnes affectées auprès du président et placées sous son autorité fonctionnelle est fixé par ce même arrêté : 1 ou 2 agents dans les tribunaux comprenant un effectif de 25 à 30 juges, 2 ou 3 agents pour les tribunaux ayant entre 31 et 40 juges, 3 ou 4 agents pour les tribunaux composés d'un effectif de 41 à 60 juges et 5 agents ou plus dans les tribunaux ayant un effectif supérieur à 60 juges.

Si ce système est adapté aux grands tribunaux, la plupart des tribunaux de commerce qui ont une taille moyenne ou modeste ne bénéficient pas de ces dispositions et le flou reste entier sur cette question.

Une circulaire en date du 22 mars 1997 a complété ces dispositions relatives au secrétariat du président.

Les problèmes ne sont pas entièrement réglés et, on l'a vu, tous les greffiers, compte tenu de relations parfois difficiles avec les présidents, n'ont pas mis tout le personnel à disposition tel que prévu par les textes (voir II-B-3).

LE SECRÉTARIAT DU PRÉSIDENT DU TRIBUNAL DE COMMERCE D'AUXERRE

Lors de son déplacement à Auxerre, le 17 mars 1998, la commission a auditionné notamment M. Bernard Brochot, président du tribunal de commerce, et M. Philippe Decourcelle, greffier.

M. le Rapporteur : S'agissant des moyens du tribunal, avez-vous toujours eu une secrétaire financée par le conseil général ? Vous nous expliquerez au passage comment le ministère de la Justice rembourse le conseil général, car c'est un mécanisme compliqué aux yeux des parlementaires. À quel moment avez-vous jugé nécessaire d'avoir une secrétaire ?

M. Bernard BROCHOT, président du tribunal : Cela date de bien longtemps, c'est-à-dire de mon arrivée au tribunal. J'en ai alors fait la demande, en collaboration étroite avec les autres tribunaux de commerce. En effet, le tribunal de commerce d'Auxerre a appartenu dès l'origine à la Conférence générale des tribunaux de commerce de France. À l'époque, j'avais trente-cinq ans de moins, j'étais très dynamique et j'ai étudié toutes les possibilités de nature à aider le tribunal de commerce. Sur ma demande, ou plutôt sur celle du tribunal, mais c'est moi qui me suis occupé du dossier – Mme Bernot doit s'en souvenir, puisqu'elle était déjà greffière –, nous avons eu une personne à mi-temps. Nous en avons eu une autre, payée par le greffe. Si ma mémoire ne me fait pas défaut, lorsqu'elle a pris sa retraite, j'ai demandé au conseil général que les deux mi-temps soient transformés en un emploi à temps plein, pris en charge par le conseil général et, certainement, par la Chancellerie. Pour ma part, j'ai surtout affaire à la préfecture et au conseil général. J'ai donc demandé une secrétaire à temps complet pour le président. Celle-ci se charge de mon courrier, assure la frappe des jugements de procédure collective et de liquidation. Bref, elle s'occupe du fonctionnement du tribunal.

M. le Rapporteur : Ce n'est pas le greffe qui tape les jugements ?

M. Bernard BROCHOT : Non, c'est la secrétaire du tribunal. Mme Girard, la secrétaire du greffe, tape aussi des jugements ; Mme Caretta s'occupe des procédures collectives. Tous les jugements rendus en audience publique sont tapés par la secrétaire du greffe.

M. Jacky DARNE, député : Quatre personnes sont rémunérées par le greffe, une par le conseil général, votre secrétaire. Dans la vie courante, qui gère l'ensemble du personnel ? Concrètement, qui s'occupe des ordres de départ en congé, de la répartition des tâches ?

M. Bernard BROCHOT : Nous travaillons en étroite collaboration avec le greffe, qui me tient informé du fonctionnement du personnel. Ce n'est pas moi qui gère les vacances du personnel, les jours de repos, etc.

M. Jacky DARNE : Votre secrétaire est-elle incluse dans l'équipe du greffe ?

M. Bernard BROCHOT : Ils s'arrangent. Quand la secrétaire du tribunal est en congé, la secrétaire du greffe assure le fonctionnement du service du président. C'est une question interne au personnel dont je n'ai pas la gestion. Je m'occupe simplement du salaire de ma secrétaire, parce que la préfecture m'envoie un bordereau avec le nombre d'heures, que je signe.

M. Jacky DARNE : A-t-on une vue générale de l'ensemble des coûts d'activité, c'est-à-dire des salaires de votre secrétaire et de celles du greffe ? Le budget du tribunal inclut-il le greffe ?

M. Bernard BROCHOT : Pas du tout !

M. Jacky DARNE : Précisément, il y a forcément des budgets différents. Les quatre personnes du greffe sont payées par le greffe. La secrétaire est payée par le conseil général. Son salaire n'est pas inclus dans le budget du tribunal ?

M. Bernard BROCHOT : Non.

M. Jacky DARNE : Par conséquent, du point de vue juridique, le budget du personnel ne représente qu'une partie de l'outil de travail présent ici. Pour avoir une vue générale, il faudrait procéder à une sorte de consolidation de ces différentes dépenses.

M. Philippe DECOURCELLE, greffier : On pourrait même ajouter le temps passé par les greffiers à satisfaire aux demandes de leur président.

– Des fonctions étendues

C'est dans ces fonctions que le greffier de tribunal de commerce joue un rôle original. Il maîtrise l'information économique nécessaire au bon fonctionnement du tribunal et, au-delà, à la transparence de la vie économique.

Le greffier est au centre du système d'information sur l'identité des entreprises. La loi du 18 mars 1919 institua le registre du commerce et des sociétés. D'importantes réformes sont intervenues en 1953, en 1958, en 1967 attribuant la personnalité morale aux sociétés par l'effet de leur immatriculation, en 1978 élargissant le champ d'application du registre aux sociétés civiles, et en 1984. Le greffier reçoit les déclarations des entreprises sur leur identité et leur mode d'exercice depuis leur création jusqu'à leur disparition, et tient à jour l'extrait de leur inscription (dit « extrait K*bis* »), qui constitue leur fiche d'identité. Il doit contrôler les déclarations : conformité des pièces justificatives, régularité des demandes. Dans ce contrôle, le greffier peut recourir à l'arbitrage du président du tribunal ou du juge commis à la surveillance du registre.

Les greffes sont centres de formalités des entreprises, notamment pour les sociétés civiles et les sociétés autres que commerciales, les sociétés d'exercice libéral, les établissements publics industriels et commerciaux et les agents commerciaux.

Le greffier est également le dépositaire légal des comptes annuels des sociétés par actions (depuis 1966), des sociétés anonymes à responsabilité limitée (depuis 1983) et des sociétés en nom collectif (depuis 1994), en vue de rendre publics les bilans des sociétés commerciales.

Enfin, il dispose d'informations sur l'endettement des entreprises. Depuis 1909, les privilèges du vendeur et le nantissement du fonds de commerce sont obligatoirement inscrits au greffe. Doivent être également déposés au greffe les informations relatives à un privilège spécial portant sur des biens déterminés de l'entreprise en garantie de sa dette (nantissements sur matériel et outillage et sur parts de société civile), à un privilège général s'appliquant à l'ensemble des biens meubles de l'entreprise (privilèges du Trésor et de la Sécurité sociale), à la protection d'un droit de propriété (crédit-bail, contrat de location, clause de réserve de propriété), à l'existence d'un impayé (protêt de traites et certificats de non-paiement de chèques).

Détenteur de nombreuses informations, le greffier est chargé d'en transmettre certaines à des organes institutionnels.

Ainsi, les différentes informations relatives à la vie de l'entreprise : immatriculation au registre du commerce et des sociétés, changement de propriétaire et conditions de la vente du fonds de commerce... (articles 2 et 3 du décret n° 67-238 du 23 mars 1967 modifié instituant un *Bulletin officiel des annonces civiles et commerciales*) sont collectées par l'administration des Journaux officiels pour leur publication au *BODACC*. Il en va de même pour les décisions de procédures collectives (article 8 du décret précité).

Par ailleurs, l'Institut national de la propriété industrielle (INPI) reçoit du greffier un double de toutes les déclarations faites au registre du commerce et des sociétés. Des relations bilatérales existent également avec l'Institut national de la statistique et des études économiques (INSEE) chargé d'attribuer le numéro d'identification des entreprises.

Ces transmissions ont été facilitées par la mise en place de réseaux électroniques de communication entre les différents acteurs, notamment entre les greffes et certains centres des impôts, ou certains établissements bancaires.

• ***Une pratique extensive***

– *Mainmise sur les tribunaux*

Le greffier a en fait, surtout dans les petits tribunaux de commerce, un rôle plus important encore que celui qui lui est dévolu par les textes. Si l'électorat n'a pas choisi un président ayant reçu une formation juridique solide, le greffier, qui a nécessairement cette formation, est amené à exercer une influence certaine sur l'élaboration des jugements et leur « habillage juridique ». De sorte qu'en pratique, certains greffiers ne sont pas très loin d'accomplir *mutatis mutandis* une tâche analogue à celle qu'on attendrait d'un magistrat de l'ordre judiciaire dans le système de l'échevinage, à ceci près que le greffier ne devrait pas influer ainsi sur la fonction de juger.

Une pratique selon laquelle « *les greffiers des tribunaux de commerce prennent parfois sur les juges consulaires un ascendant qu'il est important de cantonner à l'aspect strictement fonctionnel de leur ministère* » et « *la personnalité des présidents et la présence du ministère public suffisent généralement à replacer chacun des acteurs judiciaires dans son rôle* » [1] ne saurait être satisfaisante.

De la même façon, le procureur du tribunal de grande instance de Nevers estime que « *du fait de la disponibilité limitée et de la formation insuffisante de la majorité des juges consulaires, les greffes des tribunaux de commerce jouent un rôle important, parfois exagéré, dans le fonctionnement de ces juridictions* ».

Sur le même registre, le procureur général près la cour d'appel de Caen précise que « *certains greffiers rédigent encore parfois les jugements et participent officieusement au délibéré* ».

1. Réponse au questionnaire de la commission faite par le procureur général près la cour d'appel de Besançon.

Les greffiers outrepassent parfois leurs fonctions dans un autre domaine. Ainsi, il convient de relever l'existence de greffiers de tribunaux de commerce qui, dans le cadre de cession totale ou partielle d'une entreprise en redressement, étaient constitués séquestres ou « consignataires » des prix versés par les acquéreurs.

Or, ces officiers publics et ministériels n'ont aucune qualité pour encaisser à quelque titre que ce soit les sommes versées à l'occasion ou en exécution des plans de redressement par voie de cession totale ou partielle, des plans par voie de continuation, voire provenant de réalisation d'actifs dans le cadre d'opérations de liquidation, aux lieu et place de mandataires de justice qui sont, seuls, habilités, à les percevoir.

LE FONCTIONNEMENT DU TRIBUNAL DÉPEND DE LA PERSONNALITÉ DU GREFFIER : L'EXEMPLE D'AUXERRE

Lors de son déplacement à Auxerre, le 17 mars 1998, la commission a auditionné notamment M. Jacques Cazals, procureur de la République à Auxerre.

M. Jacques CAZALS, procureur de la République : À mon sens, un bon tribunal de commerce est un tribunal qui a de bons greffiers. Sans bons greffiers, le parquet peut donner quantité de bons conseils, solliciter un certain nombre de mesures, la compétence des magistrats consulaires a beau s'accompagner de beaucoup de bonne volonté, comme vous l'indiquiez, d'une certaine bonne foi, de bon sens, le résultat est mauvais. Je suis persuadé que la présence d'un greffe de qualité est nécessaire pour faire une bonne juridiction. (...)

Jusqu'en 1995, nous avons eu Mme Bernot, une femme dévouée, et son frère, un homme qui avait cédé à des penchants peu compatibles avec ses fonctions. Dans ces conditions, tout allait à vau-l'eau. La nomination de M. Decourcelle me paraît intéressante, parce qu'elle modifie quelque peu le comportement des magistrats. Les délais, les formalités et, d'une façon générale, les textes de loi sont un peu mieux appliqués.

M. Jacky DARNE, député : C'est relatif !

M. Jacques CAZALS : Il est dommage que vous ne soyez pas venus en inspection il y a quatre ans. Des décisions rendues jusqu'aux années 1993-1994 ne sont certainement pas définitives, parce qu'elles n'ont pas été signifiées. Dans des affaires de dépôts de bilan à répétition, sous une forme puis sous une autre, on s'est aperçu que la décision du tribunal de commerce d'un redressement judiciaire, par exemple, n'avait pas été signifiée. L'état du greffe était catastrophique.

Cette pratique extensive a été notamment permise par une relative faiblesse des contrôles et par la quasi-inexistence des actions disciplinaires.

Depuis le décret n° 80-307 du 29 avril 1980 portant règlement d'administration publique fixant le tarif général des greffiers des tribunaux de commerce et modifiant l'article R. 821-2 du code de l'organisation judiciaire, le procureur général ou le procureur de la République sont tenus de vérifier, chaque fois qu'ils le jugent utile, les registres et documents de toute nature des greffes de leur ressort. Le président du tribunal peut procéder à la même vérification.

Le code de l'organisation judiciaire, dans son article R. 213-29, fait entrer l'inspection des greffes dans les pouvoirs des chefs de cour concernant le fonctionnement des juridictions de leur ressort. Cette inspection a pour cadre la bonne administration des services judiciaires et l'expédition normale des affaires. Les chefs de cour doivent rendre compte annuellement au garde des Sceaux des constatations qu'ils ont faites.

Par ailleurs, conscient des difficultés, le législateur a tenu, dans l'article L. 821-2 du code de l'organisation judiciaire, à préciser que les greffiers sont également soumis à des inspections sous l'autorité du garde des Sceaux, précisant qu'ils sont tenus de fournir tous renseignements et documents utiles sans pouvoir opposer le secret professionnel. Ces inspections sont conduites par le procureur de la République, assisté d'un ou plusieurs inspecteurs désignés parmi les greffiers en activité ou honoraires sur une liste de quarante noms établie chaque année par le bureau du Conseil national des greffiers des tribunaux de commerce.

Toujours en vertu du code de l'organisation judiciaire (articles R. 821-5 à R. 821-8), chaque greffe doit faire l'objet d'une inspection au moins une fois tous les quatre ans ; il peut également être soumis à des inspections occasionnelles et inopinées ; l'inspection est prescrite par le garde des Sceaux soit d'office, soit à la demande du président du tribunal de commerce. Il y a à l'heure actuelle une cinquantaine d'inspections par an. Elles sont réalisées pour la grande majorité d'entre elles par les professionnels eux-mêmes. Le Conseil national choisit les personnes qui vont prendre part au contrôle et dresse un programme en début d'année. Le greffier contrôlé sait à quel moment il va l'être et par qui.

Tout manquement d'un greffier à l'honneur, à la probité et aux devoirs de sa charge constitue une faute disciplinaire. Contrairement à ce qui se passe pour les magistrats consulaires, l'acceptation de sa démission ne fait pas obstacle au prononcé d'une peine disciplinaire, si les faits qui lui ont été reprochés ont été commis pendant l'exercice de ses fonctions.

L'action disciplinaire est exercée à l'initiative du procureur de la République devant le tribunal de grande instance dans le ressort duquel le tribunal de commerce a son siège. Elle se prescrit par dix ans. Les peines disciplinaires encourues sont l'avertissement, le blâme et la destitution. Cette dernière entraîne la radiation pendant cinq ans de la liste électorale prévue par l'article L. 11 du code électoral.

Le régime disciplinaire, tout autant que les contrôles, peuvent apparaître comme particulièrement sévères. Mais, de la même façon que celui prévu pour les mandataires de justice (voir ci-après), il est rarement mis en œuvre. Il y a environ une cinquantaine d'inspections par an, toujours effectuées en présence d'un membre désigné par le Conseil national des greffiers des tribunaux de commerce. À ces inspections, s'ajoutent quelques inspections occasionnelles lorsqu'un problème est signalé. Très rares sont les sanctions disciplinaires. Ainsi un seul blâme a été prononcé en 1997, et deux suspensions provisoires ont été décidées, l'une en 1995 et l'autre en 1997, en raison de poursuites pénales en cours.

Là encore, la faiblesse des contrôles donne l'image d'un pan de justice abandonné par l'État.

c) Des offices ministériels et publics très rentables

- ***Le prix des charges***

Les greffes des tribunaux de commerce sont des entreprises privées et ce sont souvent des entreprises très rentables. À lui seul, l'examen des prix de cession, dont la fixation appartient largement aux parties et est fonction du chiffre d'affaires[1], peut donner une idée de la valeur de ces entreprises, valeur qui s'est accrue régulièrement depuis quinze ans.

1. Les cessions des offices des greffiers de commerce obéissent aux règles rappelées dans la circulaire du garde des Sceaux aux procureurs généraux en date du 21 mai 1976 relative à la constitution des dossiers de cession des offices publics et ministériels. Contrairement au régime antérieur de la circulaire du 14 août 1946 modifiée, le régime actuel n'impose aucune règle précise permettant de calculer de façon scientifique la valeur d'un office. En effet, il a été décidé de laisser les parties déterminer librement le montant de la finance de l'office, ce qui implique que les parquets ne peuvent plus imposer aux parties de révision du prix de cession.

VALEUR DES OFFICES DE GREFFIERS DE TRIBUNAUX DE COMMERCE ÉVALUÉE À L'OCCASION DES CESSIONS

Arrêté	Greffes	Forme	Valeur (*en francs*)
1995			
Janvier	Vimoutiers (Orne) biné avec Argentan	Individuelle	250 000
Mars	Compiègne (Oise)	SCP puis individuelle	2 320 000
Mars	Flers (Orne)	Individuelle	2 000 000
Mars	Laval (Mayenne)	SCP	4 000 000
Juin	Bourges (Cher)	SCP	5 564 000
Juin	Meaux (Seine-et-Marne)	SCP	14 528 700
Juin	Douai (Nord)	Individuelle	4 500 000
Juin	Villeneuve-sur-Lot (Lot-et-Garonne)	Individuelle	2 800 000
Juin	Saint-Affrique (Aveyron) biné avec Millau	Individuelle	400 000
Juin	Paris	SCP	28 200 000
Juin	Condé-sur-Noireau (Calvados) biné avec Falaise	SCP	120 000
Août	Lons-le-Saunier (Jura)	SCP	3 500 000
Août	Brignoles (Var)	Individuelle	2 000 000
Novembre	Besançon (Doubs)	SCP transformée en SELARL	2 445 690
1996			
Février	Castelnaudary-Limoux (Aude)	Individuelle	1 940 000
Mars	Louhans (Saône-et-Loire)	Individuelle	1 000 000
Juillet	Rouen (Seine-Maritime)	SCP	9 080 000
Juillet	Pontoise (Val-d'Oise)	SCP	25 000 000
Août	Auch (Gers)	SCP	3 052 000
Septembre	Cannes (Alpes-Maritimes)	SCP	7 438 070
Octobre	Angers (Maine-et-Loire)	SCP	7 142 720
Octobre	Bastia (Haute-Corse)	SCP	3 840 000
Octobre	Fréjus (Var)	SELARL	4 850 000
1997			
Janvier	Bordeaux (Gironde)	SCP	18 000 000
Février	Auxerre (Yonne)	SCP	4 000 000
Juillet	Toulouse (Haute-Garonne)	SCP	13 395 000
Août	Toulon (Var)	SCP	12 000 000
Octobre	Pézenas (Hérault) biné avec Clermont-l'Hérault	Individuelle	1 500 000
Octobre	Montauban (Tarn-et-Garonne)	SCP	3 016 000
Novembre	Dunkerque (Nord)	SCP	3 000 000
Décembre	Châteauroux (Indre)	Individuelle	3 270 000
Décembre	Saint-Malo (Ille-et-Vilaine)	SCP	5 000 000

Même si le prix des charges est très variable d'un greffe à l'autre, l'investissement nécessaire à l'acquisition d'une charge explique que **la recherche de la rentabilité des offices prime bien souvent sur le souci d'un même accès pour tous à la justice.**

Selon l'avis de M. Jean-Luc Vallens, magistrat, « ***ce sont de véritables entreprises privées qui se financent, notamment par les consultations rémunérées des informations légales transmises par la voie télématique. Vous connaissez tous la publicité qui est faite autour d'Infogreffe et d'organismes commerciaux de même nature. Les greffiers des tribunaux de commerce sont suffisamment puissants pour empêcher la remise en cause de ce système qui fonctionne depuis plusieurs années sans l'accord de la Commission nationale de l'informatique et des libertés et apparemment un tel état de fait ne gêne personne.*** » En effet, à côté du tarif élément traditionnel de la rémunération du greffier, est apparue depuis quelques années une autre source de revenus importants : la télématique.

• ***Un tarif obsolète et inadapté***

Le décret n° 80-307 du 29 avril 1980 précise que les émoluments alloués aux greffiers sont constitués d'un droit prévu pour chaque acte, formalité ou procédure, égal soit au montant du taux de base, soit à un multiple ou sous-multiple de ce taux, fixé à 6,60 francs.

Le taux de base des émoluments n'a pas été modifié depuis le décret n° 86-1098 du 10 octobre 1986 et la structure du tarif est restée *grosso modo* la même depuis 1980 alors même que les greffes se sont informatisés et que l'image de l'employé du greffe manipulant de lourds registres pour rechercher ou noter une information appartient au passé.

Les prestations donnant lieu à rémunération sont regroupées dans des tableaux annexés au décret. Six catégories de prestations sont ainsi identifiées :

– actes judiciaires (actes de greffe, décisions du tribunal, etc.) ;

– registre du commerce et des sociétés et registres des agents commerciaux : immatriculations, radiations, délivrance d'extraits, etc. Ce poste constitue la part la plus importante de l'activité des greffiers ;

– privilèges et sûretés ;

– publicités diverses (crédit-bail mobilier, protêts, bateaux...) ;

– propriété industrielle (marques, dessins et modèles) ;

– divers.

Outre cette rémunération forfaitaire, les greffiers peuvent percevoir des honoraires libres. Cette faculté n'est néanmoins ouverte que dans deux cas précis : pour les dépôts de marques, dessins et modèles dans l'hypothèse où une partie demande expressément des diligences non prévues par le tarif, pour les renseignements et statistiques relatifs au registre du commerce prévus par des textes spécifiques ainsi que les certificats, copies ou extraits des inscriptions portées sur les registres.

Certaines activités ne sont pas tarifées, à l'exemple de l'activité de prévention des difficultés des entreprises qui relève de la compétence du président du tribunal de commerce mais à laquelle participe le greffier.

Il convient de noter que les greffes ont accompli d'importants efforts de productivité, grâce notamment à l'informatisation et à la diffusion des informations par voie électronique (voir *infra*). Cela leur a permis, en 1997, d'immatriculer 285 000 entreprises, d'opérer 630 000 modifications et près de 181 000 radiations. Les immatriculations ont lieu dans les 24 ou 48 heures de la réception par le greffe du dossier transmis par la chambre de commerce et d'industrie ou la chambre des métiers, en leur qualité de centres de formalités des entreprises.

Élément dont il faut tenir compte pour cerner les revenus des greffiers, l'occupation à titre gratuit des locaux appartenant aux tribunaux de commerce, donc au domaine public, permet à la fois au greffe de réaliser des économies mais souvent également au tribunal d'utiliser les infrastructures du greffe (photocopieuse, télécopieur, etc.).

Il reste que cette facilité ne peut s'étendre aux groupements d'intérêt économique localisés au siège du tribunal de commerce ou de son greffe et que l'utilisation des locaux situés dans les palais de justice doit donner lieu à l'émission d'un titre d'occupation et au paiement d'une redevance ou d'un loyer fixés par le directeur des services fiscaux et qu'une convention d'occupation doit venir préciser le montant de la participation de l'occupant aux charges d'exploitation du bâtiment. Or, la Cour des comptes a rappelé le caractère manifestement illégal de toute occupation ne s'inscrivant pas dans ce cadre.

Les revenus des études sont donc fonction à la fois des documents qu'elles délivrent immédiatement à leurs guichets et des prestations télématiques qui leur sont demandées.

L'AVIS DE LA COUR DES COMPTES

Lors de sa réunion en date du 10 février 1998, la commission a auditionné M. Christian Descheemaeker, conseiller-maître à la Cour des comptes en charge du secteur de la justice.

M. Christian DESCHEEMAEKER : Ce qu'il est possible de dire sur les greffes de tribunal de commerce, c'est d'abord qu'il s'agit d'entreprises qui sont actuellement extrêmement rentables ; ensuite que les greffiers sont des personnages contrastés : je veux dire par là qu'on trouve un certain nombre de greffiers qui ont l'esprit de service public, parfois même à un degré assez développé et qui sont fiers de vous dire qu'ils appartiennent à la troisième génération de greffiers...

M. le Président : C'est cela l'esprit de service public ?

M. Christian DESCHEEMAEKER : Ce n'est pas suffisant mais j'ai vraiment rencontré des greffiers qui croyaient à ce qu'ils faisaient et qui étaient très fiers d'appartenir, avec un statut particulier, au service public de la justice.

A contrario, j'en ai vu d'autres qui avaient une vision un peu différente de leur métier, mais cela peut s'expliquer par le fait que lorsque l'on a hérité de sa charge, on a moins de préoccupations financières que lorsque l'on doit l'amortir sur quelques années. **Or, certains greffiers sont visiblement très préoccupés d'amortir le coût d'achat de la charge qui représente une somme non négligeable.**

M. le Président : On peut faire la même remarque pour les pharmaciens et les notaires.

M. le Rapporteur : Eux sont soumis à la concurrence...

M. Christian DESCHEEMAEKER : (...) J'ajouterai un mot concernant le barème. Tous les actes des greffiers sont rémunérés selon un barème ; c'est donc une justice payante.

Le barème qui remonte à 1980, un peu modifié en 1986, est maintenant complètement désuet, puisqu'il est antérieur à l'informatisation, pour l'essentiel, ce qui signifie que l'écart entre le tarif d'un acte et celui d'un autre n'est plus justifié aujourd'hui. Je prends un exemple : **certaines formalités demandaient autrefois à un employé du greffe de sortir des registres d'un format assez étonnant, de les ouvrir, de pointer et de noter des chiffres, de prendre un autre registre et de répéter ces gestes plusieurs fois d'affilée, ce qui demandait de nombreuses manipulations et prenait donc un certain temps ; aujourd'hui, avec l'informatique, il suffit d'appuyer sur un bouton pour ressortir tous les éléments qui figurent parfois dans cinq ou six fichiers différents.** La réponse est instantanée.

M. le Président : Et elle est payée comme autrefois ?

M. Christian DESCHEEMAKER : Elle est payée comme autrefois !

Quand je dis que le barème est désuet, je le dis dans les deux sens : un jugement sera payé au même prix unitaire quel que soit le nombre de pages. Le barème auquel personne n'ose vraiment toucher est donc, je crois, assez éloigné maintenant des coûts unitaires des innombrables actes, puisqu'il y a plus d'une centaine d'actes qui sont répertoriés.

À côté de l'informatique utilisée dans le fonctionnement interne du tribunal, y compris la micro-informatique et le traitement de texte pour les jugements, il y a la télématique, qui concerne essentiellement le registre du commerce. Suite à l'informatisation, les greffiers des tribunaux de commerce ont constitué trois serveurs Minitel dont le plus connu est Infogreffe, les deux autres étant Greftel et Intergreffe.

Ces serveurs sont considérés comme extrêmement performants, puisque leur mise à jour se fait dans les vingt-quatre heures, de sorte que, par la télématique, on a accès à des informations du registre du commerce très rapidement. Ces serveurs constituent une source de revenus considérables pour les gros tribunaux de commerce !

Les revenus sont fonction du nombre d'heures de connexion et, évidemment, si ces connexions dans certains petits tribunaux de commerce de Normandie – c'est là que se trouvent les plus petits – ne représentent que quelques heures par an, en revanche, celles des plus gros tribunaux peuvent engendrer des recettes télématiques qui frisent les 15 millions de francs par an. Il s'agit donc de recettes considérables !

M. le Président : C'est une recette pour le greffier ?

M. Christian DESCHEEMAKER : Absolument ! Elle va intégralement au greffier. (...)

M. le Président : Vous avez parlé d'abus ?

M. Christian DESCHEEMAKER : Des abus ou, pour le moins, des dérives ont effectivement eu lieu, puisqu'une confusion a été entretenue pendant un certain temps entre le greffier officier ministériel et le serveur. C'est-à-dire que l'on téléphone à un tribunal de commerce et que l'on commence par avoir un répondeur qui demande de se brancher sur le Minitel, ce qui est peut-être aller un peu loin !

Des abus, il y en a également eu dans la mesure où certains serveurs se sont mis à faire de l'analyse financière en retraitant les comptes des sociétés qui étaient obligatoirement déposés au registre du commerce. Faire de l'analyse financière sur un bilan, certains diront que c'est de la valeur ajoutée, mais cela peut aussi être assez contestable...

M. le Président : N'est-ce pas une violation de la confidentialité ?

M. Christian DESCHEEMAKER : Cela peut être en tout cas une présentation subjective, puisque certains serveurs se sont mis à offrir à certains clients la possibilité de s'abonner à la mise sous surveillance d'une société ; c'est aller un peu loin par rapport à la transmission d'une information brute qui, elle, est normale et qui laisse à chacun le soin de juger de l'état de santé de la société concernée.

Par ailleurs, certains serveurs achètent à l'étranger de l'information sur des sociétés étrangères qui, par définition, ne déposent pas leurs comptes au registre du commerce français, pour pouvoir la fournir à leurs correspondants et, par là même, se sont mis à faire des actes de commerce dans la mesure où ils achètent de l'information économique pour la revendre. Dans ce cas, se posait la question délicate de savoir si un officier ministériel pouvait faire acte de commerce et la réponse, *a priori*, est non !

(...) Je vous ai précisé que dans certains cas, le chiffre d'affaires télématique pouvait atteindre 15 millions de francs ; c'est le cas de l'un des gros tribunaux de banlieue qui est cependant plus petit que celui de Paris.

M. le Président : Cela prouve qu'il y a des ressources pour faire fonctionner l'institution et la moderniser !

M. Christian DESCHEEMAEKER : En ce qui concerne la rentabilité des charges, on a atteint des résultats sur chiffre d'affaires qui oscillent, dans les greffes que nous avons contrôlés, entre 38 % et 72 %.

• ***Le pactole de la télématique***

Les rémunérations tirées des services de diffusion électronique des informations du registre du commerce et des sociétés assurent l'équilibre financier de nombreux greffes et procurent un bénéfice non négligeable à certains d'entre eux (40 millions à Paris, 10 millions à Pontoise, 7 millions à Lyon par exemple).

Très tôt, les greffes ont mis en place des outils télématiques destinés au public soucieux de connaître la situation économique et financière des entreprises. Ces outils ont été constamment enrichis et perfectionnés. Ainsi, depuis octobre 1997, dans le cadre des redressement et liquidation judiciaires, le public peut consulter sur Minitel les fonds de commerce et les actifs à céder.

Greftel, Infogreffe et Intergreffe évoluent dans un secteur concurrentiel, les serveurs diffusant auprès du grand public des informations relatives aux entreprises étant nombreux. Le tarif pratiqué est particulièrement élevé, puisque le prix des services offerts par les serveurs des GIE formés par les greffes des tribunaux de commerce est de 9,21 francs la minute toute taxe comprise (code 3629), alors même que l'INPI diffuse les mêmes informations pour 5,57 francs la minute (code 3617).

M. Jean-François Verny, vice-président de la commission juridique du CNPF, a lui-même fait remarquer lors de son audition que : « ***Concernant Infogreffe, nous avons constaté que le tarif de consultation était absolument prohibitif (...) ce sentiment étant partagé par la Cour des comptes et la Chancellerie (...). Infogreffe est un très bon service mais je dois dire que, généralement, les informations convenables que l'on recueille sur Minitel ne sont pas facturées très cher, qu'il faut donc les ranger dans les informations***

convenables car c'est tout ce qu'il y a de plus convenable que d'accéder au registre du commerce. »

Le tableau ci-après portant sur un échantillon de greffes de tailles diverses montre à quel point les produits télématiques ont pris une part importante dans le chiffre d'affaires réalisé par les greffes, notamment pour les plus importants d'entre eux : ainsi à Paris, les produits de la télématique sont supérieurs à celui du tarif et représentent 55 % du chiffre d'affaires total !

RÉPARTITION DU CHIFFRE D'AFFAIRES ET RÉSULTAT NET DE DIFFÉRENTS GREFFES EN 1996 [1]

(*en francs*)

Greffes	Produits télématiques	%	Produits greffe	%	Chiffre d'affaires total	Résultat net
Paris	89 940 536	55	73 587 712	45	163 528 248	39 189 904
Lyon	10 122 000	34	19 785 911	66	29 907 911	6 741 403
Bordeaux	7 694 133	36	13 681 944	64	21 376 077	5 684 074
Pontoise	12 015 866	55	9 831 163	45	21 847 029	10 128 436
Grenoble	3 854 330	23	11 974 195	77	15 558 525	5 337 044
Montpellier	3 930 871	32	8 394 762	68	12 325 633	4 180 447
Perpignan	2 003 979	23	6 786 207	77	8 790 186	2 852 944
Béziers	1 056 913	20	4 623 587	80	5 320 500	2 703 623
Lorient	1 311 125	25	3 868 688	75	5 179 813	2 659 614
Caen	1 461 563	25	4 487 628	75	5 949 191	1 739 549
Valenciennes	957 937	24	3 058 286	76	4 016 223	1 520 519
Gap	481 695	19	2 113 305	81	2 595 000	958 837
Agen	617 419	27	1 697 988	73	2 315 407	739 410
Douai	792 728	26	2 240 867	74	3 033 595	919 171
Bergerac	400 310	22	1 384 392	78	1 784 702	497 666
Saint-Dié	301 300	18	1 350 890	82	1 652 190	539 400
Abbeville	287 139	21	1 110 934	79	1 398 073	421 808
Rochefort	298 328	17	1 456 380	83	1 754 708	818 321
Manosque	270 812	18	1 229 188	82	1 500 000	697 500
Elbeuf	253 252	25	759 096	75	1 009 348	383 047
Eu-Le Tréport	81 509	12	625 104	88	706 613	229 269
Gray	167 280	26	467 171	74	634 451	321 501
Die	106 916	30	391 550	70	498 466	118 967

1. Après acquittement des charges sociales des greffes.

Les greffes tenus par des officiers publics et ministériels sont devenus, pour les plus importants d'entre eux, **des entreprises extrêmement rentables basées sur un monopole légal** et dégageant des bénéfices de plusieurs millions de francs.

La diffusion de renseignements par écran visuel a été autorisée, pour le seul registre du commerce et des sociétés par un arrêté du 9 février 1988. Mais ce texte n'encadrait en aucune façon cette diffusion.

Les serveurs télématiques ont été mis en place par les greffiers au moyen de groupements d'intérêt économique (GIE).

Les greffiers peuvent créer de telles structures conformément à l'article L. 821-1 du code de l'organisation judiciaire. Mais en aucun cas (voir encadré *supra*) ils ne peuvent exercer leur profession sous forme de GIE. En effet, ces groupements ne peuvent avoir la qualité d'officiers publics et ministériels. Leur activité ne peut avoir qu'un caractère auxiliaire par rapport à l'activité de leurs membres (ordonnance n° 67-821 du 23 septembre 1967 relatif aux groupements d'intérêt économique).

Groupements de moyens, les GIE ne peuvent être autorisés en tant que tels à diffuser des données publiques, mission réservée aux seuls greffiers agissant ès qualités.

Par ailleurs, plusieurs serveurs ne se contentent pas de fournir des données légales, telles qu'on pourrait se les procurer au guichet des greffes. Ils peuvent présenter, par exemple, des ratios, des chiffres clés, voire des renseignements sur les entreprises non immatriculées en France. En donnant de telles informations, les greffiers sortent de leurs prérogatives et drainent vers leurs serveurs des clients qui ne sont pas à la recherche des seules données légales. Or, leur qualité d'officier public et ministériel est difficilement compatible avec la recherche de profits dépourvus de base légale.

La Chancellerie, dans une circulaire en date du 28 octobre 1997, a relevé que des publicités pour l'un des serveurs étaient diffusées sur du papier filigrané officiel utilisé par les greffiers, tandis que certains répondeurs téléphoniques ou messageries vocales des tribunaux de commerce étaient programmés pour orienter les usagers sur les serveurs télématiques.

À titre de comparaison, on peut relever que les greffes des tribunaux de commerce d'Alsace et de Moselle, en raison de leur statut fonctionnarisé, ne peuvent être rattachés au GIE constitué par les greffiers des tribunaux de commerce dans les autres départements. Les informations dont ils disposent sont adressées à l'INPI, lequel est chargé de centraliser le registre national du commerce et d'en assurer la diffusion par sa base de données Euridile.

La mise en place du réseau télématique de greffes s'est effectuée progressivement depuis 1970.

La Chancellerie a laissé faire pendant des années, permettant ainsi aux greffes d'accroître considérablement leurs revenus qu'ils ont tendance à considérer aujourd'hui comme des droits acquis, ce qui rend d'autant plus difficile le rétablissement d'une situation conforme aux principes du service public de la justice.

3. – Les mandataires de justice : sauvetage ou liquidation des entreprises ?

Les mandataires de justice jouent-ils le rôle qui leur a été confié par le législateur et qui consiste à remplir le mandat que leur confient les juges et à proposer des solutions soit pour redresser une entreprise en difficulté dans des conditions telles qu'elle puisse poursuivre son activité avec succès, soit pour assurer la disparition de l'entreprise en respectant au mieux les intérêts des salariés et de tous les créanciers ? Ou bien se contentent-ils d'enterrer des entreprises dont l'agonie même a pu être accélérée par leur intervention ?

En matière de procédures collectives, l'expression « mandataires de justice » regroupe principalement deux types d'auxiliaires de justice, dont le statut est défini par la deuxième loi du 25 janvier 1985 (n° 85-99) et son décret d'application n° 85-1389 en date du 27 décembre 1985 modifié : les administrateurs judiciaires et les mandataires judiciaires à la liquidation des entreprises souvent encore appelés « mandataires-liquidateurs » selon l'appellation antérieure à la loi n° 90-1259 du 31 décembre 1990 portant réforme de certaines professions judiciaires et juridiques.

Plusieurs affaires retentissantes, le nombre très important des plaintes des justiciables créanciers ou débiteurs, adressées aux membres de la commission, ont conduit celle-ci à enquêter sur les dysfonctionnements graves de ces professions.

DES AFFAIRES « EXEMPLAIRES »

Selon un relevé fourni par la Chancellerie entre 1986 et janvier 1998, 15 mandataires judiciaires à la liquidation des entreprises ont fait l'objet de sanctions disciplinaires allant de l'avertissement à la radiation. Le chiffre était de 29 pour les administrateurs judiciaires touchés par des sanctions disciplinaires. Selon un deuxième relevé, daté de mars 1998, près d'une quarantaine d'auxiliaires de justice faisaient l'objet d'informations judiciaires pour des faits allant de l'abus de confiance, en passant par l'usage de fausses factures, l'escroquerie aggravée, les malversations, la corruption passive au vol et au trafic d'influence. Ces chiffres doivent être rapportés au nombre total de professionnels inscrits, soit moins de 500 personnes.

Il faut ajouter que ces listes sous-estiment le nombre d'AJMJ mis en cause dans des affaires. Ainsi, M. Joël Rochard, ancien membre de la commission nationale d'inscription et de discipline des administrateurs judiciaires, relevait, lors de son audition par la commission, les faits suivants : « *Les listes (...) fournies par la Chancellerie circulent à travers Paris. Une personne m'en a remis copie. Je les ai examinées ; elles sont notoirement incomplètes et confuses.* »

• À tout seigneur tout honneur : Nanterre

Nanterre est l'un des plus importants tribunaux de commerce de France.

Par l'ampleur des malversations, par la somme des fonds engloutis ou détournés, par la répercussion qu'elle a eue sur la profession qui a dû solidairement payer le « trou » causé par d'indélicats collègues, l'affaire Sauvan-Goulletquer, du nom de deux administrateurs judiciaires associés de Nanterre, mérite d'être citée en premier.

Des poursuites pénales sont en cours pour malversations, abus de confiance aggravé, et fonds confiés aux administrateurs détournés à l'étranger (plus de 216 millions de francs). Il convient de noter que l'affaire a révélé, qu'en l'échange de dépôts provenant des trésoreries des entreprises redressées, auprès de certaines banques, dont la SDBO, filiale du Crédit lyonnais, les auxiliaires de justice en cause bénéficiaient notamment de prêts personnels à des taux compris entre 0 % et 3 %.

Une radiation a été prononcée le 9 juin 1997 à l'encontre de Me Goulletquer par la commission nationale d'inscription siégeant en chambre disciplinaire, tandis que Me Olivier Sauvan a été suspendu provisoirement par décision du 23 juin 1997. Ces deux administrateurs font par ailleurs l'objet d'une information judiciaire ouverte sur les chefs d'abus de confiance aggravé, de prise illégale d'intérêts et de malversation.

Une autre affaire a ébranlé l'univers consulaire de Nanterre. Un administrateur a été condamné par un arrêt du 13 mars 1998 de la cour d'appel de Versailles à 2 ans d'emprisonnement avec sursis et interdiction des droits civiques civils et de famille pour 3 ans pour escroquerie.

Un autre administrateur judiciaire à Nanterre fait l'objet d'une information judiciaire ouverte sur les chefs d'escroquerie aggravée et complicité.

M. Pierre Lyon-Caen, avocat général à la cour de cassation qui a été procureur de la République à Nanterre jusqu'en 1994, a indiqué à la commission qu'il avait eu connaissance qu'à plusieurs reprises des juges consulaires du tribunal de Nanterre ne s'étaient pas spontanément déportés dans des affaires qu'il jugeait alors qu'ils étaient créanciers à titre personnel ou bien qu'ils avaient eu des problèmes avec une des parties en cause.

Ce même procureur fait état d'une initiative du président du tribunal de commerce de l'époque qui avait donné instruction par écrit au mandataire de ce tribunal d'avoir recours pour expertiser la qualité des assurances à un expert... qui n'était autre que le fils de ce même président du tribunal de commerce.

M. Pierre Lyon-Caen fait enfin état de l'habitude qu'avait ce tribunal de commerce de refuser de désigner certains mandataires au profit d'autres notoirement surchargés.

« Cette affaire me paraît très révélatrice d'une réalité. Par la nature même des choses, les administrateurs qui sont des professionnels compétents, des permanents non seulement parce que c'est leur profession à titre principal, exclusif, mais aussi parce qu'ils l'exercent toute leur vie professionnelle, ont une position dominante par rapport à des juges consulaires. Ces derniers ne le sont qu'à titre accessoire d'une profession principale, pour une durée déterminée de cinq ou dix ans, en tout cas pas toute leur vie. Dans ces conditions, ils ont besoin des administrateurs, ce qui ne leur permet pas, sauf exception, de jouer pleinement comme il serait naturel qu'ils le jouent, leur rôle de mandants surveillant, contrôlant, imposant aux mandataires ce qui doit être. »

• **Bobigny : les déboires d'un nouveau tribunal**

Bobigny est le dernier des tribunaux de commerce créé dans la région parisienne. C'est l'un des plus importants de France.

En juillet et septembre 1991, un administrateur judiciaire désigné depuis peu dans un dossier propose la cession à bas prix de l'entreprise à deux repreneurs.

Une partie de l'actif est acheté par un homme d'affaires. Une clause de substitution est prévue. Elle va jouer un mois plus tard... en faveur d'un des juges consulaires qui a siégé dans l'affaire.

Une autre partie de l'actif de la société est cédé pour un prix faible à une autre entreprise dont ce même juge qui a siégé dans l'affaire est l'un des dirigeants. Dans les deux cas l'opération n'a pu se réaliser sans de nombreux complices dans le tribunal. Mais le parquet n'a rien vu. Il n'interviendra... qu'à la suite d'une dénonciation anonyme.

Le 12 mars 1996, le juge mis en cause, l'administrateur et le président du tribunal sont condamnés à deux ans de prison avec sursis. L'administrateur est en outre condamné à trois ans de privation de ses droits civiques, civils et familiaux et à 300 000 francs d'amende. Le 24 septembre 1997, les sanctions sont confirmées par la cour d'appel de Versailles. Trois pourvois en cassation sont en cours. Le pourvoi formé par l'administrateur est fondé sur le fait que le plan de cession n'a pas donné lieu à une vente directement au profit du juge du tribunal de commerce mais à un intermédiaire et à une société (dans laquelle il avait des intérêts).

Il convient de noter que l'administrateur qui a été l'un des acteurs principaux de cette désastreuse affaire a fait l'objet d'une demande de suspension provisoire qui a été rejetée, le 4 novembre 1996, par la commission nationale d'inscription et de discipline des administrateurs judiciaires, le pourvoi en cassation étant suspensif.

M. Maurice Lafortune, avocat général à la Cour de cassation, ancien commissaire du gouvernement auprès de la commission nationale d'inscription et de discipline des administrateurs judiciaires, lors de son audition par la commission, a fourni des éléments supplémentaires sur le fonctionnement du tribunal de Bobigny.

M. Maurice LAFORTUNE : *Le cas de Bobigny est exemplaire et illustre parfaitement mes propos initiaux. Sur la connivence, la complaisance, la collusion. Avant ses déboires, l'administrateur était un bon professionnel. Substitut général à Paris, j'ai suivi des procédures dans lesquelles on le retrouvait alors qu'il était en société avec un autre administrateur judiciaire dont le siège était à Versailles et qui, avant les faits, avait ressenti le besoin de sortir de cette association. Lorsqu'il a rencontré ses difficultés, je l'ai invité à venir me voir selon l'usage. Il m'a expliqué ce qu'on lui avait demandé. Le président lui a dit :"Ne vous en faites pas, je m'entendrai avec le procureur. Vous pouvez y aller." Je lui ai indiqué qu'il avait commis une erreur et lui ai conseillé de prendre un bon avocat, parce qu'il allait être mis en examen et qu'il aurait à répondre devant la justice pénale de ses actes. Une fois mis en examen, il m'est revenu que, sur la place parisienne, on avançait qu'il ne lui arriverait rien, qu'il était franc-maçon, qu'il avait l'appui de la profession et qu'il se chargerait de faire nommer Lafortune à la Cour de cassation !*

M. le Président : *Mes compliments !*

M. Maurice LAFORTUNE : *Cela ne m'a pas impressionné, et j'ai réagi, en accord avec la Chancellerie, en précisant que les propos rapportés étaient inadmissibles et qu'il y avait matière à saisir la commission de discipline en vue d'apprécier une éventuelle suspension, non pour le condamner, mais pour appliquer une jurisprudence de la cour d'appel de Riom – me semble-t-il – qui définit les motifs d'une suspension provisoire en faisant un départ net entre une condamnation et une position qui lui permet de se défendre.*

J'ai saisi la commission – vous en retrouverez trace – pour demander la suspension en précisant que j'attendais la qualification juridique des faits au pénal pour engager une action disciplinaire. La commission ne m'a pas suivi.

M. le Président : *Pour quelles raisons ?*

M. Maurice LAFORTUNE : *Je n'ai pas assisté au délibéré, mais la corporation était contre la suspension.*

Ainsi un administrateur judiciaire mis en examen pour des faits très graves qui ont entraîné la condamnation d'autres personnes qui ont été impliquées dans l'affaire peut continuer à exercer des mandats dans le cadre de la justice consulaire.

Il faut souligner ici que d'après les déclarations de l'actuel procureur de Bobigny, malgré cette affaire très inquiétante – en ce qu'elle fait apparaître un véritable réseau –, aucune investigation générale n'a été déclenchée sur le fonctionnement de ce tribunal… L'excuse invoquée est l'absence de moyens.

• Toulon : des « assistantes sociales » qui gagnent 1,5 million de francs par an

La société Gallet, leader européen du casque de sécurité, fournisseur de la police, des pompiers, rachète en 1991 la société GPA International.

Elle semble découvrir que des éléments lui ont été cachés par le dirigeant de GPA, le représentant des créanciers, nommé par la suite commissaire à l'exécution du plan, Me Mireille Massiani, mandataire judiciaire à la liquidation des entreprises à Toulon, avec l'approbation du tribunal de commerce de Draguignan qui ne pouvait ignorer les faits. Le dirigeant de GPA a été condamné à un an d'emprisonnement avec sursis et 300 000 francs d'amende pour abus de confiance et escroqueries, tandis que le mandataire de justice a été relaxé.

Lorsqu'elle s'est déplacée à Toulon, le 12 mai 1998, la commission a auditionné les mandataires de justice du ressort, et notamment Me Mireille Massiani qui décrivait ainsi le métier de mandataire judiciaire à la liquidation des entreprises : « *Dans ces dossiers, on reçoit le débiteur ; on fait des recherches ; on fait des rapports au parquet ; on réalise l'actif ; on va à la recherche de l'actif ; on vérifie le passif ; on répond à tous les créanciers, plutôt deux fois qu'une car ils ne comprennent jamais rien ; on fait des clôtures ; on reçoit à plusieurs reprises les débiteurs. Il faut savoir que, personnellement, depuis 10 ans,* ***j'ai plutôt l'impression d'être assistante sociale que mandataire de justice****.* » Dans la suite de l'audition, elle indique qu'elle a personnellement « *1,5 million de francs de revenus* ».

Il convient de relever que Toulon abrite un autre mandataire qui fait l'objet d'une information judiciaire ouverte sur des chefs d'escroquerie, de faux et usages de faux, pour des faits commis dans le cadre du redressement judiciaire de plusieurs sociétés.

Ces affaires interviennent alors même que l'ancien président du tribunal de commerce de la ville a été contraint de démissionner, après sa mise en cause dans la gestion de l'association des magistrats et anciens magistrats consulaires de Toulon.

Pour comprendre l'origine de telles situations, il faut d'abord examiner le statut de ces professions tel qu'il a été voulu par le législateur et analyser comment il est appliqué dans les faits.

a) Un statut ambigu

Les difficultés des entreprises et les faillites ont toujours nécessité l'intervention d'un personnage clé, le syndic, chargé d'administrer provisoirement et de liquider les affaires qui périclitaient. C'est notamment cet auxiliaire de justice que Balzac a immortalisé dans *Histoire de la grandeur et de la décadence de César Birotteau* (1837).

Dans le régime de la loi du 13 juillet 1967 et de l'ordonnance du 23 septembre 1967, le syndic cumulait trois attributions : représentation de la masse des créanciers, représentation du débiteur en cas de liquidation des biens et assistance de ce dernier en cas de règlement judiciaire, organe de la procédure chargé de veiller au bon et au rapide déroulement de celle-ci.

Ce régime était critiqué parce que le syndic cumulait les fonctions de représentation du débiteur et de représentation des créanciers. Il convient cependant de noter que le régime de 1967 respectait une logique profonde : les faillites étaient des saisies collectives, c'est-à-dire que les créanciers prenaient collectivement en main l'administration du patrimoine de leur débiteur défaillant par le biais du syndic ; il exerçait une mission unique dans l'intérêt des créanciers, mais selon des modalités variables.

• *La séparation des professions d'administrateur et de mandataire-liquidateur*

La réforme de 1985 a introduit dans le droit des procédures collectives, à côté de l'intérêt des créanciers, à côté de l'intérêt du débiteur, celui des salariés en instituant comme premier objectif la défense de l'emploi. Une même personne pouvait-elle, dans ces conditions, représenter l'ensemble de ces intérêts ?

Le législateur a remplacé la profession de syndic par trois professions distinctes : les administrateurs judiciaires, les mandataires judiciaires à la liquidation des entreprises et les experts en diagnostic d'entreprise.

Cette dernière profession s'est très peu développée, à l'inverse des deux premières. Ce sont donc elles que nous retiendrons. La question des contrôles applicables et appliqués à ces professions ainsi que celle de leur rémunération seront examinées de manière spécifique plus bas.

– Les administrateurs judiciaires

Les 136 administrateurs judiciaires sont, à titre principal, chargés par décision de justice d'administrer les biens d'autrui ou d'exercer des fonctions d'assistance ou de surveillance dans la gestion de ces biens (article premier de la loi n° 85-99 du 25 janvier 1985).

La loi de 1985 a apporté une modification sensible des régimes antérieurs en considérant que la profession d'administrateur judiciaire jusqu'alors exercée dans un cadre seulement préventif (administration provisoire, mandat *ad hoc*, liquidation de sociétés *in bonis*) serait exercée dans le cadre d'une grande procédure de redressement judiciaire. Du fait de cette réforme, le nombre d'administrateurs judiciaires a été brusquement porté d'une vingtaine de professionnels à plus de 200, ce chiffre étant ultérieurement réduit à environ 140 professionnels. Cette brusque augmentation du nombre des administrateurs s'est faite à partir du maintien des administrateurs judiciaires alors en fonction, de l'intégration des syndics ayant exercé des fonctions d'administrateur judiciaire, du recrutement de stagiaires de l'une et l'autre des professions, de l'assimilation par dérogation d'un certain nombre de tiers extérieurs aux deux professions mais justifiant de compétences professionnelles.

Aujourd'hui, les administrateurs judiciaires interviennent dans la majorité des cas dans l'administration d'entreprises qui sont en cessation des paiements et qui se trouvent donc déjà dans une situation très difficile. **95 % des opérations de redressement se soldant par une liquidation à court ou à moyen terme, le rôle de l'administrateur s'apparente souvent à celui d'un médecin plaçant un malade sous assistance respiratoire jusqu'à son dernier souffle.** Les administrateurs apparaissent souvent comme « Des pompiers trop puissants » [1] : intervenant à un moment où l'entreprise est déjà en grande difficulté, à force d'assainir l'entreprise par des restructurations à marche forcée, par le nettoyage du passif, l'exploitation finit par être réduite en cendres, l'issue liquidative apparaît bientôt comme la seule solution.

L'accès à la profession

Les administrateurs ne sont pas des fonctionnaires, puisqu'ils sont rémunérés par les entreprises qu'ils prennent en charge. Ils n'exercent pas non plus une profession libérale car, désignés par le tribunal, ils n'ont pas de clientèle. Comme cela avait été jugé pour les syndics (Cour de cassation, première chambre civile, 20 mars 1984), leur cabinet n'a pas de valeur patrimoniale et ne peut pas être cédé. Ce sont des auxiliaires de justice chargés d'un ministère de service public.

Ils peuvent exercer à titre individuel ou au sein soit de sociétés civiles professionnelles [2], soit de sociétés d'exercice libéral [3].

1. E. Rochard, in *La Tribune Desfossés*, 27 mars 1985.

2. Décret n° 86-1176 du 5 novembre 1986 portant application aux professions d'administrateur judiciaire et de mandataire judiciaire à la liquidation des entreprises de la loi n° 66-879 du 29 novembre 1966 relative aux sociétés civiles professionnelles.

3. Décret n° 93-892 du 6 juillet 1993 pris pour l'application à la profession d'administrateur judiciaire de la loi n° 90-1258 du 31 décembre 1990 relative à l'exercice sous forme de sociétés des professions libérales soumises à un statut législatif ou réglementaire ou dont le titre est protégé.

Les administrateurs ne peuvent être désignés que s'ils sont inscrits sur une liste établie par une commission nationale chargée par ailleurs de la discipline de la profession. Cette commission nationale est composée de onze membres : un conseiller à la Cour de cassation exerçant la fonction de président, un magistrat de la Cour des comptes, un membre de l'Inspection générale des finances, un magistrat du siège d'une cour d'appel, un membre d'une juridiction commerciale du premier degré, un professeur de droit, de sciences économiques ou de gestion, deux personnes qualifiées en matière économique ou sociale, trois administrateurs judiciaires. Par ailleurs, un magistrat du parquet est chargé de l'instruction des dossiers de candidature et possède les fonctions de commissaire du gouvernement auprès de la commission.

La liste est divisée en sections régionales correspondant au ressort de chaque cour d'appel, mais il ne s'agit là que d'une simple présentation pour éviter la constitution de grandes études à Paris qui auraient pu être tentées d'exercer une position dominante. Les personnes inscrites sur la liste ont vocation à exercer leurs fonctions sur l'ensemble du territoire.

Pour être inscrits, les candidats à la profession doivent être de nationalité française, présenter des garanties de moralité suffisantes, être admis à un examen d'aptitude. Le programme et les modalités de l'examen d'aptitude à la profession d'administrateur judiciaire sont fixés par arrêté [1]. Les candidats à l'examen doivent avoir accompli un stage professionnel. La détention d'un titre ou diplôme fixé par l'article 4 du décret n° 85-1389 du 27 décembre 1985 modifié est nécessaire pour accomplir le stage professionnel.

De nombreuses exemptions de stage ou de diplôme ont été prévues en 1985 par le législateur pour permettre à cette nouvelle profession d'attirer de nombreuses personnes. Ces dérogations sont en partie à l'origine des problèmes de formation, voire de déontologie, qui se posent dans la profession et dont les affaires évoquées plus haut sont le reflet. Ainsi les personnes qui ont acquis une expérience jugée suffisante par la commission nationale d'inscription, même si elles n'ont pas les titres ou diplômes requis, peuvent être inscrites. Il en fut de même jusqu'en 1991 pour les clercs et employés de syndic qui étaient en fonction à la date d'entrée en vigueur de la loi n° 85-99 du 25 janvier 1985, à savoir le 1er janvier 1986.

1. Arrêté du 16 octobre 1986 modifié par un arrêté du 8 octobre 1991.

Si la liste établie par la Commission nationale est divisée en sections régionales, correspondant au ressort de chaque cour d'appel, les intéressés peuvent exercer leurs fonctions sur l'ensemble du territoire. C'est une différence fondamentale avec la profession de mandataire-liquidateur.

Les administrateurs doivent s'affilier à une caisse de garantie et contracter une assurance couvrant leur responsabilité professionnelle (articles 34 et 35 de la loi n° 85-99 du 25 janvier 1985).

Leur désignation dans la procédure de redressement judiciaire

Ils sont nommés seulement dans le cas où la poursuite de l'exploitation semble possible. C'est le jugement qui ouvre le redressement judiciaire qui désigne l'administrateur (article 10 de la loi n° 85-98 du 25 janvier 1985). Ce choix résulte d'une appréciation souveraine, fondée sur la confiance que témoigne le tribunal à tel administrateur pour régler tel dossier. À ce stade, il faut d'ores et déjà signaler que la responsabilité de l'État est engagée en cas de refus systématique et injustifié de désignation d'un administrateur inscrit (Cour de cassation, chambre civile, 30 janvier 1996). Par la suite, le tribunal peut d'office, sur proposition du juge-commissaire ou à la demande du ministère public, procéder au remplacement de l'administrateur ou à la désignation d'administrateurs supplémentaires, si l'importance du dossier le justifie (article 12 de la loi précitée).

Il faut noter que la loi n° 85-98 du 25 janvier 1985 en son article 141 permet en cas de redressement d'une petite entreprise (régime de la procédure simplifiée) de désigner en qualité d'administrateur « *toute personne qualifiée* » en sus de celles inscrites sur la liste nationale des administrateurs, mais, dans la pratique, les tribunaux n'ont que peu fait usage de cette possibilité. Par ailleurs, dans le cadre de la procédure normale, à titre exceptionnel, le tribunal peut désigner une personne non inscrite sur la liste nationale, mais présentant une qualification particulière (article 2 de la loi n° 85-99 du 25 janvier 1985). Le cas peut se présenter si l'entreprise en redressement judiciaire fait l'objet d'une réglementation particulière (société civile professionnelle titulaire d'un office ministériel, pharmacie, etc.).

Leur rôle dans la procédure

Les administrateurs judiciaires sont des chefs d'entreprise intérimaires. Ce sont plus des gestionnaires que des juristes. Ils doivent concilier le maintien de l'activité en vue d'un redressement et une gestion prudente qui évite, autant que possible, l'accumulation d'un passif postérieur à l'ouverture de la procédure. Si un redressement est possible, ils doivent chercher un repreneur.

Leur mission est fixée par le tribunal, elle varie en fonction des pouvoirs laissés au chef d'entreprise ou au dirigeant : surveillance des opérations de gestion, assistance du débiteur pour tous les actes concernant la gestion ou certains d'entre eux, remplacement du chef d'entreprise (articles 31 et 32 de la loi n° 85-98 du 25 janvier 1985). La mission donnée à l'administrateur peut être modifiée par le tribunal agissant soit d'office, soit à la demande de celui-ci ou à celle du représentant des créanciers ou du procureur de la République.

Pendant la période d'observation ouverte par le jugement de redressement judiciaire qui nomme l'administrateur et qui est limitée à trois mois, renouvelable une fois, l'administrateur élabore le bilan économique et social de l'entreprise au vu duquel il établira un plan de redressement ou bien proposera la liquidation.

Il peut prendre tous les actes nécessaires à la conservation des droits de l'entreprise contre les débiteurs de celle-ci et à la préservation des capacités de production. Il paie à leurs échéances les créances nées régulièrement après le jugement d'ouverture. Il peut conclure un contrat de location-gérance, lorsque la disparition de l'entreprise serait de nature à causer un trouble grave à l'économie nationale ou régionale. Il paie à leurs échéances les créances nées régulièrement après le jugement d'ouverture. Il procède à des licenciements pour motif économique s'ils présentent un caractère « *urgent, inévitable et indispensable* » (article 45 de la loi n° 85-98 du 25 janvier 1985).

Pendant la période définitive, l'administrateur joue surtout un rôle important dans le cas d'un plan de continuation ou de cession. C'est lui que le tribunal charge dans la plupart des cas de la mise en œuvre de ce plan. Il s'efface en cas de liquidation.

– Les mandataires judiciaires à la liquidation des entreprises

Les 345 mandataires judiciaires à la liquidation des entreprises sont chargés par décision de justice de représenter les créanciers et de procéder éventuellement à la liquidation des entreprises (article 19 de la loi n° 85-99 du 25 janvier 1985). Utilisant les faiblesses de la réglementation concernant leur tarif, tirant le meilleur parti de la trésorerie de l'entreprise liquidée, bénéficiant de contrôles inefficaces, **les mandataires-liquidateurs ont souvent plus le souci d'obtenir la meilleure rémunération possible à partir d'entreprises moribondes ou en état de coma dépassé que de remplir avec exactitude le mandat de justice qui leur est confié par les tribunaux.**

L'accès à la profession

Tout comme les administrateurs, les mandataires judiciaires à la liquidation des entreprises ne sont pas des fonctionnaires, puisqu'ils sont rémunérés par les entreprises qu'ils prennent en charge. Ils n'exercent pas non plus une profession libérale car, désignés par le tribunal, ils n'ont pas de clientèle. Ce sont des auxiliaires de justice chargés d'un ministère de service public.

Ils peuvent exercer à titre individuel ou au sein soit de sociétés civiles professionnelles [1], soit de sociétés d'exercice libéral [2].

Le programme et les modalités de l'examen d'aptitude à la profession de mandataire judiciaire à la liquidation des entreprises sont fixés par arrêté [3].

Les dispositions législatives concernant tant le fonctionnement des commissions régionales que les conditions d'inscription, les sanctions et les incompatibilités, ou encore la protection du titre sont pour les mandataires à la liquidation des entreprises en tous points identiques à celles qui ont trait aux administrateurs judiciaires.

La désignation

S'agissant des modalités de leur désignation, ce sont les mêmes que pour les administrateurs judiciaires. Ils sont investis d'une mission légale d'intérêt public.

Ils ne peuvent être désignés que s'ils sont inscrits sur une liste établie par une commission instituée, non pas au niveau national comme pour les administrateurs, mais au siège de chaque cour d'ap-

1. Décret n° 86-1176 du 5 novembre 1996 précité.

2. Décret n° 93-1112 du 20 septembre 1993 pris pour l'application à la profession de mandataire judiciaire à la liquidation des entreprises de la loi n° 90-1258 du 31 décembre 1990 relative à l'exercice sous forme de sociétés des professions libérales soumises à un statut législatif ou réglementaire ou dont le titre est protégé.

3. Arrêté du 16 octobre 1986.

pel. Les mandataires inscrits sur une liste régionale bénéficient d'un monopole d'exercice dans cette région.

Les commissions régionales sont composées de huit personnes : un magistrat de la cour d'appel qui la préside, un membre d'une juridiction commerciale du premier degré du ressort de la cour d'appel, un professeur de droit, de sciences économiques ou de gestion, deux personnes qualifiées en matière économique et sociale, deux personnes inscrites sur la liste des mandataires à la liquidation des entreprises, une personne inscrite sur la liste des experts en diagnostic d'entreprises.

Dans les faits, lorsque la liquidation judiciaire est prononcée, le représentant des créanciers aura vocation à être désigné comme liquidateur (article 148 de la loi n° 85-98 du 25 janvier 1985). La solution peut apparaître logique car la liquidation se réalise dans le seul intérêt des créanciers. Mais rien n'interdit au tribunal de nommer liquidateur un mandataire autre que le représentant des créanciers.

Tout mandataire judiciaire à la liquidation des entreprises, inscrit sur une liste régionale, peut être désigné. L'absence de désignation d'un mandataire inscrit, considéré comme collaborateur du service public, engage la responsabilité de l'État (Cour de cassation, première chambre civile, 30 janvier 1996).

Leur rôle dans la procédure

Les mandataires judiciaires à la liquidation des entreprises peuvent jouer trois types de rôle en fonction de la procédure engagée par le tribunal : représentant des créanciers, commissaires à l'exécution du plan, liquidateurs.

Durant la période d'observation, les mandataires judiciaires à la liquidation des entreprises jouent le rôle de représentant des créanciers. Avant 1985, la représentation des créanciers par le syndic avait un caractère collectif et organisé. La loi n° 85-98 du 25 janvier 1985 ne mentionne plus l'existence d'une masse, mais le mandataire agit au nom et pour le compte de la collectivité des créanciers. Le représentant des créanciers fait office de relais entre l'administrateur judiciaire et les créanciers.

En cas de plan de continuation ou de cession, les mandataires, tout comme les administrateurs, peuvent être désignés commissaires à l'exécution du plan (article 67 de la loi précitée).

Ils sont liquidateurs en cas de liquidation. Ils doivent alors déterminer les droits des créanciers, répartir et réaliser l'actif, assurer les paiements. Ils sont ainsi chargés de réaliser la vente des biens de l'entreprise et d'en répartir le produit entre les créanciers. Ils procèdent aux licenciements de personnel prévus par la décision prononçant la liquidation. Ils exercent pendant toute la durée de la liquidation les droits et actions concernant le débiteur. Ils procèdent à l'apurement du passif, les créances qui n'étaient pas échues à la date à laquelle est intervenu le jugement d'ouverture du redressement judiciaire devenant exigibles (article 160 de la loi n° 85-98 du 25 janvier 1985). Enfin, ils effectuent la reddition des comptes lorsque le tribunal prononce la clôture de la liquidation judiciaire.

– L'ébauche d'un rapprochement entre les deux professions

L'intervention simultanée des administrateurs et des mandataires risque d'entraîner certaines difficultés, entre antagonisme et connivence. La coordination entre l'action de ces professionnels peut entraîner des pertes de temps.

Cependant, la commission a pu noter des rapprochements sensibles entre les deux catégories de professionnels.

Ainsi les deux professions sont représentées par un Conseil national des administrateurs judiciaires et des mandataires judiciaires à la liquidation des entreprises (loi n° 90-1259 du 31 décembre 1990, décret n° 91-1030 du 8 octobre 1991). De nombreux observateurs retrouvent ici l'unité des professions. Le Conseil national, établissement d'utilité publique doté de la personnalité morale, est chargé d'assurer la défense des intérêts collectifs de ces professions, d'organiser la formation professionnelle et de contrôler les études.

M. Joël Rochard, inspecteur général des finances, ancien membre de la commission nationale d'inscription et de discipline des administrateurs judiciaires, a donné à la commission son opinion sur le Conseil national : « *On pourrait l'appeler "le Conseil national des syndics reconstitués" ! Il travaille plus comme un lobby que comme un organe de contrôle de la déontologie de la profession. Il dirige de fait la profession, puisqu'il est présent tous les jours et que la Chancellerie a beaucoup d'autres choses à faire. Il désigne les administrateurs judiciaires à la commission nationale. Ses productions ne sont pas de grande qualité. Le Conseil national légifère par des recommandations. Si vous consultez la collection, elles ne sont pas numérotées. Il est donc impossible de savoir que la recommandation n° 21 annule et remplace la n° 17. Elles ne sont pas datées ; on ne peut donc savoir si une chose est licite avant ou ne l'est plus après. Pour ce qui est de l'amélioration de la profession, le Conseil national ne précède pas l'événement, il le suit.* »

Les deux professions sont également réunies par le biais de la caisse de garantie créée par l'article 34 de la deuxième loi du 25 janvier 1985. Cette caisse est chargée d'effectuer le remboursement des fonds, effets ou valeurs reçus ou gérés par chaque administrateur ou mandataire à la liquidation. Cette caisse est dotée de la personnalité civile et gérée par les cotisants. Ses ressources sont constituées par le produit d'une cotisation spéciale annuelle payée par chaque administrateur et mandataire à la liquidation inscrit sur les listes. La garantie de la caisse joue sans que puisse être opposé aux créanciers le bénéfice de discussion de l'article 2021 du code civil, en vertu duquel une caution ne paye le créancier qu'après que le débiteur a été discuté dans ses biens propres, et sur la seule justification de l'exigibilité de la créance et de la non-représentation des fonds par l'administrateur ou le mandataire à la liquidation. La solidarité obligatoire des deux professions a pleinement joué, comme la commission a pu le voir, dans l'affaire Sauvan-Goulletquer. Il reste que la Caisse peut se retourner par la suite contre le professionnel fautif, qui a l'obligation de souscrire une assurance garantissant sa responsabilité civile professionnelle en raison des négligences et fautes commises lors de l'exécution du mandat qui lui est confié.

M. Joël Rochard précisait lors de son audition qu'« *en termes d'assurances, la Caisse de garantie est une usine à sinistres. Un assureur doit savoir choisir ses clients. Le critère est l'antisélection. En l'occurrence, il faut prendre tout le monde. Il y a nécessité de contrôler les études. Cela a été fait chez les notaires, qui ont connu nombre de sinistres. Le choc Goulletquer ne paraît pas suffire. Faut-il personnaliser les responsabilités par des bonus et des malus ? Je pense que,* ***dans quelques années****, on ne trouvera plus d'assureurs et que* ***l'État sera confronté au renflouement de la Caisse de garantie****. Je vous rappelle que le vice-président de la Caisse a contrôlé M. Goulletquer sans s'apercevoir de rien !* »

Malgré ces rapprochements que la loi elle-même a organisés, il reste qu'elle a institué une incompatibilité totale entre les fonctions et professions d'administrateur judiciaire et celles de mandataire judiciaire à la liquidation des entreprises [1].

• ***Les rapports entre juges consulaires et mandataires de justice : confiance ou collusion ?***

Le Rapporteur a déjà évoqué l'emprise que les mandataires peuvent avoir sur les juges en raison du manque de disponibilité et du faible niveau de formation qui caractérisent un grand nombre d'entre eux (voir ci-avant C-b).

Cet état de fait place le juge dans une situation de dépendance à l'égard du mandataire parce que ce dernier est permanent, alors que les juges changent et sont accaparés par leurs obligations professionnelles, parce qu'il détient les informations sur l'entreprise et enfin parce qu'il est souvent plus compétent techniquement que le juge.

La visite de la commission d'enquête à Saint-Brieuc illustre cette situation.

QUAND L'ADMINISTRATEUR RÉDIGE LES JUGEMENTS DU TRIBUNAL

Nous publions ci-après un extrait du dialogue entre la commission et les mandataires de justice de Saint-Brieuc, Me Robert et Me David. Il met en lumière le fait que Me Robert rédige lui-même le jugement du tribunal dans une affaire.

Le dialogue se déroule entre le Rapporteur de la commission et le vice-président du tribunal de commerce de Saint-Brieuc.

M. le Rapporteur : Le dossier que j'ai examiné (ce matin) était de 1994. Le dépôt de bilan date du 1er février 1994. (...) J'ai lu les conditions dans lesquelles le tribunal a pris un certain nombre de décisions graves, c'est-à-dire a décidé des licenciements et a donné à gérer à un repreneur l'essentiel de ce qui restait de l'entreprise, et j'ai été fort étonné de découvrir que le jugement avait, en vérité, été tapé ou conçu par Me Robert la veille du délibéré (et je voudrais que vous me donniez votre sentiment) puisqu'un fax est arrivé au tribunal en provenance de l'étude de Me Robert qui reflète exactement le contenu du jugement, laissant ainsi comprendre à l'observateur que c'est finalement Me Robert qui a fait le jugement.

C'est intéressant à noter. La confiance est si forte que cela donne l'impression à la commission d'enquête que ce sont finalement les administrateurs judiciaires qui font la décision du tribunal.

Je vous soumets ce point parce que j'ai regardé ce fax de bout en

1. Article 11 de la loi n° 85-99 du 25 janvier 1985 modifiée par la loi n° 90-1259 du 31 décembre 1990.

bout et j'ai vu que le jugement et ce fax étaient les deux mêmes documents. Qu'en pensez-vous ?

M. Pierre DANCHAUD, vice-président du tribunal de Saint-Brieuc : Si le point de vue de Me Robert, qui est exprimé là, était un point de vue raisonnable et susceptible d'être pris en compte, je ne vois pas pourquoi on s'acharnerait à dire autre chose pour le plaisir de produire un papier comme celui-là.

À l'inverse, dans certains tribunaux les mandataires paraissent extrêmement dépendants des juges, qui n'acceptent pas l'indépendance intellectuelle de certains d'entre eux.

LA DÉPENDANCE DES MANDATAIRES À L'ÉGARD DU TRIBUNAL

Voici la façon dont les relations s'organisent entre les mandataires et les juges au tribunal de commerce de Paris selon les représentants du parquet.

Mme Éliane HOULETTE, premier substitut : J'ai remarqué qu'il y avait des écarts considérables de chiffres d'affaires entre les différentes études de mandataires-liquidateurs ; ils pouvaient être de 10 millions de francs sur une année. C'était la confirmation de nos pressentiments : la répartition n'est pas réellement équilibrée.

(...)

Mme Anne-Josée FULGÉRAS, chef de la section financière : Nous avons été approchés par des mandataires qui se sont plaints d'être très défavorisés par ce mode de désignation. Certains disaient même qu'à leur égard il s'agissait d'une mesure de rétorsion.

Mme Éliane HOULETTE : Ils nous disent même : « Nous sommes au pain sec et à l'eau. » C'est leur expression.

M. René GROUMAN : J'ai connu un cas extrêmement précis concernant un administrateur judiciaire, du temps de l'ancienne présidence. Il avait été « mis au pain sec et à l'eau » parce qu'il avait fait appel d'une décision du tribunal.

(...)

Mme Anne-Josée FULGÉRAS : On peut également citer le conflit entre Isabelle Didier et le tribunal. C'est une très grande saga. C'est un des mandataires qui s'est amèrement plaint de mesures de rétorsion.

Mme Éliane HOULETTE : Au mois de décembre, il y a eu un arrêt de la cour d'appel qui lui a donné entièrement raison. Il a d'ailleurs été assez sévère à l'égard du tribunal.

Ces éléments d'analyse fournis par le parquet ont été vérifiés par la commission.

Il est vrai que cette situation ne peut se rencontrer que lorsque le tribunal a le choix des mandataires ce qui n'est jamais le cas dans les petits et moyens tribunaux compte tenu du faible nombre de ces professionnels.

Il n'en demeure pas moins que dans les tribunaux les plus importants, les mécanismes de désignation, théoriquement équitables aux dires des présidents de ces juridictions, ne sont ni transparents ni équilibrés.

Cette situation d'extrême dépendance mutuelle est un facteur de collusion entre les juges et les AJMJ.

Nommés par lui, les mandataires peuvent hésiter à se heurter de front au tribunal, « *de peur d'être victime de mesures de rétorsion lors des nominations ultérieures* » [1].

Ils peuvent même aller jusqu'à cautionner ou faire silence autour de l'action illégale de certains juges consulaires.

Votre Rapporteur reviendra sur ce sujet dans le chapitre 4 ci-après (« L'apparition et le développement de la corruption dans les tribunaux de commerce »).

• ***Des modes de rémunération très rentables***

La fixation du mode de rémunération des mandataires de justice a été renvoyée par l'article 37 de la loi n° 85-99 du 25 janvier 1985 à un décret pris en Conseil d'État. Ce décret sera le troisième décret du 27 décembre 1985, n° 85-1390 fixant le tarif des administrateurs judiciaires en matière commerciale et des mandataires judiciaires à la liquidation des entreprises.

L'article 19 du décret précise que les émoluments prévus dans ce décret sont « *exclusifs de toute autre rémunération ou remboursement de frais pour les mêmes diligences* », tandis que l'article 26 interdit à ces professionnels « *de réclamer ou percevoir aucune somme en dehors des émoluments et débours prévus dans ce*

1. Yves Guyon, *Droit des affaires, entreprises en difficulté, redressement judiciaire, faillite*, Paris, 1997, page 180.

décret, sous peine de sanctions disciplinaires et ce, sans préjudice de la restitution des sommes indûment perçues ».

Les **administrateurs judiciaires** perçoivent une rémunération basée sur quatre éléments.

– Le premier est constitué par un droit fixe de 15 000 francs hors taxe pour les procédures de droit commun et de 10 000 francs hors taxes pour les procédures simplifiées. Ce droit, qui peut être réduit par le président du tribunal en cas de liquidation judiciaire prononcée avant la fin de la période d'observation, est versé aux professionnels dès l'ouverture de la procédure.

– Le second élément est une rémunération, exprimée en taux de base (la valeur du taux de base est de 450 francs) et proportionnelle au nombre de salariés employés par l'entreprise, destinée à couvrir les diligences effectuées dans le cadre de l'élaboration du bilan économique et social, du plan de redressement et du plan de cession. Cette rémunération en théorie d'un montant minimal de 6 750 francs et maximal de 270 000 francs, peut toutefois être revue à la baisse ou à la hausse par le président du tribunal en fonction du travail réellement exécuté et de l'assistance éventuelle d'un expert en diagnostic d'entreprise. Elle est fixée directement par le président dès lors que le nombre de salariés est supérieur à 999.

– Le troisième élément est formé d'un droit proportionnel dégressif, calculé sur le montant du chiffre d'affaires, destiné à rémunérer les missions d'assistance, de surveillance, d'administration de l'entreprise. Ce droit peut être réduit en cas de mission partielle. Il est fixé par le président du tribunal, dès lors qu'il excède 450 000 francs, pour la partie supérieure à ce montant.

– Le dernier et quatrième élément est un droit proportionnel dégressif calculé sur le montant total du prix de cession. Il peut être majoré jusqu'à 50 % en fonction des montants comparés du prix total de cession et du passif admis.

Ainsi, lorsqu'il y a poursuite d'activité, la rémunération de l'administrateur est calculée sur le chiffre d'affaires hors taxes réalisé. Ce critère n'est pas à lui seul probant et peut conduire à prolonger de manière abusive la période d'observation. Cette rémunération est plus favorable à l'administrateur lorsque le tribunal adopte un plan de cession plutôt qu'un plan de continuation.

La rémunération du **commissaire à l'exécution du plan** est composée d'un droit exprimé en taux de base proportionnel au nombre de salariés et d'un montant théorique minimal de 2 250 francs et maximal de 54 000 francs pouvant être modulé en fonction du travail à exécuter, d'une rémunération arrêtée par le président du tribunal pour la répartition du prix de cession, et d'un droit proportionnel calculé en fonction du montant du chiffre d'affaires au cas où le maintien de l'activité de l'entreprise est autorisé après le jugement prononçant la liquidation judiciaire.

La rémunération des **mandataires judiciaires à la liquidation des entreprises** est, quant à elle, formée de cinq éléments :

– le droit fixe prévu pour les administrateurs judiciaires ;

– un droit fixe pour la vérification des créances autres que salariales, d'un montant de 150 francs par créance et de 250 francs pour les créances dont le montant est supérieur à 1 000 francs ;

– un droit fixe pour la vérification des créances salariales, fixé par salarié à un montant qui varie, selon le nombre de salariés, entre 500 et 100 francs ;

– un droit proportionnel pour toute créance contestée de 5 % de la différence entre la créance déclarée et la créance admise ;

– un droit dégressif pour tout recouvrement d'actif après l'intervention du jugement de liquidation. Quand il y a répartition entre créanciers, ce droit peut être majoré de 15 à 50 % selon que la répartition libère 10 à 100 % des créances admises. La fraction de la rémunération supérieure à 450 000 francs est fixée par le tribunal.

Le mandataire concerné peut contester la décision du juge taxateur devant le tribunal de grande instance du ressort.

La réglementation du tarif est parfois difficile à interpréter. Le système est en tout cas inadapté.

Dans un arrêt en date du 3 décembre 1996 confirmé par un arrêt en date du 25 février 1997, la chambre commerciale, financière et économique de la Cour de cassation a été amenée à préciser sa position sur la rémunération des mandataires judiciaires à la liquidation des entreprises en ce qui concerne la perception du droit fixe telle que prévue par l'article 12 du décret n° 85-1390 du 27 décembre 1985 : ce droit fixe n'est dû au représentant des créanciers **qu'au cas où il est nommé par la suite liquidateur** ; il ne peut donc être perçu par un mandataire dès l'ouverture de la procédure de redressement quelle que soit son issue ; il ne peut être perçu qu'au moment de la décision de liquidation et de la désignation du représentant des créanciers comme liquidateur.

Cette jurisprudence, récente il est vrai, n'est semble-t-il pas appliquée partout. Ainsi les procureurs du tribunal de grande instance de Lyon entendus par la commission ont-ils affirmé que le droit fixe continuait d'être versé automatiquement aux mandataires-liquidateurs.

La commission juge la pratique du prélèvement direct des émoluments dans les comptes d'exploitation, particulièrement d'administrateurs judiciaires, peu fondée, même si elle n'est pas clairement interdite.

Il conviendrait que les émoluments perçus au titre du droit fixe ou au titre des provisions autorisées en application des articles 22 à 25 du décret n° 85-90 du 27 décembre 1985, voire au titre de la rémunération définitive prévue à l'article 27 du décret précité, soient dans un premier temps encaissés sur le compte général ou de répartition ouvert à la Caisse des dépôts et consignations, avant que n'intervienne le virement des fonds sur le compte de l'étude, après la prise de l'ordonnance fixant la provision ou la rémunération définitive.

M. Joël Rochard se montre très critique à l'égard du barème des mandataires de justice.

« ***Les honoraires sont élevés, mais l'administrateur judiciaire et le mandataire-liquidateur doivent payer leur loyer, leurs assurances devenues très chères (...) Reste la différence : le revenu imposable. Les mandataires judiciaires se situent dans la fourchette élevée des revenus imposables et si on les compare aux autres professions libérales, ils sont mieux lotis que les avocats. Pour autant, l'existence de revenus élevés n'est pas en cause, mais on peut exiger en retour une certaine qualité.***

« ***Le deuxième constat est que le barème est conçu de telle façon qu'il n'est pas neutre, par rapport aux solutions retenues. Qu'une affaire prise en charge par un administrateur judiciaire aboutisse à une liquidation ou à un plan de continuation suite à un redressement judiciaire d'une durée de six mois, le tarif reste pour lui identique. Dans ces conditions, pourquoi essayer de sauver les***

emplois ? S'il procède à une cession et vend l'usine au concurrent, il est mieux payé que s'il aboutit à un plan de continuation et sauve les emplois. Ce sont là des distorsions, qui pourraient être palliées par des barèmes qui assureraient la neutralité de l'administrateur judiciaire par rapport aux solutions retenues. Reste le problème de la rémunération des mandataires qui est très élevée. J'ai vu des administrateurs exercer leur droit de repentir et changer de profession, ce qui prouve qu'on est mieux payé avec un travail moins fatigant si on est mandataire-liquidateur. »

La commission s'est intéressée aux revenus tirés de leur profession par les mandataires de justice. La question a été posée aux tribunaux de commerce qui signent les ordonnances de taxe ainsi qu'à chaque mandataire entendu par la commission, soit à Paris soit lors de ses déplacements en province.

Le système de tarification de l'activité des mandataires de justice conduit à des chiffres d'affaires très importants : 8,2 millions de francs par mandataire judiciaire dans les ressorts de Paris et de Versailles, 4,4 millions de francs en province ; 5,6 millions de francs par administrateur judiciaire en région parisienne, et 4,2 millions de francs en province.

L'exploitation des déclarations de bénéfices non commerciaux transmises par la direction générale des impôts révèle qu'en 1996, les administrateurs judiciaires et mandataires judiciaires à la liquidation des entreprises ont dégagé en moyenne 1,7 million de francs de bénéfices non commerciaux. Le bénéfice non commercial moyen, en 1996, était de 2,5 millions de francs à Paris et dans les Hauts-de-Seine.

Les auditions effectuées sur le terrain par la commission confirment le niveau particulièrement élevé des rémunérations des mandataires de justice.

UNE MISSION DE SERVICE PUBLIC PARTICULIÈREMENT RÉMUNÉRATRICE

À Auxerre, Me Ségard, administrateur à Nanterre mais possédant un cabinet secondaire dans l'Yonne, évoque la question du bout des lèvres.

M. Jacky DARNE, député : Vous parliez tout à l'heure de votre souci d'économiser les charges. Une des charges importantes est, bien sûr, la vôtre, compte tenu de votre mode de rémunération. Que pensez-vous de ce mode de rémunération ? Le juge-commissaire peut limiter le montant de vos honoraires, mais il le fait rarement. Dans l'affaire Guyon, votre rémunération a été de 311 000 francs. (...)

M. Didier SEGARD, administrateur judiciaire : Je pratique le tarif, rien que le tarif.

M. Jacky DARNE : Vous proposez rarement des demandes de dépassement ?

M. Didier SEGARD : Jamais, puisque le plafonnement auquel vous avez fait allusion est fixé à 450 000 francs. Depuis que je travaille avec le tribunal d'Auxerre, je ne pense pas avoir jamais eu l'occasion de présenter une taxe de ce montant. Par conséquent, la question ne se pose pas. En ce qui concerne le mode de calcul de la taxe, tel que défini par le décret, il est certainement critiquable. Il est difficile d'en élaborer un qui soit juste. (...)

M. Jacky DARNE : Quel est votre chiffre d'affaires à Auxerre ?

M. Didier SEGARD : Il n'a pas encore été calculé.

M. le Rapporteur : Indiquez-nous celui de l'année précédente.

M. Didier SEGARD : Le chiffre d'affaires doit être de l'ordre de 2,5 millions de francs, soit en moyenne 25 000 francs par dossier. Cela signifie que beaucoup d'affaires soit sont impécunieuses, soit ne donnent lieu qu'à une toute petite taxe ou à une taxe que l'on ne prend pas ou que l'on ne prend que partiellement, en particulier dans les plans de continuation. C'est une anomalie. Aboutir au plan de continuation exige souvent un travail considérable mais qui ne donne pas lieu à une rémunération particulière. Alors qu'en plan de cession, on taxe sur le montant de la cession, en plan de continuation, on ne taxe pas. (...)

M. le Rapporteur : Quels sont les revenus annuels de l'ensemble de votre activité, pour Nanterre et les quatre tribunaux de la région ?

M. Didier SEGARD : Je vous communiquerai, si vous le souhaitez, ma déclaration d'impôts.

M. le Rapporteur : Vous ne souhaitez pas que cela soit dit publiquement ?

M. Didier SEGARD : Je ne pense pas que ce soit le lieu. Cela n'est pas l'habitude.

M. le Rapporteur : Non, ce n'est pas l'habitude, mais les habitudes sont faites pour être changées. J'ai besoin de savoir combien un administrateur judiciaire qui a beaucoup de dossiers, qui réussit, qui a du talent, qui sait s'exprimer, qui connaît parfaitement ses affaires, qui a la confiance du tribunal, gagne en France pour sauver des entreprises. Cela nous permettra d'établir des comparaisons avec les mandataires-liquidateurs.

M. Didier SEGARD : Je suis tout à fait d'accord. Ce n'est pas le fait d'être cité qui me gêne. C'est un débat plus large. Je souhaiterais vous communiquer une information significative. J'y réfléchirai, car je ne m'attendais pas à votre question. Le revenu d'une année n'est pas significatif.

M. le Rapporteur : Les trois dernières années, alors. (...)

M. Didier SEGARD : Cette année, nous allons être pénalisés par une CSG un peu spéciale. Je veux parler de la contribution Sauvan et Goulletquer.

M. le Rapporteur : Je souhaiterais connaître le chiffre d'affaires et le bénéfice dégagé par l'étude.

M. Didier SEGARD : Après avoir payé le personnel, les impôts et toutes les autres charges, mon entreprise doit me rapporter environ 10 %.

M. le Rapporteur : 10 % de quoi ? Nous ne le saurons pas.

À Saint-Brieuc, la question est éludée par le mandataire judiciaire à la liquidation des entreprises.

M. le Rapporteur : Combien faites-vous de chiffre d'affaires annuel ?

Me Michel ROBERT, administrateur judiciaire : J'ai réalisé 750 000 francs de bénéfice cette année.

M. le Rapporteur : Et votre chiffre d'affaires ?

Me Michel ROBERT : Mon chiffre d'affaires doit être de l'ordre de 3 millions de francs.

M. le Rapporteur : Vous avez gagné 750 000 francs cette année ?

Me Michel ROBERT : Tout à fait.

M. le Rapporteur : Et vous, mon cher maître ?

Me Daniel DAVID, mandataire judiciaire : Je ne vous répondrai pas. C'est un sujet qui n'intéresse que les personnes qui sont directement concernées. Vous pouvez obtenir mes revenus auprès des services fiscaux de Saint-Brieuc.

L'audition des membres du Conseil national des administrateurs judiciaires et des mandataires judiciaires à la liquidation des entreprises a été l'occasion de leur poser la question de leurs revenus.

M. le Président : Quel est le chiffre d'affaires de votre étude ?

M. Jean-Yves AUBERT, mandataire judiciaire : Pour l'étude de Chalon-sur-Saône, il est d'environ 9 millions de francs.

M. le Président : Nous allons poser la même question à chacun d'entre vous.

M. Xavier HUERTAS, administrateur judiciaire : (...) Le chiffre d'affaires moyen se situe, sur les trois dernières années, à 5 millions de francs hors taxes.

Mme Françoise LONNÉ, mandataire judiciaire : (...) Pour 1997 et en ce qui me concerne, j'ai réalisé un chiffre d'affaires de 4 millions de francs.

M. Jean-Louis LAUREAU, administrateur judiciaire : (...) Mon chiffre d'affaires est de 20 millions de francs par an.

M. le Rapporteur : Combien déclarez-vous de revenus annuels en moyenne sur les cinq dernières années ? (...)

M. Jean-Yves AUBERT : Je ne puis vous répondre pour l'année 1997 n'ayant pas encore rempli ma déclaration d'impôts.

M. le Rapporteur : Sur les cinq dernières années en moyenne.

M. Jean-Yves AUBERT : Je me situe dans la tranche d'imposition la plus élevée de la grille fiscale.

M. le Rapporteur : Cela ne nous dit rien de précis ! 9 millions de francs de chiffre d'affaires et sept salariés : j'imagine que vous ne leur donnez pas 1,5 million de francs chacun !

M. Jean-Yves AUBERT : En moyenne, le montant imposable peut varier entre 3 et 4 millions de francs par an.

M. le Rapporteur : De revenus imposables ou d'impôts par an ?

M. Jean-Yves AUBERT : Non, d'impôts.

M. le Président : Provenant de votre étude ?

M. Jean-Yves AUBERT : Tout à l'heure, je vous ai indiqué le chiffre d'affaires que j'ai réalisé sur l'étude de Chalon-sur-Saône. J'ai également une petite activité à Mâcon et une activité à Dole qui génère des ressources supplémentaires.

M. le Président : Les impôts que vous avez évoqués correspondent à... ?

M. Jean-Yves AUBERT : À l'ensemble des trois activités.

M. le Président : Et sur Nice ?

M. Xavier HUERTAS : J'ai procédé à une moyenne pondérée sur les trois dernières années. Après impôts, j'ai gagné net 900 000 francs par an sur trois ans.

M. le Président : Vous n'avez que votre seule charge comme revenus ?

M. Xavier HUERTAS : Oui.

M. le Président : Et vous, madame ?

Mme Françoise LONNE : S'agissant des perspectives sur 1997, je pense que mes revenus, après impôts, s'élèveront à 550 000 francs. (...)

M. le Président : (...) Qu'en est-il sur Versailles s'agissant des revenus ?

M. Jean-Louis LAUREAU : Chacun d'entre nous enregistre un revenu brut de l'ordre de 2,2 millions de francs sur la moyenne des trois dernières années.

M. le Président : Combien êtes-vous dans votre société ?

M. Jean-Louis LAUREAU : Nous sommes deux associés.

À Toulon, la question est abordée également de manière plus conflictuelle.

M. le Rapporteur : Je voudrais vous interroger sur vos revenus. Là, je m'adresse essentiellement aux mandataires-liquidateurs. C'est une question qui est revenue de façon lancinante, au cours de nos travaux ; elle a été posée par le CNPF que nous avons longuement entendu, par la Chancellerie qui a des projets de réforme du tarif, par des justiciables dans des lettres récurrentes, expliquant que le mandataire-liquidateur, parfois, dans certains cas qui ne sont pas si extraordinaires que cela, contribue à l'alourdissement du passif. Je voudrais que vous nous disiez ce que vous pensez d'une réforme du tarif, au vu de la rentabilité de vos études et du chiffre d'affaires qui est le vôtre. (...)

Mme Mireille MASSIANI, mandataire judiciaire : Parlons de la moyenne par dossier. J'ai été ravie d'apprendre que vous étiez avocat. Nous percevons une moyenne de 20 000 francs par dossier. Dans ces dossiers, on reçoit le débiteur ; on fait des recherches ; on fait des rapports au parquet ; on réalise l'actif ; on va à la recherche de l'actif ; on vérifie le passif ; on répond à tous les créanciers, plutôt deux fois qu'une car ils ne comprennent jamais rien ; on fait des clôtures ; on reçoit à plusieurs reprises les débiteurs. Il faut savoir que, personnellement, depuis 10 ans, j'ai plutôt l'impression d'être assistante sociale que mandataire de justice. Tout cela pour 20 000 francs par dossier ! Mon cher maître, est-ce que vous trouvez que c'est excessif ?

M. Robert GAÏA, député : Quel est votre chiffre d'affaires global ?

Mme Mireille MASSIANI : Il est de 8 millions TTC. Je donne 2 millions à l'État de TVA. Il me reste 6 millions sur lesquels je dois rémunérer le personnel.

M. Robert GAÏA : Quel est le montant de vos impôts sur le revenu de cette année ?

Mme Mireille MASSIANI : Si je vous dis combien j'ai payé, vous allez sourire. 54 000 francs d'impôts cette année. Parce que je défiscalise un peu aussi, je le reconnais. Si je ne devais payer que 54 000 francs d'impôts, j'arrêterais immédiatement ce métier. Avec les responsabilités que l'on supporte, le fait qu'on peut être ruiné complètement du jour au lendemain – vous avez quand même conscience que si, demain, j'oublie de faire une déclaration de sinistre de 10 millions, je vais les payer de ma poche. C'est une menace permanente – si je ne dégageais que 100 000 francs de revenus, je m'arrêterais immédiatement.

M. Jacky DARNE, député : Vous décrivez l'importance de votre action. Je n'en doute pas mais j'ai pris quelques dossiers ordinaires. J'ai un dossier de Me Grossetti, je ne sais pas lequel car il n'y a pas le prénom, Philippe Rulfo et Sylvie Salotti. C'est un dossier du 12 février 1996. Le chiffre d'affaires de l'entreprise était de 171 000 francs d'après les documents partiels figurant au dossier. Le seul élément d'actif était un fonds de commerce que vous avez fait réaliser et qui a rapporté 100 000 francs.

M. Jean-Pierre GROSSETTI, mandataire judiciaire : L'agent immobilier avait acheté l'immeuble et voulait nous expulser. Nous avons dû faire l'avance des frais de procès, continuer la procédure, conserver le fonds, le réaliser, vérifier le passif, faire des contestations de créances. Et pour tout cela, nous avons touché 26 950 francs. Si j'avais été agent immobilier, si on m'avait donné un fonds de commerce à réaliser, j'aurais pris 15 % d'honoraires. Alors, 15 % sur 150 000 francs, cela fait combien ?

M. Jacky DARNE : Ce que vous nous dites, c'est que le système actuel est parfaitement adapté et correspond aux besoins économiques. Il n'y a pas besoin de faire des réformes. (...)

M. le Rapporteur : (...) J'ai une question encore à poser à Me Bor. Quel est votre chiffre d'affaires en ce qui vous concerne ? Vous avez 1 500 dossiers. (...)

M. Henri BOR, mandataire judiciaire : Cette année, je vais arriver à 9 millions de francs.

M. le Rapporteur : Nous avons interrogé Me Jean-Yves Aubert qui fait partie du Conseil national des administrateurs judiciaires et des mandataires judiciaires à la liquidation des entreprises. Il nous donnait un chiffre équivalent. Lui, il n'avait pas l'astuce de défiscaliser. Il nous annonçait 3 à 4 millions d'impôts à payer par an.

Mme Mireille MASSIANI : Sur 9 millions de chiffre d'affaires ! C'est impossible !

M. le Rapporteur : Pour l'ensemble de ses études, ces 9 millions ne concernant que l'une d'entre elles. Qu'en est-il pour vous Me Bor ?

M. Henri BOR : Je vais vous répondre loyalement. Sur 9 millions de chiffre d'affaires, je paie 2,1 millions d'impôts.

Mme Mireille MASSIANI : J'ai fait 9,3 millions de chiffre d'affaires et j'ai 1,5 million de revenus.

Le tableau reproduit ci-après donne un échantillon des bénéfices réalisés par les mandataires de justice dont les études principales sont situés dans le département de Paris et dans celui des Hauts-de-Seine.

BÉNÉFICES NON COMMERCIAUX DES MANDATAIRES DE JUSTICE LOCALISÉS À PARIS ET DANS LES HAUTS-DE-SEINE (1994-1996) [1]

(en milliers de francs)

Profession	1994	1995	1996
Administrateurs judiciaires			
AJ	5 937	6 671	7 182
AJ	4 322	5 052	6 343
AJ	681	1 028	6 206
AJ	3 685	6 943	5 821
AJ	1 490	1 839	5 805
AJ	3 293	3 081	5 270
AJ	2 653	3 194	4 706
AJ	7 877	6 884	4 326
AJ	1 217	2 211	3 160
AJ	2 136	1 885	3 058
AJ	2 551	2 370	2 714
AJ	1 226	1 754	2 500
AJ	1 580	2 407	1 958
AJ	1 874	1 079	1 769
AJ	2 336	722	1 713
AJ	1 664	1 751	1 592
AJ	1 203	1 282	1 579
AJ	936	1 576	1 230
AJ	1 396	872	1 095
AJ	785	717	602
AJ	830	105	566

1. Ne sont intégrés dans le tableau que les mandataires de justice qui ont déposé une déclaration de bénéfices non commerciaux pour les trois années considérées.

AJ	414	439	536
AJ	633	665	495
AJ	187	61	379
AJ	426	203	250
AJ	2 110	1 104	200
AJ	801	486	198
AJ	17	252	80
AJ	26	45	70
AJ	0	205	38
AJ	– 88	60	17
AJ	463	– 134	– 184
AJ	1 593	305	– 332
AJ [1]	3 884	7 516	7 311
Mandataires judiciaires à la liquidation des entreprises			
MJ	3 098	2 014	5 409
MJ	3 729	4 206	5 007
MJ	2 346	6 095	4 738
MJ	3 318	3 199	4 737
MJ	4 955	3 077	4 598
MJ	4 227	12 690	4 575
MJ	2 897	10 125	3 987
MJ	3 129	3 333	3 940
MJ	504	2 828	3 545
MJ	1 395	2 073	2 519
MJ	3 184	4 556	1 997
MJ	1 542	1 317	1 378
MJ	2	411	1 144
MJ	2 474	2 011	1 036
MJ [1]	3 547	2 866	3 029
MJ [1]	900	1 407	2 350

1. Les bénéfices considérés sont réalisés par une société civile professionnelle comprenant deux associés.

Source : Direction générale des impôts.

BÉNÉFICES NON COMMERCIAUX DES MANDATAIRES DE JUSTICE AUDITIONNÉS PAR LA COMMISSION À SAINT-BRIEUC (1994-1996)

(*en milliers de francs*)

Profession	1994	1995	1996
Administrateurs judiciaires			
AJ	2 618	2 487	1 795
Mandataires judiciaires à la liquidation des entreprises			
MJ	*nd*	2 116	*nd*
MJ	3 643	2 857	2 615
MJ	2 553	2 749	*nd*

nd : non disponible

BÉNÉFICES NON COMMERCIAUX DES MANDATAIRES DE JUSTICE AUDITIONNÉS PAR LA COMMISSION À TOULON (1994-1996)

(*en milliers de francs*)

Profession	1994	1995	1996
Administrateurs judiciaires			
AJ	8 576	5 484	3 971
AJ	3 977	3 324	4 705
Mandataires judiciaires à la liquidation des entreprises			
MJ	2 565	3 058	3 948
MJ	1 609	2 023	2 104
MJ	340	1 003	706
MJ	2 081	1 684	2 051

nd : non disponible

BÉNÉFICES NON COMMERCIAUX DES MANDATAIRES DE JUSTICE AUDITIONNÉS PAR LA COMMISSION À LYON (1994-1996)

(*en milliers de francs*)

Profession	1994	1995	1996
Administrateurs judiciaires			
AJ	2 735	*nd*	2 624
AJ	1 811	1 917	1 801
AJ	1 833	1 958	1 726
AJ	8 038	*nd*	5 727
Mandataires judiciaires à la liquidation des entreprises			
MJ	833	1 483	914
MJ	1 956	2 791	2 909
MJ	4 007	2 798	1 838
MJ	2 016	*nd*	*nd*
MJ	88	*nd*	587

nd : non disponible

BÉNÉFICES NON COMMERCIAUX DES MANDATAIRES DE JUSTICE AUDITIONNÉS PAR LA COMMISSION À STRASBOURG (1994-1996)

(*en milliers de francs*)

Profession	1994	1995	1996
Administrateurs judiciaires			
AJ	*nd*	2 698	*nd*
AJ	3 559	4 240	2 817
Mandataires judiciaires à la liquidation des entreprises			
MJ	*nd*	1 753	*nd*
MJ	6 611	1 846	1 877

nd : non disponible

BÉNÉFICES NON COMMERCIAUX DES MANDATAIRES DE JUSTICE AUDITIONNÉS PAR LA COMMISSION À MONT-DE-MARSAN (1994-1996)

(*en milliers de francs*)

Profession	1994	1995	1996
Administrateurs judiciaires			
AJ	1 466	2 117	1 199
Mandataires judiciaires à la liquidation des entreprises			
MJ	*nd*	1 966	2 076
MJ	1 326	1 115	1 238

nd : non disponible

Ces revenus élevés pourraient et devraient correspondre à un travail de qualité. La justice, les citoyens sont en droit d'attendre en contrepartie un service exemplaire. Si certains mandataires de justice accomplissent sans doute leurs missions avec conscience et dans le souci du service public, force est de constater cependant que nombre d'entre eux n'ont guère ce type de préoccupations et sont surtout soucieux de leur chiffre d'affaires.

b) Des professionnels âpres aux gains et parfois peu soucieux du service public

Certaines méthodes de travail, diverses pratiques professionnelles montrent que certains mandataires ne se comportent pas en collaborateurs du service public mais cherchent surtout à gagner le plus d'argent possible.

• ***Des méthodes de travail contestables***

– *Le manque de diligence*

La disponibilité des mandataires de justice à l'égard des créanciers, des débiteurs ou du parquet laisse souvent à désirer. Laissons M. Joël Rochard poursuivre son propos :

« ***Nos fonctionnaires*** [1] ***sont malheureux, parce que les***

1. NDLR : les fonctionnaires dépendant du ministère chargé des finances.

mandataires ne peuvent être joints. Ils ne les prennent pas au téléphone*. Il y a quelques années, un mandataire de province qui travaillait sur un très gros dossier suivi par le Comité interministériel pour les restructurations industrielles (CIRI) s'estimait propriétaire de son dossier et ne voulait pas avoir affaire au ministère des Finances. Après chaque appel infructueux, mon collègue appelait le préfet qui faisait porter une dépêche par motard. »*

Est également critiquable la mise en place d'études importantes avec un seul titulaire, mais disposant de plusieurs bureaux annexes, avec de multiples stagiaires et collaborateurs, ces derniers assurant le suivi effectif de nombreuses procédures et intervenant souvent aux audiences aux lieux et place des mandataires.

Ces pratiques ci-dessus énoncées relèveraient au minimum de l'impolitesse si l'on se situait dans un salon mondain. Mais il est des situations où elles se transforment en marques manifestes d'indélicatesse coupable. La vie des affaires n'est pas un salon mondain, et les enjeux au milieu desquels sont pris les mandataires de justice se calculent en milliers d'emplois et en millions de francs de pertes.

Un rapport réalisé en mars-avril 1995 par la mission d'inspection des mandataires de justice de la Chancellerie sur l'étude d'un administrateur judiciaire à Paris, Me Alain Vergnaud, administrateur qui avait déjà fait l'objet d'un contrôle par le Conseil national en 1992 et 1994, donne un certain nombre d'exemples des négligences et contournements de la loi dont peuvent se rendre coupables certains mandataires :

– pauvreté de la documentation de l'étude ;

– existence de comptes débiteurs, situation résultant en partie du prélèvement du droit fixe (voir *infra* chapitre sur les rémunérations) ;

– prélèvements anticipés d'émoluments ;

– retard dans la reddition des comptes des entreprises prises en charge ;

– prononcé de licenciement sans autorisation du juge-commissaire ;

– non-répartition d'une quote-part du prix de cession au créancier nanti ;

– non-inscription d'une clause d'inaliénabilité ;

– modifications des missions de commissariat à l'exécution du plan ;

– poursuites d'activité non soumises à l'approbation du tribunal ;

– absence de diligence lors d'une extension d'une procédure collective aux dirigeants ;

– atteinte aux intérêts des créanciers ;

– omission de créances nanties ;

– non-paiement d'une créance superprivilégiée ;

– attente inutile d'une action en comblement de passif devenue impossible ;

– paiements illicites ;

– inertie dans la gestion des fonds détenus pour le compte d'autrui ;

– absence de réponse à une demande d'information d'un créancier ;

– licenciement du représentant des salariés sans autorisation de l'autorité administrative ;

– défaut d'entretien préalable, d'information de l'autorité administrative, dans le cadre d'un licenciement économique ;

– absence de consultation du représentant des salariés sur les projets de licenciements, sur les projets de plan ;

– non-désignation du représentant des salariés ;

– omission de proposer une convention de conversion ;

– non-paiement de créances salariales superprivilégiées ;

Le rapport de la mission concluait à la légitimité de « *faire entrer dans le champ disciplinaire les négligences les plus graves relevées lors de l'inspection de l'étude* ».

Me Vergnaud est encore en fonctions.

Un deuxième exemple d'inspection portant sur l'étude de Me Annie Auger-Dupeu, mandataire judiciaire à la liquidation des entreprises à Saintes, en octobre 1994, faisait état de nombreuses « anomalies » relevées lors d'un premier contrôle effectué par le Conseil national puis par le procureur général de la cour d'appel de Poitiers en 1992-1993 :

– système informatique inadapté ;

– nécessité de revoir et de réorganiser la comptabilité ;

– non-accomplissement de certaines formalités telles que l'établissement de l'état des créances, l'enregistrement sur la balance trimestrielle des missions de représentant des créanciers et commissaire à l'exécution du plan ;

– prise de taxes par anticipation des ordonnances ultérieurement rendues ;

– défaut de transmission, en tant que représentant des salariés à l'Association pour la gestion des créances des salariés, des bordereaux de créances de plusieurs salariés en net ;

– non-réponse à des courriers de créanciers d'entreprises en liquidation et à des convocations du procureur de la République.

La même inspection relève qu'un contrôle inopiné du Conseil national ordonné par la Chancellerie a révélé de nouvelles anomalies pour la même étude en 1993 :

– modification nécessaire du système informatique ;

– retard important dans la répartition des intérêts de la Caisse des dépôts et consignations ;

– non-recours aux comptes à terme ;

– différence entre nombre de dossiers portés sur les états trimestriels et celui du répertoire ;

– absence de récépissé de dépôt des états trimestriels.

Dans un nouveau rapport, le procureur général près la cour d'appel de Poitiers concluait à l'engagement de poursuites disciplinaires en 1994. Sur cette base, une inspection de la Chancellerie a été diligentée. Outre les problèmes de formation de la mandataire inspectée, qui a été inscrite sur la liste en 1986 avec dispense d'aptitude et de stage professionnel, et du personnel employé par l'étude, le magistrat inspecteur relevait le manque de rigueur dans la conduite des procédures, les insuffisantes connaissances techniques (méconnaissance des règles juridiques et comptables), ainsi que la perception d'émoluments sans les autorisations nécessaires et d'émoluments indus.

La conclusion du rapport d'inspection était sans ambiguïté : « *Si les bénéfices réalisés par Me Auger–Dupeu (...) témoignent d'une situation confortable, ce n'est pas l'effet d'une gestion rigoureuse (...). La situation financière très satisfaisante de Me Auger-Dupeu est plutôt tirée des économies de moyens et de soins réalisées par ce professionnel au détriment des intervenants aux procédures collectives, à l'inverse de ce qu'aurait voulu le législateur.*

« *(...) Ce phénomène est aggravé par l'incompétence et l'absence de connaissance de ce mandataire de justice (...).*

« *Le comportement de l'intéressée devient lourdement fautif, si l'on associe à l'absence de conscience professionnelle qu'elle manifeste dans son rôle (...), d'une part l'organisation médiocre de son étude surtout avant 1993, et d'autre part l'habitude qu'elle a de laisser ses dossiers prendre des retards considérables. Est particulièrement choquant le peu de cas qu'elle fait des différentes personnes placées dans une situation par hypothèse délicate, voire dramatique (...). Ce comportement confine au mépris des administrés. (...) Loin de mettre à profit les multiples interventions du ministère public, dont le nombre l'avait alertée sur la gravité des dysfonctionnements de son étude, elle n'a jamais fait que travestir son incapacité sous une interprétation extrêmement restrictive et passive de sa mission. (...) Ce défaut de dynamisme fait singulièrement contraste avec la souplesse montrée par ce mandataire, dès qu'il s'agit de percevoir des émoluments.*

« (...) Un tel comportement qui relève tout à la fois de l'indélicatesse, dans une certaine mesure, et de l'incompétence, est indigne d'un auxiliaire de justice et retentit sur la réputation de toute une profession participant au service public judiciaire. La comparution de l'intéressée devant la commission régionale d'inscription et de discipline des mandataires judiciaires à la liquidation des entreprises près la cour d'appel de Poitiers s'impose. »

Me Auger Dupeu est encore en fonctions.

– *Une fâcheuse tendance à faire durer les procédures*

Par ailleurs, M. Joël Rochard soulignait lors de son audition : « *La façon de travailler de nombreux mandataires pose problème. Les mandataires travaillant dans les tribunaux engagent facilement des procédures et vont facilement jusqu'en cassation, même pour un petit montant. Ne pourrait-on raccourcir les délais des procédures collectives en demandant aux mandataires de prendre l'habitude d'accepter l'arrêt de la cour d'appel, par exemple s'il est identique au jugement de première instance ? On désencombrerait au surplus la Cour de cassation ! (...) L'on doit attendre longtemps avant de répartir la totalité des sommes dues, mais on peut aussi – la loi l'autorise – opérer des répartitions partielles. Par exemple, si les litiges ne portent pas sur les créances privilégiées, on peut répartir entre les créanciers privilégiés. C'est une solution qui n'est malheureusement pas utilisée. Il ne semble pas que la profession, les parquets ou les juges-commissaires en fassent beaucoup usage. Une activation des répartitions partielles accélérerait la solution de nombreux dossiers. Elle réduirait aussi les encaisses et par là même les risques de détournement. Un effort est nécessaire en ce sens, mais* ***il faut savoir que la profession aime à garder des matelas de créances****. Des habitudes sont à forcer.* »

Plus loin, il réitère son constat accablant : « *Dans la mesure où les procédures sont longues, les mandataires savent qu'ils ne peuvent réexaminer un dossier avant longtemps. Si l'appel des prud'hommes doit se dérouler en juin 1999, on n'étudie pas le dossier à cette date, mais trois mois, voire six mois plus tard, puisque l'on n'est pas pressé. D'où une lenteur certaine. Une liquidation judiciaire est longue. Assumant des mandats limités, les juges-commissaires se succèdent. Ils récupèrent 100, 200 procédures, ne peuvent pas suivre, ni relancer les retardataires ; le parquet ne dispose pas des instruments de suivi et la lenteur propre à certains mandataires accroît encore les délais. Certaines cours d'appel, la Cour de cassation, rendent encore des arrêts sur des procédures collectives régies par les décrets de 1955 ou les lois de 1967.* »

– Le recours à la sous-traitance : une sous-utilisation des experts en diagnostic d'entreprise

Le recours à la sous-traitance des tâches confiées au mandataire par le tribunal s'est développé depuis la réforme de 1985 qui, si, elle ouvrait de telles possibilités, offrait quelques ambiguïtés, notamment sur la prise en charge de la rémunération des personnes appelées à la demande des mandataires pour effectuer au profit de l'entreprise certaines tâches techniques comprises ou non dans les missions des mandataires (article 37 de la première loi du 25 janvier 1985).

Théoriquement, si les experts interviennent dans le cadre de la mission qui a été confiée au mandataire, c'est à lui qu'il appartient de les rémunérer personnellement. Si, au contraire, les experts se voient confier soit directement par le tribunal, soit avec son autorisation des attributions en dehors de la mission donnée au mandataire, c'est le juge qui va déterminer le montant de la rémunération due à l'expert en plus de celle du mandataire.

La détermination de ce qui relève du mandataire et de ce qui peut être sous-traité n'est pas toujours évidente. Surtout si elle est, de fait, effectuée par le mandataire lui-même ; bien peu de juges ou de présidents de tribunal s'avisent en effet de la contrôler.

Pourquoi, dans ces conditions, s'auto-limiter, d'autant plus que l'augmentation du nombre de procédures collectives, déjà évoqué, ne s'est pas accompagné d'une augmentation corrélative du nombre des AJMJ qui a tendance à stagner voire à diminuer.

Le nombre des mandats traité par chacun est de ce fait souvent très important.

LE NOMBRE EXCESSIF DE MANDATS, INCITATION À LA SOUS-TRAITANCE

Audition de Mme Devigne, magistrat responsable de la mission d'inspection des mandataires de justice.

M. le Président : Vous nous disiez que certains mandataires avaient 2 000, voire 3 000 mandats à gérer...

Mme Dominique DEVIGNE : C'est ce qui explique la tendance des mandataires à recourir à des intervenants extérieurs qui sont rémunérés par les procédures.

M. le Président : Avez-vous déjà inspecté une étude qui gère 3 000 mandats ?

Mme Dominique DEVIGNE : J'ai inspecté une étude qui en gérait 2 000 et qui avait onze employés et j'y ai constaté ce type de dysfonctionnement.

La multiplication des mandats peut être aussi à l'origine d'une autre dérive que je n'ai pas mentionnée : la paralysie des procédures. Il n'y a pas de durée moyenne légale – certaines sont très complexes et peuvent durer des années –, mais lorsque vous avez beaucoup de dossiers à gérer, les diligences ne sont pas faites dans des délais raisonnables.

La question de la sous-traitance pose celle du recours aux experts en diagnostic d'entreprise, nouvelle fonction créée par la loi n° 85-98 du 25 janvier 1985. La deuxième loi du 25 janvier 1985 (n° 85-99), dans son article 30, confie à l'expert en diagnostic d'entreprise la mission d'établir un rapport sur la situation économique et financière d'une entreprise en cas de règlement amiable ou de redressement judiciaire, ou de concourir à l'élaboration d'un tel rapport en cas de redressement judiciaire. Il est donc appelé à intervenir auprès de l'administrateur. C'est ce dernier qui peut demander sa désignation. Par ailleurs, la rémunération de l'expert est imputée sur celle de l'administrateur.

L'audition par la commission des représentants de la Compagnie nationale des experts en diagnostic d'entreprise, composée de la majorité des chefs d'entreprise inscrits en tant qu'experts en diagnostic d'entreprise sur les listes établies par les cours d'appel, a révélé que le recours à ces professionnels par les tribunaux de commerce était extrêmement limité et que la loi, sur ce plan, était resté lettre morte, au profit d'experts rémunérés directement sur les fonds de l'entreprise en redressement.

– La pratique des cabinets secondaires

Il faut ajouter à ces dérives celle qui consiste à créer des cabinets secondaires. Une fois inscrit sur la liste nationale, tout administrateur peut créer des cabinets sur tout le territoire sans véritable contrôle. C'est une lacune de la législation.

LA QUESTION DES CABINETS SECONDAIRES

Lors de son audition par la commission, M. Lafortune, avocat général à la Cour de cassation, ancien membre de la commission nationale d'inscription et de discipline des administrateurs, a exposé le système des cabinets secondaires.

M. Maurice LAFORTUNE : J'ai poursuivi un administrateur judiciaire qui avait son cabinet « principal » à Toulouse. Outre-mer, il avait installé un cabinet secondaire à la Martinique, puis un autre à la Réunion. Des mandats de justice sont par nature confiés *intuitu personae*, pour une bonne administration de la justice et pour éclairer la juridiction. Comment exercer correctement un mandat de justice outre-mer dès lors que l'on est installé à Toulouse ?

M. le Président : Il n'est pas le seul.

M. Maurice LAFORTUNE : Oui, et la situation perdure. Cet administrateur s'est rendu compte que le parquet et le commissaire aux comptes qui doivent chaque année contrôler son activité et ses comptes sont ceux du lieu de son cabinet principal. Le procureur de Fort-de-France ou celui de Saint-Denis n'ont aucune compétence sur ses cabinets secondaires. Il appliquait à l'envers la législation, si bien que son cabinet « principal » comptait huit dossiers, son cabinet secondaire à la Martinique 600 et celui de la Réunion 400 ! La législation ne s'applique pas !

J'ai reçu un appel téléphonique du trésorier-payeur de Cayenne qui se déclarait très soucieux des comptes des entreprises de la Guyane. Il constatait que l'administrateur judiciaire, recevant des mandats de justice du tribunal de Cayenne, rapatriait les fonds des entreprises sur Paris, lesquels auraient normalement dû être déposés à la Caisse des dépôts et consignations. De fait, il n'avait aucune maîtrise sur ces fonds. Il me demandait que faire. Il était décidé à imposer à cet administrateur judiciaire l'ouverture d'un compte spécial pour être en mesure de le contrôler.

Effectivement, les fonds étaient transmis au lieu du cabinet principal, d'où l'impossibilité de tout contrôle. Là encore, l'administrateur avait compris que les textes pouvaient s'appliquer à l'envers.

M. le Président : Une telle situation est apparemment fréquente.

M. Maurice LAFORTUNE : L'outre-mer est le lieu où l'on ouvre un cabinet secondaire.

Pour compléter ces morceaux choisis, il est intéressant de relever que le cabinet Goulletquer disposait de cabinets secondaires à Montpellier, à Cayenne, à Baie-Mahault en Guadeloupe, mais également au Lamentin en Martinique, à Nouméa en Nouvelle-Calédonie et à Saint-Denis-de-la-Réunion. L'ampleur de cette pratique des cabinets secondaires est au demeurant impossible à évaluer avec précision. En effet, **la commission n'a pu obtenir la liste des cabinets secondaires des études principales des administrateurs judiciaires ni auprès du Conseil national des administrateurs judiciaires et des mandataires judiciaires à la liquidation des entreprises, ni auprès de la Caisse de garantie des administrateurs judiciaires et des manda-**

taires judiciaires à la liquidation des entreprises ni auprès de la Caisse des dépôts.

– Une déontologie très approximative

La perception qu'ont certains mandataires de la déontologie semble assez floue. Seul le cas de Me David mandataire à Saint-Brieuc sera évoqué ici. Le Rapporteur reviendra sur d'autres exemples dans le chapitre 4 ci-après (« L'apparition et le développement de la corruption dans les tribunaux de commerce »).

LE MANDATAIRE-LIQUIDATEUR SAIT SOIGNER SES AMITIÉS

En 1988, Me Daniel David est nommé liquidateur de la société Labbé de Lamballe, société qui emploie plus de 200 personnes. Au bout de quelque temps, il reçoit plusieurs propositions d'acquisitions, dont l'une de M. Gauthier. Laissons la parole à l'intéressé :

Me Daniel DAVID : J'ai reçu en définitive quatre propositions d'acquisition dont une a été présentée par un dénommé Daniel Gauthier, dont vous avez vu le nom puisque c'est lui qui est le plus cité dans les dossiers qui me concernent. Il est expert-comptable à Rennes et commissaire aux comptes en second de deux banques régionales, la Banque de Bretagne et la Société de développement régional. Il s'est présenté et je l'ai vu pour la première fois de ma vie dans les locaux de la société Labbé. (...) J'ai pris le risque – et je recommencerai demain exactement de la même manière – d'accepter une proposition faite par un dénommé Daniel Gauthier qui, en plus de la qualité de son mandant (puisqu'il agissait pour le compte d'un dénommé Altrad), représentait également un transporteur et des clients potentiels de la société Labbé, lesquels avaient effectué l'offre la plus élevée en nombre de salariés et en prix. (...) J'ai dit tout à l'heure que Labbé SA faisait du blindé léger et de la carrosserie messagerie. (...) J'ai rencontré à plusieurs reprises Daniel Gauthier pour lui demander ce qu'il comptait faire pour éviter de scinder en deux l'affaire. C'est un capitaliste puisqu'il a investi pour le compte de tiers mais il s'est retrouvé finalement principal détenteur du capital social. Je ne suis pas associé avec lui dans la société Labbé, nouvelle ou ancienne ; **je ne suis pas intéressé directement ou indirectement à cette vente en dehors de mon métier de liquidateur judiciaire.**

Plus loin dans l'audition, le Rapporteur revient sur cette question, tout en étant précisé que M. Gauthier a été partie dans la reprise de deux autres entreprises, l'affaire Conan et l'affaire du Mont Carmel, affaires dans lesquelles Me David est également intervenu.

M. le Rapporteur : Tout à l'heure, nous avons parlé avec messieurs les magistrats d'une question très importante, et il faut que vous soyez précis là-dessus. Il est allégué que vous seriez personnellement, directement ou indirectement, associé à M. Gauthier qui a repris l'affaire Labbé, l'affaire de carrosserie. Est-ce exact ou est-ce inexact ?

Me Daniel DAVID : Il est inexact que je sois associé dans une affaire Labbé, directement ou indirectement. En revanche, il est exact qu'en décembre 1993, trois ans après la vente des actifs de Labbé, j'ai, avec une quinzaine d'autres personnes, sollicité Daniel Gauthier qui a une couverture financière suffisante pour qu'il participe à une société dans les Antilles françaises, dans l'île de Saint-Martin. Il s'agissait de financer un établissement hôtelier. Parmi les associés, il y a des médecins, il y a des Parisiens, il y a une entreprise... quelques personnes sur lesquelles je ne possède que peu d'éléments ; cela a été fait dans le cadre de la loi Pons sur les investissements dans les Antilles françaises. Premièrement, il n'y a rien d'illégal là-dedans et, deuxièmement, j'avais vendu trois ans auparavant les actifs de la société Labbé. J'ai eu des liens avec M. Gauthier à l'occasion de cette affaire parce que nous nous sommes vus, pendant plusieurs mois, au moins une ou deux fois par semaine en raison des énormes problèmes posés par la cession d'une entreprise de cette taille, et je n'ai pas à me reprocher cette association faite trois ans plus tard. Je peux être associé demain pour monter une autre affaire là-bas. (...)

M. le Rapporteur : J'ai une question à vous poser : étiez-vous désigné par le tribunal dans l'affaire Conan également ?

Me Daniel DAVID : Oui.

M. le Rapporteur : J'ai un raisonnement simple, mon cher maître : **vous êtes associé avec Me Gauthier dans des affaires qui n'ont rien à voir avec la reprise...**

Me Daniel DAVID : ... une affaire qui n'a rien à voir et qui est complètement indépendante, une affaire de défiscalisation.

M. le Rapporteur : Je veux travailler sur pièces, je ne veux pas vous mettre en cause inutilement et sans justification. On m'envoie des documents. Je vois que vous avez immatriculé une société Pétrus aux Antilles.

Me Daniel DAVID : Oui, Pétrus SARL Il y a trois cogérants.

M. le Rapporteur : Oui, il y a trois cogérants qui gèrent une société qui est aux Antilles, intitulée Orient Stone. J'ai sous les yeux le K*bis*. Cette cogérance fait apparaître que la **société Pétrus est gérée elle-même par Mme Véronique David, votre épouse.**

Me Daniel DAVID : Oui.

M. le Rapporteur : L'autre société, qui est par ailleurs cogérante, c'est-à-dire SIGO, est dirigée par Mme Gauthier, c'est-à-dire l'épouse de Daniel Gauthier. Et on me fait parvenir un autre document sur une société SNC, TOP CAMPU RENNES BEAUREGARD où les deux mêmes sociétés, c'est-à-dire Pétrus et SIGO sont présentes. (...)

Vous êtes donc associé dans deux affaires avec M. Gauthier. La question que je me pose – et nous l'avons posée aux magistrats qui vous désignent –, c'est que vous avez été désigné comme représentant des créanciers à un moment où vous étiez en affaire avec M. Gauthier, non pas tant dans l'affaire Labbé (c'était antérieur) mais postérieurement dans l'affaire de la reprise de Conan, et dans la reprise de Mont Carmel. Ces deux sociétés font apparaître Labbé comme associé au repreneur M. Robin, c'est-à-dire que Labbé, qui a été repris par M. Gauthier, votre associé – le problème est là –, a repris avec Robin la société Conan dans laquelle vous êtes mandataire-liquidateur, et le même Labbé est associé dans la reprise du Mont Carmel avec M. Robin alors que vous êtes mandataire-liquidateur dans cette affaire.

- ***Un placement des fonds qui manque de clarté***

Les sommes manipulées par les mandataires judiciaires sont gigantesques. En moyenne, les comptes d'une étude s'élèvent à 100 millions de francs. Cela va de 50 millions de francs, à 250, 300 millions de francs. Quelques études détiennent plus d'un milliard de francs.

Au total, les mandataires de justice ont **57 milliards de francs en compte** à la seule Caisse des dépôts et consignations, à comparer avec les 35 milliards de francs déposés par les notaires et les 10 milliards de francs d'autres dépôts réglementés. Le siège parisien de la Caisse récupère directement 11 milliards de francs auprès des études parisiennes et le réseau du Trésor public 46 milliards de francs. Les dépôts des administrateurs judiciaires représentent 14,25 milliards de francs et ceux des mandataires judiciaires à la liquidation des entreprises 42 milliards de francs.

Le montant des flux, autrement dit le total des encaissements pour le réseau du Trésor public, s'élève à 173 milliards de francs annuels. Cent professionnels déposent 50 % des fonds et dix professionnels [1] déposent plus de 500 millions de francs. Depuis 1990, les flux enregistrés par la Caisse des dépôts ne cessent de croître. En outre ils ne représentent qu'une partie des sommes manipulées par les mandataires.

Les enjeux sont donc considérables.

Des règles complexes

Trois règles ont été posées par la loi n° 85-98 du 25 janvier 1985 relative au redressement et à la liquidation judiciaires des entreprises s'agissant du maniement des fonds et de la rémunération des administrateurs judiciaires et des mandataires judiciaires à la liquidation des entreprises.

L'article 34 dispose qu'en cas de vente d'un bien grevé d'un privilège spécial, d'un nantissement ou d'une hypothèque, la quote-part du prix correspondant aux créances garanties par ces sûretés est versée en compte à la Caisse des dépôts et consignations.

L'article 41 de la première loi du 25 janvier 1985 précise que toute somme perçue par les mandataires de justice qui n'est pas

1. Huit à Paris, un à Avignon, un à Montpellier.

portée sur les comptes bancaires ou postaux du débiteur pour les besoins de la poursuite d'activité doit être versée immédiatement en compte de dépôt à la Caisse des dépôts et consignations.

L'article 151 de la loi précitée précise, s'agissant de la procédure de liquidation judiciaire, que toute somme perçue par le liquidateur dans l'exercice de ses fonctions est immédiatement versée en compte de dépôt à la Caisse des dépôts et consignations.

Ces obligations correspondent à celles qui étaient imposées au syndic par l'article 25 du décret n° 67-1124 du 22 décembre 1967 et le fait qu'elles trouvent leur origine dans des dispositions désormais de nature législative leur confère un plus grand poids. Le législateur a bien précisé que le dépôt des fonds à la CDC devait être effectué « immédiatement ».

En revanche, sous le régime de la loi du 25 janvier 1985, le commissaire à l'exécution du plan n'a pas, en l'état de la réglementation, l'obligation formelle de déposer les fonds à la Caisse des dépôts et consignations. Il peut détenir en sus des fonds pour les besoins de la poursuite d'actions en justice (article 67, alinéa 2 de la loi n° 85-98 du 25 janvier 1985) et des fonds relatifs à la vente d'un bien grevé d'un privilège spécial, d'un nantissement ou d'une hypothèque (articles 78 de la loi précitée et 102 du décret n° 85-1388 du 25 janvier 1985).

Les mandataires de justice ont eu, lors de l'entrée en vigueur de la loi précitée, à savoir à partir du 1er janvier 1986, la possibilité de virer les fonds qu'ils détenaient sur les comptes de consignation ouverts par affaire à la Caisse des dépôts, sur les nouveaux comptes de dépôts intitulés compte général (non rémunéré et sur lequel les fonds sont placés pour une durée très courte) et compte de répartition (rémunéré à 2,5 % pour une durée moyenne), constituant ainsi une masse unique des fonds des tiers détenus, conformément à l'article 195 du décret n° 85-1388 du 27 décembre 1985 modifié. Les sommes ne sont donc plus versées sur les anciens comptes de consignations qui étaient ouverts pour chaque affaire.

Ainsi, les trésoriers-payeurs généraux ne sont plus en mesure d'attester la régularité des sommes détenues dans une affaire entre, d'une part, celles déposées sur un compte global ouvert à la CDC et d'autre part, celles détenues entre les mains du commissaire à l'exécution du plan dans des établissements bancaires autres que la Caisse des dépôts et consignations. Ils peuvent seulement communiquer le solde des comptes ouverts au nom du professionnel (compte général et comptes de répartition) et la liste des comptes à terme ouverts à la CDC.

En outre, il résulte du cahier des charges relatif aux comptes ouverts à la Caisse des dépôts et consignations dans le cadre de la loi du 25 janvier 1985 que le mandataire désigné comme liquidateur, lorsque le solde des sommes encaissées et payées au titre d'une affaire ayant fait l'objet d'une décision de liquidation excède 100 000 francs, doit utiliser son seul compte de répartition ou demander l'ouverture d'un compte à terme pour l'affaire considérée. Par conséquent, le compte général, compte de dépôt non rémunéré, ne doit pas être utilisé pour les dépôts supérieurs à 100 000 francs.

Des pratiques frauduleuses sur une grande échelle

La commission a observé qu'un grand nombre de mandataires ont obtenu de certaines banques (SDBO, Monod, Gallière, Rivaud, Finindus) en échange du dépôt d'une partie des fonds de l'entreprise sur un compte non rémunéré, des prêts personnels à taux zéro, voire à taux négatif.

Un spécialiste des procédures collectives à la fois mandataire judiciaire à la liquidation des entreprises et professeur d'université, M. Bernard Soinne, a ainsi expliqué le système à la commission, lors de son audition : « *Il faut souligner que pour les fonds des commissariats au plan, le mandataire peut les déposer où il le souhaite et non à la seule Caisse des dépôts et consignations. Il y a plusieurs techniques. La première consiste à avoir un compte A " faillites " qui n'est pas rémunéré, ou rémunéré au taux donné par la Caisse des dépôts et consignations, 3 % environ, puis, un compte B, débiteur, au profit du mandataire, qui ne fait pas l'objet d'agios débiteurs. La deuxième technique consiste à octroyer des prêts à 2 % ou 3 % au mandataire. La troisième consiste à avoir des fonds A, les fonds de faillite, qui donnent un taux d'intérêt de 3 % et les fonds B, ceux du mandataire, qui donnent un taux d'intérêt de 15 %.* »

Exposées par un mandataire de justice, ces pratiques ont également été expliquées à la commission par plusieurs membres du parquet de Paris.

LES PARQUETS S'INTÉRESSENT AUX RELATIONS ENTRE LES MANDATAIRES ET LES BANQUES

M. Jean-Claude Marin, procureur adjoint au tribunal de grande instance de Paris, fait état des recherches en cours sur les relations qu'ont entretenues certains mandataires avec certains établissements bancaires.

M. Jean-Claude MARIN : (...) Une enquête préliminaire est en cours. Elle porte moins sur des rémunérations qu'auraient pu obtenir des mandataires de justice sur la base d'une sorte de contrat commercial consistant à privilégier tel et tel établissement de crédit pour l'ouverture des comptes professionnels et sur lesquels étaient affectés les comptes des entreprises gérées, mais plutôt sur les taux d'intérêt consentis sur des emprunts effectués par ces professionnels à titre professionnel ou privé, ce qui ne change pas la nature des faits. Cette enquête préliminaire a été confiée à la brigade financière de Paris. Il est précisé que le cas d'un certain nombre de ces professionnels est examiné par d'autres parquets, car, dans une logique d'action publique, il a été décidé de confier l'enquête au parquet qui avait connaissance des mandataires de justice plutôt qu'à celui du lieu du siège social du prêteur à taux zéro ou quasi zéro. Ainsi des enquêtes similaires sont menées par la cour d'appel de Versailles, essentiellement. Cette enquête est en cours ; elle concerne pour Paris une quinzaine de professionnels, administrateurs judiciaires et mandataires à la liquidation des entreprises. On en attend les résultats.

M. le Rapporteur : Cette enquête a-t-elle été ouverte à la demande de l'administration fiscale ?

M. Jean-Claude MARIN : C'est une enquête ouverte à la suite d'une transmission sur le fondement de l'article 40 du code de procédure pénale.

M. le Rapporteur : Quand a-t-elle été ouverte ?

M. Jean-Claude MARIN : Je n'ai pas la date précise en tête, mais je pense que c'est à la fin de 1996 ou au début de 1997. Le délai d'enquête peut paraître anormal, c'est un problème.

M. le Rapporteur : C'est un sujet qui, par ailleurs, passionne le législateur !

M. Jean-Claude MARIN : ... qui dépasse très largement votre commission d'enquête, mais sachez que la brigade financière de Paris est totalement submergée.

M. le Rapporteur : Je l'ai noté.

Si des charges doivent être retenues, dans quel délai déboucheront-elles sur la saisine de la juridiction d'instruction ou d'une juridiction de jugement ?

M. Jean-Claude MARIN : Il est trop tôt pour dire ce que fera le parquet au vu d'une enquête qui n'est pas terminée. On nous a promis que cette enquête verrait son aboutissement juste avant ou juste après l'été. J'ai tendance à dire que c'est au vu des résultats de cette enquête que le parquet de Paris prendra une position qui peut n'être pas globale pour l'ensemble des professionnels : les situations peuvent être très différenciées.

Mme Fulgéras, chef de la section économique et financière du parquet du tribunal de grande instance de Paris, auditionnée le 7 mai 1998 par la commission, confirme les faits.

Mme Anne-Josée FULGÉRAS : Je ne vous ai pas parlé des

prêts consentis par les banques aux mandataires ; ce n'est pas pour vous en cacher la teneur, mais simplement parce que deux informations ont été ouvertes à ce sujet. L'une en janvier, l'autre en février à Paris.

M. le Rapporteur : Merci de nous le signaler. On nous a dit qu'il y avait eu une quarantaine de redressements fiscaux et qu'une enquête préliminaire avait été ouverte, dont M. Marin nous a dit qu'elle était en cours et n'avait pas encore débouché sur l'ouverture d'une information judiciaire.

Mme Anne-Josée FULGÉRAS : C'est récent.

M. le Rapporteur : Vous avez choisi le critère de répartition par mandataire ou par banque ?

Mme Anne-Josée FULGÉRAS : Par banque. C'était un vrai problème de savoir si, au regard de l'intérêt de l'action publique, le critère de la banque était bien le meilleur. Il n'y avait aucun critère, aucun choix totalement satisfaisant. Nous avons fini par ouvrir deux informations judiciaires chez le même juge d'instruction, pour chacune des deux banques qui intéressent 25 ou 30 mandataires. Ils ont bénéficié de prêts consentis à des taux inférieurs à des taux de refinancement. La question est surtout de savoir si ces avantages ont pesé sur la façon dont ils ont exercé leur mission, ce qui constituerait une corruption active.

Il s'agissait d'une prime de fidélité, je pense. Je ne peux pas vous en dire plus. D'ailleurs, les informations ne font que commencer.

Une circulaire du garde des Sceaux en date du 1er août 1978 avait déjà dénoncé de telles pratiques et la profession des syndics avait été invitée à ne plus considérer les intérêts produits par les comptes bancaires professionnels comme étant acquis personnellement par ses membres, mais à les répartir entre les masses des créanciers concernés conformément au principe d'accession, selon lequel « *la propriété d'une chose mobilière ou immobilière donne droit sur tout ce qu'elle produit* » (article 546 du code civil).

Certains mandataires effectuent des prélèvements sur des dossiers ayant un solde positif pour couvrir les sommes d'une affaire ayant un solde négatif. Cela signifie que le mandataire a engagé des dépenses pour le compte de l'affaire sans disposer des recettes correspondantes, et les prélèvements opérés alors que la provision n'était pas suffisante sont réalisés sur les sommes gérées pour les autres dossiers. En réalité, une partie des fonds n'est pas représentée. De la même façon, il faut relever que des soldes négatifs sur un compte global qui produit intérêts ont pour effet de diminuer la base de répartition des intérêts pour les autres dossiers. Légalement, le professionnel devrait créditer le compte de l'affaire par une avance sur ses fonds personnels avant d'engager la dépense.

Par ailleurs, la Chancellerie, dans une circulaire récente aux procureurs généraux [1], initiative à laquelle il faut rendre hommage, a

1. Circulaire n° CIV 97/12 du 20 octobre 1997.

pu repérer un certain nombre de cas dans lesquels le compte crédité par les avances de l'AGS au vu des bordereaux de déclaration des créances salariales, en l'absence de fonds disponibles, enregistrait un solde positif sur une longue période, le mandataire omettant de retourner à l'AGS les sommes avancées au titre des salaires et qui n'ont pu être remises à leur bénéficiaire.

Des sanctions existent dans la réglementation

La seule disposition légale imposant au mandataire de déposer les fonds des créanciers sur un compte ouvert à la Caisse des dépôts et consignations caractérise l'intention frauduleuse de malversation (Cour de cassation, chambre criminelle, 5 juillet 1993) et soumet l'intéressé aux rigueurs de l'article 207 de la loi n° 85-998 du 25 janvier 1985 qui punit cette malversation des peinès de l'abus de confiance aggravé (7 ans d'emprisonnement, 5 millions de francs d'amende).

De ce point de vue, l'ambiguïté ou l'insuffisance du dispositif technique applicable au maniement des fonds par les mandataires de justice, parfois invoquée par les professionnels concernés, ne revêt qu'une importance relative, puisque le fait d'utiliser à leur profit fût-ce une partie seulement des sommes perçues dans l'accomplissement de leur mission constitue l'élément matériel de l'infraction.

c) Des contrôles multiples et défaillants : une profession livrée à elle-même

La multitude des contrôles prévus pour encadrer la profession d'administrateur et celle de liquidateur n'existe que dans les textes. Elle n'a pas empêché les dérives constatées. **La profession, aussi bien que les pouvoirs publics, sont coupables en ce domaine, ces derniers déléguant largement à la première la responsabilité de se surveiller elle-même : avec le succès que l'on connaît !**

• ***Responsabilité et sanctions***

L'engagement de la responsabilité des mandataires intervenant devant les tribunaux de commerce obéit au principe fixé par l'article 1992 du code civil : « *Le mandataire répond non seulement du dol, mais encore des fautes qu'il commet dans sa gestion. Néanmoins la responsabilité relative aux fautes est appliquée moins rigoureusement à celui dont le mandat est gratuit qu'à celui qui reçoit un salaire.* »

Le mandataire ne contracte donc qu'une obligation de moyens mais sa faute doit être appréciée avec une certaine rigueur, comme celle de tout professionnel rémunéré. L'action en responsabilité est de la compétence du tribunal de grande instance.

L'administrateur, quant à lui, encourt la responsabilité pénale du chef d'entreprise, sans pouvoir se dégager par une délégation donnée au débiteur qui n'est pas son préposé (Cour de cassation, chambre criminelle, 30 janvier 1996).

S'agissant des sanctions, il convient de noter que la Commission nationale d'inscription et de discipline, pour le cas des administrateurs, et les commissions régionales, pour le cas des mandataires à la liquidation, peuvent siéger en chambres de discipline et jouent, à ce titre, le rôle de « bras séculier » du parquet dans sa mission de contrôle. Elles prononcent les décisions de retrait des mandataires de la liste. Elles peuvent prononcer également des avertissements, des blâmes, des interdictions temporaires pour une durée n'excédant pas un an, mais aussi une radiation de la liste.

Tout mandataire interdit temporairement, radié ou suspendu provisoirement doit s'abstenir de tout acte professionnel. Il ne peut donc plus être désigné par le tribunal (articles 17 et 28 de la deuxième loi du 25 janvier 1985).

Les commissions de discipline ne peuvent être saisies que par le commissaire du gouvernement, magistrat du parquet désigné à cet effet, dans un délai de dix ans à compter des faits reprochés (article 16 de la loi précitée).

Par ailleurs, l'article 207 alinéa premier de la loi n° 85-98 du 25 janvier 1985 punit des peines de l'abus de confiance aggravé d'une part le fait pour tout mandataire de justice de porter volontairement atteinte aux intérêts des créanciers ou du débiteur, soit en utilisant à son profit les sommes perçues dans l'accomplissement de sa mission, soit en se faisant attribuer des avantages qu'il savait n'être pas dus, d'autre part le fait de faire dans son intérêt des pouvoirs dont il dispose un usage qu'il sait contraire aux intérêts des créanciers ou du débiteur.

L'alinéa 2 de l'article précité dispose qu'est puni des peines de l'abus de confiance aggravé le fait non seulement pour les mandataires judiciaires de se rendre acquéreur pour leur compte, directement ou indirectement, des biens du débiteur mais encore de les utiliser à leur profit.

• ***La faillite de tous les contrôles***

Conscients des enjeux, le législateur et le pouvoir réglementaire ont prévu de multiples cadres de contrôle, théoriquement sanctionnés par des mesures disciplinaires et des peines conséquentes. Outre le contrôle exercé par le juge-commissaire et les créanciers au travers des contrôleurs tout au long de la procédure, il convient de distinguer trois types de contrôle : celui exercé par la profession, le contrôle de la Chancellerie et celui exercé par les parquets.

Aussi nombreux qu'approfondis, les contrôles théoriques devaient permettre d'encadrer des professions aux missions délicates. Dans la réalité, **la multiplication des « affaires » a révélé tout à la fois l'absence de responsabilité de la profession, l'inexistence d'une volonté forte de la part de la Chancellerie de contrôler ces professionnels et les procédures collectives en général, et la faiblesse de la culture économique et financière des parquets, mobilisés sur l'action pénale et malheureusement en panne de moyens.**

– Une profession complaisante

En vertu des articles 54-16 à 54-23 du décret n° 85-1389 du 27 décembre 1985 modifié par le décret n° 91-1030 du 8 octobre 1991 relatif aux administrateurs judiciaires et mandataires judiciaires à la liquidation des entreprises, le Conseil national des administrateurs judiciaires et des mandataires judiciaires à la liquidation des entreprises exerce des contrôles réguliers sur les études. Une circulaire n° CIV 92/9 en date du 10 septembre 1992 est venue préciser les modalités de ce contrôle.

Chaque étude est soumise tous les quatre ans à un contrôle, qui porte sur l'ensemble de son activité. Elle peut en outre, à tout moment, être soumise de manière inopinée à un contrôle occasionnel qui porte soit sur une question particulière, soit sur l'ensemble de l'activité du professionnel. Ce contrôle occasionnel peut être demandé au bureau du Conseil national par les commissaires du gouvernement près les commissions de discipline et par le magistrat chargé des inspections des mandataires.

Le contrôle est effectué par un ou deux contrôleurs qui sont désignés par le président du Conseil national, selon le cas, parmi les mandataires judiciaires ou les administrateurs judiciaires n'exerçant pas leur activité dans le même ressort de cour d'appel que le professionnel contrôlé et choisis sur une liste dressée à la fin du troisième trimestre de chaque année et soumise à l'agrément du garde des Sceaux.

Cette catégorie de contrôle suppose une autorégulation de la profession qui ne s'effectue pas dans la réalité.

Même s'il n'est pas constitué en véritable ordre professionnel et s'il n'a pas de pouvoir disciplinaire propre, le Conseil national des administrateurs judiciaires et des mandataires judiciaires à la liquidation des entreprises semble faire preuve d'une cécité étonnante.

Le récit fait de ce type de contrôle par M. Joël Rochard, inspecteur général des finances, lors de son audition par la commission est édifiant : « ***Les contrôles par la profession – vaste rigolade ! – sont effectués par deux personnes, des gens très sérieux de la profession. On panache : l'un vient de Paris, l'autre de province. Conclusion : il y en a toujours un qui vient de loin et le contrôle ne commence jamais avant dix heures le matin. Ils travaillent jusqu'à treize heures et le contrôlé invite les contrôleurs à déjeuner. On revient de déjeuner vers quinze heures et vers seize heures, celui qui habite loin doit repartir. Le contrôle d'une journée dure quatre heures !***

« ***On prévient les personnes du contrôle trois mois à l'avance, ce qui est une technique formidable pour faire disparaître les dossiers gênants !***

« ***Si le contrôlé ne souhaite pas montrer un dossier au contrôleur – pas forcément malhonnête, mais " pagailleux " dirai-je –, il l'envoie aux archives quinze jours et conserve les dossiers ne posant pas problème.***

« ***Les contrôleurs disposent d'un dossier type et cochent. Ils envoient même par avance, avant le contrôle, le dossier type au contrôlé pour qu'il puisse remplir les cases. Le dossier fait quarante pages. Si vous retirez tout ce qui est blanc, il ne reste plus que douze pages utiles, où figurent des informations telles que : " M. X s'est installé à telle date " ; " Il habite à tel endroit, il est marié, possède tel diplôme. " Ces pages ne présentent donc que peu d'intérêt.***

« Les dossiers sont envoyés aux archives et quand les contrôleurs retiennent un dossier figurant sur la liste, le contrôlé s'exclame : " Oh, catastrophe ! Je l'ai envoyé aux archives. Mais, qu'à cela ne tienne, j'appelle la société d'archivage et demande immédiatement le dossier. " On sait parfaitement qu'il ne pourra revenir dans la journée et l'on peut donc parfaitement ne pas être contrôlé sur les dossiers gênants. C'est là une méthode qui marche parfaitement !

« En outre, en l'espace de quatre heures, le contrôleur ne peut jeter qu'un coup d'œil formel sur le dossier. Y a-t-il bien une sous-chemise ? Le jugement figure-t-il ? Y a-t-il une autre sous-chemise ? Les correspondances sont-elles introduites ? C'est un peu comme si, pour un contrôle technique d'une voiture, on examinait la propreté de la carrosserie en oubliant les freins.

« Il ne suffit pas de vérifier la cohérence juridico-administrative du dossier ; il conviendrait également d'étudier en détail les comptes, les pièces de dépenses : cette dépense était-elle utile ? N'est-ce pas une dépense personnelle passée sur l'entreprise ? Ce travail n'est pas fait.

« Le summum fut le contrôle de l'étude de M. Goulletquer. Deux contrôleurs, pourtant performants dans la profession, puisque l'un est vice-président de la Caisse de garantie et l'autre siège à la commission de discipline, par conséquent deux véritables experts, sont restés une journée à l'étude de M. Goulletquer sans s'apercevoir qu'il manquait 200 millions de francs alors que c'était la seule chose à voir. Le reste est sans aucune importance.

« Les contrôles de la profession sont une catastrophe. C'est l'une des justifications des errements. »

Nous ne saurions mieux dire.

– Une Chancellerie dépassée et impuissante, un parquet sans moyens véritables

– Conformément à l'article 58 du décret n° 85-1389 du 27 décembre 1985 modifié relatif aux administrateurs judiciaires, mandataires judiciaires à la liquidation des entreprises et experts en diagnostic d'entreprise (deuxième décret du 27 décembre 1985), le professionnel doit adresser à la Chancellerie, par le biais des procureurs, une attestation annuelle de sa comptabilité réalisée par un commissaire aux comptes dûment inscrit sur la liste des commissaires aux comptes habilités pour procéder au contrôle de la comptabilité des études. Cette attestation indique les montants des fonds gérés par catégorie de mission et mentionne toutes les anomalies ou irrégularités constatées.

Selon les articles 55 et 56 du décret précité venu préciser les dispositions des articles 12 et 28 de la loi n° 85-99 du 25 janvier 1985, la Chancellerie procède à des inspections des études, fonction confiée à la mission d'inspection des mandataires de justice de la direction des affaires et civiles et du sceau. Le magistrat chargé de l'inspection peut prescrire, soit d'office, soit à la demande du commissaire du gouvernement compétent une inspection. Il peut soit effectuer lui-même les inspections, soit les confier à des magistrats du parquet, auquel cas il en coordonne l'activité. Le magistrat-inspecteur peut se faire assister d'un commissaire aux comptes.

Enfin, de façon tardive, la Chancellerie a précisé le cadre d'intervention du ministère public pour la surveillance des mandataires (circulaire du garde des Sceaux aux procureurs généraux près les cours d'appel, n° CIV 97/12 du 20 octobre 1997).

Étendu en théorie, le contrôle exercé par la Chancellerie est réduit à la portion congrue, faute de volonté, faute de moyens. Il faut relever la qualité des rapports de la mission d'inspection des mandataires de justice. Ils sont extrêmement détaillés : formation et conditions d'entrée du mandataire dans la profession, composition et formation du personnel, adéquation des moyens (documentation, locaux, équipement informatique et bureautique), rentabilité de l'étude, examen du respect des diligences.

Mais trois bémols doivent être émis.

Un seul magistrat est affecté à la mission d'inspection. Le poste a été récemment vacant pendant plusieurs mois. Son titulaire change relativement souvent. **Mme Dominique Devigne, magistrat à la direction des affaires civiles et du sceau, responsable de la mission d'inspection des mandataires de justice, a rappelé lors de son audition par la commission que, depuis 1986, il n'y avait eu que 18 inspections assurées par un seul magistrat pour 481 mandataires.**

L'inspection intervient souvent après qu'un contrôle a déjà été effectué par le Conseil national et lorsque le scandale est déjà connu.

Les poursuites disciplinaires régulièrement réclamées par l'inspection restent relativement rares, même si leur nombre a eu tendance à augmenter ces dernières années.

Contrairement à ce qu'avaient envisagé certains [1], avant la publication des décrets d'application de la deuxième loi du 25 janvier 1985, aucun véritable service public d'inspection analogue à l'inspection générale des services judiciaires, placé sous l'autorité du garde des Sceaux, n'a été mis en place.

– En vertu de l'article 12 de la loi n° 85-99 du 25 janvier 1985, **les administrateurs judiciaires sont placés sous la surveillance du ministère public**. Cette disposition est étendue aux mandataires judiciaires à la liquidation des entreprises par l'article 28 de cette même loi.

Le parquet doit à la fois apprécier l'exercice de la mission en vérifiant que le mandataire s'est doté de la structure lui permettant de faire face aux diligences attendues de lui et contrôler ainsi qu'il exécute dans des délais raisonnables les mandats qui lui sont confiés, et s'assurer de la représentation des fonds dont les mandataires sont dépositaires.

Les mandataires de justice doivent régulièrement envoyer un certain nombre d'informations aux parquets :

– rapport sur le déroulement de la procédure et la situation de l'entreprise (dans les deux mois du jugement d'ouverture dans le cadre du régime général en vertu de l'article 29 du décret n° 85-1388 du 27 décembre 1985 modifié relatif au redressement et à la liquidation judiciaires des entreprises, dans le mois du jugement d'ouverture dans le cadre de la procédure simplifiée conformément à l'article 113 de ce même décret) ;

– information du procureur par le liquidateur sur les opérations de liquidation tous les trois mois (article 150 de la loi n° 85-98 du 25 janvier 1985 relative au redressement et à la liquidation judiciaires des entreprises) ;

1. Michel Olivier, « Le nouveau statut des administrateurs judiciaires et mandataires-liquidateurs dans leurs fonctions dans les entreprises en difficulté », *in Gazette du Palais*, 25, 27 et 29 juin 1985.

– sur demande du procureur et à tout moment, et en tout cas une fois par an, rapport du liquidateur indiquant les différentes opérations de liquidation des actifs, le montant des sommes versées à la Caisse des dépôts et consignations, l'état des répartitions faites aux créanciers (article 123 du décret précité) ;

– information du procureur par le débiteur ou l'administrateur, à chaque fin de période de poursuite d'activité ou à tout moment à la demande du ministère public sur les résultats d'exploitation, la situation de trésorerie et la capacité du débiteur à faire face aux dettes nées postérieurement au jugement d'ouverture (article 57 du décret précité) ;

– en cas de continuation d'activité, à la suite d'un contrat de location-gérance, renseignements fournis par l'administrateur sur l'exécution par le locataire-gérant de ses engagements et des résultats de l'exploitation en précisant les sommes reçues du locataire-gérant (article 59 du décret précité) ;

– communication par le commissaire à l'exécution du plan de cession avec location-gérance de toute atteinte aux éléments pris en location-gérance ainsi que de tout défaut d'exécution des obligations du locataire-gérant (article 109 du décret précité) ;

– information par le commissaire à l'exécution du plan sur l'inexécution du plan de la part du débiteur, du cessionnaire ou de toute autre personne (article 67 de la loi n° 85-98 du 25 janvier 1985, article 94 du décret précité) ;

– transmission par les mandataires au procureur de toute information relative à des faits générateurs de faillite personnelle ou d'interdiction de gérer (article 168 du décret précité).

Aussi importante que soit la masse d'informations contenues dans ces documents, elle est difficilement traitée par les parquets qui manquent de moyens et sa compréhension est souvent rendue difficile par la présentation même des documents. Ainsi, les états trimestriels [1] présentent un caractère véritablement ésotérique et leur exploitation appararaît particulièrement compliquée.

1. Voir exemple en annexe.

LES MANDATAIRES NE FACILITENT PAS LE CONTRÔLE DU PARQUET

Lors de leur audition par la commission, Mme Drouy-Ayral, procureur adjoint au tribunal de grande instance de Marseille, et M. Kiriakides, procureur au tribunal de grande instance de Carcassonne, font état des difficultés qu'ils rencontrent à exercer un contrôle effectif sur les mandataires de justice.

Mme Danielle DROUY-AYRAL : Avez-vous eu les états trimestriels ? J'en ai un exemplaire dont j'aimerais que vous preniez connaissance puisque c'est à partir d'eux que nous sommes, normalement, censés effectuer nos contrôles.

(...)

M. Achille KIRIAKIDES : Il y a effectivement ces états trimestriels mais je n'osais pas y faire allusion parce qu'ils sont pratiquement inexploitables, sauf à constater l'ancienneté de certaines procédures. Il existe un autre moyen qui permet parfois « d'avoir la puce à l'oreille », ce sont les réclamations ou les récriminations des justiciables sur l'activité des administrateurs ou des mandataires. Personnellement, j'attache beaucoup de prix à ces réclamations que j'examine avec soin.

J'ai pu remarquer, ce qui rejoint une observation sur l'insuffisance des mandataires et des administrateurs, que nombre d'entre eux négligeaient de répondre aux réclamations – justifiées ou non, peu importe – des justiciables. Des salariés, des personnes placées en liquidation judiciaire écrivent et réécrivent sans être honorées d'une réponse, ce que je trouve inadmissible !

M. le Président : Vous faites des remarques ?

M. Achille KIRIAKIDES : Oui, je demande des explications mais j'ai moi-même parfois des difficultés à les obtenir. Je n'y parviens pas toujours mais j'insiste. Sur ce point, je suis têtu et tenace ! En dernier lieu, d'ailleurs, je convoque.

En outre, le ministère public peut avoir accès aux documents déposés au greffe. Cela concerne notamment les opérations suivantes :

– remise des comptes relatifs aux opérations de recettes ou dépenses faites à la Caisse des dépôts et consignations par l'administrateur et le représentant des créanciers au greffe du tribunal, dans les deux mois qui suivent l'achèvement de leur mission (article 88 du décret précité) ;

– remise des comptes du commissaire à l'exécution du plan au greffe dans les deux mois qui suivent l'achèvement de sa mission (article 94 du décret précité) ;

– dépôt au greffe des comptes du liquidateur dans les trois mois de la clôture des opérations de la liquidation judiciaire, comptes faisant apparaître le détail des opérations de réalisation des actifs et de répartition du prix (article 168 de la loi précitée et article 153 du décret précité).

Enfin, le parquet est destinataire des décisions arrêtant les émoluments des professionnels concernés dans les quinze jours de leur prononcé.

Le parquet n'a pas aujourd'hui les moyens de son ambition, après n'avoir, pendant longtemps, manifesté aucune ambition en matière de contrôle des mandataires de justice, alors même qu'avant la réforme de 1985 il disposait de moyens importants pour contrôler les syndics. Alors, le procureur, dans son ressort, pouvait pénétrer dans le cabinet d'un syndic, le cas échéant accompagné d'un expert-comptable, et effectuer les contrôles qu'il jugeait utiles, ce que M. Yves Bot, procureur de la République près le tribunal de grande instance de Nanterre, a vivement regretté lors de son audition par la commission.

LE PARQUET N'A PAS LES MOYENS DE SON AMBITION

M. Yves BOT, procureur de la République près le tribunal de grande instance de Nanterre : Je considère que le pouvoir de contrôle du parquet est inférieur maintenant à ce qu'il était par rapport au temps où les mandataires s'appelaient les syndics. À l'époque, dans son ressort, le procureur pouvait « débouler », si vous me permettez cette expression, dans le cabinet d'un syndic, le cas échéant d'ailleurs après avoir emmené avec lui un expert-comptable, et appliquer les pouvoirs de contrôle qui sont les siens.

Maintenant, ce n'est plus possible. Se pose donc un réel problème parce que le schéma du contrôle de la profession n'apporte pas les garanties assurées par celles d'autres professions réglementées, telles que les notaires.

M. le Président : Plusieurs personnes nous ont dit que c'était le modèle à suivre.

M. Yves BOT : Il est clair qu'à une époque la profession notariale a été secoué par de nombreux scandales. Il semble qu'elle se soit bien reprise.

La circulaire du 20 octobre 1997 a demandé aux procureurs généraux près les cours d'appel de signaler à la Chancellerie tous les manquements professionnels graves constatés. Elle précisait en outre que, s'agissant des mandataires judiciaires à la liquidation des entreprises, les parquets devaient adresser aux procureurs généraux un rapport sur les agissements répréhensibles et que les commissaires du gouvernement devaient assurer un rôle de coordination et d'impulsion pour l'engagement des poursuites, tandis que s'agissant des administrateurs judiciaires, le commissaire du gouvernement près la CNIDAJ devait être destinataire de la copie des rapports adressés par les procureurs généraux à la Chancellerie.

Pour de nombreux parquets, la circulaire du garde des Sceaux du 20 octobre 1997 est difficilement applicable, faute de moyens humains et parfois de compétence. La commission a déjà fait remarquer dans le présent rapport que la présence des parquets devant les tribunaux de commerce était plus ou moins bien assurée. Or, il est difficile de surveiller les mandataires de justice si l'on ne suit pas régulièrement l'activité des juridictions consulaires.

Signalons une nouvelle fois encore l'avis d'un spécialiste, M. Joël Rochard : « *Le parquet théoriquement contrôle. Cela varie d'un parquet l'autre. (...) En effet, les cartes des tribunaux de grande instance et des tribunaux de commerce ne coïncident pas et quand un procureur s'intéresse au tribunal de commerce, il ne se sent pas responsable de la régularité des procédures, mais est plutôt intéressé par la possibilité que ces substituts auraient de trouver des affaires pénales au passage. Les représentants du parquet sont animés par une vision pénale et répressive, non par la volonté de suivre le fonctionnement des procédures collectives. Le travail du parquet se limite souvent aux pointages auxquels doivent procéder les mandataires (...). Il ne sert strictement à rien de lire une balance si l'on ne connaît pas le dossier. C'est un travail effectué en fait par les greffiers. Une fois par an, le commissaire aux comptes certifie les soldes, le certificat devant être déposé au parquet. Le travail consiste très souvent en un simple recensement des documents. Un dossier est ouvert et on relance l'administrateur judiciaire qui n'a pas envoyé les documents. À Paris même – c'est un paradoxe –, cette tâche a été déléguée et c'est le syndicat des mandataires qui ramasse les copies pour les confier au parquet !* »

Cependant, tous les parquets ne sont pas entièrement démunis, comme l'a rappelé, lors de son audition par la commission, M. Jean-Amédée Lathoud, procureur général de la République à la cour d'appel de Riom.

APPLIQUER LES TEXTES EN VIGUEUR !

M. Jean-Amédée LATHOUD, procureur général près la cour d'appel de Riom : Pour exercer une surveillance sur les procédures collectives, j'ai été amené à réunir les sept procureurs, à commenter avec eux et à travailler avec eux les circulaires de la Chancellerie qui me paraissent extrêmement utiles. (...)

À la suite de cette réunion, j'ai été amené à faire rédiger une note méthodologique et une note d'orientation pour les procureurs de façon très pratique pour leur demander de faire des représentations périodiques sur les rapports qui viennent ou qui ne viennent pas émanant des mandataires.

J'ai également été amené à effectuer des visites sur le terrain afin de voir ce qui fonctionnait et ne fonctionnait pas au niveau des secrétariats de parquet à propos de ces rapports de mandataires-liquidateurs.

J'ai, en outre, insisté sur l'examen des suivis des états périodiques et si je ne suis pas encore parvenu à totalement convaincre les mandataires-liquidateurs, ces derniers ont néanmoins compris qu'ils ne pouvaient se contenter de nous servir la formule « procédure en cours ». À la seconde lettre sans réponse, c'est d'ailleurs la police et la gendarmerie qui les entendent car je ne les convoque pas : je crois qu'il faut qu'ils comprennent clairement qu'ils doivent venir d'eux-mêmes.

Des circulaires telles que celles du procureur général près la cour d'appel de Riom, en date du 12 janvier 1998, démontrent le nouvel intérêt porté par les parquets à la surveillance des procédures collectives et en particulier des auxiliaires de justice que sont les mandataires-liquidateurs et les administrateurs judiciaires (évolution du nombre de dossiers, délai des procédures, examen des fonds détenus par le mandataire sur les comptes bancaires autres que ceux ouverts à la Caisse des dépôts et consignations, contrôle de la répartition des intérêts perçus sur les comptes ouverts à la Caisse des dépôts et consignations).

– Des contrôleurs et des juges-commissaires peu présents

L'institution par la première loi du 25 janvier 1985 de créanciers contrôleurs et l'extension de cette institution par la loi n° 94-475 du 10 juin 1994 relative à la prévention et au traitement des difficultés des entreprises n'ont pas permis de pallier l'insuffisance des autres contrôles. Ces contrôleurs sont chargés de surveiller le bon déroulement du redressement judiciaire, afin notamment d'éviter les lenteurs inutiles. Ils sont désignés par le juge-commissaire.

Ils n'ont que des pouvoirs d'information et de consultation. Ainsi, ils peuvent à tout moment présenter des observations au mandataire judiciaire qui les communique au juge-commissaire et au procureur de la République (article 46 de la première loi du 25 janvier 1985). Ils sont informés et consultés lors des principales étapes de la procédure, notamment lorsque le tribunal se prononce sur le plan de redressement. Mais ils donnent un simple avis. Enfin, ils peuvent demander au juge-commissaire de saisir le tribunal afin de procéder au remplacement de l'administrateur ou du mandataire (article 12 de la loi précitée), ainsi que demander la cessation de l'activité du débiteur et l'ouverture de la liquidation judiciaire afin d'éviter l'accumulation d'un passif (article 36 de la loi précitée).

Mais les contrôleurs ne disposent d'aucun pouvoir de décision. Ils ne peuvent pas exercer de voies de recours. Ils sont soumis au choix du juge-commissaire.

Or, le contrôle exercé par le juge-commissaire, notamment dans les petits tribunaux, ne peut être que restreint. Habitué à voir toujours les mêmes mandataires, le juge-commissaire finit par entériner ou oublie de refuser tous les projets de décision que ces derniers lui présentent. C'est une des conséquences de la situation de dépendance du juge à l'égard des permanents de la justice consulaire, déjà analysée.

Si le législateur semble avoir mesuré la nécessité de contrôler des professions qui manipulent des fonds très importants qui ne leur appartiennent pas, force est de constater que les contrôles institutionnels n'ont pas fonctionné.

• ***L'absence de sanctions***

Il convient de souligner enfin les carences des poursuites disciplinaires et la complaisance dont fait preuve la profession à cet égard.

Les explications données par M. Joël Rochard sur le fonctionnement de la commission nationale de discipline des administrateurs judiciaires sont de ce point de vue très éclairantes.

« ***La commission se caractérise par un taux d'absentéisme très élevé***. *Il faut battre le rappel. Il est arrivé un certain après-midi que le quorum n'ayant pas été atteint – l'administrateur judiciaire et les avocats étaient là –, il a fallu reporter la séance à dix-sept heures. Nous avons siégé de dix-sept heures à vingt-deux heures.*

« ***Les désignations des membres de la commission sont assez étranges.*** *Les administrateurs judiciaires sont théoriquement* *élus ; en fait, ils sont nommés par le Conseil national. Il y a trois ans, il y avait quatre candidats pour trois sièges. Conclusion : la seule femme candidate fut écartée, et les trois hommes ont été gardés – tout simplement ! Le milieu est très machiste.*

« Cette année, à l'occasion du renouvellement, ce fut beaucoup plus simple : trois sièges pour trois candidats. D'autres candidats ayant voulu se présenter ont reçu des coups de téléphone du Conseil national pour les en dissuader. Parmi les candidats désignés – qui ne pouvaient qu'être élus –, figure l'un des deux contrôleurs glorieux de l'étude Goulletquer, M. Jean-Marie Becquet.

« Les onze membres désignés ont tous des suppléants. Il se trouve que, dès 1986, une habitude bizarre a été instituée : les administrateurs judiciaires viennent systématiquement avec leur suppléant, qui sont donc toujours six. En matière administrative, avec un quorum réduit à cinq en séance l'après-midi, on découvre que sont présents plus d'administrateurs judiciaires dans la salle, trois seuls votant, mais les trois autres participant aux délibérés, la délibération indiquant : " M. Untel sans voix délibérante. "

« Le jour où l'administrateur de Bobigny – affaire que vous évoquiez – est passé devant la commission, il a, comme pour un meeting politique, bourré la salle et fait venir les administrateurs judiciaires et suppléants. Il avait contacté les personnalités qualifiées et les suppléants. Il avait littéralement rempli la salle. ***La déontologie gêne peu...***

« ***Tous les administrateurs judiciaires se connaissant, il leur est difficile de se déporter s'ils connaissent quelqu'un****. Un jour, une personnalité qualifiée nous a dit : " Mais je connais maître Untel. Il a redressé mon entreprise il y a dix ans. Il est formidable ! Je suis venu pour voter pour lui. " Les seuls à s'être déportés furent le président de la commission, le commissaire du gouvernement et moi-même.*

« (...) *La commission disciplinaire effectue un travail difficile. Les parquets n'envoient qu'un nombre limité d'éléments d'informations ou saisissent la commission en disant : « M. Untel est épouvantable. » Dans la mesure où nous travaillons sur pièces, il nous faut les bons documents, ce qui n'est pas toujours le cas.* ***Les administrateurs judiciaires pratiquent de très nombreuses manœuvres dilatoires.***

« (...) ***Les petites affaires nous arrivent solennellement et les affaires importantes sont incomplètes.***

« *Les administrateurs judiciaires, ténors de la profession, trouvent des défenseurs, et les administrateurs judiciaires et personnalités qualifiées ont toujours des indulgences.* ***Les administrateurs judiciaires ne sont véritablement devenus fermes qu'en 1997 quand Sauvan et Goulletquer leur ont coûté très cher****. Ils ont été fermes en radiant deux personnes.* »

S'agissant des mandataires-liquidateurs qui relèvent, eux, de commissions régionales, il indique :

« *Le cas des mandataires-liquidateurs est différent, mais pose également un problème. Les commissions de discipline étant régionales, dans les petites cours d'appel, à Pau, à Agen, à Bastia, par exemple, il y a deux, trois, quatre mandataires. On inscrit un nouveau sur la liste tous les trois ans. Il n'y a pas d'affaires disciplinaires ; certaines commissions ne fonctionnent donc jamais, ce qui est regrettable.* »

Compte tenu du faible nombre de décisions rendues en matière disciplinaire [1], seules les solutions pénales semblent devoir être efficaces et permettre l'assainissement de la situation. Encore faudrait-il que les mandataires ayant subi une condamnation pénale en premier ressort ne soient pas désignés par le tribunal, quand bien même cette condamnation n'a pas acquis un caractère définitif. Le fait que les mandataires condamnés au pénal en première instance continuent d'être désignés par les tribunaux à Nanterre et à Bobigny ne peut qu'accroître le trouble chez les justiciables et jeter la suspicion sur l'institution tout entière. La justice doit être rendue dans la sérénité. Que penser d'un tribunal qui confie des mandats de justice à des personnes condamnées, ne fût-ce qu'en première instance ?

Pour conclure momentanément sur ce chapitre des mandataires de justice, il suffira de citer M. Maurice-Antoine Lafortune, avocat général à la Cour de cassation, ancien membre de la commission nationale d'inscription et de discipline des administrateurs judiciaires, qui a écrit à la commission en complément de son audition : « *La situation est aujourd'hui malsaine pour l'administration d'une bonne justice favorisant effectivement la prévention et le traitement des difficultés de l'entreprise.* »

1. Pour les administrateurs judiciaires, depuis 1995, la commission nationale de discipline n'a prononcé que deux interdictions temporaires, une suspension provisoire et trois radiations.

Il estime en outre que « *le statut des mandataires de justice (...) est déficient et permet toutes les " fantaisies " et les dysfonctionnements préjudiciables au fond du droit* » et que le mandat de justice délivré par les tribunaux aux mandataires est « ***exploitable et exploité par les " professionnels spécialisés " en matière de procédures collectives. Il est utilisé au service de leur activité professionnelle et pour la " prospérité " de leurs cabinets principaux, secondaires et non au service de l'administration de la justice et dans l'intérêt de la prévention ou le traitement des difficultés de l'entreprise, objets devenus très secondaires.*** » Tout est dit.

4. – L'apparition et le développement de la corruption dans les tribunaux de commerce

Comme le souligne M. Yves Mény dans son livre *La Corruption de la République* : « *La corruption n'est pas à côté ou en marge du système, elle vit en symbiose avec lui, se nourrit de ses faiblesses, s'infiltre dans ses interstices.* » C'est pourquoi il existe toute une gamme de pratiques douteuses relevées par la commission allant des petites atteintes aux règles déontologiques ou juridiques aux actes de corruption pénalement sanctionnés.

Plusieurs caractéristiques du fonctionnement des tribunaux de commerce sont en effet propices au développement de diverses formes de corruption. Il en est ainsi de l'absence de transparence des procédures collectives, de la faiblesse des contrôles exercés sur ceux qui détiennent le pouvoir dans les juridictions c'est-à-dire les juges, les greffiers et les mandataires, de la concentration du pouvoir aux mains de quelques-uns qui ont en plus l'avantage de la durée (certains présidents de tribunal sont en poste depuis trente ans), de l'absence de règles claires sur le conflit d'intérêts et des possibilités de cumul de fonctions (président de tribunal et président de chambre de commerce et d'industrie, par exemple).

Le tribunal de commerce est ainsi devenu un lieu où l'exercice de fonctions d'intérêt public, rendre la justice, se confond parfois avec les intérêts privés puisqu'il s'agit d'affaires commerciales aux enjeux financiers considérables. Dès lors le bon fonctionnement du système repose uniquement sur la qualité des hommes et leur honnêteté. C'est dire s'il est fragile.

DES JEUX D'INTÉRÊTS QUI NE SONT PAS INNOCENTS

Les propos tenus par le président du tribunal de commerce de Lyon, M. Henri-Jacques Nougein en réponse à une question du Rapporteur sur les fonctions du président de tribunal de commerce, en témoignent.

M. Henri-Jacques NOUGEIN, président du tribunal de commerce de Lyon : Pour être plus précis, il faut être toujours vigilant, ne pas être naïf et dire pratiquement toujours non, parce que tout ce que l'on me demande, tout ce qui attire mon attention suppose en général une réponse négative. Donc, de la vigilance, de la rigueur et le pouvoir de dire non. Je ne peux être plus clair.

Il ne faut pas être innocent, nous avons des pouvoirs considérables. Nous sommes au centre de jeux d'intérêts qui sont tout sauf innocents. Il est donc extrêmement important que le président de la juridiction et les personnes en qui il a confiance soient attentifs à tout risque de dérapage.

Cette vigilance ne semble pas la chose la mieux partagée.

a) Un mode de fonctionnement propice aux dérives

Pour des raisons historiques, la juridiction consulaire fonctionne dans des conditions d'opacité qui étonnent tous les observateurs, qu'il s'agisse du financement de l'institution ou de sa façon de rendre la justice. Ce voile alimente le soupçon et, parfois, provoque des tentations.

• Un financement opaque, qui entretient la confusion des genres

– Les sources des fonds extra-budgétaires, facteurs de risque

L'usage est établi de longue date que les tribunaux de commerce complètent des dotations budgétaires insuffisantes en sollicitant des contributions privées de diverses origines (voir *supra* II-B-3). Ces versements menacent l'impartialité de la justice dans la mesure où les parties versantes représentent des justiciables potentiels (chambres de commerce et d'industrie, unions patronales locales, voire entreprises), ou bien des auxiliaires de justice susceptibles d'être désignés par le tribunal (administrateurs judiciaires) ou pouvant être appelés à défendre des justiciables (avocats).

Les risques de collusion sont d'autant plus grands que ces fonds reçus hors budget et constituant ce que M. Christian Descheemaeker a appelé la « deuxième caisse » de chaque tribunal représentent une part significative des ressources, en dépit de grandes disparités. Dans certaines juridictions, les fonds d'origine extra-budgétaire sont supérieurs au versement de l'État.

– Des modes de gestion occultes

Les fonds qui ne proviennent pas du budget de l'État font peser un risque à un autre titre : tant que la procédure du fonds de concours ne sera pas généralisée, leur gestion restera affranchie en tout ou partie des règles de la comptabilité publique.

Le système le plus traditionnel, qui a en principe disparu depuis les années 1993-1995, était celui du simple compte en banque à la disposition du président du tribunal de commerce. Comme l'a expliqué M. Christian Descheemaeker, certains faisaient l'objet de « *comptes scrupuleusement tenus : dans l'irrégularité tout était en ordre !* » Mais il a également trouvé « *des gestions extra-budgétaires tenues n'importe comment* », dont « *les seules pièces justificatives étaient les souches des carnets de chèques* ».

Lorsque la Chancellerie a fermement demandé aux tribunaux de commerce de revenir aux règles de la comptabilité publique, leur réaction a été presque partout d'attribuer les subventions privées à des associations présidées par le chef de la juridiction ou son successeur, perpétuant ainsi la gestion occulte.

M. Christian Descheemaeker a indiqué à la commission que « ***beaucoup de ces irrégularités ne sont pas accompagnées de détournements de fonds*** », ce qui signifie que de tels détournements ont été constatés par les Rapporteurs de la Cour.

La Cour des comptes a menacé à diverses reprises d'ouvrir des procédures pour gestion de fait ; elle a en ouvert dans deux cas.

Les situations les plus graves sont donc aussi les plus rares. Mais comme il est toujours à craindre, la « gestion déréglée », selon l'expression employée par le juge des comptes dans les affaires de gestion de fait, a pu déboucher sur le détournement de fonds publics. Un système intrinsèquement pervers ne pouvait manquer de susciter des dérives individuelles.

– Une vive résistance aux contrôles financiers

Lorsque les seules pièces justificatives des dépenses, si elles existent, sont des souches de carnets de chèques, le contrôle est pour le moins difficile. On en viendrait à oublier qu'il s'agit bien de services de l'État. Certaines attitudes pourraient accréditer l'idée que les intéressés eux-mêmes l'ont quelque peu perdu de vue.

La résistance individuelle et collective des tribunaux de commerce aux contrôles mérite d'être relevée. Certains tribunaux se targuent d'avoir mis en place le fonds de concours, tout en maintenant parallèlement une gestion extra-budgétaire par le truchement d'une association ; tel est le cas à Paris.

Cette inertie face à la mise en place de procédures de contrôle financier et comptable a été « téléguidée » par la représentation nationale des tribunaux de commerce, comme en a témoigné M. Christian Descheemaeker : « ***(...) la Conférence générale des tribunaux de commerce (...) a élaboré de très nombreux textes, circulaires et lettres missives qui, si je résume simplement, équivalaient à dire : " Ne changez rien à vos habitudes ! Il y a le fonds de concours : c'est une idée de la Chancellerie ; continuons comme avant ! " Il existe des documents fort surprenants, rédigés dans un style assez peu administratif signifiant : "On vous pose des questions ? Ne répondez pas ! "*** »

Si les contrôles sont difficiles sur le fonctionnement du service, ils ne le sont pas moins sur la façon d'administrer la justice.

• *L'effondrement des procédures de contrôle de la justice rendue*

– *L'opacité des processus décisionnels*

La prise de décision juridictionnelle dans les tribunaux de commerce n'est pas suffisamment transparente, ce dont se plaignent les justiciables, et peut laisser planer la suspicion sur certains jugements.

La procédure orale, gage de rapidité, explique le caractère succinct de nombreux dossiers consultés par la commission au cours de ces contrôles sur place. Elle ne facilite guère le travail des avocats appelés à conseiller des entreprises justiciables.

IMPRESSIONNISME PROCÉDURAL

Me Emmanuel Rosenfeld a fourni à la commission une illustration des inconvénients d'une procédure par trop informelle.

Me Emmanuel ROSENFELD, avocat : Il y a, dans la procédure commerciale, ce qui est écrit et ce qui ne l'est pas. Ce qui ne l'est pas est une pratique informelle qui consiste précisément à s'inscrire en dehors des règles du nouveau code de procédure civile, à imposer une médiation, à suggérer, comme je viens d'en avoir l'exemple tout récemment dans une procédure de référé, l'élaboration de codes de bonne conduite, à regretter que la loi soit mal faite, à ne pas statuer ou à consulter.

La consultation informelle est également une pratique que l'on peut rencontrer dans les tribunaux de commerce. J'en trouve l'exemple dans une affaire du domaine de la publicité, où le juge rapporteur au tribunal de commerce avait invité les parties à se rapprocher des organismes professionnels en matière de publicité pour leur faire produire en quelque sorte une consultation : c'est quelque chose qui – sans être radicalement condamnable car, après tout, si la juridiction consulaire a une raison d'être c'est précisément celle d'appliquer certains usages – se pratique à un degré de non-formalisme qui, à mon sens, est absolument incompatible avec un processus juridictionnel.

Les porte-parole du Syndicat des avocats de France (maîtres Christophe Delpla et Alain Cornevaux) ont considéré que la procédure était dans l'ensemble correctement appliquée devant les juridictions consulaires. Mais ils ont regretté la diversité des pratiques locales, qui ont indiscutablement pour effet d'en renforcer le caractère « justice de place », voire « justice de sérail ».

PROCÉDURE : « CHACUN FAIT SA CUISINE »

Me Christophe DELPLA, président du Syndicat des avocats de France : (...) La procédure devant les tribunaux de commerce semble fonctionner plutôt bien, d'après le sentiment général. Je mets de côté les procédures collectives. Je me réfère plutôt au contentieux général, essentiellement au contentieux de recouvrement.

Il en va ainsi, par exemple, de la plaidoirie devant un juge rapporteur ou de l'obligation devant certains tribunaux de déposer son dossier de plaidoirie avant d'aller voir le juge, ce qui permet un débat entre le juge et les parties.

Un bémol tout de même ! Il faudrait une unification des procédures devant les tribunaux de commerce. Chacun fait sa cuisine, si je puis dire. À Paris, Nanterre, Tulle ou Pontoise, les règles sont différentes et nous ne les connaissons pas. (...)

M. Alain CORNEVAUX : Il faut distinguer. Pour les règles de base, le principe du contradictoire est respecté et les règles du code de procédure civile sont, en principe, applicables. En revanche, il existe un livre des procédures du tribunal de commerce de Paris qui est inconnu, je l'imagine, de votre commission et de la quasi-totalité des avocats, à l'exception de ceux qui fréquentent habituellement le tribunal de commerce de Paris.

Mon ordre et le président du tribunal de commerce ont signé une convention pour organiser cette procédure : les audiences de procédure se déroulent entre onze heures trente et quatorze heures, temps au cours duquel 400 ou 500 affaires sont passées à toute vitesse, en termes de procédure exclusivement.

Certes, tout cela n'est pas dramatique, mais il serait « sympathique » que tout le monde procède de la même façon ! Il serait « sympathique » qu'il y ait un choix, c'est-à-dire que je puisse savoir moi, Parisien, quand je vais plaider au tribunal de commerce de Perpignan, comment cela se passe.

Ces difficultés pour les justiciables et leurs avocats sont accrues dans les moins grands tribunaux par les contraintes matérielles liées à des calendriers d'audiences soumis à variations sans préavis, et parfois fantaisistes.

Me Alain Cornevaux, s'exprimant au nom du Syndicat des avocats de France, a donné l'exemple des « audiences sauvages » du tribunal de commerce de Meaux.

L'absence de publicité des débats en chambre du conseil, conjuguée à l'extrême concision des attendus des jugements, laisse également place au doute sur des décisions inattendues.

Me Emmanuel Rosenfeld va jusqu'à parler du « caractère occulte du processus » judiciaire :

« Il est un autre risque que le biais et le corporatisme, je veux parler du caractère occulte du processus. J'y faisais allusion car, si on peut inviter les parties à procéder elles-mêmes à la consultation, on peut aussi la réaliser dans le dos de ces dernières. C'est malheureusement quelque chose qui arrive... »

Au total, comme l'indique Me Christophe Delpla, « *Le problème principal est celui de la transparence des décisions. Vouloir connaître, par exemple, les intérêts d'un juge consulaire dans les affaires du département ne relève pas d'un comportement maladivement suspicieux !* » La preuve de faits de corruption sera donc très difficile à apporter.

L'insuffisance des règles régissant la publicité des cessions d'actifs, en particulier d'immeubles, est mise en cause, de même que la difficulté à obtenir des informations de la part des administrateurs judiciaires et des mandataires-liquidateurs, fréquemment décrits comme injoignables au téléphone et ne répondant pas au courrier.

Le Syndicat des avocats de France a dressé un tableau très critique de la situation en la matière.

PROCÉDURES COLLECTIVES : LE « RÈGNE DE L'OPACITÉ »

Me Christophe DELPLA, président du Syndicat des avocats de France : D'après nos consultations, la tendance générale est d'assimiler les procédures collectives au règne de l'opacité. Or il y a un réel besoin de transparence comme dans nombre de domaines de notre société.

Je vais vous faire part du sentiment, non pas des avocats qui ne traitent que des procédures collectives et qui en sont des spécialistes, mais de nos adhérents et sympathisants qui sont chargés habituellement de traiter des dépôts de bilan, de suivre des débiteurs. Si vous n'êtes pas dans le sérail – le juge, l'avocat spécialiste et le mandataire, bref le trio infernal ! – vous avez vraiment l'impression que les mandataires tiennent leur juge. Tel est le danger !

Sans généraliser, car certaines chambres spécialisées dans les procédures collectives font bien leur travail, on a l'impression, surtout en province, que les juges n'y connaissent rien et que, en revanche, les mandataires sont très pointus et très au fait de la matière, obtenant de leur juge consulaire ce qu'ils veulent !

L'opacité génère un certain nombre de scandales, mais nous ne sommes pas là pour les dénoncer. La presse et les livres s'en font largement l'écho. Lors de nos consultations, un certain nombre d'exemples tout à fait significatifs nous ont tout de même été rapportés. (...)

L'opacité est réelle dans les décisions, la procédure et la gestion du dossier.

S'agissant des décisions, il n'est tout de même pas normal que le tribunal de commerce statue sur des ordonnances du juge-commissaire qui est une émanation du tribunal de commerce, d'autant plus que ces décisions ne sont pas, pour la plupart, susceptibles de recours. Allez expliquer à un client que l'on va former un recours devant le tribunal de commerce, le juge-commissaire l'ayant débouté de sa réclamation. Heureusement, le juge-commissaire n'est pas dans la formation de jugement !

M. le Président : Cela dépend !

Me Christophe DELPLA : En effet ! En tout cas, c'est tout de même un peu gros !

On retrouve les mêmes problèmes dans la procédure ! Si le juge-commissaire veut savoir si le gérant a commis des irrégularités – et il est tout à fait normal qu'il s'en assure –, il désigne un expert-comptable. Seulement, en tant qu'avocat du débiteur failli, vous n'avez pas le droit de prendre connaissance du document qui peut pourtant vous être utile pour engager une action contre des banques qui vous ont coupé les crédits ! Alors que l'expertise a été ordonnée judiciairement, ce document ne sera connu que si des poursuites sont engagées contre le gérant.

M. le Président : Et vous dites que le principe du contradictoire est respecté !

Me Christophe DELPLA : Excepté pour les procédures collectives, comme je m'étais empressé de le préciser ! (...)

La difficulté principale réside dans la possibilité d'accéder au dossier, selon le jargon pénal. Beaucoup de choses nous échappent totalement !

M. le Président : En l'occurrence, nous ne sommes pas là en matière pénale !

Me Christophe DELPLA : Non, en effet, mais « l'accès au dossier » du débiteur en faillite est un des principes du contradictoire. Il devrait être possible de savoir ce qui se passe, de connaître ce qu'a fait le mandataire dans le cadre de sa mission.

Cette transition me conduit à évoquer l'opacité dans la gestion du dossier par les mandataires.

Citons l'exemple d'une société en faillite appartenant à un artisan en liquidation judiciaire. Ce dernier a des clients très particuliers qu'il connaît depuis des années. Il lui reste quelques chantiers à terminer, c'est-à-dire des finitions qui lui demandent deux ou trois jours de travail. La facture sera alors réglée, ce qui est bon pour la liquidation. La rentrée d'argent va permettre de désintéresser quelques créanciers. Eh bien non ! Au premier rendez-vous chez le liquidateur, est présent un expert en bâtiment qui est envoyé pour se rendre chez le débiteur et les clients auxquels il expliquera que la société est en faillite et qu'il va falloir régler sous huit jours. Quel est le résultat ? Prenant peur, plus aucun client ne paye et ne règle le solde de la facture. À la suite de cela, le liquidateur vous annonce que la société est en déconfiture et qu'elle n'a pas les moyens d'engager une procédure. Qui a pris l'initiative de désigner cet expert en bâtiment ? Voilà un exemple d'opacité !

M. le Président : Par qui cet expert en bâtiment est-il désigné ? Par le juge-commissaire ?

Me Christophe DELPLA : Pas du tout ! Il s'agit d'un expert du mandataire !

M. le Président : Sans l'accord du juge-commissaire ?

Me Christophe DELPLA : On ne le sait pas ! (...)

M. le Président : Sans procédure pour la désignation ?

Me Alain CORNEVAUX : Non !

– Un parquet dépourvu des moyens d'un contrôle efficace

On ne rappellera ici que pour mémoire l'effacement du parquet, obligé, faute de moyens humains et informatiques à la hauteur, de ne suivre que les principales affaires, mais hors d'état d'assurer un suivi exhaustif et approfondi.

Devant la commission, M. Yves Bot, procureur de la République au TGI de Nanterre, a fait part sans ambages de son expérience, en déclarant, à propos des pouvoirs de contrôle du parquet sur l'activité des mandataires, à la lumière des sinistres récents : « ***(...) je ne***

peux apporter aucune garantie dans ce domaine pour la bonne raison que je n'ai réellement et juridiquement aucun pouvoir de contrôle propre. »

*

* *

Le mode de fonctionnement traditionnel des tribunaux de commerce est tel qu'il n'est guère surprenant que la commission d'enquête ait recueilli des témoignages nombreux, répétitifs et concordants de pratiques douteuses concernant, soit des juges, soit des mandataires de justice.

Il convient, avant d'y revenir en détail, de rappeler que le code pénal définit la corruption dans plusieurs de ses articles :

– l'article L. 432-11 définit la corruption passive et le trafic d'influence comme le fait pour une personne investie de l'autorité publique, d'accepter un avantage quelconque en échange de l'accomplissement ou du non-accomplissement d'un acte de sa fonction ou en échange de l'utilisation de son influence pour obtenir d'une autorité quelconque une décision favorable ;

– l'article L. 432-12 définit la prise illégale d'intérêt pour une personne dépositaire de l'autorité publique ou chargée d'une mission de service public comme le fait de prendre, recevoir ou conserver directement ou indirectement un intérêt quelconque dans une opération dont elle a au moment de l'acte la charge d'assurer la surveillance, l'administration, la liquidation ou le paiement ;

– l'article L. 434-9 prévoit des dispositions particulières lorsque l'acte de corruption est le fait d'un magistrat.

Il est apparu au Rapporteur qu'un certain nombre de faits relevés par la commission pouvaient avoir des qualifications pénales et qu'il convenait dès lors d'en saisir le parquet.

b) Des juges aux comportements douteux

Moins que quiconque, les juges ont le droit de se laisser corrompre. Beaumarchais le rappelait dans ses *Mémoires contre Goëzman* : « *Le juge, organe de la loi silencieuse, le juge impassible et froid comme elle, pour les intérêts sur lesquels il doit prononcer, fera-t-il, sans crime, de la balance de Thémis un vil trébuchet de*

Plutus ? L'intention du plaideur qui donne est au moins sujette à discussion, et peut s'interpréter de mille manières ; mais le juge qui reçoit est sans excuse aux yeux de la loi. Si le premier doit acheter mille choses en plaidant, le second n'a rien à vendre en jugeant ; il est donc le vrai coupable, le seul punissable, l'autre est tout au plus répréhensible. »

Différents types de corruption chez les juges consulaires ont été dégagés par la commission d'enquête : la prise illégale d'intérêts, la collusion avec les mandataires s'apparentant au trafic d'influence et le favoritisme moyennant finances.

- ***La prise d'intérêts et le conflit d'intérêts***

Votre Rapporteur a été étonné d'être confronté de manière aussi récurrente au problème du conflit d'intérêts. La justice consulaire souffre – on l'a vu – d'une situation de dangereuse proximité et donne souvent l'impression d'être une justice de connivence.

LE CONFLIT D'INTÉRÊTS DANS LES TRIBUNAUX DE COMMERCE OU QUAND LES MAGISTRATS CONSULAIRES SONT JUGES ET PARTIES...

QUELQUES EXEMPLES RELEVÉS PARMI D'AUTRES PAR LA COMMISSION

- **Tribunal de commerce d'Aurillac**

La librairie de M. Jean-Claude Muet, placée en redressement judiciaire en juillet 1993, sur demande du Crédit agricole est liquidée en décembre 1994 par le tribunal de commerce d'Aurillac. Sur les neuf juges consulaires, six sont administrateurs au Crédit agricole, banque créancière de M. Muet.

Le président du tribunal de commerce, présent aux audiences concernant l'entreprise de M. Muet, est administrateur de la principale librairie concurrente à Aurillac !

En tant que juge et partie, il aurait dû se récuser, ce qu'il n'a pas fait...

En juin 1997, des poursuites pénales sont engagées contre les trois magistrats consulaires et le président, une commission rogatoire est en cours. Le parquet d'Aurillac n'est pas intervenu, malgré l'évidence du conflit d'intérêts, les poursuites ont été engagées suite à la plainte avec constitution de partie civile de M. Muet.

Le président est toujours en place, un juge parmi les trois a été réélu aux dernières élections d'octobre 1997.

• **Tribunal de commerce de Paris**

Une boutique parisienne fait l'objet d'un dépôt de bilan en décembre 1987. La gérante trouve un repreneur qui propose 2 millions de francs. Le juge-commissaire préfère céder le commerce à une société pour le prix de 700 000 francs. Le juge-commissaire avait été embauché, quelques jours avant sa décision, pour une rémunération annuelle de 200 000 francs par le repreneur favorisé.

Le plan de cession a été annulé en appel et l'affaire a été délocalisée.

• **Tribunal de commerce de Bobigny**

En mai 1991, le groupe Jules Zell, le leader français en matière de plomberie et de couverture employant 7 000 salariés, est mis en redressement judiciaire.

L'entreprise Zell est vendue à deux repreneurs à bas prix en juillet et septembre 1991.

L'un des juges-consulaires avait en réalité intérêt à la vente, connaissant bien le groupe Zell avec lequel ses sociétés ont des chantiers et qui, sur le marché, représente son principal concurrent.

Il a de plus alerté le P-DG d'une autre société qui a ainsi pu bénéficier d'une reprise avec l'accord de l'administrateur, dans des conditions très avantageuses. Or, ce juge est administrateur de ladite société !

Enfin, pour la reprise d'une partie du groupe Zell par un tiers, la clause portant sur la « faculté de substitution » avait été introduite en la faveur de ce même juge consulaire !

Des peines sévères ont été prononcées en première instance, et confirmées en appel. Tous les condamnés ont formé des pourvois en cassation.

Ces cas ne sont pas isolés, comme en témoigne M. Pierre Lyon-Caen.

JUGE ET PARTIE

M. Pierre Lyon-Caen, avocat général à la Cour de cassation, a constaté lorsqu'il était procureur de Nanterre de nombreux cas où les magistrats consulaires étaient juges et parties.

M. Pierre LYON-CAEN : Ce qui m'a cependant le plus frappé, c'est la méconnaissance par un certain nombre de juges consulaires de ce que j'appellerai la déontologie professionnelle. (...)

À plusieurs reprises, j'ai dû m'élever contre le fait qu'un juge ne s'était pas « déporté », comme nous disons dans notre jargon, c'est-à-dire qu'il n'avait pas refusé de siéger dans une affaire, alors qu'il était le créancier, à titre personnel, d'une des parties ou bien parce qu'il avait eu des problèmes avec la partie en question. Évidemment, le justiciable écrivait au procureur de la République pour lui faire part de son étonnement de voir siéger son concurrent dans la formation qui l'avait jugé. Effectivement, cela nous paraît, à nous, magistrats professionnels, assez extraordinaire.

M. le Président : Aux justiciables aussi !

M. Pierre LYON-CAEN : Bien entendu, aux justiciables concernés !

M. le Président : Il n'y avait qu'à ces juges que cela ne paraissait pas extraordinaire.

M. Pierre LYON-CAEN : Effectivement, ce qui nous paraissait extraordinaire ne leur semblait nullement extravagant.

M. le Président : Cela s'est-il produit plusieurs fois ?

M. Pierre LYON-CAEN : Plusieurs fois, en effet.

M. Yves Bot, procureur de la République au tribunal de grande instance de Nanterre, a quant à lui parlé d'« **opacité** » et de « **risques sérieux de fonctionnement en réseau** ».

Les avocats ont également fait part à la commission d'enquête de leurs inquiétudes face à une justice consulaire propice aux conflits d'intérêts.

CONFLITS D'INTÉRÊTS

Me Christophe DELPLA, président du Syndicat des avocats de France : Les confrères avec lesquels je discutais m'expliquaient que le président était, par exemple, le concessionnaire Renault de Tulle, qu'à côté de lui, Untel était directeur du golf situé à proximité et ainsi de suite ! Bref, si vous défendez une société concurrente, vous n'êtes pas certain, même si vous croyez en la bonne foi des juges, que le résultat ne sera pas empreint d'une certaine partialité. Certes, vous pouvez déposer un recours en cour d'appel ensuite, mais il est tout de même dommage de perdre un degré de juridiction.

La consultation auprès de nos confrères a révélé un certain nombre d'irrégularités en ce qui concerne les juges consulaires. Citons l'exemple d'un président de tribunal de commerce qui signe des ordonnances d'injonction de payer, alors que le requérant est une société de recouvrement dans laquelle il a des intérêts.

Certains juges consulaires usent de leur fonction pour favoriser tel ou tel membre de leur famille. M. Pierre Lyon-Caen l'a constaté à Nanterre.

TRAFIC D'INFLUENCE

M. Pierre LYON-CAEN, ancien procureur de Nanterre : J'ai appris avec beaucoup d'étonnement, mais je ne sais plus très bien comment, que celui qui était à l'époque président du tribunal de commerce avait donné instruction par écrit aux mandataires de ce tribunal, dans toutes les affaires de procédure collective dans lesquelles un mandat était confié par le tribunal de commerce à ces mandataires, d'avoir systématiquement recours à une société ou une personne chargée d'expertiser la qualité des assurances qui existaient dans l'entreprise prise en charge par le mandataire en question. Le principe était tout à fait justifié. En effet, l'administrateur doit savoir si l'affaire qu'il administre est convenablement assurée.

L'ennui, c'est qu'il était dit dans ces instructions qu'il fallait avoir recours à une personne déterminée, laquelle n'était autre que le fils du président en question.

On ne peut que comprendre l'étonnement du procureur...

Dans de nombreux tribunaux de commerce, la grande majorité de ceux que nous avons visités, nous avons relevé des conflits manifestes d'intérêts. Les petits tribunaux, comme les grands, n'échappent pas à la règle. Le tribunal de commerce de Paris, présenté comme un grand tribunal donnant la plus grande satisfaction par la Conférence générale des tribunaux de commerce, est également concerné. Deux dossiers ont retenu l'attention de la commission.

LA LIQUIDATION DU PALACE

QUAND LE TRIBUNAL DE COMMERCE DE PARIS S'INTÉRESSE AU MONDE DE LA NUIT

En juillet 1995, le Palace, propriété de la société dont Mme Régine Choukroun plus connue sous le nom de « Régine » est actionnaire, est fermé par décision administrative. Son exploitation est suspendue pendant trois mois. Cette fermeture se soldera par une aggravation des difficultés financières qui conduira à une déclaration de cessation des paiements.

Par jugement du 21 septembre 1995, le tribunal de commerce de Paris ouvre une procédure de redressement judiciaire. En mars 1996, sur un rapport favorable de l'administrateur judiciaire, la période d'observation est prolongée de six mois.

Plusieurs offres de reprise sont déposées. L'une d'entre elles est soutenue par M. Mick Hucknall, chanteur du groupe Simply Red. Alors même qu'il avait manifesté son intérêt pour l'établissement lorsque ce dernier avait connu des difficultés financières en 1995, il est prêt à apporter près de 50 millions de francs, un accord ayant été trouvé avec les créanciers. Il propose, en outre, de conserver l'ensemble du personnel.

Malgré cette offre ayant obtenu l'approbation du représentant des créanciers, celui de l'administrateur judiciaire et celui du personnel, le tribunal de commerce de Paris prononce la liquidation du Palace, le 21 septembre 1996. En mars 1997, une première mise aux enchères est organisée pour 22 millions de francs. À cette occasion, les représentants de M. Mick Hucknall font de nouveau prévaloir l'offre de leur client. La procédure est annulée sans motif. Le 23 juin 1998, une nouvelle mise aux enchères à 4 millions de francs est organisée. Elle porte sur un local commercial de 2 500 mètres carrés, situé rue du Faubourg-Montmartre, assorti d'un fonds de commerce. L'ensemble est acquis pour 7,5 millions de francs par M. Pierre Blanc, ancien président de chambre au tribunal de commerce de Paris et président de chambre honoraire, et son frère Jacques Blanc.

Lors de son audition par la commission, le 4 juin 1998, Régine avait fait part de son étonnement quant au déroulement de la procédure et son issue. Elle a considéré qu'après le jugement d'ouverture de la procédure, « **la suite des événements a été, chaque fois, choquante** ». Elle a estimé faire l'objet d'un marchandage implicite : la liquidation du Palace en échange de la continuation de son club, le Régine's. Elle a jugé **le prix de mise aux enchères comme « dérisoire »** compte tenu de la surface mise en vente. Elle a affirmé : « **Le schéma pour moi est clair. D'ailleurs, j'ai reçu deux coups de téléphone me disant que cette affaire resterait à des amis du tribunal ou au tribunal** et qu'elle serait donnée à quelqu'un pour zéro franc. »

TRIBUNAL DE COMMERCE DE PARIS : UN PRÉSIDENT TRÈS INFLUENT...

En avril 1996, le groupe hôtelier Royal-Monceau dirigé par M. Osmane Aïdi est placé en redressement judiciaire. Après quinze mois d'observation en avril 1997, le tribunal de commerce de Paris se prononce pour le plan de continuation et non le plan de cession. Cette décision provoque l'étonnement de certains juges. Ils s'interrogent sur les abandons de créances, pour 250 millions de francs, de la part des banques et les délais très longs accordés à M. Aïdi.

De plus, le tribunal de commerce de Paris a refusé toutes les offres de reprise, y compris celles de groupes internationaux réputés. Le parquet a fait appel de cette décision du tribunal. Mme Éliane Houlette, premier substitut à la section financière et commerciale de Paris, s'explique de cet appel du parquet : « *Le plan de continuation reposait sur des déclarations d'intention de remettre de l'ordre dans un fatras de sociétés, de montages juridiques et d'opérer une restructuration juridique. Mais il n'y avait aucun apport de capitaux propres fait par les dirigeants de la société. Les données commerciales et financières apportées étaient très imprécises et les hypothèses économiques avancées pour le remboursement étaient totalement irréalistes parce que trop optimistes, de l'avis même de l'expert entendu au cours des débats.* »

L'administrateur judiciaire, Me Meille lui-même, était très réservé sur la solution du plan de continuation. Mme Éliane Houlette ajoute : « *Il est certain qu'à l'occasion du traitement du dossier Royal-Monceau, les parties pouvaient légitimement s'interroger sur l'impartialité ou la sérénité qui doivent normalement présider à toute étape judiciaire du tribunal de commerce. Il y a quand même eu des réactions saines au tribunal de commerce. En effet, des juges de ce tribunal sont venus me voir pour me dire : " Le président du tribunal de commerce veut présider l'audience. Nous savons qu'il a reçu le débiteur, ce qui est son droit. Mais il l'a reçu avec son avocat en dehors de la présence des autres parties. Nous nous interrogeons donc. Nous avons un doute objectif sur son impartialité. "*

Cela m'a amenée à en parler au procureur adjoint, M. Marin, et à Mme Fulgéras. Finalement, la chose a dû revenir aux oreilles du président qui a décidé lui-même de ne pas présider. Mais il entendait jusqu'au dernier jour présider lui-même l'audience. Peut-être est-ce pour marquer l'importance qu'accordait le tribunal à une affaire particulièrement grave. Pour les parties, cela aurait pu être interprété de façon différente.

Enfin Mme Houlette rapporte une de ses conversations avec M. Jean-Pierre Mattei : « *(...) Lors d'une conversation, le président m'avait indiqué qu'il avait, à de multiples occasions, rencontré à de grandes réceptions, des cocktails, le débiteur qui était très bien introduit à la mairie de Paris. C'est un débiteur qui est beaucoup intervenu dans la procédure. Il a été très présent tout le temps par de multiples interventions. Le président avait eu de multiples occasions de le rencontrer dans la vie courante normale.* ***Cela jette un doute objectif sur l'impartialité du juge dans ce cas*** ».

La troisième chambre de la cour d'appel de Paris a confirmé le 5 décembre 1997 le plan de continuation décidé par le tribunal de commerce de Paris. Il ne pouvait en être autrement puisque, au moment de l'appel, il n'y avait plus d'offres concurrentes.

• ***La collusion avec les mandataires de justice ou les avocats***

Au problème très fréquent du conflit d'intérêts, s'ajoute celui des relations très ambiguës entre juges consulaires et mandataires de justice, la confiance se transformant parfois en collusion s'apparentant au trafic d'influence.

En effet, les mandataires, de peur de se heurter de front au tribunal, peuvent aller jusqu'à cautionner l'action illégale de certains juges consulaires. Citons à ce titre les conclusions du rapport de la mission d'inspection des administrateurs judiciaires et des mandataires judiciaires à la liquidation des entreprises portant sur l'étude de Me Laiguede (novembre 1992) : « *La mise en place et le développement, sans motif impérieux réel, de courants d'affaires significatifs dans le cadre de procédures de redressement judiciaire au bénéfice d'une entreprise dirigée par le président du tribunal de commerce ayant eu à connaître de ces affaires et disposant en outre à ce titre de la qualité de juge-commissaire constitue à l'évidence, tant pour ce magistrat consulaire que pour l'administrateur judiciaire ayant cautionné de telles opé-*

rations, un manquement grave aux devoirs de leurs charges, susceptible de porter durablement atteinte à l'image d'indépendance, d'impartialité et de probité qui doit s'attacher à la justice commerciale. »

De la même façon, le tribunal n'hésite pas à soutenir un mandataire compromis comme le déclare et le regrette M. Michel Raffin, procureur adjoint au tribunal de grande instance de Toulon :

COLLUSION ENTRE MANDATAIRES ET JUGES

M. Michel RAFFIN, procureur adjoint au tribunal de grande instance de Toulon : Pour l'affaire de la Valériane, il y a une première offre de cession sous redressement judiciaire par un professeur de tennis. Il y a eu un contrat entre le représentant des créanciers et le commissaire de police pour, si possible, emporter une cession, mais sur valeur liquidative.

Donc, le représentant des créanciers a quasiment « invité » le candidat au plan de cession à ne pas déposer un plan, et surtout, il ne l'a pas fait audiencer. Il a déposé rapidement une requête en liquidation, ce qu'il a obtenu.

Très souvent à Toulon comme ailleurs, c'est le mandataire de justice qui dirige les juges-commissaires. Il y avait des différences de prix favorables au professeur de tennis qui mettait dans les premières enveloppes déposées au greffe un prix supérieur à MM. Chagny et Vernière.

Il y a eu renvoi de la procédure pour les offres de liquidation pour que M. Vernière devienne le plus offrant et emporte l'autorisation de cession. L'avocat du professeur de tennis est alors venu tout nous raconter.

Le directeur départemental de la sécurité publique, questionné à cet effet, nous a dit : « Non, il n'y a aucun problème, c'est conforme au statut des policiers et de la police d'État. »

M. le Rapporteur : Le tribunal a pris la défense du mandataire dans cette affaire, comme dans d'autres. Le tribunal, pour couvrir le mandataire-liquidateur, est donc entré en lutte contre le parquet. Celui-ci a dû faire appel. En pratique, l'affaire est pendante. Les réponses ont été : « Nous sommes en famille. » Cette phrase figure au procès-verbal.

La confiance que les juges consulaires allèguent volontiers pour décrire les rapports qu'ils entretiennent avec les mandataires de justice et le peu de critiques qu'ils formulent à leur égard, notamment dans les réponses au questionnaire de la commission, peuvent donc devenir dans certains cas de la collusion pure et simple et se traduire par des pratiques condamnables de dépeçage des entreprises.

M. Flasseur, président du tribunal de commerce de Toulon, se défend en affirmant que « ***le délit d'amitié n'existe pas. Nous avons une assez haute idée de notre fonction pour savoir que, quand on doit prendre une décision, il n'y a plus d'amis (...) Mais on ne peut pas nous empêcher d'avoir des amis*** ».

CLIENTÉLISME ENTRE JUGES ET MANDATAIRES

***M. Jean-Claude MARIN**, procureur-adjoint du tribunal de grande instance de Paris, a dénoncé le caractère « clientéliste » des relations entre juges et mandataires et l'impuissance du parquet face à cette inquiétante situation :*

(...) La première difficulté est le clientélisme ; à partir de quel moment le mandataire de justice intervient dans le cursus judiciaire, avant ou après jugement. La seconde difficulté est le droit de vie ou de mort de la juridiction consulaire sur le professionnel.

Quant au clientélisme, il est à la fois dangereux et, dans certains cas, inéluctable. Il est dangereux parce que, dès lors qu'un mandataire de justice prend des contacts avec une entreprise avant que le tribunal ne le désigne, étant persuadé que la juridiction le désignera, nous ne travaillons plus selon un mode de fonctionnement normal de l'institution. C'est le mandataire de justice qui décide que le tribunal va le désigner, ce qui n'est pas le sens normal de la procédure.

Nous veillons chaque fois à faire en sorte que ce clientélisme ne prospère pas. La difficulté majeure est que nous ne sommes pas certains que le parquet puisse interjeter appel de la désignation d'un mandataire de justice au seul motif que M. Untel a été désigné et non M. Untel.

Le texte sur l'appel du parquet en matière de désignation des mandataires de justice fait plutôt référence à des critères qui empêcheraient ce mandataire d'exercer sa fonction une fois qu'il a pris en charge sa mission. Chaque fois que des questions ont été posées en ce sens, nous avons réfléchi avec les magistrats chargés du tribunal de commerce et nous nous sommes dit que la recevabilité de notre appel serait sans doute critiquée, voire déniée par la cour d'appel ce qui est dangereux pour la crédibilité du parquet.

***Mme Éliane HOULETTE**, premier substitut à la section financière et commerciale à Paris, fait un même constat de favoritisme :*

« Nous nous sommes rendu compte que cette pré-désignation, aboutissait plutôt à l'effet inverse : favoriser certains au détriment d'autres.

Les mandataires de justice ne sont pas les seuls professionnels à être concernés par la corruption existant dans les tribunaux de commerce ; Me Alain Cornevaux, membre du Syndicat des avocats de France, a évoqué les difficultés déontologiques rencontrées par certains avocats au tribunal de commerce de Paris :

LES AVOCATS AUSSI

M. le Président : En tant que membre du conseil de l'ordre, vous avez découvert que, dans un certain nombre de cas, des problèmes apparus au tribunal de commerce avaient provoqué des difficultés pour certains avocats. Est-ce bien ce que vous nous avez dit ?

Me Alain CORNEVAUX, membre du Syndicat des avocats de France : Il existe des difficultés et des choses que nous essayons d'arranger en interne.

(...)

Certaines opérations génèrent des doléances à l'encontre de tel ou tel avocat parce qu'ils participent à certains types d'opérations.

Nous sommes confrontés à des choix : ou bien les choses sont portées sur la place publique ou l'on essaye de les régler pour que les plaignants acceptent de bien vouloir arrondir les angles et que l'on ne parle plus de rien !

M. le Président : Vous me dites, d'une part, que tant que le système est ainsi, mieux vaut limiter les dégâts et éviter le scandale et, d'autre part, qu'un certain nombre d'avocats ont concrètement cédé à la tentation...

Me Alain CORNEVAUX : C'est clair !

M. le Président : C'est donc connu, et ce dans un nombre significatif d'affaires ?

Me Alain CORNEVAUX : Les avocats étant des gens très bien, les difficultés qu'ils rencontrent dans ce genre de situation sont relativement limitées. Ne disons pas non plus que 80 % des avocats qui opèrent au tribunal de commerce de Paris sont des « voyous » !

Un certain nombre d'affaires font l'objet d'un traitement interne pour éviter des débordements sur la place publique.

M. Roger FRANZONI, député : Dans ce cas-là, les avocats ont agi exactement comme le fameux procureur dont vous parliez tout à l'heure !

Me Alain CORNEVAUX : Pas du tout ! Ils se sont rendus parfaitement complices d'opérations qu'ils n'auraient pas dû accepter de faire.

M. Roger FRANZONI : Les avocats ne devraient pas le faire !

Me Alain CORNEVAUX : Mais je suis bien d'accord avec vous ! Absolument ! Je ne suis pas là pour défendre une profession.

• ***La corruption active***

Enfin, les juges consulaires plongent quelquefois dans la corruption la plus complète. D'autres résistent. Mais il semble que les tribunaux de commerce soient, en raison de leur fragilité, au centre d'un système de corruption, de tentative de corruption ou de tentation à la corruption. Le président du tribunal de commerce d'Auxerre en a fait état lors du déplacement effectué par la commission à Auxerre :

LES PRESSIONS SUR LES JUGES CONSULAIRES

M. le Rapporteur : Vous faites allusion au droit de réponse que vous avez exercé dans le journal *L'Yonne républicaine*, et dans lequel vous écrivez : « Que l'on sache bien que je n'ai jamais cédé dans le passé aux pressions, interventions malhonnêtes, à l'influence, mesures de chantage, tentatives de corruption et menaces. » C'est cela, la vie quotidienne du président d'un tribunal de commerce ?

M. Bernard BROCHOT, président du tribunal de commerce d'Auxerre : Oui, monsieur le député.

M. le Rapporteur : Expliquez-nous. La commission d'enquête a besoin de savoir.

M. Bernard BROCHOT : En ce qui me concerne, en tant que président depuis 1971, soit plus de trente-cinq ans d'activité, je vous le disais il y a quelques instants, j'ai reçu des menaces – Monsieur le procureur pourrait d'ailleurs vous en parler – de la part de gens qui posaient des balles de chasse sur mon bureau en disant : « Vous savez ce que cela veut dire. » Je me suis fait agresser verbalement sur des stands de foire, même à Dijon. J'ai reçu des propositions malhonnêtes de voyages en avion pour les îles Baléares.

M. le Rapporteur : De la part de justiciables, d'avocats ?

M. Bernard BROCHOT : Surtout pas de la part d'avocats !

M. le Rapporteur : Pas de gens de robe !

M. Bernard BROCHOT : Non, monsieur le député, par des justiciables. Je citerai l'affaire Bourson qui a défrayé la chronique. Il est même allé provoquer le ministre de la Justice de l'époque, M. Henri Nallet, à Chablis. Des menaces, j'en ai reçu.

Je ne vous cache pas non plus que le président du tribunal de commerce est forcément en rapport avec les hommes politiques, quels qu'ils soient. Je respecte la politique, dès lors qu'on ne me demande pas de favoriser telle ou telle partie à une affaire. J'ai eu des rapports avec M. Henri Nallet pour sauver des entreprises à Tonnerre, et nous avons travaillé honnêtement. J'ai eu des rapports directs avec M. Jean-Pierre Soisson pour sauver Guillet et pour sauver Nicolas. En principe, je n'étais jamais seul. Je me faisais toujours accompagner ou assister d'un juge ou d'un greffier, de façon à ce que l'on ne puisse pas dire, par la suite, que le président a cédé.

À propos de l'affaire Clémendot, j'ai reçu des coups de téléphone. On est allé rechercher des connaissances que j'avais depuis dix ans. On m'a téléphoné à dix heures du soir à mon domicile. Je suis très accessible. Je suis un homme public, j'aime la société, mais je reste dans la légalité.

Monsieur le député, il me reste deux ans de fonctions. Ce n'est pas à mon âge que je vais tomber dans une quelconque compromission. Je regarde les gens dans la rue comme je dois les regarder. M. Jean-Pierre Soisson est intervenu à plusieurs reprises en tant que maire. Dès lors que je pouvais intervenir pour la défense d'une entreprise, en priorité pour l'emploi, j'ai toujours œuvré avec les hommes politiques, quels qu'ils soient, de gauche comme de droite.

M. le Rapporteur : Quand vous parlez de chantage et de tentatives de corruption, faites-vous allusion aux hommes politiques ?

M. Bernard BROCHOT : Non, à des justiciables !

M. le Rapporteur : Dans votre droit de réponse, vous ajoutez : « Je n'ai jamais cédé dans le passé aux pressions, interventions malhonnêtes, tentatives de chantage, et pas plus pour l'avenir. » Vous semblez dire que cela va continuer.

M. Bernard BROCHOT : Les tentatives de pression continueront. Quand quelqu'un entre dans ma boutique avec quatre faisans en disant : « Je vous les apporte, parce que j'ai une affaire », je lui réponds : « Non seulement ils auraient mauvais goût, mais de toute façon, je n'accepte rien. » Mon épouse subit des contraintes, notamment par téléphone. Quand on lui dit : « Il faut que je vienne avec un revolver pour obtenir satisfaction du président », cela fait drôle. Un jour, une secrétaire m'a apporté des billets d'avion pour partir huit jours aux îles Baléares. Cela existait il y a dix ans. Je pourrais citer des noms.

Les pressions sont téléphoniques ou écrites. J'ai reçu des lettres de menace. Je crois même en avoir quelques-unes dans mon coffre. J'ai dit à ma femme : « S'il m'arrive quelque chose un jour, tu pourras les sortir. » On m'a dit : « On aura ta peau. » J'ai même reçu, à dix heures du soir, un coup de téléphone d'un justiciable qui me disait : « Vous allez voir, cela ne va pas se passer comme cela. Je connais très bien M. François Mitterrand. » Je lui ai répondu : « J'ai beaucoup de respect pour le président de la République, que j'ai d'ailleurs rencontré, mais je serais surpris qu'il ait du temps à passer pour un petit tribunal de province comme Auxerre. Je suis à la disposition de M. Mitterrand s'il veut me demander des précisions. »

Monsieur le député, j'ai toujours eu une vie claire. Si on trouve des reproches à me faire, que l'on vienne me le dire. Je n'ai jamais cédé à rien. En revanche, si je peux rendre service à quelqu'un, quel qu'il soit, je le fais, par toutes suggestions que je peux apporter. Quand on vient me trouver à 17 heures, je reçois tout le monde. Les greffiers peuvent en témoigner.

M. le Rapporteur : Mais accompagné !

M. Bernard BROCHOT : J'écoute les gens. Je leur dis, par exemple : « Dans cette affaire, vous pouvez faire une requête auprès du président. » Si le dossier est compliqué, je leur suggère de consulter un avocat. On me demande même des noms d'avocats. Je réponds qu'il m'est difficile d'en conseiller un. Je les invite à faire leur choix. Nous connaissons les avocats : certains sont dynamiques, défendent bien leurs dossiers, d'autres sont plus lents, font traîner. Quand il s'agit d'affaires importantes, où il y a vraiment à défendre l'emploi, je dis : « Adressez-vous à tel ou tel avocat, je ne peux pas vous conseiller. Votre affaire est défendable, elle peut être prise en main par un avocat. » Sinon je dis : « Je suis obligé de vous remettre les formulaires de déclaration de cessation des paiements. Prenez rendez-vous pour effectuer votre dépôt de bilan, car ce n'est plus le président du tribunal qu'il faut voir, ce sont les pompiers. »

M. Jacky DARNE : Vous affirmez résister aux pressions. Dont acte. Mais en même temps, vous expliquez que les pressions existent. Différents juges ou juges-commissaires exercent dans votre tribunal, dont chacun est soumis à des pressions.

M. Bernard BROCHOT : Oui, je suppose que les juges en sont également victimes.

Votre Rapporteur a recueilli le témoignage d'un chef d'entreprise ayant refusé d'entrer dans le « jeu des enveloppes » au tribunal de commerce de Paris :

LA CORRUPTION AU TRIBUNAL DE COMMERCE DE PARIS

M. François de Séroux a été entendu par la commission d'enquête en tant que chef d'entreprise se plaignant des dysfonctionnements du tribunal de commerce de Paris.

En 1994, il est approché par un juge consulaire parisien.

M. François de SÉROUX : La seconde pratique, moins officielle, est celle des enveloppes...

M. le Rapporteur : En quoi consistait concrètement la proposition visant à entrer dans le jeu des enveloppes ?

M. François de SÉROUX : La méthode très simple consistait à me faire rencontrer un juge. Je l'ai du reste rencontré le 1er avril 1994...

M. le Rapporteur : Le juge vous a-t-il dit la même chose ?

M. François de SÉROUX : Tout à fait ! Il a même été encore plus explicite.

M. le Rapporteur : C'est-à-dire ?

M. François de SÉROUX : Vous avez noté que sur les 50 millions de francs de capital, la moitié était empruntée. Son idée était donc de faire venir toutes les banques au tribunal, donc pour 24 millions de francs, et d'effacer cette dette moyennant 2,4 millions de francs dont 800 000 francs payables comptant, 800 000 francs le jour de la convocation au tribunal et 800 000 francs à la sortie.

M. le Rapporteur : C'est la méthode habituelle ? C'est ce qui vous a été expliqué ?

M. François de SÉROUX : Absolument ! C'est ce qui m'a été expliqué !

M. le Rapporteur : C'est le prix de l'effacement des dettes, n'est-ce pas ?

M. François de SÉROUX : Le prix de l'effacement des dettes personnelles, lequel ne jouait pas sur les dettes de mon holding. (...)

M. le Rapporteur : Où l'avez-vous rencontré ?

M. François de SÉROUX : Deux fois au cabinet comptable et une fois au restaurant à Paris.

Lors de ce dernier entretien, il m'avait expliqué ce qu'il pouvait faire pour moi, c'est-à-dire convoquer toutes mes banques et régler tout le problème le même jour. Nous étions le 1er avril 1994 et avec un peu de chance, je devais passer avant la fin de l'année. En contrepartie, je devais lui verser 800 000 francs dans le courant du mois d'avril 1994, puis 800 000 francs le jour de la convocation au tribunal et 800 000 francs à la sortie. Je lui ai répondu que, quelle que soit la somme en jeu, 1 franc, 800 000 francs ou 8 millions de francs, il n'aurait jamais un sou, ce qui ne lui a d'ailleurs pas beaucoup plu ! Je m'empresse de vous préciser que je l'ai invité à déjeuner ; comme il avait choisi le restaurant ! Je préférais que ce soit moi qui paye... (...)

M. le Rapporteur : Vous souvenez-vous du nom du juge ?

M. François de SÉROUX : Il s'agissait de M. Z.

(...)

M. le Rapporteur : Où deviez-vous verser cet argent ?

M. François de SÉROUX : À Genève !

M. le Rapporteur : Sur un compte ?

M. François de SÉROUX : En effet.

M. le Rapporteur : Le numéro vous a-t-il été donné ?

M. François de SÉROUX : Oui, mais je ne l'ai jamais vérifié.

M. le Rapporteur : Pourriez-vous, s'il vous plaît, nous le communiquer ?

M. François de SÉROUX : La banque était l'UBP, 1 rue du Rhône, et le compte n° 48 68 213.

La commission a entendu le juge mis en cause et a souhaité transmettre au procureur de la République le témoignage ainsi recueilli. La commission a ressenti une grande inquiétude sur l'ampleur de ces pratiques : lorsqu'un liquidateur et un avocat exposent ensemble à un justiciable qu'il existe un système occulte et parallèle de décision au tribunal de commerce de Paris, et amènent l'intéressé à un juge présumé corrompu, nous sommes en droit de nous interroger sur l'étendue et la généralisation de telles pratiques.

• ***Le favoritisme***

Le favoritisme peut être défini comme le fait d'attribuer des situations, des avantages par faveur et non selon la justice.

La commission d'enquête a constaté chez certains juges consulaires une telle attitude de favoritisme à l'égard de certains justiciables.

IL FAUT SE COMPROMETTRE

***Me Leïla BELHASSEN, mandataire judiciaire, a déclaré à la** commission d'enquête avoir subi des pressions* : En tant que mandataire de justice et représentant des créanciers, je dois donner un avis sur les conditions d'adoption d'un plan. Dans le cadre d'un plan de cession, j'avais estimé que celle-ci ne devait pas être réalisée dans le cadre d'un redressement judiciaire, mais dans le cadre liquidatif. De plus, nous avions affaire à des voyous. Le juge-commissaire, à l'époque, vice-président du tribunal, m'a fait savoir que dans la mesure où j'avais donné un avis négatif, qui avait d'ailleurs été suivi par le parquet, je ne recevrai plus de dossiers.

M. le Rapporteur : Qui était ce juge-commissaire ?

Me BELHASSEN : M. Serré. (...)

Me BELHASSEN : Ces affaires ont fait l'objet d'un écrit de ma part au parquet, que j'étais allée voir, début 1995. Il ne s'est rien passé. J'ai écrit également à mon président de compagnie, sans le moindre résultat. Tout le monde connaît ces pratiques.

LA « PROMESSE » D'UN FONDS DE COMMERCE

Maître BELHASSEN explique dans quelles conditons certains anciens juges monnayent leurs services :

Me Leïla BELHASSEN : (...) M. Le Clec'h m'a mise en cause gravement. Dans le cadre de la cession d'une affaire, il s'est déplacé, m'a présenté une offre pour le compte d'un de ses clients. Cette personne n'a pas obtenu le fonds de commerce, une péniche-boîte de nuit, parce qu'elle n'était pas la mieux disante. Malgré cela, la personne en question a considéré que j'avais favorisé quelqu'un d'autre, et son conseil, ancien juge au tribunal de commerce, l'a appuyée !

M. le Rapporteur : Pourquoi, son conseil ? Voulez-vous dire que les juges deviennent, en quelque sorte, des avocats ?

Me Leïla BELHASSEN : Du fait de ses anciennes fonctions, il a dû promettre à quelqu'un, moyennant finances, qu'il obtiendrait l'acquisition du fonds de commerce.

M. le Rapporteur : Finalement, c'est l'influence qui compte, au tribunal de commerce de Paris ?

Me Leïla BELHASSEN : Il ne faut pas trop généraliser, mais cela arrive, et beaucoup plus fréquemment qu'on ne le pense.

M. le Rapporteur : Les décisions ne sont donc pas prises en fonction de critères économiques, juridiques rationnels, elles sont prises en fonction d'intérêts relationnels qui n'apparaissent pas ?

Me Leïla BELHASSEN : Elles sont tout de même prises, la plupart du temps, en fonction de critères économiques, trop peu en fonction de critères juridiques. Le juge du commerce n'est pas un juge du droit, il ne dit pas le droit. Il ne sait pas le dire. Mais elles sont parfois prises en fonction d'opportunités qui n'ont rien à voir avec le droit.

c) Mandataires de justice : la tentation n'est pas loin

Les mandataires de justice, que ce soit les administrateurs judiciaires ou plus encore les mandataires judiciaires à la liquidation des entreprises, manient des fonds considérables. Il suffit à cet égard de rappeler que la Caisse des dépôts et consignations a enregistré en 1997 57 milliards de francs de dépôts en provenance des mandataires. En outre, il faut se souvenir que les mandataires de justice sont moins de 500 sur le territoire. Le scandale Sauvan-Goulletquer est sur ce point significatif. Il a, en effet, révélé l'importance des sommes manipulées par les mandataires et l'ampleur des détournements qui peuvent en résulter. Rappelons que plus de 220 millions de francs ont été détournés par l'étude Sauvan-Goulletquer en très peu de temps. Mais il est également des cas, plus fréquents, où certaines banques sont attirées par la partie des fonds qui n'est pas obligatoirement déposée à la Caisse des dépôts et consignations. M. Bernard Soinne, mandataire judiciaire, a fait clairement état de cette tentation lors de son audition par la commission.

NOS AMIES LES BANQUES

Bernard SOINNE, mandataire judiciaire : J'ai reçu des propositions du Crédit agricole, qui avait proposé de me consentir un taux privilégié moyennant le versement des fonds du commissariat au plan, soit 150 millions. J'ai refusé, j'ai soixante ans et je ne vais pas me livrer à de telles pratiques. Tous les fonds que je gère sont déposés à la Caisse des dépôts. À ma grande surprise, le directeur m'a demandé pourquoi je ne le faisais pas, puisque d'autres l'avaient fait. J'étais sur le point de demander qui, mais je n'ai pas osé. Il faut interdire cela de manière impérative et établir une séparation très stricte entre les fonds gérés pour autrui et les fonds personnels du mandataire. Dernièrement quelqu'un m'a dit : « On dépose les fonds des faillites auprès d'une banque à Paris et les intérêts sont versés auprès d'une succursale à Genève ou ailleurs. » Je n'ai pas eu confirmation de ces propos. Le problème se pose plus pour les administrateurs que pour les mandataires de justice. Pour les administrateurs qui traitent d'affaires importantes, il n'y a pas de délais impératifs pour le versement des sommes à la Caisse des dépôts. Cela veut dire que vous pouvez continuer à faire fonctionner les comptes de l'entreprise pour des sommes créditrices très importantes. Il faut réglementer cela de manière stricte et donner une mission permanente aux commissaires aux comptes.

Le maniement de ces fonds s'ajoute à une position de force, acquise par le biais du mandat de justice défini par le tribunal. Ainsi, un mandataire peu scrupuleux pourra s'appuyer sur cette mission de service public pour inciter le chef d'entreprise en difficulté, dont il a pu prendre une grande partie des pouvoirs, à faire « tout » en échange de la promesse d'un redémarrage de son activité ou d'éventuels arrangements avec certains créanciers. C'est cette dérive que la commission a pu enregistrer lors de l'audition d'un justiciable, le 2 juin 1998. Les faits relatés pourraient s'apparenter à une **prise illégale d'intérêts** au sens de l'article 432-12 du code pénal : le mandataire est chargé d'une mission de service public au titre du mandat de justice qui lui a été confié ; il a usé de cette qualité pour recevoir directement un intérêt dans une entreprise ou une opération dont il a en partie la charge d'assurer la liquidation.

CHANTAGE

Un justiciable qui a souhaité rester anonyme fait état de pratiques exploitant la position de faiblesse du chef d'entreprise en redressement judiciaire.

À la demande du mandataire-liquidateur, ce chef d'entreprise effectue des travaux à son domicile qui ne seront jamais payés et s'imputent sur le coût de ses honoraires.

M. X... : Quand les travaux ont été achevés, j'ai demandé à Me L... de me régler au moins la première facture qui était enregistrée en comptabilité depuis le 16 décembre. Il m'a répondu que nous allions nous arranger. Donc, il me convoque et m'annonce comment il avait prévu de procéder : déduisant les travaux que j'avais réalisés, soit 48 798 francs, plus 3 381,64 francs correspondant à la première facture enregistrée, il me présente une note d'honoraires de 35 273 francs hors taxe. Telle était la vraie valeur de mon dépôt de bilan !

M. Alain VEYRET, député : Vous a-t-il demandé de faire disparaître la première facture de votre comptabilité ?

M. X... : Bien sûr ! Et il ne me l'a pas payée !

M. le Rapporteur : D'après vous, combien vous doit-il aujourd'hui ?

M. X... : Puisqu'il considère ne pas m'avoir fait de facture pour mon dépôt de bilan, c'est du « troc » ! En cas de redressement fiscal, je « plonge » aussi dans la mesure où le montant de TVA disparaît. Soyons clairs ! Donc, moi aussi, je suis en faute.

M. le Rapporteur : Il vous contraint effectivement à la faute fiscale.

(...)

M. Alain VEYRET : Vous appelez cela du troc, mais quand il vous a demandé de ne pas lui présenter de facture...

M. X... : Bien sûr qu'il me l'a demandé !

M. Alain VEYRET : ... vous étiez toujours en situation de redressement judiciaire.

M. X... : Parfaitement !

M. Alain VEYRET : La reprise de l'entreprise n'était pas déclarée, n'est-ce pas ?

M. X... : C'était au début, donc j'étais sous son contrôle. Il me signait encore les chèques. Bref, j'avais les menottes aux mains !

Dans certaines régions, le monopole dont bénéficient de fait certains mandataires peut inciter à certains comportements répréhensibles et pénalement qualifiables. Le passage de l'audition du greffier du tribunal de commerce de Mont-de-Marsan, M. Francis Akaighe, cité ci-après, révèle ainsi des faits montrant comment une position de quasi-monopole peut être utilisée pour exercer des actions qui pourraient se rapprocher de faits de **corruption**.

À MONT-DE-MARSAN, LE GREFFIER RÈGLE SES COMPTES AVEC LE MANDATAIRE

M. le Rapporteur : Que s'est-il passé avec Me Berthé ?

M. Francis AKAIGHE, greffier du tribunal de commerce de Mont-de-Marsan : (...) Un ami de Me Berthé est venu raconter haut et fort qu'il avait été saisi par Me Berthé pour commettre un attentat sur deux personnes : un avocat et un greffier.

M. le Rapporteur : Est-ce que vous pouvez expliquer cela clairement ? Quelqu'un dans cette ville a laissé courir le bruit…

M. Francis AKAIGHE : … non seulement laissé courir le bruit, mais il a écrit, il a averti le parquet que Me Berthé l'avait contacté pour exécuter un contrat.

M. le Rapporteur : Un contrat sur qui ?

M. Francis AKAIGHE : Sur ma tête et sur celle d'un avocat.

M. le Rapporteur : Me Berthé avait mis un contrat sur votre tête ?

M. Francis AKAIGHE : Oui.

M. Jean CODOGNÈS, député : Un contrat, c'est-à-dire ? Il vous menaçait de mort ?

M. Francis AKAIGHE : Il nous a dit : « Il y a quelqu'un qui nous emmerde, il faut lui casser la jambe. Il faut lui couper une patte. » Il a ajouté : « Vous habitez à tel endroit, vous avez telle marque de voiture. » Il disposait d'éléments précis. (...)

M. le Rapporteur : Qu'est-ce qui s'est passé après au parquet ?

M. Francis AKAIGHE : J'ai aussitôt saisi le parquet de cet ensemble d'éléments. Il fallait que ce soit clair. La personne qui raconte cette histoire n'avait strictement rien à voir avec moi. Ce n'était pas mon ami ni quelqu'un que je fréquentais, mais de réputation et de notoriété on savait que c'était un ami de Me Berthé de longue date. Ils sont parrains de leur enfant respectif. Ils se connaissent très bien. À un moment, cette personne, qui était gérante d'une société, est venue déposer son bilan. Il fallait nommer un mandataire de justice. J'avais suggéré au tribunal de ne pas désigner Me Berthé pour la clarté du dossier et parce qu'il était trop lié avec cette personne. En effet quand j'ai des éléments dans un dossier, j'en fais part à mon tribunal. *A priori*, Me Berthé l'a appris.

M. Jean CODOGNÈS : Qu'a fait le tribunal ?

M. Francis AKAIGHE : Il a désigné quelqu'un d'autre. Ce n'était pas Me Berthé qui était désigné. Quelque temps après, j'ai appris par personne interposée que ce même monsieur aurait acheté un restaurant à Mont-de-Marsan dans le cadre d'une faillite. Je l'ai appris de façon fortuite. J'en ai fait part au tribunal. J'en ai parlé à Me Berthé. S'était-il senti menacé ? J'ai dit « Me Berthé, tu ne peux pas continuer. »

M. Jean CODOGNÈS : Menacé, dans quel sens ?

M. Francis AKAIGHE : J'avais soulevé quelque chose qui était censé être caché.

M. Jean CODOGNÈS : Une irrégularité ?

M. Francis AKAIGHE : Une irrégularité dans une affaire, concernant un ami de Me Berthé qui achète une affaire par personne interposée. On l'a découvert après. J'ai dit à Me Berthé : « Tu vois, tu te plains que tout le monde t'en veut. Le jour où tu cesseras de faire ce genre d'irrégularités, peut-être que… »

M. Jean CODOGNÈS : Il en avait fait d'autres ?

M. Francis AKAIGHE : C'est la seule dont j'ai eu connaissance de façon aussi sûre. Est-ce que c'est pour ça qu'on a été dire à cette personne : « On a des problèmes avec Me Akaighe. Il faut s'occuper de son cas ? » Je n'en sais strictement rien. Le fond des choses, je ne le connais pas toujours. J'en ai fait part au procureur. Personne n'a voulu savoir ce qui s'était passé. Tous les juges ont dit ici : « Ce n'est pas bien. Francis, tu rêves ! » (...)

M. le Rapporteur : On protège Me Berthé ?

M. Francis AKAIGHE : Vous en tirerez les conclusions qui s'imposent.

M. le Rapporteur : On protège Me Berthé. Vous êtes en accord ou en désaccord avec cette proposition ?

M. Francis AKAIGHE : Je n'ai jamais eu de problème avec qui que ce soit à Mont-de-Marsan.

M. Jean CODOGNÈS : À quelle époque, cela s'est-il passé ?

M. Francis AKAIGHE : En 1996.

M. Jean CODOGNÈS : Il n'y a pas si longtemps de ça.

M. Francis AKAIGHE : Vous en tirerez les conséquences qui s'imposent.Voilà un greffier du tribunal de commerce, un officier ministériel, qui saisit son parquet. On fait fi de ça. On ne dit rien. Par contre, je n'ai pas connaissance que Me Berthé ait été convoqué par le parquet pour être entendu. (...) C'est moi qu'on va entendre, non pas dans le cadre de ce que son ami racontait sur l'existence d'un contrat, on va me convoquer pour me menacer parce que j'aurai secoué Me Berthé.

M. le Rapporteur : Des menaces de quel genre ?

M. Francis AKAIGHE : Des menaces de poursuites pénales, de poursuites disciplinaires.

M. le Rapporteur : Le procureur vous a menacé de poursuites disciplinaires dans la salle du conseil ? Cette affaire n'a jamais eu de suites en dehors de celles-là ?

M. Francis AKAIGHE : Par la suite, j'ai été convoqué par les policiers pour être entendu sur des accusations que Me Berthé aurait proférées à mon encontre. Sommé de s'expliquer sur cette affaire, il aurait dit que c'était parce que j'avais peur, que je cherchais à détourner l'attention sur lui.

M. Jean CODOGNÈS : Pourquoi avez-vous essayé de détourner l'attention sur Me Berthé ?

M. Francis AKAIGHE : Pour cela, je pense que le temps nous manque. Il aurait peut-être fallu demander les procès-verbaux des auditions des uns et des autres au commissariat. Me Berthé m'a tout simplement désigné comme étant le « fouteur de merde » au tribunal de commerce de Mont-de-Marsan, prétendant que je cherchais à couvrir mes propres malversations. Pour preuve, il a cité quelques dossiers.

M. le Rapporteur : Lesquels ?

M. Francis AKAIGHE : Je vous l'ai dit tout à l'heure, le dossier intitulé le Riverside.

M. le Rapporteur : Qu'est-ce que c'est que cette affaire ?

M. Francis AKAIGHE : C'est un bar à Mont-de-Marsan qui a déposé son bilan et a été liquidé. Il fallait réaliser les actifs dans le cadre de la liquidation judiciaire.

M. Jean CODOGNÈS : En quoi auriez-vous été impliqué ?

M. Francis AKAIGHE : Le juge-commissaire décide, une fois n'est pas coutume, de faire un appel d'offres sous enveloppes cachetées. Tout a été fait « nickel ». On fixe une première date limite de dépôt d'offres. Mais la date qui a été publiée dans les journaux ne correspondait pas. Bref, un des acquéreurs est arrivé, a déposé entre mes propres mains une des enveloppes. Je ne sais pas ce qui s'est passé.

M. Jean CODOGNÈS : Donc à l'ouverture des plis ?

M. Francis AKAIGHE : Avant l'ouverture des plis. Longtemps avant.

M. Jean CODOGNÈS : Quel est le problème ?

M. Francis AKAIGHE : Le problème, je n'en sais strictement rien. Me Berthé aurait raconté que j'aurais favorisé cette personne, que j'aurais divulgué les autres informations.

M. le Rapporteur : Pourquoi Me Berthé considère, comme il l'a dit tout à l'heure devant la commission, que vous êtes un ami de quinze ans ?

M. Francis AKAIGHE : Il y a d'autres personnes qui étaient des amis de trente ans mais qui se sont fâchées. Excusez-moi, je ne fais pas de politique, mais l'occasion était trop belle. (...) Si tout va mal au tribunal de commerce, ce serait parce que Me Berthé et moi-même avons été fâchés. Cela m'a quelque peu offusqué. Je n'étais pas fâché avec Me Berthé. Je ne partage pas sa méthode. Je ne partage pas ses idées politiques. Il y a des tas de choses que je ne partage pas avec lui. Cependant, c'est un professionnel. Nous avons pratiquement le même âge. Nous vivons dans la même ville. On était par personnes interposées dans le même club Rotary à l'époque. Je n'y suis plus. Ce qui fait que nous sommes appelés à nous côtoyer avec une certaine courtoisie. Lorsque Me Berthé a eu des problèmes à un moment donné, j'ai pensé que tout le monde s'acharnait sur lui pour des raisons politiques. Vu mes origines, je me suis dit : « Mais ce pauvre garçon mérite qu'on lui tende la main. » Je l'ai aidé, c'est vrai. De là à dire que nous sommes des amis de trente ans ! On est peut-être amis, peut-être à partir de cet instant-là. On a des bons rapports.Il n'en demeure pas moins que cette affaire a été classée. Je ne sais toujours pas si Me Berthé a voulu me tuer. Si c'est vrai. En tout cas, la personne qui le dit, le maintient, persiste et signe.

M. le Rapporteur : Encore aujourd'hui ?

M. Francis AKAIGHE : Encore aujourd'hui.

M. Jean CODOGNÈS : Au fond, j'ai l'impression que si vous nous le dites, c'est aussi peut-être quelque part pour assurer votre sécurité. Est-ce que c'est ça ?

M. Francis AKAIGHE : Pas du tout. C'est pour vous dire la façon dont les choses se passent ici. J'ai l'impression que Me Berthé règne en maître.

M. le Rapporteur : Nous l'avons constaté.

M. Francis AKAIGHE : Pour des raisons que j'ignore, tout ce qui touche à Me Berthé, il ne faut pas y aller. Ils sont deux mandataires de justice. Ça ne vous interpelle pas que Me Dumousseau ait été stagiaire de Me Berthé, ait travaillé à l'étude de Me Berthé ? Ils ont été très liés pendant très longtemps. Voilà une professionnelle dont personne ne parle, pourtant elle est mandataire de justice. En face, c'est un cow-boy, les pieds sur la table : c'est J.R. qui a pour tout langage : « Toi t'es un con. Tu parles, je te flingue. »

M. le Rapporteur : « Tu parles, je te flingue ? »

M. Francis AKAIGHE : « Tu continues à parler comme ça, je te flingue ! » Voilà comment est Me Berthé. Je vous ai parlé de ça, c'est parce que vous m'avez posé la question suivante : Pourquoi se fait-il que certains agissements, certaines choses anormales que l'on constate ici n'ont pas été aussitôt relatées au procureur ou ne serait-ce qu'à M. Anton, président du tribunal de commerce ? Je vous ai répondu que les rares fois où je l'ai fait dans cette affaire-là, on me dit : « Ta gueule ! » Excusez ma franchise. Dans d'autres affaires, c'est à travers un dossier de trois pages que j'ai soulevé à monsieur le procureur les points anormaux que je relève. Au moment où on parle, j'attends toujours la réponse du procureur. (...)

M. le Rapporteur : Vous allez nous dire ce que tout le monde sait ici sur Me Berthé !

M. Francis AKAIGHE : Monsieur le député, tous les jours des gens viennent me voir. J'en ai même provoqué certains en leur disant : « Apportez-moi des preuves parce que j'en ai besoin. »

M. le Rapporteur : Qu'est-ce qu'ils vous disent ces gens ?

M. Francis AKAIGHE : Ce dont nous venons de parler : malversations, pots-de-vin.

M. le Rapporteur : Qui concernent Me Berthé ?

M. Francis AKAIGHE : Qui concernent Me Berthé.

M. le Rapporteur : Tous les jours, il y a des gens qui viennent vous voir pour vous dire ça ?

M. Francis AKAIGHE : Tous les jours que le Bon Dieu fait. Peut-être moins depuis un certain temps. Beaucoup moins. Mais quand je suis arrivé, c'était carrément tout le temps. Tout le monde en parle : des pots-de-vin, des pots-de-vin, des pots-de-vin. Tous les procureurs qui se sont succédé jusqu'à celui-ci promettaient de se payer la tête de Me Berthé avant de s'en aller : Rabineau, Bosc. Le président Trouvé. Ils m'ont dit expressément avant de partir : « Il est toujours là ! » Est-ce vrai qu'il touche ? Je n'en sais rien. Si c'est vrai et que personne ne trouve alors nous sommes tous des nuls.

Ces témoignages ont révélé des soupçons assez généralisés de **corruption et de trafic d'influence** dans la grande majorité des tribunaux visités. Sans pour autant être toujours directement à l'origine de faits assimilables à des faits de corruption, les mandataires se rendent parfois coupables de ne pas dénoncer certaines pratiques dont ils peuvent au minimum avoir connaissance compte tenu de la position privilégiée qu'ils occupent dans les procédures de reprise ou de cession. Le procureur près le tribunal de grande instance de Toulon a ainsi évoqué une affaire dans laquelle le mandataire pouvait difficilement ne pas être au courant des anomalies constatées.

Placés au centre des procédures collectives, en situation de quasi-monopole, les mandataires de justice sont très souvent en position de force par rapport au débiteur et sont soumis à des tentations, telles que celles que nous venons de décrire, tentations auxquelles certains ne savent pas résister.

*

* *

L'enquête menée par notre commission conduit à constater que la juridiction consulaire qui, selon ses défenseurs, présente l'avantage de la compétence parce qu'elle est rendue par des spécialistes de l'entreprise, de la gratuité, puisqu'elle est rapide et peu contestée, est en réalité coûteuse pour le justiciable, et pour la société dans son ensemble car elle est incapable d'assurer correctement le service public de la justice. Certes, parmi tous ceux qui participent à la juridiction consulaire, certains sont irréprochables et accomplissent leurs fonctions avec conscience et dans le souci de l'intérêt public. Mais les dérives sont si graves et si nombreuses qu'elles minent la confiance que le justiciable doit avoir dans ses juges. Par ailleurs, elles ne peuvent être attribuées à l'égarement de tel ou tel individu. Elles sont le produit d'une organisation, d'un système.

Il apparaît donc impossible au Rapporteur de se limiter à quelques retouches du système existant. Il convient au contraire de modifier profondément la juridiction consulaire et d'assumer le coût des réformes proposées.

DEUXIÈME PARTIE
UNE JURIDICTION À RÉNOVER

I. – LA RELÉGITIMATION DE LA JURIDICTION CONSULAIRE

Pour restaurer la légitimité de la juridiction commerciale, il faut – enfin – répondre, près de vingt-cinq ans après, aux deux préoccupations déjà exposées dans le rapport Monguilan :

– « *augmenter l'efficacité des tribunaux de commerce en adaptant leur organisation et leurs conditions de fonctionnement à l'évolution de la législation commerciale et aux mutations économiques* » ;

– leur donner « *encore plus d'indépendance. Il est certain que les conflits commerciaux, par leur complexité et l'âpreté qu'ils suscitent inévitablement, exigent, surtout lorsque d'importants intérêts sont en jeu, que les juges et leurs auxiliaires échappent aux pressions du contexte local.* »

Les premières tâches seront de refondre la carte des juridictions et de rénover le statut des juges.

A. – LA REFONTE TANT ATTENDUE DE LA CARTE JUDICIAIRE

Le rapport de la commission Monguilan précisait que le souci d'efficacité des tribunaux de commerce l'avait conduite « *à proposer une nouvelle distribution territoriale des tribunaux consulaires, seule susceptible de procurer un recrutement de juges en nombre suffisant et de compétence plus étendue, et de susciter un électorat important et mieux réparti. De grandes unités judiciaires pourront disposer de plus de moyens et connaître une meilleure organisation. Ce sont ces tribunaux de commerce, mieux structurés, qui seront capables de résoudre avec l'ouverture d'esprit indispensable les conflits qui se posent aujourd'hui au sein de l'entreprise et de la vie économique régionale.* »

Ces orientations gardent leur pleine actualité. Leur mise en pratique, sans cesse repoussée durant des décennies, sera affaire de courage politique et de concertation. Il faudra d'abord affirmer la volonté de mettre fin à l'émiettement des juridictions. Mais la question centrale de la taille optimale des tribunaux de commerce est imbriquée avec d'autres sujets sur lesquels il conviendra d'exercer des choix : unification, spécialisation, déconcentration, sans parler ici de l'échevinage (évoqué au B. 1. ci-après).

1. – Mettre fin à l'émiettement des tribunaux

L'ensemble des personnes auditionnées par la commission et toutes les propositions de réforme de la justice consulaire, à commencer par celles de ses propres représentants, tombent d'accord sur la nécessité de refondre la carte des juridictions, pour assurer une forte concentration.

Cette unanimité peut surprendre, alors que chacun sait combien cette opération – au sens chirurgical du terme – risque d'être douloureuse.

a) Les raisons d'un consensus

• Pourquoi cette refonte ? Pour répondre à tous les inconvénients de l'éparpillement actuel, évoqués dans la première partie de ce rapport. « *Constituer les grandes juridictions économiques et commerciales dont notre pays a besoin* », comme le dit M. Philippe Lemaire, doit permettre en particulier :

– d'implanter les juridictions dans les centres économiques d'aujourd'hui et, si possible, de demain ;

– de mettre en place une allocation plus économique et plus efficace des moyens de la justice commerciale ;

– d'élargir le bassin d'élection des juges, ce que les représentants du ministère de la Justice ont qualifié de « *nécessité impérative* » ;

– d'assurer dans tous les tribunaux un flux suffisant d'affaires à juger pour que chaque magistrat dispose d'une expérience variée.

• La concentration ne manquera pas de se heurter à deux types d'objection, en partie liés : le thème de la justice de proximité et les intérêts de l'aménagement du territoire.

Au nom du premier, on fera valoir que la suppression des petits tribunaux éloignerait les juges des justiciables. L'argument est contesté par les représentants de la justice consulaire eux-mêmes. M. Jacques-Henri Nougein, dans son rapport pour les Assises nationales des tribunaux de commerce d'octobre dernier, estimait que « *l'argument apparaît peu convaincant* ». Il ajoutait : « *Comment, d'abord, soutenir qu'à une époque où les moyens techniques de circulation de l'information sont à ce point performants, l'éloignement, relatif, serait un obstacle au bon fonctionnement d'une institution. Les avocats, même si leur cabinet n'est qu'à quelques encablures, ne transmettent-ils pas, déjà, la majorité de leurs écritures par fax et demain, sans doute, par Internet ?*

« *Comment, encore, soutenir valablement que le chef d'entreprise qui effectue parfois des centaines de kilomètres quotidiennement pour aller à la rencontre de ses clients et de ses fournisseurs, serait perturbé par l'obligation d'un parcours un peu rallongé pour se rendre au siège d'une juridiction ?*

« *Car, enfin, combien de fois, au cours d'une année, voire d'une vie professionnelle, cette démarche lui est-elle imposée ?*

« *Sauf le cas du procédurier qui ne sait gérer son entreprise que par juridiction interposée (et dont on conviendra qu'il ne constitue pas une référence), la fréquence des contacts obligés entre le monde judiciaire et le monde de l'entreprise est particulièrement faible.*

« *Dans la très grande majorité des cas, on ne plaide pas un procès tous les mois, on ne dépose pas un bilan tous les ans !*

« *L'argument, tel qu'il est présenté, ne nous apparaît pas pertinent, pas plus que celui, voisin, de l'aménagement du territoire, dont il est clair qu'il ne signifie pas, dans une vision simpliste, éparpillement des services publics dans tout le territoire.* »

Sur ce dernier thème, il importe de distinguer la méthode et le but. Les instruments d'analyse de la Délégation à l'aménagement du territoire et à l'action régionale, la DATAR, seront utiles pour acquérir une vision réaliste des ressorts géographiques. En revanche, le maintien volontariste de petits tribunaux dans des régions en perte de vitesse économique ne semble pas une réponse adéquate. Un tribunal de commerce n'est guère pourvoyeur d'emplois (une secrétaire de président, éventuellement à mi-temps), surtout si le greffe, commun à plusieurs juridictions, s'est délocalisé. Au surplus, le sens de la causalité ne doit pas être inversé. L'activité d'un tribunal de commerce résulte de la vie des affaires et de la pathologie des entreprises ; mais sa présence ne peut revitaliser l'activité d'une région.

Au total, ce qui paraît le plus important est l'accessibilité de la justice, qui suppose une organisation améliorée autant qu'un choix judicieux du siège des tribunaux.

b) Le choix de la méthode

Comment simplifier la carte consulaire ?

Concentration locale et synthèse nationale doivent être les maîtres mots. M. Henri-Jacques Nougein en a fait le constat : la méthode des « *regroupements volontaires entre les plus petits tribunaux* », qui n'ont « *été obtenus qu'au prix de véritables débauches d'énergie, hors de proportion avec la réalité des intérêts en jeu* », est « *une piste très étroite* ». « *Disons maintenant qu'elle a montré ses limites et que s'il faut continuer à soutenir ces initiatives consensuelles, il ne faut pas en attendre la solution du problème posé, tant le poids des résistances, des habitudes et des particularismes, même s'ils sont légitimes, est fort.* »

La Conférence générale ne le reconnaît pas expressément, mais qui ne voit que la réponse est de nature politique, et relève des pouvoirs publics ? La conciliation des intérêts locaux ne peut venir des initiatives locales. Pierre Bézard, lointain successeur de M. Monguilan à la chambre commerciale de la Cour de cassation, a souligné le rôle qui incombe au Parlement :

« La carte judiciaire affaiblit grandement la position des tribunaux de commerce. Ce n'est pas le seul problème, mais la révision de la carte judiciaire serait une solution d'importance. Il appartient au Parlement d'apprécier jusqu'où on peut aller. Je comprends

cependant que certaines régions qui ont vu disparaître leur caserne, parfois leur lycée, n'apprécient guère de voir disparaître leur tribunal de commerce... »

Seule une synthèse nationale permettra de sortir d'une situation bloquée. Mais seule une concertation préalable approfondie pourra faire accepter localement des suppressions décidées « à Paris ».

Afin d'assurer la concertation, c'est donc à bon escient que Mme Élisabeth Guigou, garde des Sceaux, a décidé, le 24 mars dernier, la création d'une mission de réforme de la carte judiciaire. Elle a désigné comme délégué M. Flavien Errera, parallèlement chargé du secrétariat du comité interministériel de la réforme de la carte judiciaire. Nommée pour cinq ans, la mission aura pour première tâche de formuler des propositions sur la carte consulaire. Elle comprend au total cinq membres, dont un géographe, un statisticien et un spécialiste de l'aménagement du territoire.

La lettre de mission de M. Flavien Errera précise : « *Votre analyse s'appuiera notamment sur l'étude de l'activité des juridictions, la nature des contentieux traités, les délais de traitement, l'accessibilité des lieux de justice pour les usagers, tout en intégrant les possibilités d'évolution du réseau local des juridictions.* »

• Quels seront les critères à prendre en compte pour déterminer le nombre optimal des tribunaux ? La Conférence générale des tribunaux de commerce a tenté de les passer en revue.

– Tout d'abord, « *on pourrait imaginer de calquer la carte des tribunaux de commerce sur celle des tribunaux de grande instance.*

« *Il nous semblerait, en effet, déraisonnable de prétendre imposer à des parquets, généralement dépourvus des moyens humains suffisants, de répondre à notre souhait de les voir régulièrement siéger, à nos côtés, dans toutes les juridictions consulaires.* »

La consultation nationale sur la carte judiciaire de 1997 a révélé que ce regroupement au siège des tribunaux de grande instance était préconisé par plus de la moitié des chefs de cour d'appel de métropole : Caen, Nîmes, Douai, Agen, Amiens, Angers, Limoges, Montpellier, Riom, Besançon, Dijon, Nancy, Poitiers, Reims, Rennes et Rouen. Toutefois, poursuit le rapport de la Conférence générale, « *on observera que transposer la localisation des tribunaux de commerce sur celle des tribunaux de grande instance ne résout rien dans la mesure où l'implantation de ces juridictions est également l'objet d'une réflexion en vue d'une réforme.* »

Le rapport Carrez a établi en 1994 qu'un certain nombre des 175 tribunaux de grande instance en métropole devront vraisemblablement être supprimés faute d'activité suffisante. En tout état de cause, s'il est souhaitable et probable que les deux types de juridictions aient le même siège, dans la plupart des cas, les tribunaux de commerce relèvent d'une logique propre : celle de l'activité économique.

Pour reprendre l'exemple de la Drôme, le tribunal de commerce de Romans-sur-Isère, situé dans un chef-lieu de canton de 33 000 habitants, est plus actif que le tribunal de grande instance de Valence, compétent en matière commerciale, alors que Valence, préfecture de la Drôme, compte plus de 270 000 habitants. En effet, Romans demeure une métropole industrielle du cuir et de la chaussure. En 1996, 842 affaires de contentieux commercial ont été terminées au tribunal de commerce de Romans, contre 224 au tribunal de grande instance de Valence. Le nombre de décisions en matière de procédures collectives a été quasiment équivalent (118 à Romans contre 116), mais le président a prononcé presque six fois plus de décisions de référé (120 à Romans au lieu de 22).

– On le voit, l'usage de critères statistiques d'activité, sans être exclusif, est indispensable. Ce sont eux, du reste, qui sont utilisés pour identifier les plus petites juridictions. Le rapport de M. Henri-Jacques Nougein note avec justesse : « *Ceux-ci pourraient être le nombre de décisions rendues, le nombre d'affaires inscrites en contentieux général, en procédure collective, le nombre de juges, le nombre d'immatriculations et de mouvements au RCS (chronos), etc.*

« *Le très grand avantage de ces éléments statistiques réside dans leur caractère objectif. Leur inconvénient tient dans leur sécheresse qui ne prend pas en compte l'élément humain lequel ne peut être négligé dans une institution composée de volontaires bénévoles qui n'ont jamais démérité.* »

– Un autre critère devra être croisé avec les précédents, plutôt à titre de correctif dans le cas où les statistiques d'activité n'en auront pas donné une image fidèle : « *remodeler la carte des tribunaux de commerce par rapport aux bassins économiques, creusets locaux des richesses et des emplois, circonscriptions générées par l'histoire récente et la volonté des hommes et dont les contours ne correspondent pas toujours aux divisions administratives.*

« La notion est très séduisante et elle pourra être, dans son principe, retenue, mais on admettra qu'elle peut difficilement être le critère simple d'une recomposition du paysage consulaire, tant ses frontières sont imprécises et sa définition même, trop aléatoire.

« À l'adopter, nous courrions le risque d'attendre de très longues années que soient déterminés les contours des différents bassins économiques, avant de pouvoir engager effectivement une réforme qui ne peut attendre. »

Sans se fixer des ambitions démesurées, il sera nécessaire pour valider les ressorts envisagés de faire usage d'indicateurs économiques, les plus simples étant le nombre d'entreprises, les effectifs salariés et les bases de taxe professionnelle. Il conviendra également de prendre en considération la diversité et la fragilité du tissu économique, afin d'avoir un aperçu des perspectives des procédures collectives.

La refonte de la carte doit donner lieu à la suppression d'un nombre significatif de tribunaux. Mais d'autres choix connexes devront être opérés.

2. – Doser unité et diversité de la carte

a) Un seul modèle de juridictions

Faut-il laisser coexister plusieurs modèles juridictionnels ? Tel est le premier aspect de la réforme de la carte évoqué par M. Philippe Lemaire.

« Unifier : il faut un seul type de juridiction commerciale sur l'ensemble du territoire. Trois solutions sont possibles : créer partout des tribunaux de commerce avec des juges élus, donner sur l'ensemble du territoire une compétence unique aux magistrats professionnels ou généraliser l'échevinage. Chaque formule a ses avantages et ses inconvénients. »

La préférence du Rapporteur ira à la troisième solution, et il y consacrera de plus amples explications.

L'échevinage permettrait de répondre à la préoccupation de la commission Monguilan, qui proposait « *le maintien de 10 TGI statuant commercialement, pour permettre une formation commerciale aux juges professionnels de grande instance appelés à devenir, au stade des cours d'appel, des juges du second degré* ».

En tout état de cause, pour rendre la carte judiciaire compréhensible, son unification paraît indispensable. Ceci suppose, comme base de la réforme, non pas 228, mais 250 tribunaux de commerce en métropole. Les 22 tribunaux de grande instance à compétence commerciale perdraient cette compétence, même s'ils donnent toute satisfaction aujourd'hui.

On notera en passant que cette option aura un effet induit sur la réforme de la carte des tribunaux de grande instance. Comme le relève le rapport de synthèse de la consultation sur la carte judiciaire de 1997, la suppression de leur compétence en matière commerciale serait de nature à remettre en cause l'existence même de certains d'entre eux (Avesnes-sur-Helpe, Dinan, Péronne) qui, au regard de leur activité civile et pénale, se situent au-dessous du seuil critique.

Outre-mer, la même démarche se traduirait par la mise en place de quatre tribunaux mixtes de commerce, se substituant au tribunal de grande instance et aux trois tribunaux de première instance statuant en matière commerciale.

Dans la mesure où l'échevinage paraît préférable pour la France entière, la logique conduit *a priori* à envisager le maintien des chambres commerciales échevinées d'Alsace-Moselle, sous réserve de quelques harmonisations possibles (cas des greffes, en particulier).

b) Spécialiser des tribunaux de commerce ?

La montée du contentieux de « la faillite », au sens large, donne des arguments pour scinder les compétences : les tribunaux de droit commun ne conserveraient que le contentieux général, quelques grandes juridictions ayant l'exclusivité du droit des procédures collectives.

Des spécialisations plus fines sont même envisageables dans les zones les plus densément peuplées. M. Bernard Soinne a ainsi estimé devant la commission : « ***Dans le Nord et le Pas-de-Calais, on peut penser à une juridiction consulaire pour le contentieux général, une juridiction pour les procédures collectives, une juridiction pour***

le droit des sociétés, etc. Mais, dès lors, le problème est celui de la proximité. » De tels découpages seraient une source de complexité de la carte judiciaire, et parfois de conflits de compétence. Pour l'heure, seule paraît réalisable la distinction du contentieux général traité par tous les tribunaux et celui des défaillances d'entreprises centralisé auprès de certains.

• Tel était le projet de la commission de réforme des tribunaux de commerce, créée le 3 novembre 1981 sous la présidence de M. Robert Badinter. Comme l'a indiqué à la commission d'enquête M. Pierre Lyon-Caen, lui-même membre en son temps de cette commission, il était proposé à la fois de réformer fondamentalement l'implantation des tribunaux de commerce et de réserver le contentieux des défaillances d'entreprises à un tribunal par département. Dans celui-ci, la chambre spécialisée aurait compté deux magistrats consulaires et un magistrat professionnel, qui n'en aurait assuré la présidence qu'un an sur trois. En contrepartie, l'échevinage aurait été étendu à la cour d'appel, où des juges consulaires auraient été appelés à siéger. Faute de pouvoir réformer la carte, le gouvernement n'a mis en œuvre que le principe de la spécialisation.

D'un point de vue strictement rationnel, la mise en place de chambres spécialisées paraît une bonne idée. Elle permettrait de spécialiser certains juges sur un droit complexe et, en éloignant les juges des justiciables, de réduire les soupçons de partialité.

On notera avec intérêt que M. Jacques Carcassonne, membre de la « commission Badinter », qui était président du tribunal de commerce de Paris avant d'en démissionner le 5 juillet 1983 pour protester – déjà – contre les projets d'échevinage, faisait sienne la proposition d'une spécialisation de tribunaux. La commission d'enquête a pu constater que son successeur actuel, M. Jean-Pierre Mattei, partageait son point de vue, de même que les porte-parole de la Conférence générale des tribunaux de commerce, eux-mêmes présidents de grandes juridictions.

• Les éléments de réflexion adoptés en mai 1997 sur la réforme des tribunaux de commerce par la chambre de commerce et d'industrie de Paris se prononçaient pour « *une carte à double niveau* ». Après avoir prôné une réduction sensible du nombre de tribunaux de commerce, le rapport de M. Jean Courtière proposait que certains d'entre eux soient compétents en matière de contentieux des procédures collectives : « *Une réforme de la carte est également nécessaire en matière de procédures collectives pour assurer la confi-*

dentialité » (tout particulièrement afin d'assurer le succès des formules d'assistance aux entreprises avant cessation de paiement, dans le cadre de la loi du 10 juin 1994 sur la prévention et le traitement des entreprises en difficulté), « *éviter une trop grande proximité des intérêts locaux et permettre la présence effective d'un représentant du ministère public. Le voisinage d'un tribunal de grande instance ou d'une cour d'appel sera à cet égard un facteur déterminant : cet impératif devant se croiser avec la prise en considération du tissu économique, afin de faire apparaître les pôles économiques les plus concernés.* »

Implicitement, le nombre de ces tribunaux à compétence spécialisée serait certainement limité à quelques dizaines, puisque, comme l'a précisé M. Lucien Jibert devant la commission, la CCIP appelle de ses vœux la suppression d'une centaine de tribunaux de commerce.

Évoquant cette hypothèse dans un article, M. Bernard Soinne fait, quant à lui, référence à « *un tribunal départemental, voire régional, pour toutes les procédures collectives* » [1].

• La contribution du CNPF d'octobre 1997 envisageait également la spécialisation, mais pour abandonner cette solution :

« *Une solution limitée consisterait à concentrer le contentieux des procédures collectives qui est celui qui soulève le plus de problèmes, sur quelques tribunaux. Malgré l'intérêt de cette formule, le fait que cette initiative n'ait pas été couronnée de succès en 1985 conduit à l'écarter.* »

• Il est vrai que la liste des juridictions commerciales spécialisées dans les procédures collectives de plus de 50 salariés, portée graduellement de 109 selon le décret du 27 décembre 1985 à 216 actuellement, est révélatrice des résistances face à la « carte à double niveau ». Le dispositif avait, à l'époque, été très critiqué localement, malgré l'abandon du schéma initial prévoyant un seul tribunal spécialisé par ressort de cour d'appel. Que l'on se souvienne aussi du tir de barrage qui a été à l'origine de l'abandon de la procédure de suspension provisoire des poursuites, dont la compétence était réservée par l'ordonnance du 23 septembre 1967 à dix juridictions.

1. « La réforme de la carte des juridictions consulaires : le bon grain de l'ivraie », *Les Petites Affiches* – 10 octobre 1997 – n° 122.

Toute mesure de spécialisation doit donc être soigneusement expliquée, pour ne pas se heurter à l'hostilité des juges consulaires en paraissant une remise en cause de leur compétence, particulièrement dans les ressorts les plus étroits.

Comme l'explique M. Bernard Soinne dans l'article précité, la tendance à « *la distinction entre les tribunaux de "première classe" et les tribunaux de "seconde classe" ou encore les tribunaux de "plein exercice" et les autres* (...) *laisse parmi les juridictions consulaires un sentiment de frustration tout à fait justifié. Il n'y a pas de "petite" juridiction. Il n'y a pas de "petit" et de "grand" juge, ce dernier ne se trouvant qu'auprès des juridictions de grandes villes. L'intelligence, la compétence, l'honnêteté et le bon sens sont heureusement également partagés quelle que soit l'importance des régions, des villes ou des juridictions.* »

Le Rapporteur ne peut que souscrire à ces considérations. La spécialisation ne serait pas destinée à répondre à une quelconque insuffisance des juges, mais à promouvoir la meilleure allocation des moyens de la justice. Dans la mesure où la carte consulaire serait très resserrée, l'intérêt de la spécialisation disparaîtrait largement. En revanche, à partir des 150 tribunaux de commerce qui paraissent le format préférable, la spécialisation semble s'imposer. Le modèle d'un tribunal par département disposant d'une chambre spécialisée, tel que préconisé par la commission Badinter de 1981-1982 serait à l'évidence le meilleur. Une ferme volonté politique, et un grand souci d'explication, seraient nécessaires pour surmonter les réticences locales.

c) Audiences foraines et antennes locales

La refonte de la carte s'accompagnera de la suppression, ou du « regroupement », de dizaines de petites juridictions. Tout doit être mis en œuvre pour atténuer les traumatismes que, malgré la concertation préalable, ces fermetures risquent d'engendrer.

M. Bernard Soinne a exprimé cette préoccupation, en optant pour un dispositif transitoire d'accompagnement : « ***Cependant, je suis partisan d'un certain nombre de regroupements, mais ceux-ci doivent être opérés avec toute la sérénité qui convient. Plutôt que de parler de suppressions, il est préférable de parler de regroupements. Le terme ne change certes pas la réalité, mais il faudrait faire en sorte que les situations acquises soient sauvegardées, que les juges ne soient pas immédiatement renvoyés, que le greffe puisse demeurer quelque temps.*** »

Le maintien permanent, et non pas transitoire, d'une présence dans les sièges de tribunaux « regroupés » pourra être jugé préférable. Ainsi, M. Pierre Bézard a estimé devant la commission : « ***Peut-être convient-il de laisser quelques antennes compétentes en matière de prévention et de médiation pour que ce soit moins douloureux, mais il faut, selon moi, recentrer***. »

Allant plus loin, le CNPF, dans ses éléments de réflexion d'octobre dernier, a marqué sa préférence pour « *le regroupement autour d'un tribunal central avec des antennes locales qui permettraient de maintenir une présence sur le terrain, ce qui est très important, solution non exclusive de la suppression des quelques tribunaux ayant une activité quasiment nulle.* »

Cette idée d'un tribunal muni de satellites mérite d'être mûrement pesée, pour ne pas créer de confusion. Le risque est, en mettant en place une carte à deux niveaux, d'accréditer l'idée d'une justice à deux vitesses. Le rôle des antennes locales doit donc être soigneusement délimité.

• Le CNPF estime que « *cette présence locale pourrait prendre la forme :*

« * ***soit de chambres déléguées ou de sections locales****. Toutefois celles-ci étant juridiquement assimilées à des juridictions, il n'est pas souhaitable d'aller dans cette voie ;*

« * ***soit d'une justice "foraine"****. Le code de l'organisation judiciaire autorise dans son article L. 7-10-1-1 les juridictions de l'ordre judiciaire à tenir des audiences. Cette solution permettrait de traiter le contentieux général : injonctions de payer... au niveau local et de conserver une présence sur le terrain, le tribunal central étant compétent en droit des sociétés et pour les procédures collectives.*

« *Une telle solution suppose de régler le problème des greffes des tribunaux de commerce, ce qui peut se faire par voie d'indemnisation ou par voie de cession de parts si les greffes sont organisés en sociétés civiles professionnelles.* »

La formule des sections locales doit en effet être fermement écartée : la complexité de la carte en serait aggravée et le parquet mis dans l'impossibilité d'exercer sa mission.

En revanche, les audiences foraines paraissent constituer une piste intéressante. Leur mise en œuvre se caractérise par un faible degré de formalisme : elles sont conçues comme des modalités d'organisation interne du service dans le ressort de chaque cour d'appel. Le décret n° 96-157 du 27 février 1996, codifié sous l'article R. 7-10-1-1, pris pour l'application de l'article L. 7-10-1-1 (article 3 de la loi du 8 février 1995), confie aux présidents de cour d'appel, après avis du procureur général, le soin de fixer « *par ordonnance, en fonction des nécessités locales, le lieu, le jour et la nature des audiences que peuvent tenir les juridictions du ressort ou des communes de leur propre ressort autres que celle où est fixé le siège.* »

Dans la perspective qui nous occupe, cette souplesse est à la fois une qualité et un défaut. Son avantage est d'autoriser une certaine souplesse. Les audiences foraines peuvent être organisées à titre transitoire après la fermeture d'un tribunal de commerce, avant de se révéler superflues au bout de quelques années. Son inconvénient est que la concertation locale sur les suppressions de juridictions ne pourra déboucher sur des accords que si des engagements fermes sont pris quant aux mesures d'accompagnement, dont les audiences foraines. Cette approche d'inspiration contractuelle s'accommode mal de la décision souveraine des chefs de cour d'appel. Il paraît donc nécessaire que ces derniers soient parties à la concertation locale sur la carte consulaire et, à l'issue, prennent des engagements sur les audiences foraines avec les interlocuteurs locaux. À son tour, la Chancellerie devra s'engager à leur assurer les moyens nécessaires, ce qui renvoie à la question de la mise à niveau du financement de l'État (voir ci-après, B-2).

L'objet de ces audiences foraines pourrait être double : prévention et médiation d'une part, contentieux général d'autre part. Comme l'a fait remarquer M. Bernard Soinne aux membres de la commission : « ***Si vous voulez développer la prévention, il ne faut pas croire qu'un artisan d'Arras se déplacera facilement à Lille.*** »

• En second lieu, il paraît très opportun de maintenir un « guichet » local après le départ des tribunaux de commerce, pour les formalités relatives au registre du commerce et des sociétés. Il s'agirait donc d'offices annexes des greffes. Comme l'a indiqué M. Philippe Lemaire à la commission :

« ***On peut dissocier l'implantation du tribunal de commerce de celle du greffe. Il convient de rappeler que pour être une bonne justice, la justice commerciale ne doit pas être une justice***

de proximité. En revanche, pour répondre au besoin de proximité en matière de formalités à accomplir pour les entreprises, il est envisageable, avec l'aide du greffier, d'implanter des antennes de greffe dans les lieux où on l'estimerait utile, sachant que les nouvelles technologies télématiques permettent d'accomplir certaines formalités à distance. Il est donc possible de concentrer la juridiction commerciale et de l'éloigner d'un contexte économique local parfois tendu tout en assurant une proximité avec nos concitoyens, par le biais de greffes détachés ou d'antennes de greffe. »

Bien entendu, la mise en place d'une structure déconcentrée des greffes comporterait un coût pour ces derniers. Comme la commission propose leur nationalisation, les charges de fonctionnement correspondantes en matière de personnel et de télématique seraient intégrées dans une opération plus vaste, d'indemnisation des titulaires actuels, puis de restructuration et de rationalisation du réseau.

3. – Choisir un format

La France compte actuellement 268 ressorts de juridictions à compétence commerciale. Dans les 11 ressorts d'outre-mer, où la formule du tribunal mixte de commerce devra être généralisée, et dans les 7 ressorts d'Alsace-Moselle, l'hypothèse de regroupements, dans les départements comportant plusieurs juridictions devra être examinée. Mais l'incidence en sera limitée à quelques unités. L'essentiel du débat porte donc sur les 228 ressorts dotés de tribunal de commerce, portés à 250 après suppression de la compétence commerciale des tribunaux de grande instance (voir *supra*, 2.a).

Schématiquement, il apparaît que deux approches sont concevables pour déterminer le format de la carte consulaire :

– la plus ambitieuse est celle de la « table rase ». Elle consiste à se fixer une référence en termes de taille, et à additionner les résultats ;

– la plus pragmatique procède au contraire par soustraction. En partant de la carte actuelle, elle tend à supprimer ou regrouper les plus petits tribunaux, en définissant *a priori* une taille critique en dessous de laquelle le fonctionnement de la justice n'est pas satisfaisant. Selon le niveau où est placé le curseur, le résultat sera plus ou moins radical.

Naturellement, les deux méthodes peuvent être combinées et le seront certainement. S'il est souhaitable de se fixer à titre général une « cible », un modèle de référence, l'élaboration de la nouvelle carte ne pourra manquer de prendre en compte les ressorts actuels, pour les regrouper, les scinder ou en déplacer les limites.

a) Méthode de la « table rase » : choisir une taille optimale

• Le rapport Carrez proposait de retenir comme ressort de référence le département, d'où une centaine de tribunaux de commerce, au terme d'un processus progressif et raisonné de regroupements :

« *En ce qui concerne les tribunaux de commerce et les conseils de prud'hommes, il est proposé comme pour les TGI de retenir une logique de référence départementale comportant toutes les adaptations justifiées. De manière pratique l'objectif proposé est de consolider dès le départ les juridictions dont le ressort coïncidera avec celui des TGI validés et de procéder pour le reste comme pour les TGI (confirmation de juridictions consulaires ou prud'homales réellement appuyée sur un bassin d'activité et d'emploi bien identifié, et opérations progressives de fusions et regroupements pour les très petites juridictions ne pouvant fonctionner en l'état de manière satisfaisante).* »

La procédure de fusions progressives risque fort d'être interminable, sans éliminer les traumatismes locaux. Mais l'on peut retenir l'idée d'une référence départementale, corrigée pour tenir compte de critères économiques.

L'approche du CNPF est analogue : « *Idéalement, un chiffre d'une centaine de tribunaux, soit en moyenne un par département pourrait être retenu.*

« *Toutefois, en raison notamment des problèmes de locaux que cette réorganisation pourrait soulever, il pourrait être procédé en plusieurs étapes.* »

• Une autre référence possible, sensiblement moins ambitieuse en termes de fermetures de tribunaux, serait, pour faciliter la mission du parquet, de prévoir un tribunal de commerce par tribunal de grande instance. Le rapport Carrez ne retenait cette option qu'après une sévère cure d'amaigrissement de la carte des tribunaux de grande instance. De fait, des variantes sont possibles selon l'hypothèse retenue à cet égard.

Le CNPF notait ainsi :

« *L'on pourrait s'aligner sur le nombre de tribunaux de grande instance, soit 175, ce qui permettrait d'assurer la présence du parquet au sein des tribunaux de commerce.*

« *Toutefois, l'on ne peut ignorer que certains tribunaux de grande instance ont également un volume d'activité insuffisant et que certains regroupements pourraient également intervenir à la suite de la réorganisation générale de la carte judiciaire.* »

Le chiffre de 175 tribunaux de grande instance est relatif à la métropole. À carte des tribunaux de grande instance inchangée, hypothèse bien peu réaliste, l'on parvient ainsi à un peu plus de 50 suppressions de tribunaux de commerce.

M. Philippe Lemaire a déclaré quant à lui : « ***Une première approche, consistant à calquer la carte des tribunaux de commerce sur la carte des TGI impliquerait la suppression de 87 tribunaux de commerce et la création subséquente de 6 tribunaux de commerce.*** »

Ce dénombrement suppose un peu moins de 150 tribunaux de commerce en métropole, hors Alsace-Moselle.

b) Méthode pragmatique : fixer une taille critique

Il s'agit par priorité, dans cette démarche, de supprimer les plus petites juridictions, situées en deçà d'un seuil d'efficacité à définir.

• M. Philippe Lemaire y voyait une approche complémentaire de la première et consistant « ***à reprendre les critères définis par le rapport relatif à la carte judiciaire globale rédigé par M. Jean–François Carrez, qui fixait le seuil d'activité d'un tribunal de commerce à 500 affaires pour le contentieux général, soit environ 10 jugements par juge et par mois. Cette option conduirait à supprimer 111 tribunaux de commerce et à en créer 7. Je rappelle que, dans cette hypothèse, les seuls tribunaux non touchés seraient les chambres mixtes d'Alsace-Moselle.*** »

Il convient de rappeler que ce seuil d'activité était celui choisi il y a dix ans par la Conférence générale des tribunaux de commerce à l'occasion de l'élaboration de la circulaire du 27 avril 1988 relative à la détermination des effectifs des tribunaux de commerce. Il est possible que ce niveau, considéré comme le minimum permettant d'assurer un bon fonctionnement, soit susceptible d'une mise à jour de faible ampleur. Mais il demeure le plus significatif.

L'ampleur du remodelage serait de même ordre que celui préconisé voici vingt-cinq ans par la commission Monguilan : regroupement de 92 tribunaux sur un total de 227 à l'époque, avec 3 créations et 10 TGI statuant commercialement à préserver.

En l'état, la prise en compte du seuil de 500 affaires conduit, en métropole, hors Alsace-Moselle, à 124 tribunaux de commerce, auxquels s'en ajouteraient 4 remplaçant les principaux tribunaux de grande instance à compétence commerciale (sur 22), d'où un total légèrement inférieur à 130, après 111 suppressions et 11 créations. Le total des ressorts commerciaux serait donc compris entre 140 et 150 pour la France entière, contre 268 aujourd'hui.

• La prise en compte d'un seuil plus bas ou les exceptions justifiées par la structure des bassins économiques peuvent aboutir à un nombre plus élevé de juridictions.

Le président de la Conférence générale des tribunaux de commerce, reprenant un seuil cité par le ministre de la Justice, évoquait le « regroupement » – en récusant le terme de « suppression » – d'une quarantaine de tribunaux : « *Le nombre des tribunaux de commerce doit être revu et corrigé. Il en existe 227. Certains d'entre eux rendent moins de 100 décisions par an. Il me semble que 42 d'entre eux devraient être regroupés. Il faut certainement avoir des tribunaux plus structurés, à l'exemple de Paris. Seuls 24 tribunaux ont plus de 25 magistrats. Ils rendent 80 % des décisions.* »

M. Bernard Soinne s'est référé au même seuil, mais en introduisant un correctif : une sorte de « plafond d'activité » conduisant à la partition des plus grands ressorts, c'est-à-dire surtout ceux de la région parisienne : « ***Il y a une quarantaine de tribunaux à supprimer, mais il faut aussi en créer.* (...)**

« Il ne faut pas toujours être négatif. Je l'ai dit à la Conférence générale : " Vous parlez toujours de suppressions, parlez de créations. "

« À Paris, le tribunal fait 100 000 chronos. Cela veut dire qu'un tribunal très important de province ne représente que 10 % de l'activité du tribunal de commerce de Paris. Je verrais volontiers un tribunal rive droite et un tribunal rive gauche. »

Cette approche pourrait conduire à ramener le nombre des ressorts de métropole, hors Alsace-Moselle, de 250 à environ 210. Il est permis de douter sérieusement que cette refonte soit à la hauteur du problème : un nombre considérable de tribunaux fonctionneraient en deçà du seuil minimum d'activité assurant un bon fonctionnement, défini par la Conférence générale en 1988. 69 tribunaux de commerce et, sur la base des statistiques de 1996, 18 tribunaux de grande instance resteraient en dessous du seuil de 500 affaires de contentieux général.

En ce qui concerne les TGI statuant commercialement, en 1996, seuls quatre d'entre eux (Annecy, Thonon-les-Bains, Béthune et Carpentras) rendaient plus de 500 décisions par an hors procédures collectives. Deux (Mende et Belley) se situaient en deçà du seuil de 100 décisions, et deux (Hazebrouck et Dinan) au voisinage immédiat de ce seuil. On voit bien sur cet exemple le caractère décisif de la référence d'activité minimale retenue. Placer le curseur trop bas, c'est se condamner à une simple retouche de la carte, quelque douloureuse qu'elle soit, sans remettre en cause son caractère « préhistorique », selon le mot du président de la commission.

Par conséquent, passer à 150 tribunaux de commerce paraît un moyen terme raisonnable, entre :

– une centaine de tribunaux, chiffre « idéal » du CNPF et reflet du modèle du tribunal départemental ;

– environ 190 tribunaux de commerce, demi-mesure impliquant une nouvelle réforme à moyen terme.

Même si la carte est élaborée selon des considérations d'activité juridictionnelles et économiques, et non pas administratives, le résultat serait qu'en moyenne la moitié des départements compterait un tribunal de commerce, l'autre moitié en comptant deux.

ÉVOLUTION POSSIBLE DE LA CARTE DES JURIDICTIONS COMMERCIALES

	Situation actuelle	Carte envisageable
Tribunaux de commerce	228	≃ 130 (111 suppressions et 11 créations)
TGI à compétence commerciale	22	–
Alsace-Moselle : chambres mixtes	7	3 à 7
DOM-TOM : – tribunaux mixtes de commerce – autres	 7 4	 9 à 11 –
TOTAL	**268**	**140 à 150**

B. – LA RÉNOVATION DE LA FONCTION DE JUGE CONSULAIRE

1. – Le recrutement

a) Élargir le vivier de recrutement

Tous les intervenants au débat sur les tribunaux de commerce appellent de leurs vœux un vivier de recrutement plus large. On l'a vu précédemment, l'étroitesse actuelle de ce vivier est à l'origine de nombreux problèmes : le manque de candidatures, la cooptation, la proximité avec les justiciables.

Élargir à la fois l'éligibilité et le bassin d'élection est donc indispensable.

• ***Élargir l'éligibilité***

Aujourd'hui, sont éligibles, rappelons-le, aux fonctions de membre d'un tribunal de commerce, les personnes âgées de 30 ans au moins et justifiant, soit d'une immatriculation depuis cinq ans au minimum au registre du commerce et des sociétés, soit, pendant le même délai, de l'exercice d'une fonction de direction au sein de l'entreprise (article L. 413-3 du code de l'organisation judiciaire).

Dans les réponses au questionnaire envoyé par la commission d'enquête aux tribunaux de commerce, est apparue très nettement la nécessité de rendre éligibles les membres de chambres de métiers.

En effet, il n'est pas cohérent qu'en matière de procédures collectives les juges consulaires soient compétents pour connaître des défaillances de l'entreprise artisanale, alors que les membres des chambres de métiers ne peuvent, sur leur qualité d'artisan, être ni électeurs, ni éligibles. La Conférence générale va jusqu'à proposer de rendre éligibles les agriculteurs puisque beaucoup d'entreprises agricoles sont gérées à l'identique des structures commerciales et industrielles. Une telle solution paraît opportune dans la mesure où cela reviendrait à reconnaître et à consacrer la formation économique des exploitations agricoles, les agriculteurs agissant comme des chefs d'entreprise. Enfin, Mme la ministre de la Justice, Élisabeth Guigou, propose de « diriger le recrutement vers les cadres de direction », une solution qui n'apparaît pas judicieuse à la commission d'enquête car la présence de cadres salariés et subordonnés aux intérêts de leur entreprise pose le problème de l'indépendance des juges consulaires (voir ci-avant « Le juge consulaire est-il impartial ? »).

Par ailleurs, quelle justification donner au refus d'élargir aux autres salariés non cadres ? En vérité cette question difficile devrait se trancher dans le sens, soit de l'élargissement à tous les salariés, soit à aucun de ceux qui ne justifieraient pas de la qualité de mandataire social.

En réalité, le problème crucial du recrutement ne pourra être vraiment résolu qu'avec l'élargissement du ressort du tribunal de commerce.

• ***Élargir le bassin d'élection***

La refonte de la carte judiciaire s'impose donc d'abord pour des raisons de recrutement.

En effet, le seul moyen d'obtenir un nombre suffisant de candidats à la magistrature consulaire est d'élargir le bassin d'élection. Cela passe par une rationalisation de l'implantation des tribunaux de commerce. Celle-ci est d'autant plus nécessaire que lorsqu'il existe une trop grande proximité des intérêts locaux – la commission l'a constaté par elle-même lors de ses déplacements –, les juges ne disposent pas de toute la sérénité nécessaire pour rendre la justice.

La Conférence générale propose également la création de structures régionales de recrutement afin qu'existent de réelles possibilités de choix parmi les candidats.

b) Revenir à de vraies élections

Afin de revivifier le recrutement, il faut informer sur la fonction de juge consulaire qui est très peu connue et mobiliser pour les élections consulaires qui connaissent un très faible taux de participation.

La Conférence générale propose de s'appuyer dans la recherche des candidatures non seulement sur les organisations patronales mais aussi sur le milieu associatif, les organismes publics ou parapublics à vocation industrielle et commerciale.

Le CNPF insiste également sur la nécessité de sensibiliser les entreprises sur l'importance de présenter des candidats aux élections consulaires. On ne peut que regretter dans ce domaine une relative indifférence des organisations patronales.

Afin de mettre un terme à un recrutement endogamique qui n'est pas satisfaisant, les structures régionales de recrutement (imaginées par la Conférence générale) pourraient organiser des plans d'appel de candidature et de présélection qui dépasseraient les initiatives locales (les candidats se présentant à l'invitation de juges consulaires en place). Ces « consultations » garantiraient contre tout risque de bienveillance et de cooptation.

Il serait d'ailleurs souhaitable que les pouvoirs publics (préfectures) participent à cette campagne d'information sur les élections consulaires (envoi de bulletins de vote).

Une commission, composée de juges et de praticiens du droit (avocats, professeurs de droit...), sélectionnerait ensuite les candidats présentés aux élections.

2. – La formation

La formation constitue un des éléments clés pour faire évoluer la juridiction consulaire.

Actuellement, la formation des nouveaux magistrats est principalement effectuée par les anciens. Cette formation, très pratique, est complétée par une formation théorique dispensée par les conférences régionales ou par le Centre d'études et de formation des juridictions commerciales de Tours.

Dans ce domaine, les lacunes sont en réalité considérables (voir ci-avant « Une formation notoirement insuffisante ») et doivent être rapidement comblées.

a) Une formation initiale obligatoire

La formation initiale des juges consulaires doit être obligatoire. Le fait qu'elle ne soit aujourd'hui que facultative est aberrant.

• Une période de pré-formation

Avant l'entrée en fonction, le futur candidat doit s'imprégner de la matière. La Conférence générale, dans le rapport Nougein, a proposé un programme adapté : « *À ce stade, l'objectif ne doit pas être une véritable assimilation des connaissances, mais l'approche d'une culture du monde judiciaire.*

« *Y seraient évoqués, bien sûr, les principes fondamentaux de l'organisation de la procédure, mais, plus encore, le contenu de notions aussi essentielles que, par exemple, les libertés publiques, les libertés individuelles, les libertés économiques et leur corollaire immédiat qui est l'ordre public, notamment économique.*

« *Ces bases posées, on pourrait imaginer d'étendre l'information à des approches plus pratiques, telles que les clefs élémentaires de l'analyse économique et financière, spécialement à travers le très riche exercice de la lecture du bilan.* »

Ce système de pré-formation permettrait de disposer le plus rapidement possible de magistrats opérationnels et déjà conscients des devoirs de leur charge.

• Une formation initiale exigeante

Le juge consulaire se doit d'acquérir une vraie culture juridique et surtout la maîtrise des techniques procédurales sans lesquelles il ne peut y avoir de magistrat digne de ce nom. Le bénévolat ne doit pas signifier amateurisme, le juge consulaire doit devenir un professionnel de la justice.

La formation initiale du juge consulaire doit donc être particulièrement soignée. Le centre de Tours pourrait jouer le rôle de centre national de formation des juges débutants. Le financement public devra, bien sûr, être augmenté de manière substantielle et cette subvention des pouvoirs publics aura pour condition l'élaboration d'un véritable projet pédagogique.

La formation du juge débutant doit donc être confiée au centre de Tours et non à l'ENM car les besoins des magistrats professionnels et des juges consulaires sont très différents en termes de formation initiale, comme l'a expliqué à la commission d'enquête M. Philippe Lemaire, directeur adjoint à la direction des services judiciaires du ministère de la Justice : « ***Faut-il un centre de formation national pour l'ensemble des magistrats consulaires ? La réponse est " oui ". On aurait pu envisager de confier cette formation à l'École nationale de la magistrature. Mais pour la formation initiale, elle ne nous paraît pas être un instrument approprié, car l'École nationale de la magistrature doit former des jeunes gens en principe au plus haut niveau technique et les ouvrir à la vie. Pour les magistrats consulaires, c'est l'inverse : ils sont expérimentés, mais il faut les ouvrir aux techniques du droit.*** »

La Conférence générale a proposé, à juste titre, que l'obligation de formation du juge débutant s'applique durant un mandat probatoire de deux ans : « ***Dans l'esprit de la démarche volontaire qui guide le magistrat consulaire, nous considérons que son engagement comporte celui de pouvoir accepter contractuellement un certain nombre d'obligations, dont celle de se former. C'est notamment sur la base du respect de cette convention que serait appréciée l'opportunité de poursuivre, au-delà du premier mandat probatoire de deux ans, l'exercice de la fonction.*** »

b) Une formation continue en partenariat avec l'École nationale de la magistrature

D'ores et déjà, des actions de formation conduites par certains chefs de cour associent magistrats professionnels et magistrats consulaires.

La garde des Sceaux a fait part de son souhait de voir se développer ces formations mixtes bénéficiant concurremment aux magistrats professionnels et aux magistrats consulaires. Sans nul doute, cette formation continue en commun favoriserait l'intégration réciproque des juges professionnels et des juges commerçants.

Lorsqu'un juge confirmé devient juge-commissaire, il ne bénéficie pas d'une formation adaptée à ses fonctions. Dans le cadre de la formation continue, un enseignement obligatoire doit être impérativement prévu pour préparer les juges consulaires aux particularités de cette mission. En effet, le juge-commissaire est un personnage clé de la procédure collective et dispose à ce titre de pouvoirs extrêmement importants.

3. – La déontologie et la discipline

Les juges consulaires sont soumis aux mêmes règles d'incompatibilité, de récusation et de renvoi pour cause de suspicion légitime que les magistrats professionnels (voir ci-avant « Des incertitudes déontologiques »). Aujourd'hui, il importe d'aller plus loin et d'édicter une véritable déontologie propre aux juges consulaires et de créer ainsi une véritable culture de la neutralité du juge.

M. Horacio Grigera Naon, secrétaire général de la cour internationale d'arbitrage de la chambre de commerce internationale, a expliqué à la commission d'enquête la sélection des arbitres dans le but d'assurer leur stricte neutralité : « (...) ***Les arbitres doivent être indépendants vis-à-vis de toutes les parties, y compris celle qui les a désignés ; cette indépendance est contrôlée par la cour par le biais d'une procédure de confirmation. Cela signifie que, chaque fois, qu'un arbitre est proposé par une partie, il doit signer une déclaration d'indépendance et que, sur la base de cette déclaration, la cour va confirmer ou infirmer le choix de l'arbitre. Si cette déclaration d'indépendance est contestée ou si l'une des parties soulève des réserves quant à l'indépendance de l'arbitre, il appartient à la cour de trancher.***

« ***En outre, cette déclaration d'indépendance doit contenir une déclaration de l'arbitre sur sa disponibilité pour remplir ses fonctions tout au long de la procédure et sur ses qualités personnelles pour résoudre l'affaire tant du point de vue des connaissances, de l'expérience que de la flexibilité culturelle.*** »

Si ce modèle était transposé aux juridictions consulaires, peut-être qu'un grand nombre de critiques qui leur sont faites seraient écartées...

De la même façon, les nouvelles règles déontologiques à instituer doivent tendre vers cet objectif fondamental d'indépendance du juge.

a) Une déclaration des intérêts économiques

Le CNPF, qui peut être considéré comme un des représentants principaux des usagers du service public de la justice consulaire, a proposé d'instituer une déclaration générale des intérêts. M. Jean-François Verny, vice-président de la commission juridique, a ainsi déclaré à la commission d'enquête : « ***Le problème propre à la juridiction consulaire est celui de l'absence de mélange des intérêts ou d'absence d'intérêts dans les affaires dont on a à juger ou auprès des parties qui comparaissent devant le tribunal. C'est pourquoi nous recommandons purement et simplement que les juges, au moment de leur élection et de leur entrée en fonctions, fassent une déclaration générale de leurs intérêts économiques dans le monde des affaires – il ne s'agit pas d'une déclaration de patrimoine puisque certains éléments du patrimoine sont sans incidence sur le fonctionnement de la juridiction consulaire – avec actualisation au fur et à mesure de l'évolution dans le temps desdits intérêts économiques pendant la durée de l'exercice du mandat de juge, et avec la possibilité pour les parties intéressées d'avoir accès à ces informations de manière à assurer une parfaite transparence.*** »

Cette déclaration consisterait en une déclaration sur l'honneur, déposée auprès du parquet et conservée dans un registre spécial tenu au siège du tribunal, dans le mois suivant leur élection, de l'ensemble des intérêts qu'ils détiennent eux-mêmes ou que détient leur proche famille directement ou indirectement dans toute activité économique ou sociale (société civile, société commerciale, groupement d'intérêt économique, activité artisanale ou commerciale quelconque), par la possession de valeurs mobilières (à l'exclusion de la détention de titres admis aux négociations sur un marché réglementé qui n'atteint pas un seuil significatif) et l'exercice d'une fonction de gestion, de direction, d'administration ou de surveillance.

Le CNPF a proposé une même déclaration sous serment pour les membres des chambres de commerce et d'industrie afin de prévenir la survenance de prise illégale d'intérêts.

La commission juge cette disposition propre à dissiper l'actuel climat de suspicion pesant sur les juges consulaires. Or, en matière de justice, l'essentiel est la confiance des justiciables c'est-à-dire la crédibilité de l'institution et des membres qui la composent.

À partir de ces déclarations d'intérêts, les parties, y compris le parquet, pourraient discuter, soulever les conflits d'intérêts et obtenir par une procédure simple le départ ou la récusation du juge.

b) Une charte déontologique

Il n'existe aucun texte général définissant les obligations et les devoirs des juges consulaires.

Lors de ses assises nationales, la Conférence générale a judicieusement décidé de l'élaboration d'une charte déontologique.

La prestation de serment ne peut suffire, cette charte doit exister et aura valeur pédagogique et contraignante sur le plan disciplinaire.

Le rapport Nougein a parfaitement expliqué la finalité d'un tel texte : « *La liberté de l'engagement emporte la faculté de s'obliger. C'est dans cet esprit que l'on peut imaginer, qu'avant son élection, tout candidat souscrira expressément à l'exposé de ces devoirs, le serment prêté en sacralisant, ensuite, le contenu. Nous souhaitons donc très clairement que la transparence des obligations soit la règle.* »

c) Des normes renouvelées

• ***Éviter toute contrepartie directe ou indirecte à la fonction bénévole de juge consulaire***

L'acquisition directe ou indirecte par un juge consulaire de biens dépendant d'une procédure collective à laquelle il a participé est sanctionnée pénalement (article 207 de la loi du 25 janvier 1985 relative au redressement et à la liquidation judiciaires) et civilement (article 1597 du code civil).

Dans ce domaine, les risques sont réels, aussi les obligations devraient être renforcées. Ainsi, pourrait être instituée l'obligation pour le juge consulaire de faire connaître son intérêt à racheter tout ou partie d'une entreprise, alors même qu'il n'aurait participé à aucun titre à la procédure, en informant le parquet et le président du tribunal.

De la même façon, le législateur devrait interdire aux juges consulaires d'exercer des fonctions de gestion, de direction, d'administration ou de surveillance d'une entreprise dont le juge consulaire a eu à connaître dans le cadre d'une procédure collective. Cette interdiction vaudrait également pendant un certain délai après la cessation des fonctions.

Enfin, devrait être instituée l'interdiction non seulement d'acquérir des biens, objets d'une procédure collective, mais aussi d'exercer, après la cessation des fonctions et pendant un délai à déterminer (la transposition du délai de 5 années tiré du délit de prise illégale d'intérêt paraît raisonnable), les activités d'expert judiciaire, de commissaire à l'exécution du plan, de mandataire *ad hoc* (cf. ci-avant « Les contreparties de la fonction »).

• ***Des incompatibilités à revoir***

Cette réforme a déjà été entreprise dans les projets de loi relatifs au cumul des mandats, adoptés en première lecture par l'Assemblée nationale en mai 1998. Le projet de loi ordinaire définissant les incompatibilités applicables aux élus a institué une incompatibilité entre les fonctions de maire et de président de conseil général et celle de juge de tribunal de commerce. Le projet de loi organique adopté et amendé en première lecture prévoit, à l'initiative de Jacques Brunhes, député communiste des Hauts-de-Seine, une incompatibilité entre le mandat de député et les fonctions de juge de tribunal de commerce.

d) Vers un statut pour les juges consulaires ?

Dans la mesure où le bénévolat pose parfois problème, on peut s'interroger sur la nécessité ou non d'indemniser les juges, de leur donner le même statut que les conseillers prud'homaux.

M. Michel Rouger, ancien président du tribunal de commerce de Paris et responsable du centre de Tours, est favorable à cette solution dans la mesure où la fonction de juge consulaire est devenue, selon lui, une fonction à plein temps : « ***Un contentieux lourd nécessite, dans les bassins économiques, cinq cents magistrats à temps plein. Les tribunaux ont fait appel à des banquiers car il fallait des juges disponibles à temps plein ! Quatre cents à cinq cents magistrats, sur trois mille sont devenus des permanents de la justice. À titre personnel, je considère que ce sont des personnes auxquelles il faudrait donner un statut.*** »

M. Jean-Amédée Lathoud, procureur général de la République près la cour d'appel de Riom, fait la même proposition qui résoudrait nombre de problèmes touchant à la déontologie et à la non-représentativité des juges :

« ***Je constate que les conseillers prud'hommes employeurs sont rémunérés et que dans les juridictions petites, moyennes et même grandes – à Lyon c'était le cas – trop de juges consulaires sont, soit des retraités, soit des cadres d'entreprises mis à disposition.***

« ***Personnellement, je considère qu'il serait préférable de rémunérer les juges consulaires et de permettre éventuellement, à l'issue de leur mandat, aux présidents et aux vice-présidents d'intégrer la magistrature à un niveau de cour d'appel : je pense que ce serait une excellente chose qui irait dans le sens d'une évolution positive.*** »

Votre Rapporteur fait siennes ces remarques de bon sens.

4. – Le contrôle des juges consulaires

a) Le contrôle disciplinaire

Le consensus existe sur la nécessité de restaurer « le caractère exemplaire des procédures disciplinaires », pour reprendre les termes du garde des Sceaux. En effet, la démission du juge consulaire interrompt l'examen de son dossier par la commission nationale de discipline. Des modifications législatives s'imposent donc.

Il faudrait également donner les moyens à la commission nationale d'être un véritable organe de contrôle capable de diligenter des enquêtes, par exemple.

b) Le contrôle par les justiciables

La commission s'étonne que le projet de loi organique sur la réforme de la justice n'ait pas prévu les réclamations à l'encontre des juges consulaires. En effet, au niveau des cours d'appel, a été proposée la création de commissions d'examen de réclamations des justiciables saisies « pour toute personne s'estimant lésée à raison des actes d'un magistrat susceptible de reçevoir une qualification disciplinaire ». Les tribunaux de commerce ne sont pas concernés par cette réforme, alors qu'ils font partie intégrante du service public de la justice.

*
* *

Ces changements exigés du juge consulaire doivent être accompagnés et soutenus par un véritable engagement de l'État qui s'est jusqu'à présent désintéressé de la justice commerciale pour des raisons essentiellement financières.

II. – UN NOUVEL ENGAGEMENT DE L'ÉTAT

A. – LA PRÉSENCE DE JUGES PROFESSIONNELS : L'ÉCHEVINAGE

1. – L'échevinage en France

L'échevinage désigne une juridiction mixte c'est-à-dire une juridiction composée de magistrats professionnels et de juges citoyens. En France, il existe en Alsace-Moselle et outre-mer et a été décrit au début du présent rapport (voir ci-avant « Carte judiciaire ou manteau d'Arlequin ? »).

Il convient de noter que les tribunaux échevinés n'existent pas qu'en matière commerciale. D'autres juridictions mixtes sont présentes dans l'organisation judiciaire française : le conseil des prud'hommes quand il statue en départage, le tribunal paritaire de baux ruraux, le tribunal pour enfants, le tribunal des affaires de Sécurité sociale, et sous une forme différente, la cour d'assises.

2. – Les avantages de l'échevinage

Le premier avantage de l'échevinage est la garantie d'impartialité dont les tribunaux de commerce ont réellement besoin, comme le montrent les analyses précédentes.

L'échevinage apporte aux justiciables la certitude que la justice est structurellement impartiale, non parce que le président, juge professionnel, est infaillible mais parce qu'il est en dehors des milieux économiques. Le justiciable, chef d'entreprise, sait donc qu'il ne sera pas jugé en fonction des relations amicales ou commerciales qu'il entretient avec le président de la juridiction mais qu'il sera jugé par un magistrat étranger aux réseaux locaux d'influence et avec ainsi une plus grande objectivité.

Cette garantie d'impartialité profite évidemment au justiciable mais aussi aux juges consulaires qui pourront s'imprégner des règles s'imposant à tout magistrat et se sentir à l'abri des soupçons naturels de la partie perdante.

Le deuxième avantage de l'échevinage est le caractère équilibré de la justice rendue. En effet, la confrontation au sein d'une même juridiction de la culture de l'entreprise et de la culture judiciaire permet l'instauration d'un dialogue constructif aboutissant à une décision équilibrée. L'échevinage apporte aux juges tant professionnels que commerciaux une véritable formation professionnelle constante et réciproque. Chacun confronte sa propre expérience à celle de l'autre. En pratique il existe un partage des tâches, la commission d'enquête l'a constaté lors de son déplacement à Strasbourg. Les juges consulaires apportent dans la prise de leur décision la connaissance pratique des usages commerciaux. Le président, lui, se charge le plus souvent de la rédaction du jugement.

Pour autant, les juges consulaires strasbourgeois et mulhousiens ont déclaré à la commission d'enquête qu'ils ne se considéraient pas comme des « sous-magistrats ».

DES JUGES ÉCHEVINS SATISFAITS

M. ROTH, juge consulaire au tribunal de grande instance de Strasbourg : Je suis totalement partisan de l'échevinage. Je confirme que tous les délibérés, avec les différents présidents qui se sont succédé en première chambre, à Strasbourg, ont toujours été non seulement courtois, mais fructueux.

Bien souvent, nous sommes arrivés, à deux juges consulaires, à faire changer d'avis le président. On ne nous a jamais rien imposé. Au contraire, en tant que praticiens du commerce, nous sommes parvenus à imposer notre point de vue, parce qu'il était fondé sur la réalité quotidienne.

(...)

M. GOETZ, juge consulaire au tribunal de grande instance de Strasbourg : Il y a des points qui relèvent de l'anecdotique, mais globalement, depuis douze ans que je pratique ce système, j'ai vu passer plusieurs magistrats professionnels qui m'ont apporté beaucoup de satisfactions, parce que j'ai eu affaire à des gens de qualité qui ont accepté le compromis. Je n'ai jamais eu le sentiment de tensions entre juges professionnels et juges consulaires.

Depuis le début des années 1980, un juge consulaire est systématiquement désigné juge-commissaire (auparavant le juge-commissaire était toujours un magistrat professionnel). Le juge-commissaire examine non seulement les problèmes économiques relatifs au maintien de l'activité, au licenciement ou à la vente des actifs pendant la période d'observation mais aussi les problèmes purement juridiques comme la validité des clauses de réserve de propriété, l'admission de créances ou leur contestation, la forclusion, etc. Le président n'est pas omnipotent ; les juges consulaires ne sont pas des « assesseurs-spectateurs », comme la Conférence générale des tribunaux de commerce voudrait le faire croire. En effet, il n'est pas rare que le président soit mis en minorité. M. Jean-Luc Vallens, qui a été président d'une chambre commerciale pendant quatre ans, a ainsi déclaré : « (...) ***j'ai présidé pendant plusieurs années et j'ai souvent été mis en minorité. J'avais, dans ce cas, un peu de mal à rédiger les jugements mais pour les motiver, je me faisais aider par le juge consulaire qui contestait ma position conformément aux règles du jeu qui veulent que, lorsque l'on statue à trois, celui qui se trouve en minorité se plie aux décisions des autres, ce qui, selon moi, ne constitue pas un inconvénient mais bien un avantage !*** » M. Goetz, juge consulaire à la chambre commerciale de Strasbourg, a donné à la commission d'enquête un exemple illustrant la complémentarité entre juges consulaires et juges professionnels existant dans une juridiction échevinée. La formation s'était accordée sur la nécessité d'une astreinte à un commerçant mais le président lui avait donné un montant dérisoire ; les juges consulaires sont intervenus auprès de lui pour rendre toute son efficacité à la sanction décidée par la juridiction.

L'échevinage permet donc une justice qui à la fois respecte les règles juridiques de forme et de fond et tient compte des usages commerciaux et des répercussions économiques des décisions. Il réalise la synthèse entre la légalité et l'opportunité économique, une synthèse qui est le fondement même de la justice commerciale.

En 1982, le législateur a eu le souci d'une telle synthèse lorsque la loi instaurait les tribunaux mixtes de commerce dans les DOM. Le texte répondait à la demande des autorités locales de la Guadeloupe qui estimaient que le tribunal civil ne pouvait traiter avec suffisamment de célérité les litiges commerciaux de plus en plus nombreux ; la chambre de commerce de la Guadeloupe avait souhaité une juridiction consulaire. Le parlement a opté pour la juridiction échevinale. Le Rapporteur de la loi, M. Brunet, explique ce choix : « *la formule du tribunal mixte de commerce échappe au reproche le plus ordinairement adressé à la magistrature consulaire... de ne pas "dire le droit". La présence dans les tribunaux de commerce coloniaux de juges de carrière à côté des juges élus du commerce concilie heureusement le souci d'assurer aux justiciables des garanties quant à l'interprétation des textes avec la préoccupation de faire toute sa part à la compétence acquise en matière de conventions abandonnées aux usages* ». On ne saurait mieux expliquer le principal atout de l'échevinage.

Le dernier avantage de l'échevinage et non des moindres est le meilleur contrôle exercé sur les mandataires de justice par la juridiction commerciale.

Le rapport de force entre le juge-commissaire et le mandataire de justice n'est pas inversé mais la présence du magistrat professionnel représente un véritable soutien pour le juge consulaire. M. Jean-Luc Vallens, magistrat et président de chambre commerciale en Alsace pendant plusieurs années, l'a constaté : « ***Ils*** (les mandataires de justice) ***ont la même importance dans la mesure où les auxiliaires de justice sont au contact des entreprises de manière quotidienne alors que les juges consulaires qui sont juges-commissaires sont des juges élus et ne peuvent pas, non plus, consacrer leur temps, de la même manière qu'ailleurs, au contrôle de ces mandataires.***

« ***La différence réside plutôt dans la présence d'un magistrat professionnel qui représente pour le juge consulaire une sorte d'assurance-qualité ou de base arrière de repli lorsqu'il refuse de faire quelque chose qui lui est demandé par le mandataire. Il peut toujours, en effet, répondre lorsqu'une démarche du mandataire judiciaire lui paraît un peu contestable qu'il va en référer au président, ce qui lui donne le recul parfois nécessaire.*** »

Le fait que la présidence soit tenue par un magistrat professionnel a également un effet dissuasif sur le comportement des mandataires de justice, M. Jean-Luc Vallens parle d'autocensure : « (...) ***les mandataires judiciaires savent que leurs contacts ne passent pas seulement par les juges consulaires mais aussi par un magistrat professionnel qui n'évolue pas dans des relations économiques de dépendance et qui devra, devant la chambre commerciale elle-même, plaider sa cause en cas de recours contre la décision obtenue d'un juge-commissaire.***

« ***Cela crée, sinon une sorte d'autocensure, du moins une certaine retenue de la part des mandataires judiciaires qui savent qu'ils ne peuvent pas faire n'importe quoi.*** »

Ce phénomène de retenue a été constaté par la commission d'enquête lors de son déplacement à Strasbourg.

Ceci est d'autant plus vrai que le président de chambre de commerce est très « proche » du procureur qui est un collègue.

3. – Quel échevinage pour les tribunaux de commerce ?

- ***Un* statu quo *impossible***

Les juges consulaires sont tout à fait hostiles à l'échevinage prévalant en Alsace-Moselle. Selon eux, l'échevinage équivaut à les décharger de leur responsabilité et à s'en remettre aux magistrats professionnels. La chambre de commerce et d'industrie de Paris reprend cet argument dans son rapport sur la réforme des tribunaux de commerce : « *Ce système aboutirait à transformer les juges commerciaux en "assesseurs" et plus tard en "spectateurs". Son introduction constituerait ainsi un premier pas vers la suppression de la juridiction commerciale.* »

Le rapport Nougein est également très explicite sur ce point : « *Présenté comme le véritable serpent de mer des tribunaux de commerce, l'échevinage apparaît, le plus souvent, comme un épouvantail malicieusement agité par ceux qui ont fort bien saisi tout le parti que l'on peut tirer de son effet immédiatement urticant sur les juges consulaires.* »

Aux Assises nationales des tribunaux de commerce, en octobre 1997, M. Cohade, alors président de la Conférence générale, a déclaré : « *Toute tentative d'étendre aux tribunaux de commerce le régime de l'échevinage entraînerait, à coup sûr, une paralysie totale et immédiate des juridictions consulaires par la* ***démission*** *instantanée des juges élus.*

« *Cette déclaration de ma part n'est inspirée par aucun sentiment d'hostilité, mais elle se veut être la manifestation du respect que notre nation doit porter à nos collègues, femmes et hommes, élus et bénévoles, qui se dévouent pour le bien du service public tout au long d'une judicature qui dure souvent plus de quatorze ans.*

« *Aucun, aucune, ne mérite d'être dépossédé de l'imperium que lui confère sa qualité de juge, ayant prêté le même serment que ses collègues professionnels.* »

Une telle hostilité qui se transforme en une véritable menace à l'égard des pouvoirs publics vient d'abord des présidents des tribunaux de commerce, Jean-Luc Vallens le constate : « ***S'agissant de l'hypothèse de l'échevinage, en vigueur en Alsace et en Moselle depuis un siècle, son application se heurte à des obstacles réels, avant tout parce que les présidents des tribunaux de commerce y sont très hostiles.***

« (...) ***La présidence d'un tribunal de commerce est une source d'informations, une source de pouvoir considérable et la présence d'un juge professionnel qu'imposerait le principe de l'échevinage est mal vue ! Elle est perçue comme un acte de défiance, comme une intrusion, comme un contrôle sur les pratiques des présidents des tribunaux et sur les pratiques des greffes, et l'on comprend bien l'hostilité qu'elle provoque.*** »

Pourtant certains juges de base y sont tout à fait favorables.

Dans ces conditions la Conférence générale préconise donc un pseudo-échevinage, à sa manière, passant par un renforcement de la présence du parquet. Une telle proposition n'est pas satisfaisante. Comme on l'a vu précédemment, le parquet est utilisé comme un alibi pour perpétuer un système qui présente de nombreux défauts (voir ci-avant « Un parquet trop souvent absent »).

En effet, la présence du parquet n'est pas le remède à tous les maux ; M. Jean-Luc Vallens l'a affirmé à juste titre à la commission d'enquête :

« ***Par rapport aux problèmes apparus ces dernières années dans les tribunaux de commerce, la présence d'un magistrat du parquet est un avantage, dans la mesure où le tribunal de commerce se sentira davantage observé s'il y a un magistrat professionnel que s'il n'y a aucun procureur de la République, mais il ne faut pas être naïf et croire que la seule présence d'un magistrat dans un bureau va empêcher les dérives, les arrangements en dehors des audiences et les problèmes lourds consécutifs à des décisions un peu hasardeuses ou prises en dehors des règles de procédure normales.*** »

En réalité, même si le parquet bénéficiait des moyens suffisants pour remplir pleinement sa mission, cela ne ferait pas disparaître les dysfonctionnements actuels parce que le ministère public reste extérieur aux décisions. Le parquet, par définition, n'est pas codécideur.

L'échevinage proposé par la Conférence générale n'en est pas un puisque les magistrats du parquet ne sont pas magistrats du siège – c'est une évidence – et ne participent donc pas à la prise de décision.

Consciente cependant de la nécessité de décloisonner les milieux consulaires et judiciaires, la conférence générale a proposé « un échange de compétences ». Les magistrats professionnels pourraient être accueillis dans les grandes juridictions commerciales dans le cadre de stages de formation. Ils n'auraient qu'une voix consultative et non délibérative.

Le CNPF préconise, quant à lui, ce qu'il appelle le « mixage ». Des magistrats professionnels, en petit nombre, seraient introduits dans les tribunaux de commerce mais en tant que magistrats de plein exercice, c'est-à-dire avec voix délibérative. En aucun cas, ces magistrats ne seraient à la tête du tribunal de commerce, ce qui marque la différence entre le « mixage » et l'échevinage sur le mode alsacien-mosellan.

M. Pierre Bézard, président de la chambre commerciale de la Cour de cassation, et M. Guy Canivet, premier président de la cour d'appel de Paris, sont partisans également de cette solution du juste milieu.

Selon eux, il faut rapprocher les juges professionnels et les juges consulaires sans aller à l'échevinage qui découragerait les juges consulaires et serait inefficace étant donné la faiblesse de la formation économique des magistrats professionnels. M. Pierre Bézard a ainsi déclaré à la commission d'enquête : « ***Personnellement je pense qu'il faut procéder, dans l'urgence, à une mini-réforme qui, peut-être, ouvrira les portes d'une plus grande réforme. Cette mini-réforme consisterait, selon moi, en la nomination immédiate, très rapidement, de quelques dizaines de magistrats – il n'en faut pas plus – pour apporter des solutions à l'intérieur des tribunaux de commerce, c'est-à-dire de jeunes magistrats, frais émoulus de l'École de la magistrature, qui auraient reçu au sein de cette école une formation spécialisée et qui seraient nommés dans les tribunaux de commerce, non à titre de stagiaires, mais à plein temps. Ils occuperaient un poste important, et même, le cas échéant pourraient diriger certaines sections de contentieux. (...) Ces personnes apporte-***

raient leurs techniques juridictionnelles, juridiques, leur conception déontologique et permettraient de renforcer le contrôle des greffiers, administrateurs et autres par la permanence de leur action. (...)

« ***On rendra un très grand service à l'ensemble de l'économie, car ces mêmes magistrats reviendront ensuite dans les services pénaux et en cour d'appel, et la liaison sera établie à tous les niveaux.*** »

La question d'associer magistrats professionnels et juges élus au niveau du siège n'est donc plus taboue. Les mentalités ont évolué car au début des années 1980, la réforme des tribunaux de commerce avait échoué sur ce point. L'idée du garde des Sceaux, M. Robert Badinter, était de décloisonner deux mondes, il déclarait : « *Je suis convaincu qu'il est grand temps que la justice civile s'ouvre plus largement aux réalités économiques et que les juridictions consulaires soient mieux intégrées dans l'institution judiciaire. Il n'y a qu'une justice et non deux mondes clos.* » (*Libération*, 9-10 juillet 1983). Professionnaliser le contentieux commercial est donc indispensable. M. Gérard Gouzes, membre de la commission d'enquête, propose une « professionnalisation » totale, c'est-à-dire la suppression des tribunaux de commerce et le transfert complet de leurs compétences aux chambres commerciales des tribunaux de grande instance.

La volonté d'interpénétration des deux milieux est tout à fait logique dans la mesure où le système actuel est illogique. En effet, le justiciable est jugé exclusivement par des magistrats élus en première instance et exclusivement par des magistrats professionnels en appel. Or au premier degré, les juges consulaires souffrent d'un manque de compétence juridique évident et au second degré, les magistrats professionnels n'ont aucune connaissance des pratiques commerciales : ils ne les découvrent qu'au milieu de leur carrière, lorsqu'ils sont en cour d'appel puisque, lorsqu'ils sont en poste dans les juridictions de première instance, sauf dans les départements d'Alsace-Moselle, ils ne pratiquent jamais le contentieux commercial.

La nécessité de l'échevinage en première instance est donc évidente. Le *statu quo* n'a plus lieu d'être.

- ***Les options possibles***

Au début des années 1980, le projet d'échevinage des tribunaux de commerce présenté par M. Robert Badinter était modeste. Le type d'échevinage envisagé visait à l'amélioration du fonctionnement de la juridiction consulaire et n'était en aucun cas une mesure de défiance à l'égard des juges consulaires. Au contraire, la réforme avait pour objectif de conserver la spécificité de la juridiction consulaire de différentes manières. *Premièrement*, les juges-commerçants restaient majoritaires (deux juges élus et un juge professionnel), *deuxièmement*, le magistrat professionnel n'était présent qu'en matière de procédures collectives et non en contentieux général car, déclarait M. Robert Badinter, « *les intérêts en jeu ne sont plus seulement ceux des commerçants mais aussi ceux de l'État, souvent créancier principal et des salariés* (*Libération,* 9-10 juillet 1983) ». *Troisièmement*, la présidence de ces chambres spécialisées dans les procédures collectives n'était assurée par le magistrat professionnel que tous les trois ans (principe de la présidence « tournante »). *Quatrièmement*, le tribunal de commerce même restait présidé par un juge consulaire. Enfin, en contrepartie de cet échevinage en première instance, les juges consulaires étaient intégrés aux *chambres commerciales des cours d'appel* et, là encore, y étaient majoritaires.

Votre Rapporteur considère que le projet Badinter est l'une des options envisageables pour assurer la présence des magistrats professionnels au sein des juridictions commerciales. Dans une telle hypothèse, il faudrait cependant repenser la présidence « tournante ». Pour assurer le suivi des dossiers et surtout un véritable contrôle des auxiliaires de justice, la présidence de la formation de jugement doit revenir de manière continue au magistrat professionnel.

Une autre option est celle de l'échevinage intégral, c'est-à-dire concernant à la fois les procédures collectives et le contentieux général. En effet, en Alsace-Moselle, où la commission a rencontré des juges consulaires satisfaits de leur sort, les juges consulaires strasbourgeois et mulhousiens interrogés par la commission d'enquête ont tous déclaré se considérer comme des magistrats de plein exercice et non comme des assesseurs dominés par le président, magistrat professionnel. M. Jean-Luc Vallens, magistrat professionnel et président de la chambre commerciale en Alsace-Moselle pendant de nombreuses années, a eu la même impression : « (...) ***les juges consulaires en Alsace et en Lorraine vivent bien le régime de l'échevinage dans lequel ils jouent parfaitement leur rôle sans avoir le sentiment d'être des potiches à côté d'un magistrat professionnel*** ». Il est rejoint par M. Patrice Petitjean, procureur de Saint-Brieuc, ancien procureur adjoint à Metz : « (...) ***ce qui est remarquable, c'est que, lorsque vous posez la question à ces magistrats consulaires d'Alsace-Moselle, ils vous disent qu'ils ne veulent pas changer pour le système consulaire. Ils préfèrent leur système dans lequel le président est un magistrat***

professionnel et où ils sont eux-mêmes les assesseurs d'un magistrat professionnel. »

Enfin, M. Pierre Lyon-Caen, avocat général à la Cour de cassation, chargé du suivi de la réforme des tribunaux de commerce dans le cabinet de M. Robert Badinter, a affirmé que tous les juges échevins européens (Allemagne, Belgique...), interrogés à l'époque par le ministère de la Justice, avaient déclaré se sentir sur un pied d'égalité avec les magistrats professionnels lors des délibérés.

Les juges consulaires ont tout à gagner d'une telle réforme, d'autant qu'à la présence des magistrats professionnels correspondrait leur intégration aux chambres commerciales des cours d'appel.

Ces magistrats seraient des conseillers de cour d'appel de plein exercice. Il s'agirait d'une sorte de tour extérieur qui ne serait pas uniquement réservé à des juges consulaires en fin de carrière. L'ouverture des cours d'appel a déjà commencé de manière embryonnaire, à Lyon par exemple, mais les conseillers n'ont qu'une voix consultative. À terme, l'échevinage devrait être également instauré en cassation ; M. Michel Armand-Prévost, vice-président honoraire du tribunal de commerce de Paris, siège déjà à la chambre commerciale de la Cour de cassation.

Aujourd'hui, la question est donc de rendre viable, réalisable, cette réforme de l'échevinage en matière commerciale. Quelles sont les conditions de faisabilité d'un tel projet ?

• ***Les conditions de réussite***

L'instauration de l'échevinage a des conséquences budgétaires quasi indolores pour les contribuables. Dans le cadre d'une refonte en profondeur de la carte consulaire et d'un échevinage limité aux chambres spécialisées dans les procédures collectives, les créations de postes de magistrats professionnels iraient, d'après les projections des observateurs les plus autorisés, de 100 à 150, sachant que le coût budgétaire pour un magistrat s'élève à 330 000 francs par an. En effet, avec le maintien d'environ 150 tribunaux de commerce, il serait nécessaire d'en spécialiser une centaine, soit un par département, dans les procédures collectives. Les chambres spécialisées dans le contentieux seraient donc de 100 à 150, et un juge professionnel siégerait dans chacune de ces chambres.

Les projections réalisées par la commission font apparaître que l'échevinage intégral à carte judiciaire inchangée ne coûterait au budget de l'État que 170 millions de francs, soit à peine 50 millions de francs de plus que ce que rapportent aux greffes privés les recetttes télématiques indues ! Il est donc possible, en tenant compte de l'impact d'une réforme de la carte judiciaire, que la Conférence générale appelle de ses vœux, d'autofinancer l'échevinage ainsi que l'entrée en vigueur des garanties d'impartialité au profit des justiciables. Il n'y aura d'ailleurs pas à affronter l'absence bien hypothétique de problème de motivation chez les juges professionnels. À Strasbourg, la commission d'enquête a constaté que la présidence de chambre commerciale était considérée chez les magistrats professionnels comme un poste intéressant et était particulièrement recherché.

L'échevinage suppose également que l'on améliore de manière substantielle la formation économique des magistrats professionnels. Le CNPF insiste sur la nécessité de les sensibiliser au facteur « temps », essentiel dans la vie de l'entreprise. Un effort considérable doit donc être réalisé dans ce domaine et surtout au niveau de la formation initiale à l'ENM (École nationale de la magistrature). Jusqu'à aujourd'hui, l'ENM a eu pour objectif de transformer des théoriciens du droit en praticiens du droit ; elle doit désormais avoir pour objectif d'initier les jeunes magistrats aux pratiques économiques, par exemple, par un stage de longue durée en entreprise dans le cadre de la scolarité.

Enfin, le système de l'échevinage alsacien-mosellan comporte deux faiblesses qu'il faut éviter.

Les contraintes de la procédure écrite et de la représentation obligatoire, applicables en Alsace-Moselle, confèrent à la procédure commerciale le rythme et le formalisme d'une instance civile. En effet, c'est l'article 38 de l'annexe du nouveau code de procédure civile qui s'applique : « *la procédure applicable devant la chambre commerciale du tribunal de grande instance (...) est celle qui est suivie devant le tribunal de grande instance (...)* ». La simplicité et la rapidité de la procédure prévalant devant les tribunaux de commerce doivent donc se substituer à celle du tribunal de grande instance.

En Alsace-Moselle, c'est le président de la chambre commerciale qui se charge de la prévention. On peut se demander si le magistrat professionnel est le mieux placé pour prendre en considération la situation économique et financière d'une entreprise en difficulté. Dans le système d'échevinage proposé par la commission d'enquête, le président du tribunal de commerce reste un juge consulaire qui sera mieux à même d'assurer la mission de prévention dont l'a chargé la loi du 10 juin 1994.

En dernier lieu, l'échevinage ne doit pas conduire à réduire le rôle essentiel qui doit être celui du parquet, sous prétexte qu'il introduit des magistrats professionnels dans les tribunaux de commerce.

Le magistrat professionnel n'est pas totalement armé face aux mandataires de justice ; le témoignage de M. Jean-Luc Vallens est à ce titre éloquent : « (...) ***je ne suis pas certain de n'avoir jamais été " roulé dans la farine " quand j'étais juge-commissaire par des présentations de bilans avantageuses ou par des informations retenues et non transmises, mais c'est un peu la loi du genre : lorsque l'on reçoit une information, on statue à partir de l'information donnée ; on parvient parfois, avec un peu de " feeling ", à discerner ce qu'il y a derrière une simple requête d'autorisation de levée des scellés ou une mesure apparemment anodine, mais ce n'est pas toujours possible !*** »

C'est pourquoi un parquet bien informé, c'est-à-dire doté de moyens de contre-expertise et d'investigation, est absolument nécessaire. Aujourd'hui un tel parquet, comme on l'a vu précédemment, n'existe pas.

Comment rendre le parquet efficace ? En lui donnant des moyens... tout simplement ; et il serait grand temps.

Ainsi, les représentants du parquet ont déclaré placer beaucoup d'espoir dans la constitution de pôles financiers en province sur le modèle parisien. M. Jean-Claude Marin, procureur adjoint, a ainsi déclaré à la commission d'enquête :

« ***Je crois beaucoup que, si le statut des assistants spécialisés voit le jour, nous pourrons affecter certains de ces fonctionnaires qui pourront être mis à disposition de la justice ou du parquet pour effectuer un travail de fond. Très souvent, quand vous avez des groupes importants qui déposent leur bilan avec des propositions de reprise soit uniques soit divisées par branche d'activité, le parquet procède à l'analyse de ces plans, en se fiant aux partenaires de la procédure.*** »

Ces pôles financiers devraient bénéficier d'assistants spécialisés, une innovation adoptée par le Parlement dans la dernière loi portant diverses dispositions d'ordre économique et financier. Des inspecteurs des impôts, du Trésor, de la concurrence ou de la douane viendront épauler les juges dans les dossiers complexes. Ils ne seront pas des acteurs de la procédure mais des collaborateurs des magistrats (par exemple leur rôle ne sera pas d'apprécier la sincérité d'un bilan mais d'aider le juge à en comprendre la structure). D'ici trois ans, soixante-quinze assistants de ce type devraient rejoindre les palais de justice. Les sites de Bastia, Marseille, Lyon, Fort-de-France et Bordeaux ont d'ores et déjà été retenus, même si les pôles seront de taille très variable.

La présence de ces assistants spécialisés auprès des magistrats en charge des juridictions commerciales représenterait un progrès considérable. Le parquet grâce à cet outil de contre-expertise pourrait enfin remplir pleinement sa mission de suivi des procédures collectives.

Loin d'être marginal et la survivance d'un droit obsolète, l'échevinage est un mode de justice commerciale très répandu dans de nombreux pays européens qui répond aux exigences d'une justice moderne, c'est-à-dire une justice à la fois spécialisée et professionnelle. Cette organisation juridictionnelle est préconisée par la plupart des spécialistes et praticiens que la commission a eu l'occasion d'entendre ou de rencontrer : magistrats, professeurs de droit, avocats, fonctionnaires...

Seuls certains juges consulaires ne sont pas acquis à cette solution.

B. – L'AUGMENTATION DU FINANCEMENT PUBLIC, NÉCESSAIRE MAIS RAISONNABLE

La commission a constaté à maintes reprises que la carence des financements publics (départements, puis État) était à la racine de bien des dysfonctionnements de l'institution consulaire (voir ci-avant « Un budget introuvable »). Le transfert de charges de l'État vers la sphère privée pour assurer le fonctionnement de juridictions est profondément malsain. L'État doit assumer son rôle dans l'exercice des fonctions régaliennes. Il convient aussi de prendre en compte le coût – raisonnable – des réformes de fond de l'institution. La création d'un droit de placement pourrait contribuer à l'équilibre financier de la réforme.

1. – Pas d'assainissement possible sans crédits de fonctionnement décents

Les investigations de la Cour des comptes ont révélé des irrégularités et des facteurs de risques, mais n'ont pas mis au jour de détournements de fonds. La probité des juges consulaires n'est donc pas en cause à cet égard, mais bien un système de financement public qui organise le dénuement des juridictions, en sachant que des commanditaires privés suppléeront.

M. Christian Descheemaeker l'a exprimé sans détour devant la commission :

« *Il faut bien dire que la gestion extra-budgétaire des tribunaux de commerce est un système dans lequel les torts ne sont pas totalement imputables aux tribunaux de commerce, puisqu'ils ne disposaient pas de certaines lignes budgétaires. On trouvait normal qu'un juge consulaire se déplace à ses frais pour suivre des cours au centre de formation de Tours ; or je considère, pour ma part, que pour bénévole qu'il soit, un juge ne doit pas " y être de sa poche ". Quand il se déplace pour le service, il me paraît normal que ce soit l'État qui lui paie ses frais de déplacement, comme il le fait pour un fonctionnaire et au même tarif que pour un fonctionnaire.*

« *Par conséquent, la Cour des comptes, constatant l'irrégularité de ces situations et la nécessité d'y mettre fin, avait estimé que, à cette fin, il fallait, d'une part que les tribunaux de commerce cessent d'agir comme ils le font et passent par le fonds de concours, d'autre part que la Chancellerie ouvre des crédits raisonnables pour couvrir quelques frais de réception, de déplacement, de formation à leur bénéfice ; la Chancellerie s'y est engagée dans la réponse qui est publiée après l'insertion au rapport public.*

« *Pour parler plus familièrement, il ne faut pas qu'il y ait un système " pousse-au-crime " ; pendant un certain nombre d'années on peut dire, je crois, que la Chancellerie ignorait le détail des choses dont je vous parle mais qu'elle savait, en gros, que les tribunaux de commerce avaient une seconde ressource budgétaire. Selon des réflexes qui sont très courants, elle a estimé que puisqu'il y avait de l'argent ailleurs, il ne valait peut-être pas la peine d'en mettre. C'était un cercle vicieux : on ne donnait pas de frais de déplacement parce que l'on savait que les juges consulaires parvenaient à se déplacer sur une autre caisse mais, ce faisant, on justifiait une gestion extra-budgétaire.* »

Pour mettre un terme à ces pratiques, l'État doit apporter une réponse budgétaire, mais en contrepartie d'une gestion plus rigoureuse, que la rationalisation de la carte consulaire ne pourra que favoriser. M. Philippe Lemaire a indiqué avec clarté la conduite à tenir : « ***Il est donc indispensable que l'État fasse un effort supplémentaire pour doter correctement les tribunaux de commerce en crédits de fonctionnement. Mais en retour, comme pour les autres juridictions, les tribunaux de commerce doivent professionnaliser leur gestion publique. Au demeurant, celle-ci est désormais très largement déconcentrée au niveau des cours d'appel et, à l'avenir, devrait être facilitée. Il est indispensable que disparaissent progressivement les liens financiers qui existent entre les tribunaux de commerce et les chambres de commerce et d'industrie qui, même par le biais des fonds de concours, sont de nature à jeter la suspicion sur l'impartialité des juges consulaires.*** »

a) Une mise à niveau de la dotation de fonctionnement courant

• Il reste à savoir la nature et le montant de l'effort budgétaire à fournir pour la mise à niveau des dotations de fonctionnement. À la question « *Parmi les dépenses financées par des fonds extra-budgétaires, quelles seraient, selon vous, celles qui sont justifiées et a-t-on une idée du montant de ressources budgétaires nécessaire pour les couvrir ?* » M. Christian Descheemaeker a répondu : « ***Je n'ai pas pu procéder à une évaluation car les situations sont très variables. (...)***

« ***En revanche, dans de nombreux tribunaux de commerce, – la majorité d'entre eux étant de tout petits tribunaux –, il ne faut que quelques milliers de francs pour offrir un cocktail après l'audience solennelle de rentrée, quelques crédits de déplacement très minimes, et c'est tout.***

« ***Je crois que le poste principal de dépenses devrait être le poste de formation, qui demande à être chiffré. C'est faisable puisque je crois qu'un juge consulaire qui vient d'être élu doit passer quelques fins de semaines prolongées à Tours pour se former (...).*** »

Il faudrait procéder à une évaluation en trois étapes. La première consisterait à s'assurer que, sur le budget de la justice, la dotation de l'article 54 du chapitre 37-92 est suffisante pour les actions qu'elle couvre, ce qui est douteux. La deuxième consisterait à recenser les besoins qui tendent aujourd'hui à être couverts en tout ou partie sur fonds extra-budgétaires. Comme le confirme l'examen des dépenses prises en charge par l'une des associations de soutien du tribunal de commerce de Paris, alimentée par un versement de la chambre de commerce et d'industrie, il s'agissait principalement de frais de représentation et de déplacement. La dernière étape aurait pour objet d'évaluer la charge à prévoir en vue du développement de la prévention, qui suppose, pour connaître un nouveau souffle, la mobilisation de moyens publics (voir première partie, II-A-2).

Comment avoir un ordre de grandeur des suppléments de crédits envisageables au titre du fonctionnement courant ? Actuellement, la dotation est proche de 40 millions de francs, soit une moyenne par tribunal de commerce de l'ordre de 175 000 francs, y compris pour de très petites juridictions, dans des ressorts qui sont appelés à être regroupés.

Il est possible de prendre comme point de comparaison la dotation des conseils des prud'hommes, qui est en moyenne de 300 000 francs. À carte consulaire inchangée, transposer ce montant moyen conduirait à une enveloppe globale de 68 millions de francs, soit un supplément de l'ordre de 28 millions de francs. Mais ce chiffrage est certainement très supérieur aux besoins réels, pour deux raisons :

– la carte consulaire doit être refondue. Il est plus réaliste de tabler sur des hypothèses types de 150 ou de 190 juridictions (voir I-A ci-avant) ;

– un quasi-doublement de la dotation moyenne ne s'impose pas nécessairement, même si le total actuel des fonds extra-budgétaires n'est pas connu. Un crédit moyen de 250 000 francs, soit une augmentation de moitié, pourrait être suffisant.

MISE À NIVEAU DES CRÉDITS DE FONCTIONNEMENT COURANT : HYPOTHÈSES DE CALCUL

		Format de la carte consulaire (Nombre de tribunaux de commerce)		
		150	**190**	**227** [(b)]
Coût moyen d'un tribunal [(a)]	**0,25 MF**	37,5	47,5	57
	0,3 MF	45	57	68

(a) *Dotation moyenne en 1998 : 0,175 Mfrancs. Dotation totale en 1998 : 39,6 Mfrancs.*
(b) *Carte actuelle, métropole hors Alsace-Moselle.*

Compte tenu de la nécessité de procéder à des regroupements de tribunaux, quelles que soient les hypothèses retenues, la mise à niveau des crédits de fonctionnement n'impliquerait qu'un surcoût inférieur à 20 millions de francs, ce qui, en termes budgétaires, reste négligeable, et réalisable sans aucune difficulté. La remise à niveau pourrait même être effectuée à enveloppe budgétaire constante, avec une dotation moyenne relevée de moitié et un regroupement de la plupart des tribunaux situés en deçà du seuil d'activité minimale de 500 décisions par an.

Quel que soit le schéma retenu, cette simple esquisse révèle un effort supplémentaire de l'État finalement très limité. Au regard de l'enjeu, les objections relatives au coût ont ainsi idéalement disparu.

b) Une formation financée et contrôlée par l'État

La question du financement par l'État de la formation des juges est actuellement ouverte. La Cour des comptes a critiqué les conditions dans lesquelles le centre de formation de Tours était financé par le conseil général et la chambre de commerce, et ceux-ci ont dû suspendre leurs versements. C'est pourquoi la ministre de la Justice a décidé l'inscription des crédits nécessaires sur la dotation relative aux tribunaux de commerce de son budget, à titre non reconductible pour 1998. La poursuite du financement par l'État est conditionnée à la présentation d'un projet pédagogique. L'État doit être le bailleur de fond ; en contrepartie, il doit exercer son contrôle.

Cette année, le centre doit accueillir 379 stagiaires, soit un peu plus de 10 % des 3 330 juges consulaires, pour un budget établi exactement à 908 000 francs. Par conséquent, la mise en place d'un stage systématique de deux à quatre semaines pour les juges nouvellement élus et le renforcement des actions de formation permanente pour les juges chevronnés pourraient représenter tout au plus un coût annuel compris entre 1 et 3 millions de francs.

c) Financement de quelques postes d'assistants de justice

• Au titre des moyens en personnel, il serait souhaitable d'étendre aux juridictions commerciales le mécanisme des assistants de justice prévu par la loi n° 95-125 du 8 février 1995 relative à l'organisation des juridictions et à la procédure civile, pénale et administrative. Ils ne peuvent actuellement être affectés auprès des tribunaux de commerce. Leur présence se justifierait dans les plus importants d'entre eux, par exemple dans les 24 tribunaux qui disposent de plus de 25 juges.

À titre indicatif, un crédit budgétaire d'un million de francs permettrait le recrutement de 26 assistants de justice [1], ce qui, là encore, illustre l'extrême rentablité marginale d'un effort budgétaire minime.

D'autre part, l'affectation d'assistants spécialisés dans les parquets pour renforcer leurs cellules financières, sur la base de l'article 91 de la récente loi portant DDOEF est une urgence maintes fois signalée à la commission.

• Enfin, la commission propose, par ailleurs, la fonctionnarisation des greffes, qui assurent le secrétariat des présidents de tribunaux. S'il n'était pas donné suite à cette proposition, il conviendrait, pour assurer la transparence financière :

– de faire prendre en charge le secrétariat par des fonctionnaires rémunérés par l'État ;

– et de soumettre les greffes à un loyer pour les locaux qu'ils occupent, ainsi que le préconise d'ailleurs la Cour des comptes.

1. Sur la base des chiffres du budget 1998, qui a prévu la création de 220 postes.

2. – Le financement des réformes proposées

a) Échevinage limité aux procédures collectives ou échevinage intégral ?

• Le dossier le plus lourd est celui de l'échevinage, pour des raisons, non pas tant financières mais plutôt passionnelles. Le bénévolat des juges consulaires est une source d'économies considérables pour l'État. La réforme préparée par M. Robert Badinter, de façon consensuelle puis abandonnée en 1984 pour cause de fronde des tribunaux de commerce, a illustré toute la dimension passionnelle d'un projet considéré à tort par les magistrats consulaires comme injurieux pour leur honnêteté et leur compétence.

La commission n'était inspirée d'aucun *a priori*, ni d'aucune suspicion. Elle se devait d'examiner toutes les voies de réforme. L'échevinage intégral lui a paru une solution possible. Son coût pourrait être évalué aux alentours de 170 millions de francs par an, en régime de croisière, montant nécessaire pour la rémunération d'environ 500 magistrats professionnels, à carte consulaire inchangée. À titre de comparaison, cette charge équivaut à une fois et demie les recettes télématiques que l'exploitation du registre du commerce procure aux greffes.

La réforme préférable associerait une refonte en profondeur de la carte des juridictions commerciales et un échevinage généralisé dont l'impact budgétaire serait ainsi très atténué.

Bien sûr, l'échevinage peut faire l'objet de différenciations et de raffinements. Les procédures de référé, l'injonction de payer, les contentieux contractuels peuvent échapper à l'échevinage ou doivent pouvoir faire l'objet d'une simple option entre les mains des justiciables.

Les regroupements de juridictions pourraient, dans l'absolu, conduire à un total de l'ordre de 130 à 150 en métropole hors Alsace-Moselle. S'il était finalement décidé de maintenir davantage de tribunaux, au-delà de 150, il serait nécessaire d'en spécialiser une centaine, soit l'équivalent d'un par département, dans les procédures collectives. Ainsi, l'ordre de grandeur du nombre de chambres spécialisées dans ce contentieux s'établirait entre 100 et 150. En règle générale, un juge professionnel siégerait dans chacune de ces chambres. Dans ces conditions, la charge annuelle de rémunération résultant de cet échevinage des spécialistes en procédures collectives ne s'établirait qu'à un montant budgétaire situé entre 35 et 50 millions de francs.

Il est probable qu'une montée en charge soit nécessaire, peut-être sur une période de trois ans, le temps de mobiliser le nombre requis de juges professionnels expérimentés et formés à cet effet. Le développement de l'échevinage dans les cours d'appel pourrait contribuer à cet égard à dégager quelques marges de manœuvre.

b) L'alignement des greffes sur le droit commun

S'agissant de la fonctionnarisation des greffes, la commission ne dispose pas d'éléments suffisamment exhaustifs pour tenter une évaluation des charges prévisibles d'indemnisation. Au vu des prix de mutation enregistrés au cours des années récentes, il n'est pas douteux que l'indemnisation serait d'un coût significatif, pour les quelque deux cents charges concernées. Mais, comme lors de la nationalisation des autres greffes, décidée en 1965, ce coût serait étalé sur une durée de l'ordre de quinze ans. Les recettes télématiques en couvriraient une bonne part.

Mais surtout, les recettes télématiques du registre du commerce, à elles seules, devraient suffire largement à financer non seulement l'indemnisation des titulaires des charges mais également, dans les années ultérieures, l'autofinancement de l'échevinage par la création d'un fonds de concours.

La valeur des offices de greffier peut faire l'objet d'une approximation, sur la base des cessions réalisées au cours des cinq dernières années. Cinquante-deux cessions ont été opérées de janvier 1993 à décembre 1997, y compris quelques greffes « binés ». Elles ont porté sur un montant total cumulé de l'ordre de 340 millions de francs. En formant l'hypothèse que ces cessions forment un échantillon représentatif des greffes, il est possible d'évaluer à environ 1,3 milliard de francs le coût total des charges, et à 6,5 millions de francs la valeur moyenne d'une charge.

Ce montant représente approximativement onze ans de recettes télématiques (environ 120 millions de francs par an actuellement), toutes choses étant égales par ailleurs.

La charge d'indemnisation devrait être quelque peu supérieure si l'on transpose les critères mis en œuvre lors de la réforme de 1965. Mais il appert que, en ordre de grandeur, l'indemnisation des greffiers est susceptible d'être couverte par les recettes futures des greffes fonctionnarisés.

La refonte de la carte judiciaire devrait d'ailleurs permettre de rationaliser leur réseau et de dégager des économies d'échelle.

3. – La mobilisation possible de recettes nouvelles

La réforme envisagée est donc susceptible de comporter un volet « recettes », qui contribuerait, si nécessaire, à en atténuer ou à en annuler le coût net.

• Le rapport Monguilan proposait l'institution d'un droit de placement forfaitaire, perçu par le greffier sur toutes les affaires commerciales « placées ». Elle préconisait de le fixer à 40 francs – c'était en 1974. Ce montant équivaut aujourd'hui à 140 francs après correction de l'effet de l'érosion monétaire (qui se traduit par une multiplication par 3,5). Sur la base de 150 000 affaires placées dans l'année, le produit en aurait été de 6 millions de francs à l'époque.

La contribution du CNPF à la réflexion sur l'avenir de la justice consulaire d'octobre dernier reprenait l'idée d'un droit de placement de faible montant, inspiré du droit de timbre de 100 francs sur les requêtes devant les tribunaux administratifs. Mais ce droit serait institué « *à titre exceptionnel et provisoire* » (article 44 de la loi de finances pour 1994).

Ce caractère provisoire ne paraît guère de mise. L'objet du droit de timbre serait, non pas de faciliter une transition, mais de faire participer de façon pérenne les justiciables à l'équilibre d'un nouveau mode de fonctionnement dans lequel des garanties nouvelles lui sont offertes. Ce serait en quelque sorte une participation à l'effort de transparence, c'est-à-dire à la crédibilité de l'institution.

Il pourrait être créé, pour un montant de 50 ou 100 francs, et assis sur les demandes d'ouverture de procédures collectives ou d'affaires contentieuses, soit un ordre de grandeur de 600 000 décisions par an. D'un point de vue budgétaire, il permettrait de « gager » la mise à niveau des crédits de fonctionnement, à hauteur respectivement de 30 ou 60 millions de francs environ. Pour les entreprises justiciables, la charge peut en être considérée comme symbolique.

La Conférence générale des tribunaux de commerce, par la voix de son président, a elle-même plaidé « ***pour la création d'une taxe de 30 francs sur les 1,1 million de décisions annuelles, (...) afin de financer une aide juridictionnelle*** » pour les plus petites entreprises, qui n'ont pas toujours les moyens d'être assistées de façon satisfaisante devant les juridictions commerciales.

Son objet est digne d'intérêt. En revanche, l'assiette de cette taxe n'est guère satisfaisante. Taxer les décisions et non les requêtes aboutirait à des bizarreries, notamment en matière de procédures collectives, dans lesquelles les décisions sont très nombreuses : les juges-commissaires ont rendu en 1996 près de 540 000 ordonnances. La transposition du dispositif appliqué devant les juridictions administratives apparaît plus simple et plus saine.

• Le relèvement des plafonds de déduction fiscale au titre des frais engagés par les juges consulaires, préconisé par le CNPF, devrait être mis à l'étude. Cependant, il convient d'éviter le double emploi avec les défraiements par voie budgétaire.

• Si les greffes ne sont pas fonctionnarisés, outre leurs recettes de fonctionnement, notamment télématiques, il conviendra, ainsi qu'il a été dit, de les assujettir au versement de loyers.

*
* *

En bref, la mise à niveau des moyens de fonctionnement courant se situerait dans une fourchette de l'ordre de 0 à 30 millions de francs par an selon le schéma retenu pour la réforme de la carte consulaire. Si les préconisations de la commission en la matière sont suivies, le surcoût budgétaire annuel serait probablement voisin de 15 millions de francs.

Les travaux de la commission ne conduisent pas à trancher entre l'échevinage intégral ou limité aux chambres spécialisées, selon le modèle de la « réforme Badinter ». La charge de rémunération liée à l'échevinage intégral serait en tout état de cause inférieure à 170 millions de francs, après réforme de la carte consulaire. Une composition mixte des chambres spécialisées dans les procédures collectives se traduirait par une charge budgétaire comprise entre 35 et 50 millions de francs, selon le nombre des tribunaux de commerce.

Au total, la réforme des tribunaux de commerce conduirait à

une majoration réaliste et modeste de l'enveloppe budgétaire relative à leur fonctionnement. L'institution d'un droit de placement serait susceptible de la gager en tout ou partie, selon le tarif retenu.

Quant à la fonctionnarisation des greffes, les charges d'indemnisation qu'elle implique, étalées dans le temps, pourraient trouver leur contrepartie dans les recettes télématiques tirées de l'exploitation du registre du commerce et des sociétés, soit 120 millions de francs par an.

Contrairement à ce qui eût semblé à première vue, une réforme en profondeur de l'institution consulaire n'occasionnerait donc pas de choc budgétaire sur les moyens du ministère de la Justice. Les objections d'ordre financier étant aisément surmontables, l'œuvre de réforme peut s'accomplir en fonction des seuls impératifs de relégitimation de l'institution.

III. – UNE PROFONDE RÉFORME DES PROFESSIONS AU SERVICE DE LA JUSTICE COMMERCIALE

La réforme des différentes professions auxiliaires ou mandataires de la justice commerciale ne peut prendre toute son ampleur que dans le cadre de la réforme générale des tribunaux de commerce et notamment avec l'introduction de l'échevinage qui apportera une garantie juridique aux décisions prises et un contrôle renforcé des professions considérées.

A. – UN ALIGNEMENT PROGRESSIF DES GREFFES SUR LE DROIT COMMUN

Alors que tous les greffes des tribunaux de droit commun ont été nationalisés par une loi de 1965, seuls les greffes des tribunaux de commerce ont curieusement conservé un statut privé.

Les greffes des tribunaux de commerce sont de véritables entreprises privées. Comme la commission l'a constaté plus haut, les objectifs de rentabilité finissent dans ces conditions par l'emporter sur les préoccupations de service public.

Si des réformes à la marge sont envisagées par certains, il semble à la commission nécessaire de procéder progressivement à la fonctionnarisation des greffes des tribunaux de commerce, de la même façon qu'ont été fonctionnarisés les greffes des juridictions ordinaires au milieu des années 1960.

Quant à la question de l'information sur les entreprises tirée du registre du commerce et des sociétés, il convient que la puissance publique en retrouve la maîtrise pour la mettre à la disposition du public dans les meilleures conditions possibles et au coût le plus bas possible.

1. – Insuffisance des réformes à la marge

Il est évidemment possible d'envisager d'encadrer de manière plus stricte l'activité des greffes des tribunaux de commerce.

Il s'agirait notamment de renforcer le contrôle, qui, tel qu'il est organisé aujourd'hui, est inopérant, comme cela a été analysé précédemment (voir II-C-2-b). Tout comme les contrôles qui pèsent sur les mandataires de justice, les contrôles exercés sur les greffes des tribunaux de commerce doivent devenir effectifs.

La Chancellerie dans ses volontés de réforme ne résout pas le problème essentiel, qui est celui de l'objectif poursuivi par des greffes privés. Dans les négociations qu'elle a engagées avec la profession sur les rémunérations, elle est largement dépendante des informations que le Conseil national des greffiers des tribunaux de commerce veut bien lui communiquer, comme en témoigne le dialogue suivant engagé entre les membres de la commission et le sous-directeur des professions judiciaires et juridiques à la direction des affaires civiles et du sceau du ministère de la Justice.

LA CHANCELLERIE DÉPASSÉE DANS SES NÉGOCIATIONS AVEC LES GREFFIERS

Mme Henriette CHAUBON, sous-directrice à la sous-direction des affaires civiles et du sceau : On ne dispose pas aujourd'hui d'une étude précise sur les revenus des greffiers des tribunaux de commerce. La Chancellerie a connaissance des traités de cession. Elle connaît, à cette occasion, la valeur de la charge, mais n'assure plus de contrôle sur les prix, ceux-ci se négociant librement. Les prix de cession varient énormément. Nous disposons également de quelques éléments sur les revenus grâce à une liste représentative de greffes. (...)

M. Jacky DARNE, député : Pour nous permettre d'avoir une vue plus juste, il conviendrait que nous puissions (...) avoir les chiffres d'affaires des greffes ou leurs revenus.

Mme Henriette CHAUBON : La Chancellerie ne possède pas ce renseignement.

M. Jacky DARNE : Alors comment avez-vous évalué la perte de revenu causée par l'abaissement du tarif de la télématique de 9,21 francs à 5,57 francs ? Il fallait bien connaître les revenus !

Mme Henriette CHAUBON : Nous l'avons évaluée d'après un échantillon. (...) Comme les autres officiers publics et ministériels, les activités des greffiers sont tarifées. D'une manière générale, les tarifs sont constitués d'un droit fixe et de droits proportionnels. Certaines prestations sont payées par référence à un taux de base, qui est à l'heure actuelle de 6,60 francs – il passera à 7,40 francs en cas d'augmentation de 12 % – que l'on multiplie par un coefficient qui varie selon la nature de l'acte. Par exemple, telle prestation vaut trois taux de base.

M. le Président : Puisque l'on connaît le nombre et la nature des actes d'une charge, nous devrions pouvoir en déduire son revenu. À ce revenu s'ajoute d'ailleurs le produit de toutes les informations vendues par télématique et qui ne font pas l'objet d'une tarification.

M. Jacky DARNE : Cette augmentation de 12 % est-elle déjà décidée ?

Mme Henriette CHAUBON : Non, il ne s'agit, pour l'instant, que d'une proposition de la Chancellerie.

M. Jacky DARNE : Il est étonnant que l'on propose une augmentation de 12 % en compensation d'une baisse de revenus – revenus que l'on ignore – due à une baisse du prix de la télématique, dont on ne sait pas si elle produira un surplus de revenus ! Je vous propose, monsieur le président, de demander au ministère de différer cette augmentation de 12 % qui est incompréhensible.

M. le Président : Nous pourrions, tout d'abord, demander à la Chancellerie sur quels éléments elle s'appuie pour proposer une telle augmentation, c'est-à-dire quels sont les arguments de la profession.

Mme Henriette CHAUBON : Nous disposons, pour un échantillon donné, du montant des charges, des produits et des bénéfices. En analysant les produits, nous avons pu déterminer la part de la télématique et un calcul nous a permis de déterminer à quoi allait correspondre cette baisse du prix de 41 %. Nous proposons donc de baisser le prix de la télématique de 41 % et d'augmenter de 12 % les émoluments tarifés – émoluments que nous identifions parfaitement.

M. Jacky DARNE : La télématique n'est pas si ancienne que cela et progresse en volume chaque année. Quel est le taux de croissance anticipé pour les prochaines années, en revenu ? Si l'on ne prend pas en compte le phénomène quantitatif, je me demande quelle étude l'on peut faire ! Enfin, quelle était la situation avant la télématique ? Quels étaient les revenus des greffes il y a dix ans ?

M. le Président : Cette étude a-t-elle été faite sur toutes les charges ou sur quelques charges dites représentatives ?

Mme Henriette CHAUBON : Cette étude porte sur des charges représentatives.

M. le Président : Le bruit courait que l'achat de certaines charges était amorti en très peu de temps grâce à la télématique. Ce qui veut dire que pour quelques grosses charges, notamment de la région parisienne, le système est complètement différent.

Mme Henriette CHAUBON : Il est vrai que, pour les greffes de la région parisienne, la baisse va être très importante.

M. le Rapporteur : Qui a choisi la représentativité de ces charges ?

Mme Henriette CHAUBON : Ce sont les professionnels qui nous ont communiqué un échantillon comprenant des juridictions petites, moyennes et plus importantes.

M. le Rapporteur : Qui sont les interlocuteurs de la Chancellerie, dans cette « négociation » ?

Mme Henriette CHAUBON : Le Conseil national des greffiers de tribunaux de commerce, organisme élu et représentatif.

Dans ces conditions, il n'est guère possible de mener une véritable politique en direction des greffes des tribunaux de commerce dans le seul souci de la satisfaction des justiciables et non dans l'intérêt économique d'une seule profession.

2. – Nécessité de l'application du droit commun aux greffes des tribunaux de commerce

Introduisons les propositions de la commission par l'avis d'un professionnel qui pratique les greffes publics et fonctionnarisés des tribunaux d'Alsace-Moselle. Ainsi, selon le procureur général près la cour d'appel de Colmar, « ***la situation particulière de l'Alsace-Moselle conduit à se réjouir de la parfaite normalité de la situation. Fonctionnaires, nos greffiers, qui, de surcroît, travaillent avec des magistrats professionnels, n'ont nullement tendance à outrepasser leur rôle institutionnel pour s'adonner à des fonctions de conseils ou de rédacteurs de substitution... La fonctionnarisation des greffes régule par ailleurs ces pulsions qui pourraient résulter d'une préoccupation de chiffre d'affaires.*** » [1]

Le remaniement indispensable de la carte judiciaire suppose une réorganisation des greffes. La fonctionnarisation de ces structures permettrait à la fois de faire revenir les greffes des tribunaux de commerce au sein du service public de la justice et de faciliter cette réorganisation.

Les motifs qui ont conduit à la nationalisation des greffes des juridictions ordinaires sont les mêmes qui conduisent la commission à proposer, aujourd'hui, celle des greffes des tribunaux de commerce. Le Rapporteur [2] du projet de loi en 1965 déclarait, devant

1. Réponse au questionnaire de la commission adressé aux procureurs généraux.

2. M. Guy Sabatier, *Journal officiel* – Assemblée nationale, séance du 30 juin 1965, page 2776.

l'Assemblée nationale, à ce titre que le greffe « *constitue (...) à l'intérieur du mécanisme judiciaire, un rouage essentiel. Mais la vérité oblige à dire que ce rouage a un sérieux besoin d'être révisé. En effet le fonctionnement actuel des greffes est anachronique, hybride et inadapté.*

« *Il est anachronique parce que, tout en étant l'un des éléments indispensables d'un éminent service public, le greffe est indépendant, s'achète et se revend, est soustrait à la hiérarchie judiciaire et (...) fait commerce d'un morceau de justice. C'est un peu comme si, de nos jours, l'une de nos régies financières était encore entre les mains de ces particuliers qui, sous l'Ancien Régime, s'appelaient les fermiers généraux.*

« *Cette situation indépendante se justifie d'autant moins qu'elle est en même temps une situation de monopole. (...) Or chacun doit convenir que, lorsqu'il y a à la fois monopole et service de l'intérêt général se trouvent réunies les deux conditions nécessaires et suffisantes pour qu'il y ait fonctionnarisation.* »

Les principes de la nationalisation des greffes des juridictions ordinaires, opérée par la loi n° 65-1002 du 30 novembre 1965 portant réforme des greffes des juridictions civiles et pénales, peuvent être repris en partie pour celle des greffes des tribunaux de commerce :

– le dispositif doit être progressif afin d'étaler les charges pour le budget de l'État dans le temps ;

– la valeur de la charge établie sur la base de critères précis (prix de cession antérieur actualisé, moyenne du nombre d'actes calculée sur cinq ans) doit être respectée pour la fixation de l'indemnité d'acquisition forcée au profit de l'État ; des coefficients dégressifs pourront être appliqués sur la base de cette valeur au fur et à mesure que la valeur de la charge augmente, compte tenu notamment de la part importante représentée par les ressources tirées de la télématique ; une partie de l'indemnisation pourrait être payée en bons du Trésor ;

– l'État doit racheter le matériel qui se trouve dans les greffes des tribunaux de commerce ;

– les mesures transitoires doivent être suffisamment étalées dans le temps pour ne pas bouleverser brutalement la situation personnelle et familiale des titulaires de charges ;

– les greffiers titulaires de charges pourraient avoir la faculté de continuer l'exercice de leurs fonctions pendant dix ans. En aucun cas, ils ne pourraient poursuivre cet exercice au-delà d'un certain âge ;

– un accès spécial doit être ouvert tant à la magistrature qu'aux autres professions judiciaires en faveur des greffiers titulaires de charges qui le solliciteraient ; ils pourraient également être recrutés comme agents contractuels relevant du ministère de la Justice ;

– les facultés d'intégration dans les corps de fonctionnaires et de recrutement en qualité d'agent contractuel ou d'auxiliaire seront ouvertes aux employés des greffiers titulaires de charges salariés à plein temps et remplissant les conditions générales d'accès à la fonction publique ;

– les greffes fonctionnarisés percevront des redevances au profit du Trésor public pour l'accomplissement des actes et formalités, dans les conditions prévues par l'article 5 de l'ordonnance n° 59-2 du 2 janvier 1959 [1].

3. – Diffusion au moindre coût de l'information sur les entreprises

La fonctionnarisation des greffes doit s'accompagner d'une diffusion plus large des informations recueillies sur le registre du commerce et des sociétés. Deux options sont envisageables : en réduire sensiblement le coût de consultation, ou le « recycler » pour indemniser les titulaires de charges.

La Chancellerie a annoncé la préparation d'un décret encadrant la diffusion électronique des informations récoltées par les greffes des tribunaux de commerce, en limitant notamment les données actuellement transmises. Cette mesure ne résoudra pas les problèmes fondamentaux qui sont celui de la recherche de la rentabilité par les structures privées que sont les greffes et celui de l'accès aux données relatives aux entreprises au plus grand nombre et à moindre coût.

Comme il est envisagé de généraliser le raccordement des greffes des tribunaux de commerce d'Alsace et de Moselle à l'INPI,

1. Article 5, premier alinéa, de l'ordonnance n° 59-2 du 2 janvier 1959 relative aux lois de finances : « *La rémunération des services rendus par l'État ne peut être établie et perçue que si elle est instituée par décret en Conseil d'État pris sur le rapport du ministre des Finances et du ministre intéressé.* »

qui pourrait ainsi, par le biais d'un service télématique ou d'Internet, fournir les publications légales des tribunaux, il est envisageable, dans le cadre de greffes fonctionnarisés, de permettre la diffusion des informations du registre du commerce et des sociétés par le seul INPI, établissement public, à un coût nettement inférieur à celui actuellement pratiqué par les serveurs des greffes des tribunaux de commerce.

Cet organisme pourrait reverser une partie des recettes au budget du ministère de la Justice par le biais des fonds de concours pour servir à abonder à terme les crédits de fonctionnement des juridictions commerciales. Dans un premier temps, ces crédits pourraient permettre d'assurer la fonctionnarisation des greffes.

4. – Adaptation à une carte consulaire refondue

• Laissons la parole à Mme Henriette Chaubon : « *Le troisième dossier relatif aux greffiers concerne le problème de la carte judiciaire qui intéresse directement les greffiers des tribunaux de commerce, puisque l'on ne peut pas concevoir l'existence d'un greffe en dehors d'un tribunal de commerce. Par conséquent, les greffiers seront concernés au premier chef si l'on s'oriente vers un resserrement du nombre des juridictions commerciales.* »

La carte des greffes étant placée sous l'influence d'une logique de marché, sa refonte a précédé spontanément celle des juridictions. Une charge de greffier n'est économiquement viable que si le tribunal de commerce dont il dépend connaît une activité suffisante. Lorsque ce n'est pas le cas, des greffiers ont été conduits à cumuler l'administration de deux greffes. Vingt-trois greffes « binés » fonctionnent actuellement : Amiens-Saint-Valery-sur-Somme, Dole-Salins-les-Bains ; Alençon-L'Aigle ; Argentan-Vimoutiers ; Bayeux-Vire ; Coutances-Saint-Lo ; Cherbourg-Lisieux ; Falaise-Condé-sur-Noireau ; Beaune-Nuits-Saint-Georges ; Dijon-Auxonne ; Chaumont-Langres ; Limoux-Castelnaudary ; Montpellier-Lodève ; Millau-Saint-Affrique ; Pézenas-Clermont-l'Hérault ; Briey-Verdun ; Reims-Épernay ; Saint-Brieuc-Paimpol ; Cusset-Riom ; Issoire-Billom ; Le Puy-Brioude ; Evreux-Louviers ; Neufchatel-Gournay.

Trois officiers ministériels cumulent même la direction de trois greffes, qui sont alors dits « trinés » : Saint-Quentin-Chauny-Vervins ; Saintes-Saint-Jean-d'Angely-Jonzac ; Le Havre-Fécamp-Saint-Valery-en-Caux.

Les regroupements portent le plus souvent sur des greffes exerçant dans de petits ressorts, mais le dernier exemple associe le greffe d'un tribunal très actif, Le Havre, et deux autres traitant peu d'affaires.

La refonte indispensable de la carte des tribunaux de commerce, qui se traduira par le regroupement d'un grand nombre d'entre eux, a donc été en partie anticipée. La consultation nationale sur la carte judiciaire conduite en 1997 a fait apparaître que les titulaires de greffes cumulés ne semblent pas hostiles à une fusion des tribunaux dont ils assurent le greffe, dans la mesure où elle fournirait l'occasion d'une réorganisation de leurs services.

Dans les ressorts actuellement dépourvus de tribunal de commerce, et où le tribunal de grande instance statue en matière commerciale, quelques créations sont également à prévoir. Il conviendra alors d'organiser la scission de leur greffe.

Mais le cas le plus fréquent sera celui du regroupement ou de la fermeture de tribunaux dotés d'un seul greffe. Afin de faciliter les formalités des entreprises et leur accès aux registre du commerce et des sociétés, il serait souhaitable de maintenir une présence locale du greffe, toutes les fois que la densité du bassin économique et la distance du tribunal de commerce le justifient.

À cet effet, Mme Henriette Chaubon a apporté à la commission les précisions suivantes : « ***À l'heure actuelle, tous les officiers ministériels – autres que ceux des tribunaux de commerce – ont des offices et peuvent avoir des offices annexes qui sont un démembrement de l'office principal. En cas de regroupement des juridictions commerciales, nous avons donc prévu une mesure de souplesse – le décret est actuellement devant le Conseil d'État – prévoyant la création de greffes annexes qui se situeraient en lieu et place de la juridiction supprimée. De ce fait, une proximité serait assurée pour les justiciables et cela éviterait une disparition pure et simple de certains greffes.*** »

En même temps que seront rationalisés les services des greffes, le maintien des greffes annexes devra être la règle. Il conviendra également de l'envisager chaque fois que nécessaire dans les villes qui demeureraient dépourvues de tribunal de commerce.

B. – MANDATAIRES DE JUSTICE : DES PROFESSIONS À REDRESSER

Souvent détenteurs d'un pouvoir de vie ou de mort de fait sur les entreprises en difficulté, les mandataires de justice, que ce soient les administrateurs judiciaires ou les mandataires judiciaires à la liquidation des entreprises, collaborateurs du service public de la justice [1], voient leur rôle fortement remis en cause par nombre d'acteurs des procédures collectives. Cette remise en cause participe de la perte de confiance des justiciables dans la justice consulaire.

Après avoir évoqué les différentes réformes proposées par plusieurs acteurs, au premier rang desquels le ministère de la Justice, le Rapporteur souhaiterait proposer une réforme des professions considérées, dans le sens d'une redistribution des rôles, d'une ouverture des organes de la procédure à d'autres professions, d'un renforcement des contrôles et d'une profonde révision des modes de rémunération des auxiliaires de la justice commerciale. **Il ne s'agit pas pour la commission de proposer dans le détail des règles destinées à régir l'exercice des mandats de justice et qui relèveraient du domaine réglementaire, mais de proposer des orientations générales.**

1. – Les termes du débat

Tant la garde des Sceaux, ministre de la Justice, que le Conseil national du patronat français, la Conférence générale des tribunaux de commerce, la chambre de commerce et d'industrie de Paris ou encore la très grande majorité des personnalités auditionnées par la commission ont proposé des modifications touchant le statut et les fonctions des mandataires de justice. Cela va de retouches impressionnistes à la suppression complète des professions considérées en passant par la fonctionnarisation.

Les auxiliaires de la justice commerciale ne peuvent échapper au mouvement général de modernisation de la justice.

Lors du Conseil des ministres du 29 octobre 1997, la ministre de la Justice a, dans sa communication sur la réforme de la justice, annoncé « *l'amélioration des procédures de redressement et de liquidation judiciaire par un contrôle accru des professionnels* ». Le 24 octobre 1997, à l'occasion du centième anniversaire de la Conférence générale des tribunaux de commerce, elle s'était déjà prononcée

1. Cour de cassation, première chambre civile, 30 janvier 1996.

pour une « *action ferme* » dans le domaine des procédures collectives visant notamment les mandataires de justice dont « *certains ont failli de manière très grave à leur mission* » et annonçait un futur décret, prévoyant le versement de l'ensemble des fonds gérés à la Caisse des dépôts et consignations et le contrôle renforcé de ces professionnels, notamment de leurs comptabilités.

Fin janvier 1998, un projet de décret de 63 articles modifiant les décrets n° 85-1387, n° 85-1388 et n° 85-1389 du 27 décembre 1985 a été transmis aux administrateurs judiciaires et aux mandataires judiciaires à la liquidation des entreprises.

Aussi louable soit-il, ce projet ne saurait suffire à remettre de l'ordre dans les professions concernées. Cette opinion est renforcée par les conditions dans lesquelles le projet de décret a été rédigé (voir encadré ci-dessous).

LES CONDITIONS DE RÉDACTION DU PROJET DE DÉCRET DE LA CHANCELLERIE (voir annexe 5)

Lors de son audition par la commission, M. Joël Rochard, inspecteur général des finances, ancien membre de la commission nationale d'inscription et de discipline des administrateurs judiciaires, a évoqué les conditions de rédaction du projet de décret modifiant les textes régissant les AJMJ.

M. Joël ROCHARD : La profession a corédigé le décret préparé par la Chancellerie avant même que les autres ministères aient eu connaissance du texte.

M. le Rapporteur : Qu'entendez-vous par « corédigé » ?

M. Joël ROCHARD : La Chancellerie a écrit un projet, l'a soumis à la profession, qui a émis ses remarques. La Chancellerie a réécrit un nouveau projet intégrant les remarques de la profession.

M. le Président : Avant, par exemple, de saisir le ministère des Finances ?

M. Joël ROCHARD : Par exemple.

M. le Rapporteur : À quelle date cela s'est-il produit ?

M. Joël ROCHARD : Un projet de décret a été imaginé par la Chancellerie vers le mois d'octobre ; la profession a été consultée au mois de novembre. Un document à deux colonnes circulait : « Projet de la Chancellerie », « Projet de la profession ». Une nouvelle version du projet de la Chancellerie a été mise en circulation vers le mois de janvier. Si vous procédez au rapprochement des deux copies, vous constaterez que les suggestions de la profession sont très bien intégrées.

Une réforme plus fondamentale que celle proposée par la Chancellerie doit intervenir (voir ci-après).

Pour sa part, la Conférence générale des tribunaux de commerce s'est déclarée également favorable à une réforme limitée : ouverture de la profession, refonte de son mode de rémunération et obligation de versement des fonds à la CDC. Selon une même ligne, la CCIP estime que leur statut devrait être conservé pourvu qu'on y apporte des modifications importantes concernant aussi bien les modalités de leur recrutement, leur système de rémunération et le contrôle de leur activité, qui est au cœur du débat.

Dans le même ordre d'idée, M. Gabriel Bestard, procureur général près la cour d'appel d'Aix-en-Provence, propose la chose suivante : « ***Les professions de mandataires de justice pourraient être ouvertes aux experts-comptables, aux commissaires aux comptes. On pourrait remettre en cause le principe de mise en place d'études importantes avec un seul titulaire, mais plusieurs bureaux annexes, avec de multiples stagiaires et collaborateurs, ces derniers assurant le suivi effectif de nombreuses procédures et intervenant souvent aux audiences aux lieux et place des mandataires.*** »

Le CNPF va plus loin en proposant de réexaminer l'ensemble des missions exercées par les AJMJ, de permettre aux créanciers de choisir leur représentant, de confier à une même personne les fonctions d'administration et de vérification du passif et de charger un organisme mandaté à cet effet de procéder aux opérations de liquidation. Il demande que soit largement ouvert le recrutement et que soit étudiée la possibilité d'instituer un tarif libéral ou du moins que soient rectifiées les aberrations du tarif actuel. En matière de déontologie, le CNPF propose d'instituer une déclaration générale des intérêts des AJMJ entrant en fonctions, d'établir une charte déontologique, d'accroître les moyens des commissions de discipline, de mettre en place une structure forte d'inspection et de généraliser les conventions de déontologie entre les tribunaux de commerce et les mandataires.

S'agissant des seuls mandataires judiciaires à la liquidation des entreprises, de nombreuses personnalités (CNPF, Conférence générale des tribunaux de commerce, CCIP) se déclarent en faveur de la suppression des commissions régionales d'inscription et de discipline au profit d'une commission nationale, sur le modèle de ce qui existe pour les administrateurs judiciaires. Chaque mandataire-liquidateur acquerrait une compétence nationale et pourrait être désigné par n'importe quel tribunal de commerce.

Là encore, la commission estime que cette mesure ne suffirait pas à briser l'emprise que ces mandataires ont sur les procédures collectives.

M. Maurice-Antoine Lafortune, avocat général à la Cour de cassation, est partisan d'une solution plus forte et intéressante. Il se dit ainsi favorable à la « ***suppression des " professions spécialisées " d'administrateur et de liquidateur judiciaires, d'expert en diagnostic créés par la deuxième loi de 1985 (...). Une intégration des " professionnels " existant dans les professions actuelles (avocats, experts-comptables, commissaires aux comptes, etc.) ne poserait pas de problèmes particuliers. D'ailleurs, les administrateurs judiciaires peuvent statutairement, en l'état, exercer en même temps la profession d'avocat. Par ailleurs, les avocats peuvent recevoir tout mandat de justice.***

« ***Le "mandat de justice" retrouverait ainsi toute sa signification dans le cadre de l'administration de la justice.***

« ***Déjà la première loi de 1985 ne donne aucune exclusivité aux actuels " professionnels spécialisés ". Le tribunal de grande instance et le tribunal de commerce peuvent désigner toute personne compétente dans les conditions prévues par les textes pour exécuter les mandats de justice prévus dans le cadre des procédures de prévention ou de traitement des difficultés des entreprises. Seule la " mission " du mandataire de justice importe pour une bonne administration de la justice.*** »

Faute de supprimer complètement ces professions, il conviendrait à tout le moins de prévoir des règles de contrôle strictes. Est-il nécessaire que les auxiliaires soient désignés par le tribunal ? Le chef d'entreprise en procédure ne pourrait-il pas choisir lui-même les professionnels qui l'aideraient à redresser ou à liquider son affaire ? Les créanciers ne peuvent-ils pas choisir eux-mêmes le professionnel le mieux à même de les représenter et de garantir au mieux le paiement de leurs créances ?

Telles sont les questions qu'il faut traiter.

2. – Modifier la distribution des rôles

La profession de mandataire judiciaire à la liquidation des entreprises est mal organisée, mal contrôlée et dispose d'un monopole nuisible au bon déroulement des procédures de représentation des créanciers et de liquidation. La commission propose de la supprimer pour ouvrir les fonctions qu'elle occupe à d'autres professions. Par ailleurs, elle reconnaît la nécessité pour le chef d'entreprise de disposer d'une aide à la gestion durant la période d'observation et dans le cas d'un plan de cession ou de continuation. C'est pourquoi elle propose de conserver la profession d'administrateur judiciaire, à condition d'ouvrir la profession à d'autres savoir-faire, d'en aménager l'exercice et d'en durcir le statut.

a) Supprimer la profession de mandataire-liquidateur

Pendant la phase d'observation, dans les affaires les plus lourdes, le tribunal désigne à la fois un administrateur et un représentant des créanciers, qui appartient à la profession des mandataires judiciaires à la liquidation des entreprises, sans même que les créanciers aient leur mot à dire.

Dès ce moment, l'entreprise en extrême difficulté est prise en main par des mandataires de justice qui, en raison des défaillances des contrôles que la commission a relevées ci-avant, deviennent seuls maîtres à bord, délestant souvent le débiteur et les créanciers de leur pouvoir d'appréciation et les plaçant comme en situation de tutelle.

Il faut oxygéner l'environnement des entreprises en cessation des paiements et ouvrir les fonctions anciennement réservées par le droit ou dans les faits aux mandataires judiciaires à la liquidation des entreprises en tant que représentants des créanciers et aux administrateurs judiciaires en tant que chefs d'entreprise de secours.

Les magistrats consulaires ne sont pas tous convaincus de l'utilité d'un représentant des créanciers. M. Henri-Jacques Nougein a ainsi déclaré : « *L'utilité de la seule fonction de représentants des créanciers n'apparaît pas toujours évidente.* » Cette position est radicalement opposée à celle des intéressés, qui réfléchissent au renforcement de la représentativité.

• Le CNPF a proposé de laisser les créanciers choisir et rétribuer leur représentant, et d'autre part de donner à tout créancier ou groupe de créanciers détenant 15 % au moins des créances à la date d'ouverture de la procédure des droits spécifiques : représentation, information, consultation à certains moments clés de la procédure, possibilité de recours contre les jugements relatifs aux plans de continuation et de cession. Cette nouvelle dérogation au principe d'égalité des créanciers ne risque-t-elle pas d'aggraver encore le déséquilibre issu de la loi de 1994, entre les titulaires de sûretés et privilèges protégés et le tout-venant des créanciers ? Les pistes les plus fructueuses seraient plutôt pour renforcer les droits de tous.

DES CRÉANCIERS TRAHIS

Lors de son audition par la commission, le 10 février 1998, M. Jean-François Verny, vice-président de la commission juridique du CNPF et président du groupe de travail « Tribunaux de commerce » au sein de cette organisation, donnait une vision sans ambiguïté du mandataire judiciaire à la liquidation des entreprises agissant en tant que représentant des créanciers.

M. Jean-François VERNY : Oui, mais professionnel : il s'agit de liquider, il n'y a plus de problème de choix... On doit liquider, donc céder des actifs en les réalisant dans les meilleures conditions possibles de transparence et de professionnalisme.

S'agissant de l'autre rôle du mandataire-liquidateur, la représentation des créanciers, là, c'est un cri d'indignation que nous poussons !

En effet, les créanciers c'est nous, les entreprises et voilà des gens que l'on nous « balance » comme représentants sans que nous les ayons choisis – c'est quand même les rares représentants qui ne sont pas choisis par les représentés – et dont, de surcroît, un seul suffit à nous représenter tous ! Que les créanciers soient au nombre de 2 000 ou 3 000, ils n'ont qu'un seul représentant, quelles que soient les divergences d'intérêts qui peuvent exister entre eux.

Il s'agit donc purement et simplement d'un abus de langage, d'une tromperie et nous estimons n'être pas représentés ! En outre, le fait que cette profession exerce ses fonctions sans nous en rendre compte – pourquoi le ferait-elle ? –, qu'elle soit intéressée financièrement à écarter les créances que nous présentons – ce qui est quand même un comble ! – et que nous soyons représentés par quelqu'un dont on fait l'adversaire de certains créanciers, voire de tous les créanciers, nous est, pour tout vous dire, parfaitement intolérable !

M. le Président : Je vois que vous avez fait une intervention qui était parfaitement urbaine d'un bout à l'autre mais que vous aviez conservé de l'indignation pour la fin !

(...)

M. Henri PLAGNOL : Si vous considérez que l'on ne peut pas vous imposer un représentant des créanciers, ce que, pour ma part, je comprends parfaitement, comment alors résolvez-vous le problème de la défense des intérêts des créanciers et sous quelle forme ?

M. Jean-François VERNY : En les laissant se représenter ou choisir leurs représentants, et en ne leur fermant pas les voies de recours.

La loi sur les procédures collectives n'a qu'un souci qui est de sauver l'entreprise en difficulté, quels que soient les problèmes qu'elle crée à ses créanciers qui sont d'autres entreprises.

Je me demande donc pourquoi on privilégie d'un seul coup le malade au détriment de tout le monde et au risque de répandre la contagion : le droit français des procédures collectives est le contraire d'une quarantaine ! On a un malade et on va faire en sorte d'en créer plus pour tenter de sauver celui qui est moribond. On va y parvenir une fois de temps en temps sans jamais se poser la question de savoir à qui on a transmis la maladie par ailleurs. Je vous dis le fond de ma pensée.

Afin de tirer les conséquences de ce clivage d'intérêts, il serait envisageable de désigner deux représentants : l'un pour les créanciers protégés, l'autre pour les chirographaires.

• Pour répondre à l'insuffisante représentativité du représentant des créanciers, l'association SOS Liquidation, par la voix de son président, M. Marc Eisenberg, proposait de scinder cette fonction de celle de mandataire-liquidateur, et de la confier le plus souvent possible à un magistrat.

Comme il n'est pas actuellement un organe de la procédure, elle demandait qu'il y soit davantage associé, à chacune de ses étapes.

Transparence des procédures, information et droit d'expression des parties : tel a été l'objet des doléances les plus fréquentes et les plus vives recueillies par la commission. La difficulté de toute réforme sera de prendre en compte ces préoccupations, tout en simplifiant dans la mesure du possible un dispositif dont chacun souligne la complexité.

Les créanciers doivent pouvoir choisir leur représentant. Le chef d'entreprise doit pouvoir contester le choix de la personne ou la personne elle-même qui va l'assister dans la période difficile que constitue la phase d'observation.

Compte tenu des errements constatés dans la profession de mandataires-liquidateurs et étant donné le fait que les missions qui leurs sont confiées aujourd'hui peuvent être assumées par d'autres professions, il n'est nul besoin de conserver une telle profession en l'état. Il conviendrait dès lors de permettre à d'autres auxiliaires de justice voire à des organismes *ad hoc* [1] – pourquoi pas des organismes publics spécifiques – d'exercer les fonctions qui leur sont dévolues. **Le monopole que les mandataires-liquidateurs détiennent aujourd'hui participe à la faillite de la justice consulaire. Il faut y mettre fin.** La réforme de la profession de syndics en 1985 n'a pas suffi à régler les problèmes qui se posaient. Les garanties apportées par la

1. Certains liquidateurs sous-traitent déjà certaines opérations à des organismes spécialisés dans le recouvrement de certaines catégories de créances.

nouvelle loi n'ont pas été appliquées. Il faut repartir sur de nouvelles bases et supprimer la profession de mandataire judiciaire à la liquidation des entreprises.

Rien n'interdit **d'ouvrir les fonctions confiées aujourd'hui au représentant des créanciers à des avocats**[1]**, à des experts-comptables ou encore à des commissaires aux comptes ou à des vérificateurs de créances.** Après le jugement déclaratif de cessation des paiements et sa publication au *BODACC*, les créanciers disposeraient d'un délai pour se présenter au juge-commissaire qui les convoquerait en assemblée. Les créanciers désigneraient leur représentant selon des modalités à déterminer. Il est possible d'imaginer par exemple que les chirographaires et les créanciers privilégiés forment deux collèges distincts comme en Allemagne ou encore que le vote de chaque créancier compte pour une voix, quelle que soit l'importance de la créance détenue.

Le tribunal entérinerait ou non la désignation du représentant des créanciers et lui confierait un mandat de justice très encadré. Il serait rémunéré par les créanciers qui seraient payés en retour par la vente des actifs en cas de liquidation ultérieure ou par l'entreprise remise à flot. Ce représentant des créanciers travaillerait en étroite collaboration avec le débiteur et son assistant provisoire.

Quant à **la personne chargée d'assister le dirigeant de l'entreprise en difficulté, elle doit pouvoir être choisie par ce dernier et en liaison avec le tribunal parmi les membres de la profession élargie, ouverte et moralisée d'administrateur judiciaire** (voir *infra*).

Le tribunal sera chargé d'accepter ou non la proposition du dirigeant de l'entreprise en difficulté et de fixer le mandat de cet administrateur provisoire pendant la période d'observation. Durant la période définitive de continuation ou de cession, cet administrateur ne sera pas forcément nommé commissaire à l'exécution du plan, mais rien ne l'interdira, à moins que les autres acteurs de la procédure – les créanciers, les salariés, le parquet – ne s'y opposent et que le tribunal prenne une décision en leur sens.

La question de la mutualisation des risques et de l'assurance individuelle des titulaires d'un mandat de justice devra être précisée par le pouvoir exécutif.

1. En vertu de l'article 6 bis de la loi n° 71-1130 du 31 décembre 1971 modifiée portant réforme de certaines professions judiciaires et juridiques, tout avocat peut recevoir un mandat de justice.

b) Redresser la profession d'administrateur judiciaire

Outre le fait qu'ils pourraient être désignés parmi d'autres professions pour assister le chef d'entreprise dans la poursuite de son exploitation et dans la recherche de repreneurs lors de la phase d'observation, les administrateurs judiciaires, dans le schéma proposé, conserveraient les fonctions de commissaires à l'exécution des plans de cession ou de continuation.

Mais cette perspective qui tient compte de la spécificité du métier d'administrateur doit obligatoirement s'accompagner d'un renforcement du cadre d'exercice de ce métier. En effet, les administrateurs judiciaires doivent être particulièrement qualifiés. Ils doivent se montrer d'emblée meilleur gestionnaire que le chef d'entreprise qui a conduit son entreprise dans les difficultés. Les responsabilités qui sont confiées à l'assistant du chef d'entreprise pendant la période d'observation et au commissaire à l'exécution du plan par la suite sont particulièrement lourdes.

C'est pourquoi il convient de veiller avec attention au contenu de la formation des administrateurs. L'allongement du stage est pour le moins nécessaire.

Me Bernard Meille, administrateur judiciaire à Paris, a estimé, évoquant la réforme de 1985 que : « *le stage a été limité à trois ans, une mesure, selon moi, monstrueuse. Personnellement, j'ai fait douze ans de stages et nombre de confrères de ma génération en ont effectué entre sept et quinze ans. Trois ans de stages, c'est inepte ! Quelles que soient ses qualités, un jeune " lâché " après trois ans de stage est totalement incapable d'exercer ce type de profession.* »

Quant à sa diversification (obligation de faire un stage dans un cabinet d'expertise comptable et dans une entreprise ou dans un cabinet d'avocats), elle permettrait d'enrichir la formation et de faciliter l'échange de cultures entre les différentes professions qui pourraient être intéressées par des mandats de justice confiés par les tribunaux de commerce. L'ouverture de la profession constituerait également une forme d'enrichissement à considérer. Dès lors, il n'est pas inenvisageable d'ouvrir la profession aux cabinets d'audit qui disposent d'un savoir-faire et de règles déontologiques précises. Certains de leurs membres pourraient ainsi se voir confier des mandats de justice, à condition que cela s'effectue dans le respect de dispositions réglant de façon détaillée les éventuels conflits d'intérêts.

Dès lors qu'on prend la mesure de la difficulté des tâches qui incombent à l'administrateur – il faut dans le pire des cas remplacer un chef d'entreprise au pied levé sans rien connaître d'une entreprise, qui est sans trésorerie, sans crédit, sans comptabilité et avec un climat social tendu –, il est surprenant de constater qu'il n'existe pas de code déontologique sur le modèle de celui qui existe pour les commissaires aux comptes.

Cette constatation appelle un renforcement des contrôles qui pèsent sur les mandataires désignés par le tribunal, qu'il s'agisse des personnes assistant le chef d'entreprise en difficulté, vérifiant les créances, liquidant ou faisant fonction de commissariat à l'exécution d'un plan de cession ou de continuation.

La réforme de ces professions s'inscrit dans la perspective d'un échevinage des juridictions consulaires qui permettra un meilleur contrôle juridique de l'exécution des mandats de justice en matière commerciale, et réduira les risques de création de monopole au profit de quelques professionnels, en éloignant la juridiction des relations personnelles tissées au sein d'un milieu économique local souvent étroit.

3. – Instituer des contrôles véritables

Le contrôle doit s'exercer à la fois sur les professions chargées d'un mandat de justice par les juridictions compétentes en matière de procédures collectives, mais aussi plus particulièrement sur les fonds considérables qui sont en jeu dans ces procédures.

a) Contrôler les professions

Le contrôle des mandataires de la justice commerciale doit se faire à la fois par les professions concernées et par les pouvoirs publics.

• Renforcer l'autocontrôle

Compte tenu de la suppression de la profession de mandataires judiciaires à la liquidation des entreprises, il convient de supprimer le Conseil national des administrateurs judiciaires et des mandataires judiciaires à la liquidation des entreprises **qui pourrait être éventuellement remplacé par un organisme du type d'un ordre professionnel**, chargé de la discipline et du contrôle de la profession.

Outre qu'il participera activement à la procédure d'inscription des nouveaux administrateurs et organisera leur formation, cet ordre se verrait attribuer des pouvoirs disciplinaires. Le recours contre ses décisions serait attribué à la cour d'appel de Paris. Il serait également compétent pour rédiger un code déontologique soumis à l'approbation des pouvoirs publics. Il pourrait être rédigé sur le modèle de celui qui régit la profession des commissaires aux comptes actuellement en cours de réforme. Ce code servirait de base à la prestation de serment obligatoire de tout nouvel administrateur. Ce dernier serait contraint de faire une déclaration d'intérêts économiques non seulement lors de son entrée en fonctions, mais également de façon périodique.

L'ordre des administrateurs judiciaires aura le pouvoir et le devoir d'effectuer des contrôles réguliers dans les études et pourra saisir le parquet de toute infraction. Ses représentants pourront assister les magistrats du parquet chargé de l'inspection des études. Il conviendra en outre de prévoir la présence d'un commissaire du gouvernement au sein du conseil de l'ordre. Comme le suggère un administrateur judiciaire, ces contrôles pourraient être délégués à un corps d'auditeurs rémunérés sur un fonds spécial et dont l'intervention serait inopinée.

S'agissant des autres professions susceptibles d'être désignées par le tribunal pour assister le chef d'entreprise en difficulté, pour vérifier les créances, pour procéder aux opérations de liquidation ou bien pour surveiller l'exécution des plans de cession et de continuation, il conviendra également de veiller à ce qu'une instance professionnelle soit en mesure d'assurer le contrôle de ses membres lorsqu'ils se verront confier un mandat de justice. La Compagnie nationale des commissaires aux comptes, l'Ordre national des experts-comptables ou encore l'Ordre des avocats sont tout à fait susceptibles de remplir ces missions.

- ***Inciter l'État à prendre ses responsabilités***

La Chancellerie ne met pas en œuvre les moyens suffisants pour contrôler les professions. Il lui revient de mettre en place un contrôle réellement efficace. Nous proposons d'organiser ce contrôle autour de deux axes : une inspection renforcée au niveau de la Chancellerie, un contrôle déconcentré effectif exercé par les parquets généraux.

Dans un premier temps, il faut créer une **Inspection des mandataires de justice**, dont la compétence ne sera pas nécessairement limitée aux seuls mandataires de la justice commerciale. Composée de plusieurs magistrats, elle pourra se faire assister par des membres des inspections générales de l'État et par des professionnels. Ainsi, un commissaire aux comptes désigné par la compagnie nationale pourra accompagner l'inspection lorsqu'elle contrôlera un commissaire aux comptes mandaté par un tribunal de commerce. De la même façon, un administrateur désigné par l'ordre national des administrateurs judiciaires représentera la profession lorsque l'étude d'un administrateur sera inspectée.

Si l'Inspection des mandataires judiciaires pourra se saisir d'office, les parquets, les présidents de tribunaux de commerce, les juges-commissaires pourront lui demander de mener des investigations sur l'exécution d'un mandat qui semble poser des problèmes.

Les parquets doivent jouer le rôle de contrôleurs déconcentrés.

Comme pour les huissiers et les notaires, il y a lieu d'instaurer un contrôle annuel des mandataires de justice. La périodicité actuelle, un contrôle tous les quatre ans, est inadaptée, inefficace, dangereuse et pour la profession et pour la collectivité. Les parquets seront chargés de superviser les contrôles exercés par les ordres professionnels.

Les parquets généraux seront destinataires, par le biais des parquets placés près les tribunaux de grande instance, de tous les documents dont la loi et la réglementation imposent la communication. Ils pourront exiger la communication de tout document nécessaire à leur contrôle.

L'attestation annuelle délivrée par un commissaire aux comptes n'est pas en l'état suffisante, sauf à modifier la mission des commissaires aux comptes. Dans un premier temps, il conviendrait de confier cette mission à tout commissaire aux comptes membre de la Compagnie nationale des commissaires aux comptes et non plus, comme aujourd'hui, aux seuls commissaires aux comptes figurant sur une liste fixée par l'actuel Conseil national des administrateurs judiciaires et mandataires judiciaires à la liquidation des entreprises. Dans un deuxième temps, les propositions de la chancellerie concernant ce point (voir encadré *supra*) semblent devoir être retenues.

b) Maîtriser le placement des fonds

Le dispositif de placement des fonds à la CDC doit être complété pour que **tous les fonds qui ne sont pas nécessaires à l'exploitation de l'entreprise soient déposés à la CDC, y compris ceux détenus par le commissaire à l'exécution du plan**. Les fonds doivent servir à payer les créanciers ou à permettre un redressement de l'exploitation, ce qui revient souvent au même.

Pour sa part, la chambre de commerce et d'industrie de Paris dans une note complémentaire à l'audition de ses représentants « ***estime (...) que, pour le placement des fonds, l'élargissement de la compétence de la Caisse des dépôts et consignations, aujourd'hui à l'étude, est particulièrement opportun. Cette proposition ne prendra néanmoins tout son sens que s'il est créé, au sein de la CDC ou via une filiale, une structure spécialisée qui aurait vocation à gérer les fonds d'exploitation des entreprises en faillite, comme le font actuellement certaines banques d'affaires.*** »

Par ailleurs, selon M. Joël Rochard, inspecteur général des finances, ancien membre de la commission nationale d'inscription et de discipline des administrateurs judiciaires, soulignait lors de son audition : « ***La façon de travailler de nombreux mandataires pose problème. Les mandataires travaillant dans les tribunaux engagent facilement des procédures et vont facilement jusqu'en cassation, même pour un petit montant. Ne pourrait-on raccourcir les délais des procédures collectives en demandant aux mandataires de prendre l'habitude d'accepter l'arrêt de la cour d'appel, par exemple s'il est identique au jugement de première instance ? On désencombrerait au surplus la Cour de cassation ! (...) L'on doit attendre longtemps avant de répartir la totalité des sommes dues, mais on peut aussi – la loi l'autorise – opérer des répartitions partielles. Par exemple, si les litiges ne portent pas sur les créances privilégiées, on peut répartir entre les créanciers privilégiés. C'est une solution qui n'est malheureusement pas utilisée. Il ne semble pas que la profession, les parquets ou les juges-commissaires en fassent beaucoup usage. Une activation des répartitions partielles accélérerait la solution de nombreux dossiers. Elle réduirait aussi les encaisses et par là-même les risques de détournement. Un effort est nécessaire en ce sens, mais il faut savoir que la profession aime à garder des matelas de créances. Des habitudes sont à forcer.*** »

Donner à la Caisse des dépôts et consignations un monopole sur les dépôts des mandataires ne suffit pas à garantir le bon déroulement des procédures et à prévenir les détournements. En effet, la Caisse elle-même ne peut, lorsqu'elle verra passer un chèque, que vérifier si le compte est provisionné, que le signataire a autorité pour signer. Mais elle ne peut contrôler si la dépense est licite ou non. C'est pour cette raison que les contrôles renforcés offerts par la création d'une Inspection des mandataires de justice et par l'activation des contrôles opérés par les parquets nécessitent l'accès rapide des contrôleurs aux comptes des mandataires ouverts à la CDC afin de permettre la confrontation des mouvements de fonds avec les factures conservées dans tel ou tel dossier.

Il convient bien sûr d'interdire toute compensation entre les comptes individuels ouverts pour chaque affaire.

4. – Transformer radicalement les modes de rémunération

Inadaptés, les modes de rémunération actuels des mandataires judiciaires ont conduit à des dérives importantes et incitent nombre d'entre eux à s'écarter de la notion de « mandat de justice » qui implique celle de participation au service public de la justice. La Cour des comptes dans son rapport au président de la République de 1979 relevait déjà, sous le régime antérieur de la loi de 1967, les abus qui existaient dans ce domaine.

Pendant la phase d'observation, la rémunération de l'administrateur assistant du chef d'entreprise en difficulté et celle du vérificateur de passif pourraient être fixées librement par les parties. Le contrat de rémunération pourrait être inclus dans le mandat fixé par le tribunal. Les créanciers paieraient leur représentant, le chef d'entreprise en difficulté l'administrateur qui l'assiste.

Pendant la phase définitive (continuation, cession, liquidation), en revanche, la rémunération du commissaire à l'exécution du plan ou de l'organisme ou de la personne chargé de la liquidation doit être encadrée. Il faut notamment abandonner le principe de la rémunération au pourcentage sur les contestations de créances. La rémunération du commissaire à l'exécution d'un plan de continuation pourrait être déterminée en fonction de la variation du chiffre d'affaires et des résultats obtenus pendant la période fixée pour l'exécution. Plus la variation est importante à la hausse (diminution des pertes d'exploitation ou augmentation du résultat), plus la rémunération du commissaire serait importante. Dans le cas d'un plan de cession, le montant de la cession et de l'éventuelle augmentation de capital pourrait servir de base au calcul de la rémunération du commissaire à l'exécution du plan. Le **critère de l'emploi** pourrait être également intégré dans la fixation de la rémunération du commissaire à l'exécution d'un plan de continuation ou d'un plan de cession.

La détermination d'une partie de la rémunération sur la base d'une tarification proportionnelle au temps exigé par l'accomplissement du mandat, comme il en existe une pour les gens du chiffre, pourrait également être envisagée.

La différenciation entre la personne qui vérifie les créances et représente les créanciers et qui est payée par eux pendant la phase d'observation et la personne ou l'organisme chargé de liquider l'actif d'une entreprise rendra caduc le problème soulevé par la jurisprudence de la Cour de cassation qui interdit au représentant des créanciers qui n'est pas nommé liquidateur par la suite de percevoir le droit fixe prévu par la réglementation.

Le recours à des intervenants extérieurs doit être strictement encadré. Ils ne pourront être rémunérés sur les fonds de l'entreprise que sur décision expresse et préalable du tribunal.

Dans tous les cas, il convient que le tribunal, par le biais du juge-commissaire, contrôle la rémunération des mandataires.

IV. – VERS LA RÉFORME DE LA LOI DE 1985 SUR LES PROCÉDURES COLLECTIVES

Le rôle des mandataires et leurs relations avec les juridictions consulaires sont au cœur de la problématique actuelle des tribunaux de commerce. Il était donc inéluctable que la commission d'enquête reconsidère en profondeur l'économie de la deuxième loi du 25 janvier 1985, relative aux professions.

Elle n'avait en revanche pas pour objet de procéder à titre systématique à l'examen critique du dispositif de redressement et de liquidation judiciaires des entreprises, en vue d'une réforme de la première loi du même jour (n° 85-98), telle que modifiée par la loi du 10 janvier 1994. La commission avait d'autant moins de raisons d'étendre le champ, déjà très riche, de ses investigations que l'office parlementaire d'évaluation de la législation a pris entre-temps une initiative en ce domaine.

À la suite d'une saisine de la commission des lois du Sénat

durant la précédente législature, confirmée en octobre dernier, l'office a décidé, le 3 février 1998, de confier à un groupe d'experts la réalisation d'une étude tendant à dresser un bilan de la législation relative à la prévention et au traitement des difficultés des entreprises. Le président de l'office, M. Jacques Larché, et la première vice-présidente, Mme Catherine Tasca, ont décidé de désigner comme experts : M. Henri-Jacques Nougein, président du tribunal de commerce de Lyon, Mme Micheline Pasturel, alors conseiller à la chambre commerciale de la Cour de cassation, et M. Yves Chaput, professeur à l'université Paris I Panthéon-Sorbonne. Le groupe devrait rendre ses conclusions en septembre prochain.

Sans aucune prétention à l'exhaustivité, la commission souhaite seulement contribuer au débat sur les lois de 1985 et 1994 en faisant part des réflexions recueillies au cours de ses travaux.

Au terme des travaux parlementaires sur la loi n° 85-98 du 25 janvier 1985, le garde des Sceaux de l'époque, M. Robert Badinter, avait souhaité que cette loi soit révisée après quelques années, à la lumière de l'expérience. S'agissant d'une législation complexe et portant sur des matières douloureuses et controversées, des ajustements sont difficilement évitables. Après deux projets sans lendemain, la loi du 10 juin 1994 a tenté d'apporter des correctifs. Le dispositif qui en résulte n'est pas pleinement satisfaisant. Comme l'a par exemple signalé le procureur adjoint au tribunal de grande instance de Paris, la loi de 1994 « *a peut-être trop déplacé le dispositif en faveur des créanciers privilégiés et des banques* ». Dès lors, les créanciers chirographaires se trouvent en position de faiblesse.

Les travaux de la commission d'enquête ont montré que la réflexion devait s'orienter dans quatre directions.

A. – FAUT-IL LÉGIFÉRER EN MATIÈRE DE PRÉVENTION ?

Tout doit être fait pour que la prévention des défaillances d'entreprise prenne le pas sur le redressement. C'est avant la mise en cessation de paiements qu'une action économiquement efficace peut être conduite. Or le système actuel n'est guère favorable à ces types d'actions, faute, tantôt de moyens, tantôt de volonté. La loi, en revanche, donne pour l'essentiel les instruments juridiques nécessaires. Ces instruments, il faut pleinement les utiliser.

1. – Mobiliser, dans chaque tribunal, des moyens au service de la prévention

La prévention fonctionne et se développe, les chiffres fournis par la Conférence générale des tribunaux de commerce en attestent (voir la première partie, II-A-2). Mais les travaux de la commission montrent également l'extrême diversité des pratiques en la matière, ce qui n'est pas surprenant, puisque la mise en œuvre de la prévention est un pouvoir propre du président du tribunal.

• Dans certaines juridictions, comme à Paris, qui disposent d'un large vivier d'anciens magistrats, la prévention est déjà un véritable « tribunal dans le tribunal », dans d'autres, une cellule fonctionne auprès du président, dans d'autres, comme à Auxerre, le président assure personnellement un rôle de conseil largement informel, dans d'autres enfin, le champ de la prévention est laissé en friche.

Comme les indicateurs d'alerte susceptibles de déclencher les procédures préventives sont gérés par le greffe, il est important que, dans chaque ressort, celui-ci puisse mettre à disposition les moyens humains et informatiques nécessaires à une couverture systématique en fonction d'un large faisceau de critères.

• Au total, il convient de faire passer la prévention des difficultés des entreprises du stade artisanal à l'échelle industrielle dans chacun des tribunaux de commerce. Les regroupements des juridictions contribueront à rationaliser les moyens, notamment des greffes, et à élargir le vivier des juges.

Il faudrait :

– une cellule permanente de prévention auprès du président de chaque tribunal ;

– des effectifs de juges consulaires accrus pour l'animer ;

– une prise en charge spécifique du coût de gestion pour les greffes ;

– une tarification des actes des mandataires *ad hoc ;*

– une incompatibilité du mandat *ad hoc* et de la conciliation avec la qualité de juge ou d'ancien juge consulaire, pour ne pas accréditer l'idée d'une entorse au bénévolat.

La mise en œuvre de ces orientations, hormis la dernière, relève du pouvoir réglementaire, ou de l'initiative gouvernementale en matière budgétaire. Il va sans dire qu'elle suppose la mobilisation des tribunaux de commerce et sans doute une formation spécialisée des juges consulaires, pas seulement pour les présidents.

2. – Mettre en œuvre les dispositions législatives sur le diagnostic d'entreprise

Il ne s'agit pas ici de changer la loi, mais de l'appliquer. La commission a constaté, en entendant les représentants de la Compagnie nationale des experts en diagnostic d'entreprise (CNEDE), à quel point ces auxiliaires de justice étaient laissés dans l'inactivité. Il est rappelé que ces experts peuvent être désignés en cas de règlement amiable, avant le dépôt de bilan. Or, leur désignation est extrêmement rare.

À défaut d'étendre au parquet le pouvoir de les désigner dans ce cas de figure, il serait vivement souhaitable qu'il veille auprès des présidents des tribunaux à ce que les cellules de prévention fassent appel à cette expertise peu coûteuse, qui peut être précieuse.

La proposition de la CNEDE de mettre en place un fonds destiné au financement du diagnostic préventif d'entreprise mérite réflexion. Un fonds national, ou des fonds locaux ? Plutôt que de contribuer au fonctionnement courant des tribunaux de commerce, les chambres de commerce et d'industrie et les unions patronales locales pourraient trouver un emploi plus judicieux des contributions de leurs membres en mutualisant, peut-être à l'échelon local, des sommes infiniment moindres au service de telles actions.

B. – UNE PROCÉDURE CLARIFIÉE, POUR CONFORTER LE RESPECT DU PRINCIPE DU CONTRADICTOIRE

Les soupçons à l'égard de l'institution trouvent souvent leur source dans les particularités d'une procédure qui donne des pouvoirs considérables au juge-commissaire et, *de facto*, aux auxiliaires de justice. Plusieurs aspects de cette procédure devraient être l'objet d'une réflexion, dans un esprit de renforcement du caractère contradictoire du processus judiciaire. Il n'est pas sain que trop d'intervenants aient le sentiment d'être exclus de la procédure, faute de pouvoirs ou d'information.

1. – Mieux délimiter le champ des procédures collectives

a) Compétences territoriales

Les règles de compétence géographique des tribunaux fixées par l'article 7 de la loi mériteraient d'être clarifiées, en particulier pour les cas de défaillance de groupes de sociétés. Il est apparu que le ministère de la Justice était parfois alerté pour aider en urgence à la solution de conflits de compétence qui ne pouvaient souffrir de délais d'appel, puis de cassation. De plus, étudiant des dossiers particuliers, la commission a constaté que certains justiciables étaient surpris de l'attribution des compétences, ce qui jetait le doute sur l'impartialité de la justice rendue.

Afin de limiter les risques de fraude, le CNPF préconise, par ailleurs, de porter de six à douze mois la période au cours de laquelle le changement de siège de l'entreprise ne remet pas en cause la compétence du tribunal de commerce.

b) Durée des procédures

Les parlementaires le voient bien au cours de leurs permanences locales : trop de procédures sont critiquées pour des délais d'achèvement excessifs, et parfois indéfinis. Cela pose en particulier la question de la redistribution des actifs récupérés à l'issue des procédures collectives. Ainsi que l'a indiqué M. Jérôme Deharveng, représentant de la Chancellerie : « ***Les actifs récupérés représentent des sommes considérables, sorties du circuit économique, du fait, non seulement d'une certaine lenteur des professionnels concernés, mais aussi d'impératifs posés par la loi. Le professionnel ne peut pas redistribuer les fonds qu'il détient tant qu'il n'a pas la certitude de pouvoir gérer la distribution des privilèges. Le dernier rapport de la Caisse des dépôts et consignations permet de constater que 56 milliards de francs étaient détenus à ce titre. Compte tenu des sommes qui devraient être versées à la Caisse des dépôts à la suite des projets en cours, ce montant sera sans doute dépassé.*** » La commission a rencontré le cas d'un actif de l'ordre de 5 millions de francs dont la distribution était gelée depuis des années, sous prétexte d'un contentieux fiscal qui, renseignement pris, portait sur une créance de 50 000 francs.

• Interrogé sur les moyens de corriger cette situation, le même fonctionnaire évoquait l'idée d'une forclusion des créances nées après le jugement d'ouverture de la procédure, qui sont normalement payées par priorité : « ***Il faudrait peut-être créer une forclusion des créances dites " de l'article 40 " de la loi de janvier 1985, afin que dans l'année suivant la clôture de la procédure, le commissaire à l'exécution du plan ou le liquidateur y voie clair et sache où il en est dans la distribution des fonds. Cela lui permettrait de mettre en œuvre une disposition négligée qui est le versement de provisions. Tant que le liquidateur ne connaît pas l'étendue du super privilège des salaires, du privilège du Trésor et du privilège des créanciers de la période d'observation, il est très réticent à répartir les fonds et on le comprend parce que sa responsabilité professionnelle est engagée.*** »

Également dans le but de hâter le dénouement des procédures, l'association de justiciables SOS Liquidation propose une méthode totalement différente : fixer des ratios relatifs au nombre maximal de dossiers traités par mandataire, en fonction du nombre de leurs collaborateurs, afin de les inciter à clôturer des procédures avec plus de diligence. Ce type de dispositif est à utiliser avec mesure, s'agissant d'une profession comportant un nombre limité de membres.

À tout le moins, l'élaboration d'un dispositif de sanctions pécuniaires devrait permettre d'encadrer chronologiquement la procédure, comme l'a suggéré Mme Mireille Gazquez, vice-présidente du TGI de Lyon : « ***Je ne vous cache pas que les sanctions à la diligence sont très intéressantes, y compris pour les représentants des créanciers – nous l'avons bien vu avec l'article 100.***

« ***L'article 100 de la loi a prévu que le représentant des créanciers devait déposer l'état des créances dans un délai d'un an. S'il ne le respecte pas, il perd ses honoraires. Je vous prie de croire qu'au terme de ce délai d'un an tous les mandataires se réveillent et déposent l'état des créances ou sollicitent une prorogation. Je pense qu'il serait intéressant que l'on instaure des sanctions pécuniaires sur leurs honoraires en cas de non-diligence.*** »

Il conviendrait enfin d'imposer au Trésor public de déclarer ses créances dans le délai de 3 mois, comme n'importe quelle partie.

c) Extension du domaine de la procédure générale

Actuellement, la « procédure générale » ne concerne que 5 % des procédures collectives, celles qui concernent des entreprises de plus de 20 millions de francs de chiffre d'affaires et de plus de 50 salariés. 95 % des défaillances sont réglées sous le « régime simplifié » de la loi de 1985. Or, comme l'a déclaré M. Jérôme Deharveng à la commission : « ***Il est vraisemblablement souhaitable que la procédure simplifiée soit un peu restreinte et que la procédure générale englobe un plus grand champ d'entreprises. Peut-être serait-il bon d'abaisser le seuil à 10 millions de francs de chiffre d'affaires et à vingt salariés, afin de faire bénéficier de la procédure générale les grosses PME. La procédure générale représente actuellement 5 % des procédures. (...) La procédure générale présente un gros avantage, qui est la présence de l'administrateur judiciaire, capable notamment de gérer les dettes de la période d'observation. Elle présente un inconvénient, qui est la longueur de la procédure, qui peut durer jusqu'à vingt mois, au lieu de huit mois pour la procédure simplifiée. La procédure générale permet un bien meilleur contrôle. Le rôle de l'administrateur judiciaire est très important.*** »

2. – Privilégier la transparence de la procédure

• La Conférence générale des tribunaux de commerce, par la voix de M. Henri-Jacques Nougein, a rappelé son attachement à la procédure orale. Il est vrai qu'elle est le gage d'une justice légère et rapide. Cependant, après avoir consulté des dossiers conservés dans les greffes de divers tribunaux de commerce, la commission a constaté que son inconvénient était de rendre le contrôle malaisé, du fait d'un certain flou dans le contenu des dossiers. Pour les procédures collectives tout au moins, peut-être serait-il opportun, à la faveur d'un renforcement des moyens, de prévoir quelques éléments de procédure écrite.

• La publicité des audiences en chambre du conseil, au moins pour les affaires relatives aux procédures collectives, constituerait un grand progrès. Me Dominique de la Garanderie, bâtonnier de l'Ordre des avocats, l'a ainsi appelée de ses vœux : « ***Il conviendrait de généraliser la publicité des débats. Pour les procédures collectives, il serait souhaitable d'instaurer la publicité des audiences et des cessions. C'est déjà le cas à la cour d'appel, mais non dans les tribunaux de commerce. Il faudrait prévoir un élargissement des possibilités d'appel et des règles plus générales dans le domaine de l'appel.*** »

Les modalités des cessions doivent être aussi transparentes que possible. M. Bernard Soinne a ainsi estimé : « ***Enfin, il est indispensable que les ventes d'immeubles soient publiques. J'ai lu ces temps derniers dans un article du*** Figaro ***concernant l'une des plus énormes faillites connues en France, qu'il fallait s'adresser au man-***

dataire pour présenter une offre et racheter les actifs, soit 10 milliards de francs. (...) C'est un mauvais procédé. Il faut des enchères publiques. La vente publique purge tous les vices, chacun peut se présenter, pourvu que vous fassiez une publicité efficace. »

3. – Préserver le droit d'expression du chef d'entreprise

Comme l'a souligné M. Jacques Petit, au nom des experts en diagnostic d'entreprise, le droit à la parole du dirigeant de l'entreprise doit être assuré à tous les stades de la procédure. Il a à bon droit fait valoir que, du point de vue économique, l'insuffisance du chef d'entreprise n'est que l'une des nombreuses causes possibles de la cessation des paiements. Or la mise en redressement est toujours ressentie comme un désaveu du dirigeant, qui est largement mis sur la touche, même si la cessation des paiements n'est pas due à sa propre défaillance, mais par exemple à une crise de trésorerie liée à un choc extérieur.

Le moyen juridique d'assurer son droit d'expression serait d'ouvrir au chef d'entreprise des voies de recours contre les décisions du juge-commissaire et des facultés d'opposition à certains actes de l'administrateur.

4. – Restaurer le rôle du parquet

La commission a vivement ressenti, lors des nombreuses auditions de magistrats du parquet, combien, de façon quelque peu paradoxale, les lois de 1985 se sont traduites par un amoindrissement de leurs pouvoirs, par rapport au régime antérieur. Cette érosion se manifeste aux différents stades de la procédure. Le manque de moyens n'a fait qu'en aggraver les effets.

Or la présence du parquet est l'alibi commode des dysfonctionnements de l'institution, quand elle n'est pas présentée comme une forme de pseudo-échevinage de fait, utilisé comme un rempart contre la mixité des tribunaux de commerce.

Ce déséquilibre doit être corrigé. Reprenant en référence sur ce point le dispositif de la loi du 12 juillet 1967 complété en 1981, il convient de redonner au parquet les pouvoirs juridiques qu'il a perdus sans que tous en soient conscients.

Le renforcement des moyens humains doit être le corollaire de cette réforme. Les auditions de procureurs de la République d'Îlede-France ont montré que trop souvent le parquet en était réduit à gérer la pénurie de personnel, mais que son contrôle pouvait être réellement efficace lorsque, comme à Nanterre actuellement, la cellule financière avait les moyens de travailler.

C. – TRANSPARENCE DES PLANS DE CONTINUATION ET DE CESSION

Les risques d'atteinte à la déontologie de la part des auxiliaires de justice, des juges sont tels que les règles d'adoption, rejet et modification des plans doivent faire l'objet de la plus grande transparence.

1. – Développer le recours aux experts en diagnostic d'entreprise

Seuls l'administrateur judiciaire et le juge-commissaire ont la possibilité de désigner un tel expert, qui est rémunéré sur les fonds de l'administrateur. Cette dernière disposition contribue sans aucun doute à ce que, selon les ressorts, les experts en diagnostic ne soient presque jamais, ou absolument jamais, désignés. C'est ainsi que dans le ressort de la cour d'appel de Paris, aucun d'entre eux n'a jamais été désigné dans le cadre d'une procédure collective depuis l'entrée en vigueur des lois de 1985. Les mandataires préfèrent faire appel à des spécialistes divers, dont ils reportent les honoraires sur les entreprises. Cet usage très fréquent est d'un coût prohibitif.

Pourtant, les experts en diagnostic d'entreprise, peu coûteux car leurs missions sont brèves, et pluridisciplinaires, enrichiraient sensiblement l'information des juges et atténueraient leur dépendance vis-à-vis des données et des solutions fournies par l'administrateur.

Afin d'encourager l'application de la loi, il conviendrait d'ouvrir au parquet la faculté de désigner les experts en diagnostic. La vigilance doit être appelée sur le respect des articles 30 et 31 de la loi n° 85-99 relatifs aux experts en diagnostic.

2. – Encadrer les délais et la publicité des offres

L'absence de tout formalisme dans les délais de communication des offres de rachat, l'absence trop fréquente de délai annoncé par le juge-commissaire et de publicité, au moins *a posteriori*, sur les principales caractéristiques des offres est une source de difficultés. La commission n'a cessé de s'y heurter dès lors qu'elle a étudié des dossiers sur lesquels planaient des soupçons.

M. Bernard Soinne a attiré l'attention sur les inconvénients d'une jurisprudence de la Cour de cassation qui a admis « ***des engagements hors-plan*** » **:** ***la possibilité pour le cessionnaire de prendre à sa charge certaines dettes antérieures au jugement d'ouverture de la procédure, rompant ainsi l'égalité entre créanciers*** [1]. Il semblerait à tout le moins judicieux de prévoir qu'une telle prise en charge soit annoncée lors du dépôt du plan.

3. – Étendre les voies de recours

La limitation des possibilités d'appel, particulièrement sur les décisions approuvant, rejetant ou modifiant des plans de continuation ou de cession, répond à un motif de sécurité juridique qui garde sa valeur.

• Cependant, le dispositif actuel paraît aller trop loin en ce sens. L'Ordre des avocats et le CNPF se prononcent pour une ouverture plus grande des voies de recours, dont ce dernier propose de faire bénéficier les créanciers ou groupes de créanciers disposant de 15 % du montant des créances. Il convient d'examiner le caractère significatif de ce seuil en ce cas.

M. Bernard Soinne est également partisan d'une ouverture plus large, en citant l'exemple d'établissements bancaires qui l'ont consulté sur une situation dépourvue de toute voie de recours sur un plan de cession. Un délai de recevabilité de 10 jours à compter de la publication au *BODACC* pour la tierce opposition ne paraît guère réaliste, ni, comme il le fait remarquer, conforme aux dispositions de la Convention européenne des droits de l'homme définissant un procès équitable.

Ouvrir la faculté d'appel ne déboucherait probablement pas sur une multiplication des procédures. Même lorsque l'appel est possible, il est rarement utilisé, en raison de l'impératif d'urgence en cas de défaillance d'entreprise, et aussi du fait des lenteurs de la justice. Il conviendrait dès lors d'obliger les cours d'appel à statuer dans un délai rétréci et fixé par la loi.

• Il importera d'ouvrir des voies de recours spécifiques aux représentants des salariés qui sont actuellement les grands oubliés de la procédure. Faute de moyens juridiques de se faire entendre, le

1. Bernard Soinne, « Le bateau ivre », *Revue des procédures collectives.*

risque est en effet qu'ils recherchent une issue dans des mouvements sociaux qui ne feraient qu'aggraver la situation de l'entreprise.

Comme en ce qui concerne le parquet, le renforcement des moyens humains des cours d'appel doit accompagner le développement des procédures. M. Guy Canivet, premier président de la cour d'appel de Paris, a ainsi estimé : « ***En matière de procédures collectives, si l'on voulait que les cours d'appel aient un contrôle utile, il faudrait leur donner des moyens d'investigation identiques à ceux dont disposent les tribunaux de commerce, c'est-à-dire que l'on ait dans les formations d'appel un magistrat qui fasse fonction de juge-commissaire, qui puisse reprendre la procédure, avec des moyens propres d'investigation. Or, les cours d'appel ne disposent pas de ces moyens. Elles exercent un contrôle*** **a posteriori** ***de la décision du tribunal de commerce par rapport aux éléments contenus dans le dossier au moment où elles se prononcent.*** »

D. – REPRÉSENTATION ET INFORMATION DES CRÉANCIERS

Les liquidations étant les procédures les plus fréquentes, qui comportent de grands risques de contagion à d'autres entreprises, elles suscitent des doléances nombreuses et pressantes.

L'article 27 du décret n° 85-1388 du 27 décembre 1985 prévoit que le mandataire-liquidateur, en tant que représentant des créanciers, prend toute mesure pour les informer et les représenter. Toutefois, le CNPF a fait part à la commission du vif mécontentement de ses membres qui, en tant que créanciers, ont le sentiment de n'être ni représentés, ni informés par le mandataire-liquidateur.

1. – Évaluer le point d'équilibre entre les catégories de créanciers

• Avant de redéfinir leurs modalités de représentation et d'information, il conviendra de procéder à une expertise approfondie de l'équilibre établi par les lois de 1985 et 1994 entre les différentes catégories de créanciers, selon le niveau de garantie dont ils disposent.

Au cours des auditions auxquelles elle a procédé, il est apparu à la commission que la réforme de 1994 avait fait pencher la balance de façon assez nette en faveur des créanciers titulaires de sûretés, en particulier banques et établissements de crédit, au détriment des chirographaires. Or les entreprises locales, partenaires de celles mises en cessation de paiements, sont généralement dans ce dernier cas. C'est pourquoi sa préférence va plutôt aux dispositifs assurant un droit d'information égal à l'ensemble des titulaires de créances reconnues.

Cette appréciation sur le point d'équilibre du système de protection des créanciers permettra d'éventuels ajustements.

• Ceux-ci devront s'accompagner de la clarification de certains aspects techniques du texte. Les représentants des mandataires de justice ont en particulier attiré l'attention de la commission sur ce que les porte-parole de l'association syndicale professionnelle d'administrateurs judiciaires ont qualifié d'« ***imperfection de la loi de 1985*** ». Il s'agit, dans l'article 40 relatif aux obligations de gestion de l'administrateur après l'ouverture de la période d'observation, de l'obligation qui lui est faite de rembourser par priorité le régime d'assurance des créances salariales. Ce dispositif implique que les dettes de l'exploitation de l'administrateur ne sont pas toujours couvertes, alors que l'article 40 est précisément réputé assurer leur remboursement intégral. Les administrateurs ont fait valoir auprès de la commission combien ce dispositif, mal compris des contractants et des créanciers, était source de malentendus et de suspicion sur la gestion de l'administration judiciaire. Une clarification sera donc nécessaire sur les droits et obligations de chacun. Le vice-président du Conseil national des administrateurs judiciaires et des mandataires judiciaires à la liquidation des entreprises a apporté les précisions suivantes sur ce mécanisme, après avoir souligné ses liens avec les délais liés aux difficultés de connaître le montant des créances privilégiées, notamment fiscales :

« ***Les fonds sont consignés à la Caisse des dépôts et ne nous appartiennent pas. La priorité des priorités reste les salariés, qui sont payés sur un compte à part. Les mandataires de justice disposent d'un compte spécial à l'Association pour la gestion du régime d'assurance des créances des salariés (AGS) : ils reçoivent les fonds, les reversent et remboursent. Notre priorité consiste, non pas à payer les salariés, mais à rembourser l'AGS. Nous envoyons les fonds disponibles de façon quasi systématique. C'est de là que naissent des phénomènes de blocage. Pourquoi ? Parce qu'il existe toute une série de créances privilégiées qui s'entrechoquent et se font concurrence, telles les créances fiscales, et qui souvent, n'étant pas arrêtées de façon définitive, bloquent la redistribution. Si jamais nous distribuons trop vite, nous nous retrouvons bloqués par l'administration fiscale. Dans toutes les procédures, monsieur le député, nous rendons compte à l'administration fiscale pour que celle-ci passe les créances en non-valeur. Chaque fois que nous devons procéder à une répartition, l'administration fiscale nous demande nos raisons,***

que nous devons expliciter : nous payons le loyer pour maintenir un fonds de commerce, nous payons une assurance. Et parfois nous ne sommes pas certains de vendre l'immeuble pour lequel on est assuré, parce que se posent des problèmes de réalisation. Il n'y a donc pas de moyenne en ce qui concerne ces fonds. Ils sont à la Caisse des dépôts et produisent des intérêts, versés uniformément à l'ensemble des professionnels par la Caisse des dépôts pour le compte des affaires. »

2. – Renforcer leur information

L'information des créanciers est un point central.

La responsabilité des mandataires est l'une des principales garanties apportées par la procédure. Or l'engagement de cette responsabilité est quasiment impossible en pratique, faute d'informations fournies aux créanciers pour en juger. Certains mandataires, peut-être en raison d'une charge de travail excessive, opposent une fin de non-recevoir aux demandes d'explication, et l'on a cité à la commission des cas où seule la saisine du parquet permettait d'obtenir une réponse.

a) Accès aux dossiers

Dans ces conditions, ce sont d'abord des réponses de nature concrète qu'il convient d'apporter. C'est ainsi que l'association SOS Liquidation préconise :

– au moins pour les créanciers dont la créance a été reconnue, un accès périodique aux documents comptables, dans l'étude du mandataire-liquidateur ;

– la transmission obligatoire au greffe d'une partie des informations relatives aux opérations de liquidation.

b) Renouveau des contrôleurs

Au carrefour de l'information et de la représentation des créanciers, il conviendrait de réfléchir aux moyens de favoriser un recours plus fréquent aux contrôleurs désignés parmi les créanciers. Il serait souhaitable de leur interdire la présentation d'offres de reprise, et d'exclure la désignation comme contrôleur de personnes en procès avec l'entreprise, ou leur représentant. M. Jean-Luc Vallens a en effet donné à la commission des explications très précises sur les limites actuelles de l'institution ancienne des contrôleurs, que la loi de 1994 n'est pas parvenue à remettre en usage habituel.

« Il y a, de temps à autre, quelques contrôleurs : quand j'étais juge-commissaire, j'en avais nommé plusieurs, non pas de ma propre initiative, mais bien parce que j'étais saisi de demandes, et parce que, vis-à-vis de certaines entreprises en difficulté, il était intéressant d'en avoir. Cela a été le cas pour une entreprise du bâtiment en dépôt de bilan où il y avait deux contrôleurs, l'un banquier et l'autre fournisseur de béton. C'était important parce que cela permettait au juge d'accéder à des informations dont il n'aurait pas pu disposer par le mandataire, soit parce que ce dernier ne les possédait pas, soit parce qu'il ne les transmettait pas.

« Dans les faits, très peu de créanciers demandent à être nommés contrôleurs, et cela pour plusieurs raisons : d'abord, parce que cela demande un investissement de temps car il faut être présent ; on peut prendre un avocat et lui demander d'être contrôleur lui-même à condition qu'il soit d'accord, mais tout cela a un coût qu'il appartient au créancier de payer ; ensuite, parce que l'on peut s'interroger sur l'opportunité d'être nommé contrôleur en cas de créance moyenne ; enfin, parce que les juges-commissaires n'apprécient pas beaucoup que des personnes extérieures accèdent à la procédure, que les administrateurs et les mandataires judiciaires n'aiment guère les contrôleurs et surtout parce qu'il y a dans la loi un vice que l'on devait rectifier en 1994, mais à la suite du passage en commission mixte paritaire, cela n'a pas été fait. En effet, les contrôleurs acquièrent des informations privilégiées sur les entreprises en difficulté. Or, ils peuvent être de futurs repreneurs d'entreprise ce qui pose un problème. On n'est pas loin du délit d'initié puisque l'on se trouve face à des créanciers, qui sont en mesure d'obtenir davantage d'informations que celles qu'ils auraient eu en tant que simples créanciers du fait que tous les livres leur sont ouverts et qui, au cours de la période d'observation, peuvent venir présenter des offres de reprise de tout ou partie des actifs dont ils connaissent bien la substance.

« Sur ce point, on comprend que les juges-commissaires – et je les rejoins – rechignent à nommer contrôleur un créancier qui a virtuellement la possibilité de se porter acquéreur.

« De la même manière, on peut hésiter à nommer contrôleur quelqu'un qui a un procès contre le débiteur au moment du dépôt de bilan. »

3. – Séparer l'évaluation et la liquidation de l'actif

D'autres propositions tendent à séparer l'évaluation de l'actif, qui est une mission de nature comptable, et sa liquidation, mission commerciale. Il s'agit d'éviter que l'évaluation soit biaisée par le fait que le liquidateur y trouve un intérêt personnel.

Le CNPF propose par exemple de confier la liquidation à un organisme *ad hoc*. Elle pourrait être assurée par un auxiliaire de justice, qui prendrait la suite d'un expert comptable ou d'un commissaire aux comptes chargé de valider les comptes de la procédure.

Cette scission permettrait de garantir la publicité sur le résultat de l'audit. L'intervention de deux professionnels indépendants devrait renforcer la présomption d'impartialité. Il conviendra de veiller à ce qu'elle n'alourdisse pas la procédure.

CONCLUSION

Au terme de ses travaux, la commission est parvenue à la conclusion que la crise que traverse aujourd'hui la juridiction consulaire est profonde et générale. Elle ne se limite pas en effet, comme on pouvait le penser, aux petites juridictions mais frappe aussi les plus grandes comme Bobigny, Nanterre ou Paris.

Cette crise trouve ses racines dans un système, fonctionnant dans l'opacité et reposant sur un petit nombre de personnes – juges, greffiers, mandataires – davantage attachées à leurs prérogatives et soucieuses de préserver leur pouvoir et, pour certaines, leurs revenus, que prêtes à admettre qu'il est légitime de vérifier si leur action répond aux attentes des justiciables, des entreprises et des pouvoirs publics.

D'aucuns ont reproché à la commission ses méthodes inquisitoriales et ont parfois refusé de répondre aux questions posées. Cette attitude est révélatrice de la volonté de rester à l'abri des observations et des critiques de ceux qui n'appartiennent pas au monde clos de la justice consulaire.

Le constat auquel la commission est néanmoins parvenue est évidemment inquiétant. Loin de correspondre au tableau dressé par le président de la Conférence générale des tribunaux de commerce qui vantait la rapidité, le caractère peu dispendieux et les décisions éclairées de la juridiction consulaire, les observations faites par la commission ont révélé que les juges et ceux qui les entourent, greffiers et mandataires, sont au centre de jeux d'intérêts propices à l'apparition et au développement de la corruption, d'autant plus que les contrôles dont ils devraient être l'objet se sont avérés défaillants.

Le rapport que doit établir la mission d'enquête sur les tribunaux de commerce créée conjointement par la ministre de la Justice et le ministre de l'Économie, des Finances et de l'Industrie le 13 mai 1998 apportera d'autres éléments complémentaires et, nous croyons le savoir, tout aussi inquiétants.

L'heure n'est donc plus à la réflexion ni aux tergiversations. La situation impose de ne plus céder au chantage à la démission comme cela fut le cas en 1983.

C'est maintenant au Parlement et au garde des Sceaux de mener la bataille pour une réforme en profondeur des juridictions consulaires.

*
*   *

La commission a examiné le présent rapport au cours de sa séance du 30 juin 1998 et l'a adopté.

Elle a ensuite décidé qu'il serait remis à M. le président de l'Assemblée nationale afin d'être imprimé et distribué, conformément aux dispositions de l'article 143 du Règlement de l'Assemblée nationale.

*
*   *

EXPLICATIONS DE VOTE

EXPLICATIONS DE VOTE DES COMMISSAIRES APPARTENANT AU GROUPE SOCIALISTE *

Le travail de cette commission d'enquête a été particulièrement intense et approfondi ainsi qu'en témoigne ce rapport et ses annexes.

La commission a auditionné un grand nombre de personnes – universitaires, magistrats, fonctionnaires du ministère de la Justice, greffiers, administrateurs, mandataires-liquidateurs, juges consulaires, avocats... –, elles ont informé complètement la commission. Des déplacements auprès de plusieurs tribunaux de commerce, de taille et de caractéristiques diverses, ont permis d'examiner concrètement le fonctionnement des tribunaux de commerce et d'engager un dialogue avec les professionnels à partir de dossiers précis.

La méthode a surpris certains. Mais le plus étonnant sans doute, ce sont les réactions très défensives et parfois hostiles de certains présidents ou juges consulaires. Le Rapporteur, qui n'a fait que remplir avec détermination sa mission, a été personnellement mis en cause d'une façon inacceptable.

Le rapport décrit pourtant parfaitement dans sa première partie ce qu'est la justice commerciale et, dans la seconde propose bon nombre de solutions.

S'il convient de rendre hommage à tous les bénévoles et

* MM. Serge BLISKO, André CAPET, Jean CODOGNÈS, François COLCOMBET, Jacky DARNE, René DOSIÈRE, Mme Nicole FEIDT, MM. Raymond FORNI, Robert GAÏA, Gérard GOUZES, Gilbert MITTERRAND, Arnaud MONTEBOURG, Alain VEYRET.

professionnels qui œuvrent pour cette justice, il est normal de souligner les défaillances d'une justice s'exerçant sans contrôle :

– des pouvoirs publics défaillants, qu'il s'agisse de la Chancellerie, du parquet, ou du budget alloué...,

– un système d'élection des juges contestable, une formation insuffisante, une déontologie et un contrôle à repenser,

– un statut des greffiers anachronique,

– des mandataires de justice puissants face au juge-commissaire, dont les modes de recrutement, de désignation et de contrôle sont critiqués par le parquet, y compris par les professionnels eux-mêmes,

– des procédures collectives qui pourraient être moins nombreuses si la prévention et les solutions amiables étaient davantage mises en œuvre.

La seconde partie du rapport contient des propositions. Certaines sont indispensables et sont reconnues comme telles par une large majorité des personnalités entendues. Il s'agit en particulier de la refonte de la carte judiciaire et de la rénovation de la fonction de juge consulaire.

L'existence de trop petits tribunaux de commerce est un grand inconvénient : comment être indépendant dans une ville de toute petite taille pour juger ses pairs ? Comment pouvoir suivre l'évolution du droit ?... Le rapport propose des méthodes pertinentes pour faire aboutir ce projet.

Les propositions visant à la rénovation de la fonction de juge consulaire visent à élargir le recrutement, à renforcer la compétence et à s'assurer de la qualité de la justice.

Mais ces propositions seraient tout à fait insuffisantes s'il n'y avait un véritable engagement de l'État.

La présence des juges professionnels dans les tribunaux de commerce représente un coût mais de bien grandes garanties quant à la crédibilité de cette justice. Aucun pays au monde ne continue de confier la justice commerciale aux seuls juges consulaires.

Aligner les greffes sur le droit commun est également une mesure utile dont le coût est supportable sur une longue période. À l'évidence le service que représente l'information juridique et financière mise à la disposition de tous par la télématique est un service à maintenir.

Il est d'ailleurs déjà assuré non seulement par les GIE constitués par les greffes mais aussi par l'INPI.

La nécessaire amélioration de la gestion des procédures collectives – dont le coût économique et social est considérable – passe d'une part par la réforme des auxiliaires de justice et d'autre part par la réforme des textes relatifs aux procédures collectives.

Ouverture des professions par la modification des conditions de recrutement, institution de contrôles efficaces, réforme des tarifs, des conditions de recrutement, institution de contrôles efficaces, sont des chantiers qui nécessitent une mise au point mais dont l'absence de mise en œuvre ne permettrait pas de donner aux justiciables le sentiment que les décisions prises dans le cadre des procédures collectives sont impartiales.

La réforme de la loi sur les procédures collectives est également nécessaire si l'on veut mieux préciser le champ des procédures, privilégier leur transparence, restaurer le rôle du parquet, permettre des possibilités d'appel…

Au total le rapport atteint parfaitement l'objectif de la commission d'enquête : décrire l'activité et le fonctionnement des tribunaux de commerce et il ouvre des pistes précises pour remédier aux défaillances actuelles.

Il appartient au pouvoir exécutif et au pouvoir législatif de prendre les initiatives qui donneront un débouché à ce travail.

Le groupe socialiste a approuvé ce rapport.

EXPLICATIONS DE VOTE DES COMMISSAIRES APPARTENANT AUX GROUPES RPR, UDF ET DL *

1 – DES RÉFORMES NÉCESSAIRES MAIS UNE PROCÉDURE DÉVOYÉE

Conscients des améliorations à apporter au fonctionnement des tribunaux de commerce, les groupes RPR, UDF et DL ont participé aux travaux de la commission d'enquête avec trois objectifs :

1 – Lister et valoriser les atouts de cette institution ;

2 – Identifier les dysfonctionnements et leurs origines ;

3 – Formuler et justifier des propositions d'amélioration du fonctionnement et du rayonnement des tribunaux de commerce.

Telle n'a pas été la démarche suivie par le rapporteur qui, tout au long du déroulement de l'enquête, n'a eu de cesse de jeter la suspicion et le discrédit sur les tribunaux de commerce, par des méthodes inquisitoriales, vexatoires et volontairement médiatisées, alors qu'il est important de noter qu'à aucun moment il n'a demandé la suppression de cette institution.

Les parlementaires de l'opposition estiment que la procédure de la commission d'enquête a été dévoyée.

* **Groupe RPR :** MM. Jean-Paul CHARIÉ, Olivier de CHAZEAUX, Alain COUSIN, Arthur DEHAINE, Jacques GODFRAIN, Michel HUNAULT, Christian JACOB.

Groupe UDF : MM. Jean-Louis BORLOO, Jean-Antoine LÉONETTI, Christian MARTIN, Henri PLAGNOL.

Groupe DL : MM. Philippe HOUILLON, Michel MEYLAN.

Les propos excessifs tenus par le rapporteur et le président et leurs comportements inadmissibles ont perturbé le déroulement de cette enquête :

– « toute l'institution est pourrie », « institution plus gangrenée que je ne le pensais », « justice de connivence », « un boulanger ne peut avoir les compétences pour être président d'un tribunal de commerce », « les tribunaux de commerce ne présentent aucune garantie d'indépendance ».

Le Rapporteur semble être parti du postulat primaire que tous les acteurs des tribunaux de commerce (juges – administrateurs – liquidateurs – greffiers) étaient gangrenés, « plus âpres aux gains que soucieux du service public » et présentaient, pour le moins, des incertitudes déontologiques. Et ceci en maniant l'amalgame et sans mettre vraiment les données en perspective.

Tout le rapport est guidé par un *a priori* idéologique selon lequel une juridiction composée de socio professionnels élus et de bénévoles ne peut être impartiale.

Les auditions ont confirmé que l'ensemble des acteurs et partenaires des tribunaux de commerce sont d'accord pour moraliser et moderniser cette institution. Mais il est grave d'avoir systématiquement dénigré ces partenaires et d'être allé jusqu'à créer une suspicion qui aboutit, aujourd'hui, concrètement dans le prétoire à la mise en cause de la légitimité des juges consulaires.

Le rapport consacre d'ailleurs la quasi-totalité de ses pages à mettre en lumière les dysfonctionnements, les affaires et les débordements, dans une dialectique de destruction plutôt que dans le souci d'une étude équilibrée. L'emploi peu habituel de mesures vexatoires devant la presse, lors des « descentes » (expression du rapporteur), a été monnaie courante. Une grande médiatisation a également contribué à déstabiliser cette institution de la République qui commence à en subir les conséquences au quotidien dans les prétoires.

La conclusion logique de ce rapport eût été la suppression pure et simple et immédiate des tribunaux de commerce.

Il est bien clair que des débordements ont eu lieu dans les juridictions consulaires, qu'il convient de les dénoncer et de les stopper de manière intransigeante. C'est une question de défense des libertés et de bonne administration de la vie économique.

En même temps, le législateur, soucieux de l'intérêt général, doit s'efforcer d'apporter des améliorations et non mettre à mal une institution républicaine, d'ailleurs non replacée dans le cadre comparatif du fonctionnement des autres institutions judiciaires françaises. Nombre de procureurs de la République, interrogés par la commission d'enquête, ont répondu que les tribunaux de commerce fonctionnaient plutôt bien.

II – LES ATOUTS DES TRIBUNAUX DE COMMERCE EN FRANCE

– Saluons la très grande efficacité des tribunaux de commerce. Ils ne fonctionnent qu'avec un budget de 30 millions de francs par an et pour toute la France (soit 30 F seulement par décision prise). Par comparaison aux autres juridictions, les délais de jugement sont exemplaires et les taux d'appel faibles. Si on devait renoncer au bénévolat, le surcoût budgétaire serait considérable.

– Sauf rares exceptions, la mission des juges consulaires n'est pas de sanctionner ou de juger une faute ou un comportement délictueux du chef d'entreprise, il est de trouver la meilleure solution possible pour sauver une activité économique et des emplois.

– C'est bien parce que les juges des tribunaux de commerce travaillent d'abord sur une matière économique, dans un contexte spécifique de concurrence et d'échanges commerciaux, qu'il est préférable que les juges soient issus du monde des entreprises.

– Les juges consulaires issus du monde économique ont une approche pragmatique. Ils savent que la rapidité de jugement est une base essentielle d'efficacité pour sauver des emplois et des entreprises.

– C'est d'abord la loi, et les moyens donnés à sa bonne application, qu'il faut changer avant de jeter l'anathème sur les tribunaux de commerce.

« *Nous avons à Paris et dans toutes nos villes de France une très belle juridiction. La juridiction consulaire : c'est là que sont portées toutes les affaires de commerce. Les juges sont des commerçants.*

On peut y plaider sa cause. Les juges n'ont aucune sorte d'honoraires. Ils ne quittent jamais le tribunal avant que toutes les affaires ne soient jugées... » DIDEROT dans le chapitre de ses *Mémoires* pour Catherine II.

III – OBSERVATIONS SUR LES PROPOSITIONS DU RAPPORTEUR

a) Fonctionnarisation ou nationalisation des greffes : le Rapporteur dénonce le statut actuel des greffiers. Il ne s'agit pas d'un statut isolé (voir les notaires, les huissiers de justice, les avoués à la cour d'appel, les commissaires priseurs, les géomètres experts, etc.). Supprimer aux greffes des tribunaux de commerce le caractère d'office ministériel supposerait une indemnisation de l'État dont le coût est chiffré dans le rapport à un minimum de 1,3 milliard de francs. Les greffes rendent au public et aux entreprises le service le plus adapté à la société économique moderne. Les aligner, sans autre forme de procès, sur le statut et le fonctionnement des greffes des autres juridictions constituerait non pas un progrès mais une régression.

b) Sur l'échevinage : ce système fonctionne en Alsace Moselle. Il convient toutefois d'observer que les magistrats professionnels ne sont pas, dans leur grande majorité, suffisamment formés dans le domaine économique et commercial. Les représentants du parquet qui ont été interrogés réclament des assistants de justice compétents en pareille matière pour leur permettre d'assurer au mieux leur rôle dans les procédures collectives. Au demeurant, l'échevinage pur et simple aboutirait à modifier totalement la nature des tribunaux de commerce. Les juges consulaires ont l'avantage de mieux connaître la psychologie des entreprises et ont donc souvent une meilleure appréciation concrète des solutions.

On peut certes imaginer une forme de « sous-échevinage » (voir nos propositions) qui consisterait à faire entrer dans les tribunaux de commerce, en qualité d'assesseurs, des juges professionnels et par ailleurs à faire participer auprès des cours d'appel des magistrats consulaires en qualité d'assesseurs.

c) Le rapport propose la suppression de la profession de mandataire-liquidateur : même s'il est indispensable de moraliser cette profession, cette proposition brutale est excessive. Il convient d'indiquer quelle profession procédera à la liquidation des entreprises. En fait, une voie pertinente consiste à s'arrêter à un seul mandataire pour les procédures de redressement judiciaire de régime simplifié, c'est-à-dire l'essentiel des procédures. Pour les procédures de redressement judiciaire du régime général, deux mandataires doivent être maintenus (un administrateur et un représentant des créanciers). Pour les liquidations, comme actuellement, un seul mandataire suffit : le liquidateur.

On pourrait aussi réfléchir à des formules de liquidation administrative comme en Allemagne par exemple.

IV – PROPOSITIONS DES GROUPES RPR, UDF ET DL

1. Développer les contrôles, la transparence et les sanctions

a) Demander que toutes les juridictions (tribunal d'instance, tribunal de grande instance, tribunal de commerce, tribunal des prud'hommes) soient contrôlées au moins une fois tous les 5 ans (on pourrait ainsi comparer le « rendement » des juges) et comparer le nombre de décisions réformées en cour d'appel.

b) Contrôle de la légalité, financier et informatique, des mandataires et administrateurs.

– Ont-ils bien respecté les lois, les procédures (ils n'ont par exemple que 12 mois maximum pour rendre le bilan économique et social) ? Ils doivent remettre les dossiers aux juges avant.

– Administrateurs judiciaires : contrôler la légalité, les demandes d'honoraires (qui doivent êtres soumises à autorisation préalable du juge-commissaire).

– Pour les mandataires : contrôler par sondage la véracité des plans économiques et sociaux proposés.

– Faire appel aux inspecteurs régionaux pour renforcer et participer à ces contrôles.

– Rendre obligatoire le versement à la Caisse des dépôts et consignations des fonds détenus dans le cadre des commissariats à l'exécution des plans de cession.

c) Harmonisation de la communication des offres aux tiers.

Le régime de la communication n'est pas le même selon qu'il s'agit des offres de reprise dans le cadre d'un plan de cession ou de celle d'une unité de production, sans qu'*a priori* cette distinction soit justifiée.

Il conviendrait donc d'harmoniser la communication des offres aux tiers par exemple en généralisant la procédure, relativement bien organisée, de l'article L.155.

Il faudrait aussi préciser les conditions de cette mise à disposition du public : simple consultation au greffe ? Délivrance de copies ?

d) Obtenir la transparence des cessions des actifs. On reproche souvent aux procédures de cessions d'actifs de ne pas être assez transparentes, en particulier pour les ventes d'immeubles (article 154), les cessions d'unités de production (article 155), les ventes de gré à gré (article 156).

– Le mérite de la loi de 1985 est de laisser une grande souplesse aux juges-commissaires et aux mandataires de justice concernant le choix de la procédure la plus appropriée.

Pour renforcer la transparence, on peut imaginer que :

– La publicité des appels d'offres soit améliorée et renforcée telle qu'elle est prévue aux articles 32 et 138-1 et étendue aux autres biens d'importance, qu'ils soient mobiliers ou surtout immobiliers.

Dans ce cadre, demander aux greffiers ou auxiliaires de justice, de présenter, sur le plan national et sur Minitel :

– Les entreprises et les unités de production à céder (avec la possibilité de tri par code NAF, par région, par nombre de salariés, par CA, etc.).

– Les immeubles à vendre (avec obligation, naturellement, pour les mandataires de requérir ce service).

2. Si l'échevinage est une solution incertaine et contestée, l'échange des cultures est souhaitable

– Grâce à un meilleur contrôle, une plus grande transparence des cessions d'actifs et à une présence effective du parquet, la solution de l'échevinage n'est plus justifiée au titre du contrôle du travail des juges consulaires.

– Par ailleurs, il n'est pas démontré que l'échevinage ou les tribunaux de droit commun fonctionnent mieux.

– En revanche pour améliorer la compétence des magistrats professionnels dans le domaine économique, il serait utile qu'ils siègent dans des tribunaux de commerce.

– De plus, avec le même souci, la présence de juges consulaires en cour d'appel apporterait un éclairage, une compétence, sources de gain de temps et d'efficacité.

3. Obtenir une présence effective du parquet lors des procédures collectives

– Augmenter les moyens des parquets (en secrétariat, en assistants spécialisés et en effectif).

– Nommer des substituts compétents, formés aux domaines économiques et des entreprises. (Un juge pour enfants peut-il, du jour au lendemain, devenir substitut des affaires économiques ?)

La véritable réponse consiste dans la fourniture aux tribunaux de commerce de moyens techniques adaptés (comme en réclament les parquets ou encore certaines catégories de juridictions tribunaux d'instance par exemple) : les magistrats consulaires aidés d'assistants de justice accompliraient un travail sans doute meilleur.

Il faut cependant veiller, en renforçant le rôle du parquet dans les procédures collectives, à ne pas transformer le parquet en juge. Le parquet doit conserver son rôle qui est d'être partie à l'instance. En qualité de représentant des intérêts de la société, il ne doit pas prendre une autorité trop importante sur le tribunal. À titre accessoire, il est d'ailleurs critiquable que le parquet parle le dernier dans les affaires de procédures collectives alors que comme en toute matière la parole devrait être donnée en dernier lieu à la défense, ce qui est en général le débiteur.

4. Augmenter les moyens budgétaires des tribunaux de commerce

– Créer une taxe sur les jugements (+ 20 F sur coût actuel de 285,34 F TTC) ou sur les inscriptions nantissement crédit-bail (coût actuel de 29,19 F TTC) ou sur les privilèges de vendeur (coût 278,71 F maximum).

Exemple : budget du tribunal de commerce d'Orléans (Rang 30 en France)

160 000 Francs

7 000 formalités inscription par an x 20 F	= 140 000 F
1 747 jugements par an x 30 F	= 50 000 F
1 700 inscriptions nantissement crédit-bail par an x 30 F	= 50 000 F

5. Les greffes

– Saluons en premier lieu la compétence et les performances exemplaires des greffiers des tribunaux de commerce.

– Rappels : les greffiers sont des collecteurs d'impôts et de ressources pour les services de l'État. Exemple : une formalité immatriculation coûte 1 313,02 F dont 323,40 F émolument du greffier, 810 F pour le *BODACC*, 75 F INPI et 66,62 F de TVA.

1 – Le secrétariat du président

C'est au greffier d'être le secrétariat du président. C'est dans sa fonction, c'est son devoir de prestation (rappelons qu'il est assermenté, officier public, tenu au secret professionnel).

• Il est normal que le greffier assure la rémunération de tout le personnel.

• Une secrétaire du président se justifie-t-elle ? N'y a-t-il pas risque de « circuits » ou de procédure parallèles ?

2 – Infogreffe

a) C'est un système qui fonctionne, qui a su évoluer (on est passé du guichet au courrier papier puis à l'informatique). Grâce à cette évolution, il y a de plus en plus de demandes. La transparence et l'échange d'informations (à encourager) se sont développés. C'est dans l'intérêt des entreprises, des notaires et de tous les partenaires du monde économique.

b) Infogreffe est soumis à d'autres concurrents.

c) Pourquoi critiquer le caractère « commercial » d'Infogreffe quand l'INPI (structure publique) a confié la gestion des informations à une structure privée (3615 EURIDIL) ?

d) Il ne faut pas confondre extraction et retraitement de l'information. Quand on consulte (08.36.29.22.22) Infogreffe, on constate que c'est pratique mais que les informations ne sont pas retraitées.

e) Coût de facturation : vis-à-vis de la concurrence, les greffiers sont les premiers à penser qu'ils auraient intérêt à passer sur 3617 (5,57 F la minute) au lieu de rester sur 3629 (9 F la minute). Mais cette baisse de 41% qui serait augmentée d'une chute des communications si elle était la conséquence d'une décision législative empêcherait les investissements nécessaires pour le passage à l'an 2000, pour celui à l'Euro.

3 – La grille tarifaire

Elle est à revoir car il faut la moderniser. Cela doit être indépendant d'une réflexion sur le palier d'Infogreffe.

4 – Fonctionnement

Il apparaît plus efficace, à l'époque de l'informatique, de ne plus obliger les greffiers à garder certains documents papier.

6. Composition des tribunaux de commerce, recrutement et formation

– Les artisans doivent devenir électeurs et éligibles.

– Le système électoral est sans doute à améliorer : actuellement seuls votent les délégués consulaires, les membres et anciens membres des CCI, les juges et anciens juges. Le rythme des élections (chaque année actuellement) est à revoir.

– Le système de « cooptation » des CCI ou des UPL, utile pour désigner des candidats disponibles compétents et connus pour leur intégrité, pourrait être complété pour que les CCI et les UPL ne soient pas les seules sources de pré-désignation.

– Une structure de formation des juges serait organisée au niveau de chaque conférence régionale.

7. Administrateurs et mandataires judiciaires

Avant-propos : sans sous-estimer la gravité des délits relevés, il ne faut pas non plus généraliser. Il est nécessaire de rappeler que :

– Les reproches qui sont formulés à l'égard des administrateurs judiciaires sont très souvent contradictoires et cela ne saurait surprendre.

– Les procédures collectives mettent en effet en présence des partenaires ou des interlocuteurs dont les intérêts sont antagonistes.

– L'administrateur judiciaire, par les options qu'il retient et les arbitrages qu'il rend, lorsque la situation économique nécessite d'opérer des choix, crée des mécontents.

– Ne rien choisir, ne rien faire pour ne pas engager sa responsabilité n'est pas une échappatoire pour l'administrateur judiciaire. L'immobilisme ne constitue pas une solution.

– La vie des affaires et la marche de l'entreprise nécessitent des décisions rapides dans des situations complexes. Il est déjà difficile de gérer une entreprise saine. Entreprendre, c'est prendre des risques qui sont démultipliés lorsque l'entreprise est en difficulté.

a) Rémunération : 90 % des procédures aboutissent à une liquidation, 50 % des dossiers sont impécunieux.

b) Changer la loi sur les rémunérations car les mandataires sont rémunérés sur la contestation des créances. Ils ont donc intérêt à contester le maximum de créances, y compris celles qui, de toute évidence, sont justifiées.

c) Mandataire administrateur unique pour les PME. Autoriser le tribunal à nommer, pour les petites entreprises, en matière de redressement judiciaire, un administrateur qui serait en même temps représentant des créanciers (80 % des dossiers concernent des entreprises de moins de 5 salariés).

d) Clarifier les règles déontologiques afin d'éviter tout conflit d'intérêts.

e) Mieux encadrer les appels aux intervenants extérieurs (expertises comptables sur la sincérité des comptes, évaluations immobilières, arrêté des comptes de chantier...) de plus en plus justifiés mais onéreux.

8. La carte judiciaire

Un équilibre doit être trouvé entre la politique d'aménagement du territoire, la nécessaire proximité de la justice et l'évolution inéluctable de la carte judiciaire. Au nom d'une louable recherche d'économie d'échelle et de meilleure efficacité, certains proposent de supprimer un certain nombre de tribunaux de commerce et notamment ceux qui traitent très peu d'affaires par an. D'autres font remarquer qu'il n'est pas démontré que la suppression de tribunaux de commerce sera source d'économies et que, dans les grandes villes, les locaux de certains tribunaux de commerce sont trop petits. Par ailleurs, la fermeture de certains tribunaux de commerce est contraire à toutes les politiques d'aménagement du territoire et à l'objectif de rapprocher la justice du justiciable.

– Quelle est la meilleure mise en œuvre du service public ? Est-ce lorsque les chefs d'entreprise, commerçants et artisans sont obligés de se déplacer au siège du TGI ou lorsque le procureur se déplace dans le bassin d'emploi des entreprises ?

– Avant de supprimer des tribunaux de commerce, ne faudrait-il pas renforcer l'activité de ceux-là, par des missions ou attributions spéciales ?

9. Élargir le domaine de compétence des tribunaux de commerce

– domaine agricole,

– artisanal,

– droit de la concurrence,

– délais de paiement,

– brevets, marques et modèles : actuellement les litiges sont de la compétence du TGI,

– développement de la prévention,

– associations : obtenir qu'elles déposent au tribunal de commerce leurs comptes et équivalents « K*bis* »,

– aide juridique et juridictionnelle pour les très petites entreprises (TPE).

Création d'un bloc de compétence en matière de procédures collectives (comme ce fut légitimement le cas en matière d'accidents automobiles au profit du TGI ou en matière de conflits du travail au profit du conseil des prud'hommes).

Il apparaît légitime que le juge consulaire devienne le juge de l'entreprise dans son acception la plus large et, qu'en conséquence, il ait à connaître les difficultés de toutes les entreprises à vocation économique (commerciales, industrielles, artisanales, agricoles, et à caractère associatif). Il serait en effet normal que le tribunal de commerce connaisse du sort des associations (le plus souvent devenues à but lucratif), lesquelles devraient, pour être plus transparentes aux yeux des tiers, faire l'objet, sinon d'une immatriculation au RCS, du moins sur un registre spécial comme c'est le cas, d'ailleurs, en Alsace-Moselle ou comme c'est le cas également sur l'ensemble du territoire pour les agents commerciaux (lesquels n'ont pas non plus la qualité de commerçant).

Le tribunal de commerce devient guichet unique en matière de faillite, y compris pour les SCI qui ne sont le plus souvent qu'un montage juridique permettant à une personne physique de se constituer un patrimoine immobilier au détriment d'une société commerciale. Le loyer payé par cette dernière au profit de la SCI équivaut le plus souvent aux charges d'emprunt de la SCI.

Attachés à une amélioration significative du fonctionnement des tribunaux de commerce, comme le montrent les propositions ci-dessus, mais opposés à l'esprit du Rapporteur et du rapport, compte tenu du travail incorrectement accompli et d'une insuffisance de réflexions et d'analyses, les groupes RPR, UDF et DL votent contre ce rapport.

EXPLICATIONS DE VOTE DES COMMISSAIRES APPARTENANT AU GROUPE COMMUNISTE *

Les commissaires communistes approuvent le rapport de la commission d'enquête qui a effectué un travail sérieux et objectif sur l'activité des tribunaux de commerce.

La commission a effectué un état des lieux et présente des propositions intéressantes pour une réforme d'ensemble.

Les tribunaux de commerce ont une structure originale en droit français puisqu'ils sont composés de juges élus et sont des services de l'État.

Avec la crise économique, le maintien chaque année d'un nombre de faillites élevé, le rôle et la nature des tribunaux se sont modifiés, entraînant des dysfonctionnements. Ces tribunaux sont étroitement associés aux chambres de commerce et d'industrie qui les subventionnent.

Les commerçants et petits artisans ont souvent le sentiment d'avoir en face d'eux un tribunal étranger à leurs préoccupations, à leurs difficultés, un tribunal meurtrier de l'entreprise et qui prend en compte les exigences des banques et des grandes sociétés plutôt que le souci de pérenniser un tissu actif de petites et moyennes entreprises, et pour lequel l'emploi n'apparaît pas la priorité.

L'écart se creuse donc entre ce qu'on peut légitimement attendre d'une instance consulaire et la réalité économique et sociale de notre pays.

* MM. Patrice CARVALHO et Georges HAGE.

On le voit particulièrement à l'occasion des liquidations judiciaires, il s'agit d'un droit de vie et de mort sur des entreprises.

Ce qu'on constate dans les plus grands tribunaux comme aussi certains plus petits, c'est que l'indépendance des magistrats, principe essentiel s'il en est, n'est pas totalement garantie et en tout cas mise en doute.

C'est d'autant moins acceptable que cela pénalise de fait tous les juges consulaires qui exercent consciencieusement et honnêtement leurs responsabilités.

Or, l'impartialité est une exigence première, tout comme la prise en compte de l'intérêt économique.

Nous l'avions déjà dit, lors de l'examen de la loi de 1985 qui modifiait profondément le système des faillites : il ne peut y avoir de prévention efficace sans prendre en compte l'intérêt des salariés d'une manière prioritaire. Plus de 100 000 emplois sont supprimés chaque année à la suite des dépôts de bilan.

Les mandataires-liquidateurs et les administrateurs sont de faits des patrons de combat contre l'emploi. Ils constituent une caste payée abusivement au pourcentage.

Il n'est pas question de rompre avec l'originalité d'un service public, mais de faire en sorte que les principes d'indépendance des magistrats, d'une justice proche des justiciables se traduisent réellement dans les faits.

Les députés communistes estiment qu'on pourrait s'orienter vers une instance de jugement collégiale avec, par exemple, un juge professionnel assisté de deux assesseurs, dont l'un serait élu comme actuellement par les employeurs et le second par les salariés.

En revanche, les députés communistes craignent qu'une fonctionnarisation des greffes, tel que le propose le rapport de la commission, n'ait un coût considérable. Cet alignement progressif des greffes sur le droit commun répond à une volonté de limiter les abus de certains d'entre eux. Les députés communistes proposent, aux mêmes fins, que le ministère de la Justice impose, lors de chaque cession ou création, un quota de greffiers à respecter, en tenant compte, par exemple, du chiffre d'affaires ou du nombre de formalités au registre du commerce.

Sans doute faudra-t-il aussi que les tribunaux de commerce trouvent leur place dans la réforme de la carte judiciaire et en particulier que les petites communes de moins de 10 000 habitants ne soient pas pénalisées.

EXPLICATIONS DE VOTE DES COMMISSAIRES APPARTENANT AU GROUPE R.C.V. *

Le groupe R.C.V. regroupe des tendances politiques différentes qui, bien que toutes appartenant à la majorité parlementaire, s'expriment indépendamment les unes des autres. C'est pourquoi les observations qui suivent n'engagent que le Parti radical de gauche représenté par les deux membres de la commission d'enquête, MM. Roger Franzoni et Gérard Charasse.

La solution de l'échevinage total, y compris en appel, semble la meilleure. Mais pour des raisons d'ordre pratique et budgétaire, rien ne nous paraît s'opposer à ce que l'on commençât par instituer l'échevinage pour les procédures collectives.

Concernant la nationalisation des greffes : la preuve n'est pas rapportée qu'elle est indispensable, d'autant plus que les greffiers ne sont pas opposés à envisager les réformes que la Chancellerie estimerait nécessaires et en tout état de cause il ne paraît pas y avoir urgence en la matière.

Les autres mesures envisagées ne paraissent pas nécessiter de commentaires si ce n'est l'urgence d'un renforcement des contrôles du parquet. Ce dernier n'a actuellement de moyens d'investigation que dans le cadre du pénal. Il est donc nécessaire de lui accorder les moyens de son intervention dans le cadre civil.

Les pôles financiers que le ministère de la Justice met actuellement en place pourront fournir aux procureurs les éléments d'analyse qui leur font trop souvent défaut et s'avérer ainsi des auxiliaires précieux pour une bonne administration de la justice.

* MM. Gérard CHARASSE et Roger FRANZONI.

Le rapport de la commission d'enquête dénonce justement les imperfections d'un système juridictionnel consulaire. Les juges, souvent fort occupés par des activités professionnelles importantes n'en sont pas moins, dans leur grande majorité, dévoués à la cause de la justice. On ne peut que souhaiter qu'ils continuent à apporter leur contribution essentielle à la bonne marche des tribunaux de commerce.

C'est pourquoi les députés radicaux de gauche approuvent ce rapport.

EXPLICATION DE VOTE PERSONNELLE DE M. MICHEL MEYLAN DÉPUTÉ DE LA HAUTE-SAVOIE

La mission des tribunaux de commerce est de juger une situation économique pour trouver la meilleure solution afin de sauver une activité économique et des emplois. Il appartient au tribunal civil voire à la juridiction pénale de sanctionner les comportements illicites et la responsabilité du chef d'entreprise. La mission des tribunaux de commerce nécessite indépendance, compétence et pragmatisme.

Les enjeux économiques et sociaux liés au fonctionnement des tribunaux de commerce sont considérables pour le pays. La façon dont a été conduite la commission d'enquête est contestable. Les méthodes d'investigation utilisées, le comportement et les propos tenus par les principaux protagonistes n'ont pas été conformes à l'éthique d'impartialité, et, parfois même au principe de séparation des pouvoirs.

1. Renforcer l'autorité du juge commercial

Compétence, indépendance et proximité sont des fondements essentiels pour renforcer l'autorité du juge commercial.

Qu'ils soient juges consulaires ou magistrats professionnels, les juges des tribunaux de commerce sont contraints de se former sur le tas. Les magistrats professionnels ne disposent pas d'une formation initiale en matière de gestion des entreprises. La charge de travail limite les possibilités de formation continue. Bien souvent, les magistrats sont contraints de se former en cours de carrière aux techniques de gestion de l'entreprise et du monde des affaires. Notamment pour les affaires les plus complexes, les magistrats professionnels, en particulier le parquet, devraient pouvoir recourir plus facilement à l'assistance d'experts en matière financière, bancaire et commerciale. Les juges consulaires ont généralement de bonnes connaissances du droit commercial et du droit des procédures collectives. En revanche, ils maîtrisent rarement les principes fondamentaux du droit et les règles de la procédure civile. Les juges consulaires sont conduits à apprendre par eux-mêmes les compétences juridiques nécessaires à l'exercice de leur mission.

Certains magistrats professionnels ont acquis une excellente connaissance des pratiques économiques. À titre d'exemple, la situation du département de la Haute-Savoie est particulièrement significative : c'est le seul département français qui ne possède pas de tribunal de commerce composé de magistrats consulaires. Dans ce département, trois tribunaux de grande instance font fonction de tribunal de commerce, composés uniquement de magistrats professionnels (en 1995, Annecy 362 procédures collectives, Bonneville, 217 procédures collectives et Thonon 300 procédures collectives). Selon l'étude du cabinet Deloitte et Touche pour 1995, les trois tribunaux de Haute-Savoie ont les taux de liquidations judiciaires les plus faibles parmi les tribunaux traitant plus de 200 procédures collectives par an. Ils ont le plus fort taux de plans de cession.

Ainsi, le tribunal d'Annecy a adopté 59 plans de cession en 1995 pour une population 10 fois moindre que le ressort du tribunal de Lyon qui n'a adopté cette même année que 57 plans de cession. En Haute-Savoie, les plans de cession ne sont pas adoptés au détriment des plans de continuation puisque pour Annecy, par exemple, le taux de liquidations judiciaires est de 67 % en 1995 alors que la moyenne nationale est de 88 %.

En définitive, que les tribunaux de commerce soient composés de magistrats professionnels, de juges consulaires ou par échevinage, il apparaît essentiel de donner aux tribunaux de commerce des outils de formation adaptés à leurs besoins et de renforcer l'indépendance des juges en matière commerciale. Le rapport de la commission occulte la nécessité de repenser la formation des juges en matière commerciale.

Les magistrats professionnels disposent d'un recul par rapport au monde des affaires et d'un régime statutaire qui leur confère une réelle indépendance. En ce qui concerne les juges consulaires, il semble que certaines améliorations pourraient être apportées à leur mode de désignation. Les artisans doivent devenir électeurs et éligibles lors des élections consulaires pour les tribunaux de commerce. Le système actuel d'élection ou de cooptation des juges consulaires doit être amélioré de façon à renforcer leur représentativité, leur intégrité et leur compétence. En outre, une réflexion approfondie doit être engagée sur l'extension du domaine de compétence des tribunaux de commerce à l'ensemble des entreprises, y compris agricoles ou sociétés immobilières.

Au nom d'économies d'échelle et d'une meilleure efficacité, il est envisagé de supprimer certains tribunaux de commerce. Si un toilettage de la carte judiciaire est nécessaire pour prendre en compte les évolutions démographiques et le déplacement des zones d'activité, la concentration des juridictions commerciales ne semble pas souhaitable. Il n'est pas démontré que la suppression de tribunaux de commerce conduirait à des économies significatives. La fermeture de certains tribunaux de commerce est contraire à l'objectif de rapprocher la justice du justiciable. Il est probable que l'éloignement des tribunaux des bassins d'emploi réduirait la présence des entrepreneurs aux audiences. En outre, la proximité contribue à une meilleure maîtrise du contexte économique, bien souvent déterminant pour la sauvegarde de l'activité et des emplois. L'implantation actuelle des tribunaux est un élément d'aménagement du territoire dont la remise en cause aurait des conséquences lourdes. En toute hypothèse, l'éventuelle étude d'une réforme de la carte judiciaire devrait distinguer la situation des tribunaux traitant à peine quelques affaires par an et ceux qui ont une activité de plusieurs centaines d'affaires par an. Les solutions proposées par le rapport apparaissent largement déconnectées de ces considérations.

2. Améliorer la transparence de la procédure

La transparence des procédures de cession d'actifs (offres de plan, ventes d'immeubles, cessions d'unités de production, ventes de gré à gré) doit être renforcée (réforme de la loi du 25 janvier 1985). Lorsque la faisabilité d'un plan de continuation s'avère impossible, une expertise devrait systématiquement avoir lieu pour déterminer un prix de cession avant d'autoriser toute cession. Il conviendrait d'améliorer la publicité des appels d'offres et d'harmoniser la communication des offres aux tiers : une publicité au niveau national, par courrier, Minitel ou Internet, de toutes les cessions d'actifs devrait être organisée.

Le parquet est partie principale de la procédure commerciale. Il convient d'accroître les moyens et la formation des magistrats du parquet afin de leur permettre d'être présents et actifs lors des procédures collectives.

Le renforcement du contrôle des juridictions commerciales est indispensable. L'État doit prendre ses responsabilités pour assurer un contrôle efficace du fonctionnement des tribunaux de commerce. La justice est un service public et les justiciables sont en droit d'attendre de l'État qu'il veille à la compétence, l'indépendance et la qualité du fonctionnement. Le contrôle disciplinaire des juges en matière commerciale doit être revu. Et les moyens de contrôle doivent être modernisés et étendus.

3. Réorganiser les professions d'auxiliaires de justice

Les procédures collectives mettent en présence des partenaires ou des interlocuteurs dont les intérêts sont antagonistes. Dans le cadre d'une procédure de redressement judiciaire, le représentant des créanciers ne peut défendre en toute indépendance un plan de cession ou un plan de liquidation car il est potentiel liquidateur en cas de liquidation judiciaire. Il est impératif de clarifier les règles déontologiques afin d'éviter tout conflit d'intérêts. Le représentant des créanciers ne peut être vraiment indépendant que s'il n'est pas susceptible de devenir liquidateur.

La recherche d'un plan de continuation est prioritaire. Pour vérifier la faisabilité d'un tel plan, certains tribunaux imposent chaque mois l'élaboration d'un compte de résultat. L'affaire en redressement judiciaire est systématiquement rappelée à l'audience tous les deux ou trois mois, que l'on soit en régime simplifié ou en régime général. La désignation d'un administrateur judiciaire est quasiment systématique dès que l'on dépasse deux ou trois salariés. Ces pratiques rigoureuses et contraignantes imposées aux mandataires de justice contribuent à l'obtention de résultats de qualité. Ainsi, en Haute-Savoie, à ce jour, les 400 plans de continuation adoptés préservent 4 000 emplois au quotidien.

Il est nécessaire de renforcer le contrôle de la légalité, financier et informatique des mandataires et administrateurs : légalité des procédures, contrôle par le juge-commissaire des honoraires, contrôle de la véracité des plans économiques et sociaux.

La contestation des créances par simple lettre recommandée ouvre droit à une rémunération proportionnelle à la créance. Cela conduit le représentant des créanciers à contester artificiellement des créances, y compris celles qui sont de toute évidence justifiées ou abandonnées par leurs créanciers. Il est donc nécessaire de réformer les règles de rémunération des administrateurs et mandataires judiciaires.

Pour ces raisons, Michel Meylan ne votera pas les conclusions du rapport de la commission.

ANNEXES

ANNEXE 1

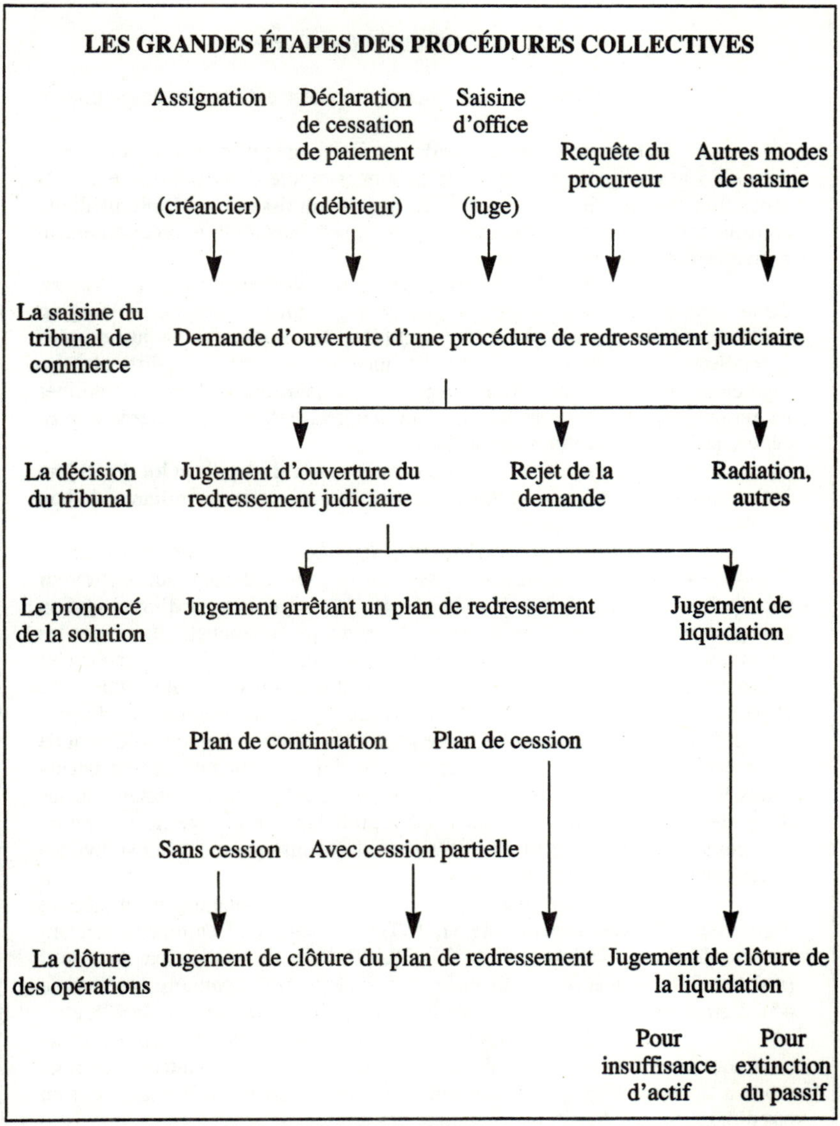
LES GRANDES ÉTAPES DES PROCÉDURES COLLECTIVES
Assignation (créancier)
Déclaration de cessation de paiement (débiteur)
Saisine d'office (juge)
Requête du procureur
Autres modes de saisine
La saisine du tribunal de commerce
Demande d'ouverture d'une procédure de redressement judiciaire
La décision du tribunal
Jugement d'ouverture du redressement judiciaire
Rejet de la demande
Radiation, autres
Le prononcé de la solution
Jugement arrêtant un plan de redressement
Jugement de liquidation
Plan de continuation
Plan de cession
Sans cession
Avec cession partielle
La clôture des opérations
Jugement de clôture du plan de redressement
Jugement de clôture de la liquidation
Pour insuffisance d'actif
Pour extinction du passif

ANNEXE 2

LE JUGE-COMMISSAIRE

Il est en quelque sorte le chef d'orchestre de la procédure collective.

Sa mission est entendue de manière large puisque la loi du 25 janvier 1985 le charge de veiller au déroulement rapide de la procédure et à la protection des intérêts en présence. Le juge-commissaire est l'intermédiaire entre le tribunal et les auxiliaires de justice spécialisés. Plus précisément, il exerce les attributions suivantes :

– *surveiller l'administrateur et le représentant des créanciers.* Cette première mission est délicate car le juge, qui est presque toujours un commerçant élu par ses pairs, doit contrôler des auxiliaires de justice plus spécialisés que lui dans le droit et la pratique des entreprises en difficulté. Le juge-commissaire ne doit être ni un juge parapheur, qui se borne à entériner les propositions qui lui sont faites, ni un magistrat tatillon, qui retarde la procédure par des vérifications injustifiées ;

– *désigner les créanciers contrôleurs* qui, depuis la loi du 10 juin 1994, sont appelés à jouer un rôle important en matière de surveillance du bon déroulement de la procédure ;

– *participer à l'élaboration du bilan économique et social de l'entreprise.* Certes ce bilan est dressé à titre principal par l'administrateur (L. 1985, article 18). Mais le juge bénéficie d'un large pouvoir d'investigation puisqu'il peut, sans se voir opposer le secret professionnel, interroger les commissaires aux comptes, les banquiers, la Sécurité sociale, le Trésor et toutes les administrations pour connaître la situation économique, financière et partimoniale de l'entreprise (article 19). Le juge peut aussi obtenir du procureur de la République tous les renseignements utiles au bon déroulement de la procédure (article 13, al. 2). Ces renseignements sont notamment nécessaires lorsqu'une procédure répressive est intentée contre le débiteur ou les dirigeants de la personne morale. Il est regrettable que le juge ne jouisse de ces droits qu'après le jugement d'ouverture. Les renseignements ainsi obtenus sont communiqués à l'administrateur ;

– *prendre un grand nombre de décisions* notamment en matière d'admission des créances (article 51, 103), de gestion de l'entreprise pendant la période d'observation (article 33, 37, 39, 45), de réalisation de l'actif (article 154 et suivants), de licenciements pour motifs économiques (article 45), d'emprunts conclus au cours de la période d'observation (article 40), etc.

Plus généralement, le juge-commissaire a désormais compétence, pour trancher toute difficulté, du moment que la loi n'a pas attribué compétence à un autre organe. Le juge-commissaire est notamment compétent en cas d'urgence, aux lieu et place du juge des référés.

ANNEXE 3

LE PRÉSIDENT DU TRIBUNAL DE COMMERCE

1°) l'organisation interne du tribunal :

Le président du tribunal règle les questions intéressant la marche du tribunal, il établit le budget, autorise les dépenses et veille au bon fonctionnement du tribunal. Il surveille le greffe et doit examiner les répertoires, les feuilles d'audience et les minutes d'actes reçus et passés.

Il légalise notamment la signature des membres du tribunal, du greffier, des commis-greffiers, des huissiers audienciers.

Il cote et paraphe les registres et répertoires dont la tenue est imposée au greffier, et aux huissiers audienciers.

Il doit veiller à l'application des textes relatifs à la tenue du registre du commerce et ouvre la procédure destinée à en appliquer les sanctions.

Cette liste n'est pas limitative.

2°) les pouvoirs juridictionnels :

• **Les décisions provisoires :**

a) Le président rend des <u>ordonnances sur requête</u> notamment pour autoriser :

1) des mesures conservatoires,

2) les assignations à bref délai,

3) les réassignations par huissier commis après défaut d'une partie, en cas de pluralité de défendeurs.

4) le paiement d'une lettre de change, d'un warrant ou d'un récépissé de marchandises perdues,

5) le président rend également des ordonnances sur requête pour désigner des experts, pour vérifier et constater l'état d'objets transportés en cas de contestations, pour commettre un huissier en vue de signifier un jugement de défaut, en cas d'empêchement de celui qui avait été nommé par jugement ou pour faire un constat, pour commettre un officier public autre qu'un courtier assermenté pour procéder à la vente d'un gage commercial, enfin pour désigner un administrateur provisoire ou un « mandataire *ad hoc* » dans le cadre de la prévention.

b) le président rend des <u>ordonnances en référé</u> :

C'est seulement par une loi du 11 mars 1924 que le président a reçu le pouvoir de statuer en référé, mais sa compétence était plus restreinte que celle du président du tribunal de grande instance. Aujourd'hui, ses pouvoirs de référé sont les mêmes que ceux du président du TGI.

1) Selon l'article 872 du nouveau code de procédure civile, le président du tribunal de commerce peut, en cas d'urgence, ordonner toutes les mesures qui ne se heurtent à aucune contestation sérieuse.

2) Selon l'article 873, le président peut statuer sur des mesures conservatoires ou de remise en état même en présence d'une contestation sérieuse, accorder une provision au créancier lorsque l'existence de la créance n'est pas sérieusement contestable, ordonner, sous la même condition, l'exécution de l'obligation, même de faire.

• **les injonctions de payer :**

C'est au président que l'on s'adresse en matière commerciale pour mettre en œuvre la procédure d'injonction de payer.

ANNEXE 4

L'ACCÈS À LA PROFESSION ET LES FORMES D'EXERCICE DE LA PROFESSION DE GREFFIER DE TRIBUNAL DE COMMERCE

• Les conditions d'accès

Ces conditions sont fixées par le décret n° 87-601 du 29 juillet 1987.

Ne peut exercer la profession de greffier de tribunal de commerce que la personne qui est de nationalité française, qui a satisfait aux obligations du service national, qui n'a fait l'objet d'aucune condamnation pénale pour des agissements contraires à l'honneur, à la probité ou aux bonnes mœurs. Elle ne doit avoir fait l'objet d'aucune sanction disciplinaire ou administrative de destitution, de radiation, de révocation, de mise à la retraite d'office, de retrait d'agrément ou d'autorisation, ni avoir été frappée de faillitte personnelle ou de toute autre sanction prévue par la législation sur le redressement et la liquidation judiciaires des entreprises.

La personne candidate à l'exercice de la profession de greffier doit être titulaire de la licence en droit ou de l'un des titres ou diplômes reconnus équivalents par arrêté du garde des Sceaux, avoir accompli un stage professionnel et avoir réussi un examen d'aptitude.

• La formation et l'examen d'aptitude

Le candidat à la profession de greffier doit avoir suivi un stage d'un an. Il est accompli auprès du greffier d'un tribunal de commerce ou d'un tribunal de grande instance à compétence commerciale, maître de stage. Le stage peut être divisé en neuf mois chez un greffier et trois mois soit auprès d'un avocat, d'un avoué, d'un conseil juridique, d'un expert-comptable, d'un administrateur judiciaire, d'un mandataire judiciaire à la liquidation des entreprises, d'un notaire, d'un huissier de justice ou d'un commissaire-priseur, soit auprès d'une administration publique ou dans le service juridique ou fiscal d'une entreprise.

L'examen d'aptitude a lieu au moins une fois par an au niveau national. Les épreuves sont fixées par un arrêté du garde des Sceaux en date du 28 août 1992, pris après avis du Conseil national de greffiers des tribunaux de commerce : épreuve de droit civil et de droit commercial, épreuve relative à la pratique des greffes, épreuve sur l'organisation judiciaire et la procédure civile et commerciale, épreuve sur la réglementation professionnelle et la gestion du greffe.

Il existe également un accès réservé à des personnes extérieures à la profession. Peuvent ainsi solliciter une dispense d'examen professionnel auprès des procureurs généraux sur avis du Conseil national des greffiers des tribunaux de commerce, à savoir les anciens magistrats de l'ordre judiciaire, les anciens avocats, les anciens notaires, huissiers de justice ou commissaires-priseurs, les anciens syndics et administrateurs judiciaires, les anciens administrateurs judiciaires et mandataires judiciaires à la liquidation des entreprises et les anciens fonctionnaires de catégorie A.

Il n'existe aucune formation spécifique qui serait organisée par la profession en faveur des stagiaires s'apprêtant à passer les épreuves de l'examen professionnel de même qu'aucune formation continue pour les professionnels eux-mêmes. En revanche, une formation poussée est dispensée aux employés des greffes.

- **Les formes d'exercice de la profession**

En vertu du deuxième alinéa de l'article L. 821-1 du code de l'organisation judiciaire, les greffiers peuvent exercer à titre individuel, sous forme de sociétés civiles professionnelles ou sous forme de société d'exercice libéral telles que prévues par la loi n° 90-1258 du 31 décembre 1958 relative à l'exercice sous forme de sociétés des professions libérales soumises à un régime législatif ou réglementaire ou dont le titre est protégé. Ils peuvent être également membres d'un groupement d'intérêt économique (cf. *infra*, point sur les rémunérations tirées de la télématique) ou associés d'une société en participation régie par le titre II de la loi n° 90-1258 du 31 décembre 1990.

Le décret n° 71-688 du 11 août 1971 pris pour l'application à la profession de greffier de tribunal de commerce de la loi du 29 novembre 1966 relative aux sociétés civiles professionnelles précise les conditions d'exercice de la profession de greffier de tribunal de commerce sous la forme d'une société civile professionnelle (articles 3, 6, 17 et 45). Le régime des sociétés d'exercice libéral de greffiers de tribunaux de commerce à responsabilité anonyme, à forme anonyme et en commandite par actions est fixé par le décret n° 67-236 du 23 mars 1967 et complété par le décret n° 93-86 du 21 janvier 1993 pris pour l'application à la profession de greffier de tribunal de commerce de la loi n° 90-1258 du 31 décembre 1990 relative à l'exercice sous forme de sociétés des professions libérales soumises à un statut législatif ou réglementaire ou dont le titre est protégé.

ANNEXE 5

LE PROJET DE DÉCRET RELATIF AUX ADMINISTRATEURS JUDICIAIRES ET MANDATAIRES JUDICIAIRES À LA LIQUIDATION DES ENTREPRISES

Le projet de décret présenté aux professionnels est axé autour de cinq thèmes.

• **Accès à la profession**

– Prise en compte du DESS pour l'accès à la profession ;
– Stage de 5 ans au lieu de 3 ;
– Contrôle direct du maître de stage sur le stagiaire ;
– Accès ouvert aux avocats titulaires de certificats de spécialisation, aux experts-comptables, aux commissaires aux comptes et aux autres professions juridiques et judiciaires sous certaines conditions d'expérience ;
– Création de centres de formation professionnelle par le Conseil natonial ;
– Prestation obligatoire de serment.

• **Commissions d'inscription et de discipline**

– Saisine des commissions par lettre recommandée avec avis de réception ;
– Avis du Conseil national avant de statuer ;
– Tout membre ayant des liens avec le requérant doit s'abstenir de siéger ;
– Le Conseil national peut interjeter appel des décisions des commissions ;
– Il peut saisir les commissions de discipline ;
– Déclaration d'intérêts de tout candidat à l'inscription ;
– Déclaration au président du Conseil national et au commissaire du gouvernement près la commission d'inscription de l'ouverture de tout bureau annexe.

• **Conseil national**

– Établissement d'un règlement intérieur relatif aux usages de la profession soumis à l'approbation du garde des Sceaux ;
– Obligation de se réunir au moins une fois par trimestre.

• **Caisse de garantie**

– Représentation des administrateurs judiciaires exerçant en matière civile ;
– Certification du bilan de la Caisse par un commissaire aux comptes ;

– Information par le conseil d'administration de la Caisse d'un certain nombre d'autorités des actions en responsabilité civile professionnelle exercées contre un mandataire.

• **Contrôles**

– Contrôles annuels et occasionnels :

* Contrôle biennal et non plus quadriennal ;

* Contrôle occasionnel prescrit directement par les autorités intéressées ;

* Présentation des observations des interlocuteurs des AJMJ (le TPG par exemple) ;

* Soumission au contrôle occasionnel des mandataires autorisés à poursuivre des dossiers après retrait des listes ;

* Contrôle réalisé par 2 contrôleurs, dont un commissaire aux comptes ;

* Un troisième contrôleur peut être désigné parmi les membres des juridictions financières et des inspections générales de l'État ;

* Fixation par arrêté des vérifications imposées aux contrôleurs ;

* Sanction de l'absence de transmission du rapport par le contrôleur ;

* Information directe par les contrôleurs des autorités en cas d'irrégularité.

– Inspection :

* Création de magistrats inspecteurs régionaux ;

* Assistance du magistrat inspecteur par le mandataire et l'expert de son choix.

– Comptabilité :

* Création d'un commissaire aux comptes suppléant pour le contrôle des comptes du mandataire ;

* Mission permanente de contrôle du commissaire aux comptes ;

* Droit du commissaire aux comptes de communication de tout renseignement relatif au fonctionnement des comptes par le débiteur, son expert-comptable et son commissaire aux comptes ;

* Information par le commissaire aux comptes de l'inspecteur régional et du président du Conseil national en cas d'irrégularité et du procureur en cas d'infraction ;

* Communication directe de l'attestation de vérification de comptabilité par le commissaire aux comptes et non plus par le mandataire ;

* Communication des états périodiques de l'étude principale et des bureaux annexes au procureur et au greffe des tribunaux du ressort ;

* Obligation de déposer toute somme à la CDC ;

* Obligation de faire apparaître tous les trimestres, et non plus une fois par an, les intérêts des fonds déposés.

ANNEXE 6

RÉPARTITION DES JURIDICTIONS COMMERCIALES PAR RESSORT DE COUR D'APPEL

(Au 1er juin 1998)

	Tribunaux de commerce	*TGI à compétence commerciale*	*Chambres commerciales échevinées de TGI*	*Tribunaux mixtes de commerce*	*Tribunaux de première instance à compétence commerciale*
Agen	5	–	–	–	–
Aix-en-Provence	16	1	–	–	–
Amiens	10	2	–	–	–
Angers	6	–	–	–	–
Bastia	3	–	–	–	–
Besançon	6	2(a)	–	–	–
Bordeaux	8	–	–	–	–
Bourges	5	–	–	–	–
Caen	16	–	–	–	–
Chambéry	1	4	–	–	–
Colmar	–	–	4	–	–
Dijon	14	–	–	–	–
Douai	10	3	–	–	–
Grenoble	5(b)	2(b)	–	–	–
Limoges	3	1	–	–	–
Lyon	5	2	–	–	–
Metz	–	–	3	–	–
Montpellier	15	–	–	–	–
Nancy	7	–	–	–	–
Nîmes	5	2	–	–	–
Orléans	5	–	–	–	–
Paris	11	–	–	–	–
Pau	7	–	–	–	–
Poitiers	10	1	–	–	–
Reims	6	–	–	–	–
Rennes	11	2	–	–	–
Riom	13	–	–	–	–
Rouen	13	–	–	–	–
Toulouse	6	–	–	–	–
Versailles	5	–	–	–	–
Métropole	**227**	**22**	**7**	**–**	**–**
Basse-Terre	–	–	–	2	–
Fort-de-France	–	–	–	2	–
Saint-Denis	–	1	–	1	–
DOM	**–**	**1**	**–**	**5**	**–**
TOM et collectivités territoriales de la République	**–**	**–**	**–**	**2**	**3**
Ensemble			**267**		

(a) Depuis la création du tribunal du commerce de Vesoul-Gray.

(b) Le tribunal de grande instance de Valence reste compétent dans les cantons de Nyons et de Montélimar, tant que le tribunal de commerce de Montélimar ne fonctionne pas.

ANNEXE 7

REDRESSEMENTS ET LIQUIDATIONS JUDICIAIRES

	1991	1992	1993	1994	1995
I – Plans de redressement judiciaire prononcés					
Nombre total de plans de redressement judiciaire	**4 304**	**4 632**	**6 200**	**6 475**	**8 062**[a]
Catégorie juridique de l'entreprise					
Artisan-personne physique	505	579	728	748	831
Commerçant-personne physique	1 157	1 201	1 490	1 530	1 685
SARL	1 441	1 518	2 191	2 395	2 717
SA	685	834	1 150	1 151	1 248
Autres	516	500	641	651	1 581
Procédure applicable					
Régime général	875	979	1 294	1 259	1 493
Procédure simplifiée	3 211	3 379	4 545	4 697	5 767
Procédure non déclarée	218	274	361	519	802
Nature du plan de redressement					
Continuation	2 714	3 016	4 159	4 791	5 668
Continuation assortie d'une cession partielle avec location-gérance	33	38	82	71	31
Continuation assortie d'une cession partielle sans location-gérance	67	54	70	45	607
Cession de l'entreprise avec location-gérance	138	106	76	76	123
Cession de l'entreprise sans location-gérance	1 352	1 418	1 813	1 492	1 633
II – Liquidations judiciaires prononcées					
Nombre total de liquidations judiciaires	**41 928**	**43 252**	**49 195**	**42 964**	**46 263**[b]
Liquidations judiciaires immédiates	21 250	21 941	24 870	22 039	29 624[c]
Liquidations judiciaires après période d'observation	20 768	21 311	24 325	20 925	16 639[d]
Catégorie juridique de l'entreprise					
Artisan-personne physique	5 000	5 253	5 594	4 671	3 728
Commerçant-personne physique	10 251	10 157	10 500	9 201	7 272
SARL	17 465	19 784	24 174	20 244	19 179
SA	2 111	2 638	3 464	2 825	2 606
Autres	7 101	5 420	5 463	6 023	13 478
Procédures applicables					
Régime général	1 149	1 219	1 225	1 125	1 264
Procédure simplifiée	37 093	38 357	44 433	36 497	22 085
Procédure non déclarée	3 686	3 676	3 537	5 342	22 914

Source : Annuaire statistique de la justice 1991-1995
(a) 9 605 en 1996 – Source : *Statistiques des affaires commerciales 1996* – Ministère de la Justice.
(b) 51 810 en 1996 – Même source.
(c) 32 633 en 1996 – Même source.
(d) 19 177 en 1996 – Même source.

ANNEXE 8

QUESTIONNAIRE AUX TRIBUNAUX DE COMMERCE

1 – Fournir un organigramme du tribunal

2 – Données générales :

• *Ressort (délimitation et superficie, population concernée, nombre d'entreprises commerciales concernées).*

• *Activité contentieuse (1994, 1995, 1996, 1997, 1998) :*

– Nombre d'affaires entrées.

– Nombre de décisions rendues (distinguer le contentieux général du contentieux du redressement judiciaire ; préciser le nombre d'ordonnances de référé prises par le président ; le pourcentage des liquidations ; le pourcentage de plans de redressements ; le taux d'échec de ces plans).

– Délai moyen de jugement.

– Taux d'appel et taux d'infirmation des jugements.

• *Personnel :*

– Nombre de magistrats ; mode de recrutement des magistrats et de sélection des candidats.

– Âge des magistrats ; ancienneté dans la fonction ; profession exercée ; durée hebdomadaire moyenne passée au tribunal de commerce.

– Composition du secrétariat du président du tribunal. Par qui est-il rémunéré ?

– Nombre de greffiers.

– Liste des mandataires judiciaires.

– Liste des administrateurs judiciaires auxquels le tribunal a recours.

3 – Gestion financière du tribunal (depuis 1994)

• Sources et montant annuel des ressources du tribunal (fonds versés par l'État, par des associations, par des personnes privées ou des personnes morales de droit privé ou de droit public).

• Charges supportées par le tribunal (personnel, fonctionnement, équipement, représentations, etc.).

• Mode de rémunération des catégories de personnels autres que les juges.

• Montant moyen des sommes perçues par les administrateurs judiciaires par affaire traitée.

• Même question pour les mandataires judiciaires.

4 – Fonctionnement des tribunaux de commerce

• *Porter une appréciation sur le fonctionnement actuel du système consulaire et notamment sur les questions suivantes :*

– Le rôle du parquet est-il efficacement rempli ? Assiste-t-il à toutes les audiences ?

– Les moyens matériels et humains des tribunaux de commerce vous paraissent-ils suffisants ?

– Que pensez-vous de la manière dont les différents auxiliaires de justice, greffiers, administrateurs et mandataires remplissent leur rôle ?

– Les modalités de recrutement des magistrats consulaires vous paraissent-elles satisfaisantes ?

– Quels liens entretenez-vous avec les chambres de commerce et d'industrie ?

• *Quelles remarques appelle de votre part la loi du 25 janvier 1985 relative aux procédures collectives ?*

• *Indiquer le cas échéant les réformes qui vous paraissent nécessaires.*

ANNEXE 9

QUESTIONNAIRE AUX PROCUREURS GÉNÉRAUX

1. La loi prévoit la présence des procureurs devant toutes les juridictions de leur ressort. Diverses dispositions prévoient la communication obligatoire des dossiers en matière commerciale. La commission d'enquête souhaite disposer d'éléments sur le rôle que jouent effectivement les parquets devant les tribunaux de commerce.

Les procureurs sont-ils avisés des audiences ?

Un magistrat du parquet général suit-il plus particulièrement les affaires commerciales ?

Des dossiers vous sont-ils transmis ?

2. Quelles relations entretiennent les procureurs de votre ressort avec le tribunal de commerce ? Constatez-vous une évolution au cours des dernières années ? Certains magistrats sont-ils spécialisés ? Sur quels critères ? Ont-il suivi une formation permanente ?

3. Quelle est la pratique en matière de présence du parquet aux audiences des tribunaux de commerce de votre ressort ?

4. Quelle est la nature des interventions du parquet ? Quel est le nombre d'interventions ?

5. Pensez-vous que le parquet a les moyens d'assurer les différentes missions que la loi lui confie en matière de procédure commerciale ? Pouvez-vous à cet égard comparer le fonctionnement des divers parquets de votre ressort ? Cette comparaison fait-elle apparaître des situations plus satisfaisantes que d'autres liées par exemple à l'importance des tribunaux, à la spécialisation totale ou partielle d'un parquetier, à des relations plus suivies avec les juges, à l'existence de sessions de formation, etc. ?

6. Dans quelles mesures les procédures commerciales devant les tribunaux de commerce ou les tribunaux civils (pour les associations) ont-elles des suites pénales ? Avez-vous mis au point des critères de classement des poursuites pour tout le ressort ?

7. Suivez-vous les procédures de sanction à l'égard des commerçants défaillants (action en comblement de passif, faillite personnelle et interdiction de gérer, banqueroute) ?

8. Quels rapports entretenez-vous avec les administrateurs judiciaires et mandataires judiciaires ? Quels contrôles exercez-vous sur eux ? Quelles suites ont eu ces contrôles au cours des dernières années ? Y a-t-il des affaires en cours ?

9. Quelle appréciation portez-vous sur le rôle joué par les greffes dans les juridictions consulaires ?

10. Quelles remarques appelle de votre part l'application de la loi du 25 janvier 1985 relative aux procédures collectives ?

11. S'il existe dans votre ressort plusieurs types de juridictions statuant en matière commerciale (tribunal de grande instance, chambre commerciale du tribunal de grande instance, juridiction consulaire), pouvez-vous comparer les avantages et inconvénients de chacune d'elles ?

12. Des réformes vous paraissent-elles nécessaires, et si oui sur quels points devraient-elles porter ?

ANNEXE 10

COMPAGNIE NATIONALE DES EXPERTS EN ACTIVITÉS COMMERCIALES ET TECHNIQUES

EXPERTS AGRÉÉS PAR LA COUR DE CASSATION
EXPERTS PERS LA COURS D'APPEL DE PARIS
LES COURS D'APPEL ET TRIBUNAUX ADMINISTRATIFS

Le Président

LETTRE OUVERTE À MONSIEUR COLCOMBET

HAUT CONSEILLER À LA COUR DE CASSATION
DÉPUTÉ DE L'ALLIER

PRÉSIDENT DE LA COMMISSION D'ENQUÊTE
PARLEMENTAIRE SUR LES TRIBUNAUX DE COMMERCE

• Les « EXPERTS JUDICIAIRES » auxiliaires des JUGES ont fait l'objet, avant leur inscription sur une liste près d'une COUR D'APPEL, d'un examen très sérieux de leur compétence par des magistrats responsables, de concert avec les présidents des COMPAGNIES D'EXPERTS JUDICIAIRES de différentes disciplines.

De plus, les services de police spécialisés ont mené à leur sujet des investigations très poussées concernant leur moralité et leur intégrité.

* LES EXPERTS JUDICIAIRES SONT DONC *A PRIORI* DES SPÉCIALISTES INCONTESTÉS D'UNE MORALITÉ EXEMPLAIRE AU SERVICE DE LA JUSTICE ET DES JUSTICIABLES.

• Pourquoi ne pas les faire intervenir plus souvent en priorité absolue dans les PROCÉDURES COLLECTIVES ?

• Pourquoi ne pas IMPOSER aux AUXILIAIRES de JUSTICE des tribunaux consulaires que sont les ADMINISTRATEURS JUDICIAIRES et les MANDATAIRES LIQUIDATEURS, de ne faire appel qu'à des EXPERTS AGRÉÉS PAR LA COUR DE CASSATION ou inscrits sur une liste d'une COUR D'APPEL ??

• Ce « Pourquoi » est la VRAIE QUESTION.

En vérité la majorité des auxiliaires de JUSTICE préfèrent utiliser les services de soi-disant « EXPERTS » faisant partie de leur « équipe » et qui interviennent à tous les stades de leurs mandats, et dans tous leurs dossiers.

* Estimations des ENCOURS et des STOCKS
* Estimation immobilière
* Expertises de toutes sortes des véhicules, brevets, etc.
* « Audit » des polices d'assurances
* Contrôle de la gestion judiciaire de l'entreprise
* Récupération des créances..., etc.

L'argumentation utilisée par beaucoup de MANDATAIRES à l'encontre des EXPERTS JUDICIAIRES est souvent fallacieuse.

... Les EXPERTS JUDICIAIRES sont lents, chers, souvent indisponibles, etc.

En contrepartie leurs collaborateurs rapides, désintéressés... n'hésitant pas à accepter des missions dans des dossiers impécunieux... (Tu parles !) et toujours disponibles pour participer à l'accomplissement de leur mission.

Ce qui conduit souvent à voir un immeuble en cours de finition en administration judiciaire devenir une « carcasse » dans la procédure de liquidation

... ou un terrain estimé à deux cent mille francs par un « expert » réalisé suite à une contre-expertise par un expert judiciaire à 4 200 000... !

<u>LE VRAI PROBLÈME DE LA JUSTICE CONSULAIRE N'EST PAS LE PROBLÈME DES JUGES CONSULAIRES</u>

Ces hommes et ses femmes sont dignes d'éloges par leur disponibilité, leur intégrité honorant le mandat qui leur a été confié pour une durée de quatre ans éventuellement renouvelable...

MAIS OÙ EST LE VRAI POUVOIR des juges consulaires ?

Les vrais décideurs sont les <u>MANDATAIRES JUDICIAIRES</u> « professionnels ». Ils ont la <u>durée</u> pour eux d'abord, et ensuite ce sont eux qui présentent leur solution au JUGE-COMMISSAIRE trop souvent mal informé, et obligé de prendre des décisions trop rapides compte tenu du nombre important des dossiers en attente.

• Des solutions existent, c'est au LÉGISLATEUR d'en prendre acte et de décider.

1. En amont des problèmes qui vont se poser aux entreprises, mise en place d'un COLLÈGE D'EXPERTS JUDICIAIRES œuvrant SOUS L'AUTORITÉ DU PARQUET et rendant compte dans un délai très court au président du TRIBUNAL CONSULAIRE concerné de leurs conclusions.

2. À la suite de ce premier diagnostic, sous contrôle du PARQUET, ce même COLLÈGE EXPERTAL pourrait se voir confier une mission d'administrateur AD HOC permettant ainsi de « régénérer » cette procédure et de diminuer la charge des affaires confiées aux MANDATAIRES.

3. Poursuivre durant la période d'observation de l'entreprise par le mandataire judiciaire désigné, avec et uniquement le même Collège d'EXPERTS JUDICIAIRES désigné par le parquet.

4. Reconduction du même COLLÈGE D'EXPERTS JUDICIAIRES pour les opérations de LIQUIDATION.

5. Afin « d'équilibrer » les mandatures des juges consulaires à l'installation « à vie » des mandataires judiciaires, délocalisation géographique obligatoire tous les quatre ans des mandataires de JUSTICE.

C'est ce point particulier, mais d'une grande importance, qui sera le plus difficile à réaliser.

Il me semble par contre indispensable pour la « sérénité » de la JUSTICE CONSULAIRE.

J. G. PARISE
29 JUIN 1998

Photocomposition Graphic Hainaut
59163 Condé-sur-l'Escaut

Impression réalisée sur CAMERON par
BRODARD ET TAUPIN
La Flèche

pour le comte des Éditions Michel Lafon
en août 1998

Imprimé en France
Dépôt légal : août 1998
N° d'impression : 6475U-5
ISBN : 2-84098-457-1
50-1753-8
ML 540